ex libris ''15   28.-

WPS

Natürlich führen

Lizenz zum Wissen.

Sichern Sie sich umfassendes Wirtschaftswissen mit Sofortzugriff auf tausende Fachbücher und Fachzeitschriften aus den Bereichen: Management, Finance & Controlling, Business IT, Marketing, Public Relations, Vertrieb und Banking.

Exklusiv für Leser von Springer-Fachbüchern: Testen Sie Springer für Professionals 30 Tage unverbindlich. Nutzen Sie dazu im Bestellverlauf Ihren persönlichen Aktionscode **C0005407** auf *www.springerprofessional.de/buchkunden/*

Springer für Professionals.
Digitale Fachbibliothek. Themen-Scout. Knowledge-Manager.

- 🔍 Zugriff auf tausende von Fachbüchern und Fachzeitschriften
- ☺ Selektion, Komprimierung und Verknüpfung relevanter Themen durch Fachredaktionen
- ✎ Tools zur persönlichen Wissensorganisation und Vernetzung

www.entschieden-intelligenter.de

Springer für Professionals

Michael Alznauer

Natürlich führen

Der evolutionäre Quellcode der Führung

2. Auflage

Michael Alznauer
Change Support Team
Bonn, Deutschland

ISBN 978-3-8349-4564-8 ISBN 978-3-8349-4565-5 (eBook)
DOI 10.1007/978-3-8349-4565-5

Die Deutsche Nationalbibliothek verzeichnet diese Publikation in der Deutschen Nationalbibliografie; detaillierte bibliografische Daten sind im Internet über http://dnb.d-nb.de abrufbar.

Springer Gabler
© Springer Fachmedien Wiesbaden 2006, 2013
Das Werk einschließlich aller seiner Teile ist urheberrechtlich geschützt. Jede Verwertung, die nicht ausdrücklich vom Urheberrechtsgesetz zugelassen ist, bedarf der vorherigen Zustimmung des Verlags. Das gilt insbesondere für Vervielfältigungen, Bearbeitungen, Übersetzungen, Mikroverfilmungen und die Einspeicherung und Verarbeitung in elektronischen Systemen.

Die Wiedergabe von Gebrauchsnamen, Handelsnamen, Warenbezeichnungen usw. in diesem Werk berechtigt auch ohne besondere Kennzeichnung nicht zu der Annahme, dass solche Namen im Sinne der Warenzeichen- und Markenschutz-Gesetzgebung als frei zu betrachten wären und daher von jedermann benutzt werden dürften.

Lektorat: Juliane Wagner

Gedruckt auf säurefreiem und chlorfrei gebleichtem Papier

Springer Gabler ist eine Marke von Springer DE. Springer DE ist Teil der Fachverlagsgruppe Springer Science+Business Media.
www.springer-gabler.de

*Für meine **Sippe***
in Liebe und Dankbarkeit

*und für meine **berufliche Gemeinschaft***
mit echter Freude am Miteinander

Upgrade: Evolutionäre Führung 2.0

Als ich 2006 den evolutionspsychologischen Führungsansatz veröffentlichte, ging es mir vor allem darum, etwas gegen die Verwirrungen zu unternehmen, die durch all die Management-Moden produziert werden. Völlig überzeugt, diesem Grundgedanken nicht alleine auf der Spur zu sein, erfuhr ich dann tatsächlich nach einigen Monaten in einer amerikanischen Fachzeitschrift wissenschaftliche Unterstützung[1]. Kurze Zeit später machte das Hamburger Abendblatt *Evolutionäre Führung* zum Buch der Woche[2], in der Schweiz wurde von einer „*interessanten Entmystifizierung des Führungsbegriffs*"[3] gesprochen. Die Formulierung gefiel mir, da sie impliziert, über wie wenig gesichertes Wissen wir hier verfügen. Ein Perspektivwechsel in der Führungsdiskussion und -praxis schien mir möglich.

Haben seither die Beiträge zum Thema Führung an Klarheit und Wesentlichkeit gewonnen? Sind in den letzten Jahren Managementdiagnostik, Führungskräfteentwicklung und Managerausbildung thematisch treffsicherer geworden? Wird das Anwendungswissen in Bezug auf die Führungsaufgabe von irgendeiner (Berufs-) Gruppe *systematisch* erprobt, reflektiert, vertieft und wirksamer gemacht? Dafür scheint es kaum Anzeichen zu geben.[4]

Das bräuchte uns nicht weiter beschäftigen – sofern wir der Ansicht sind, unsere Organisationen und Gemeinschaften seien gut oder sogar bestmöglich geführt. Zum einen glaube ich das nicht! Zum anderen ist die Evolution ja nicht abgeschlossen. Noch steht der Beweis aus, dass geführte, Hominide Gruppen erfolgreicher sind als andere Lebensformen (z.B. Ameisenstaaten). Was wäre, wenn gelingende Führung über den Fortbestand unserer Art mitentscheidet? Was ich übrigens für wahrscheinlicher halte, als an dieser Stelle die üblichen Verdächtigen anzuführen, wie z.B. Wissenschaft und Technik, medizinischer Fortschritt, Klimakonferenzen oder Wirtschaftswachstum.

---

[1] Professor Mark Van Vugt , Evolutionary Origins of Leadership and Followership, in Personality and Social Psychology Review, 2006, Vol. 10, No. 4, 354-371
[2] 28.04.2007
[3] Cash (Schweizer Wirtschaftszeitung), 15.03.2007
[4] Eine interessante Ausnahme davon stellt die Initiative des Management-Denkers *Gary Hamel* dar, vgl. www.managementexchange.com

Eine meiner persönlichen „Augenzwinker-Lieblingstheorien" lautet: Der Neanderthaler starb aus, weil er schlechter geführt wurde als der Homo Sapiens. Darwin irrte, wenn er für uns Menschen den Überlebensdruck auf der Ebene des einzelnen Individuums ansiedelte. Hat er etwa übersehen, dass es nie eine Zeit gab, in der einsame Ur-Ahnen über diese Erde wandelten, im stetigen Wettstreit mit anderen Einzelkämpfern? Und es gab auch nie den Moment, in dem dieser Vorfahr plötzlich von der Erkenntnis überrascht wurde, das Leben in einer Gruppe könnte attraktiver sein – um sich dann einer solchen anzuschließen.

Unser Dasein spielte sich von Urbeginn an in Gemeinschaften ab! Der berühmte Highlander-Satz *„Es kann nur einen geben!"* gilt garantiert nicht für uns. Wir sind schon immer in spezifische Gemeinschaften hineingeboren worden und haben schon immer mit ihnen zusammen um unser Überleben gerungen. Die Selektion wurde bei uns Menschen ganz entscheidend auf Gruppenebene wirksam!

Und wann gab das Phänomen Führung sein Debüt? In dem Moment, in dem jemand, das Überleben der Gemeinschaft wahrscheinlicher machte – und andere Gruppenmitglieder diesem Jemand folgten, weil sie ihren Vorteil darin erkannten. Es wäre dem berühmten Schnitt ins eigene Fleisch gleichgekommen, hätten sie dies nicht getan. Gut geführte Gruppen überlebten damit erfolgreicher als schlecht geführte Gruppen! Von diesem Ur-Sprung an hat dieser Ansatz des Überlebens in Abertausenden von Generationen Spuren in uns hinterlassen, die irgendwo zwischen Instinkt und Verhaltensimpuls angesiedelt sind, oft außerhalb unseres bewussten Denkens.

Von dieser Haltung angetrieben, wurde der *Evolutionäre Führungsansatz* von unserem Team in den letzten Jahren im Rahmen unterschiedlichster Begegnungen, Beratungsprojekte, Studien und Tagungen diskutiert, überprüft und weiterentwickelt. Derzeit bildet sich ein Kreis von erfahrenen Top-Managern, Evolutionswissenschaftlern und Führungsspezialisten, der – inspiriert durch den *Open-Source-Gedanken*[5] – das Thema zusammen mit dem Neanderthal-Museum in Mettmann systematisch vorantreiben will. Dazu später mehr. Halten wir an dieser Stelle fest: Dieses Buch schafft erstens *pragmatische Ordnung* in der verwirrenden Welt der Führung. Zweitens gibt es diesem Phänomen ein sicheres *theoretisches Fundament*. Und drittens *unterstützt* es Sie, Ihre eigene Führungsaufgabe effizienter und wirksamer zu erfüllen.

---

[5] Mitte 2012 fand die 1. Open-Source-Management-Tagung im Neanderthal-Museum Mettmann statt. Ein Kreis von eingeladenen Top-Managern und Führungsspezialisten schuf dabei die Grundidee für diesen Ansatz und seine Weiterentwicklung. Mehr dazu im Anhang.

Es war nach 6 Jahren an der Zeit, die erste Veröffentlichung zur *Evolutionären Führung* mit gesundem Abstand in die Hand zu nehmen und kritisch darauf zu schauen. Die 1. Auflage erhielt, wie erwähnt, von unterschiedlichster Seite viel Anerkennung. Gleichzeitig wurde eine größere Anzahl von konkreten Führungstipps für die Praxis angemahnt[6]. Ein Schelm, wer vermutet, dass unser Team für die praktische Umsetzung gerne Unterstützung als Berater angeboten hat…

Nun gut, der mittlerweile entstandene Gedanke des **Open-Source: Management** erfordert an dieser Stelle wohl tatsächlich mehr Konkretheit und Offenheit. Versprochen: Sie werden in dieser Auflage praktische Tipps finden! Sollten Sie allerdings in erster Linie nach Checklisten für Kritikgespräche und Zielvereinbarungen suchen oder sich mit Workshop- und Moderations-Methoden o.ä. beschäftigen wollen, dann finden Sie sicherlich mehr als genug Material in der bereits vorhandenen Literatur-Szene. Das sind hier nicht unsere Themen. Uns beschäftigt vielmehr die Frage: Warum gibt es Manager, die solche Methoden hervorragend beherrschen, ohne als gute Führungskräfte erlebt zu werden? Und wie lässt sich das ändern?

Der *Evolutionäre Führungsansatz* kann eine solch Buch-sprengende Fülle an Inspirationen geben, dass es für Sie am wertvollsten ist, den praktischen Umgang mit dieser *Perspektive* zu üben! Schauen Sie sich Ihren Alltag durch die hier angebotene Brille an. Sie werden feststellen, dass es Ihnen rasch gelingt, auf Ihre konkrete Situation hin auch selbst maßgeschneiderte Tipps abzuleiten.

Die vorliegende, komplett überarbeitete Auflage unterscheidet sich – neben einer Vielzahl von Details – durch folgende Kern-Aspekte von der Erstveröffentlichung:

- **Sie hat an inhaltlicher Substanz gewonnen!** Erfreulicher Weise gehen 6 Jahre Entwicklungsarbeit nicht spurlos an der Qualität eines Ansatzes vorüber. Zudem verfügen wir mittlerweile – nach Jahren des praktischen Einsatzes des damals entwickelten und im selben Buch veröffentlichten Management-Profilings – über Datenbanken mit rund 300.000 Einzeldaten über Manager, die hochinteressante Analysen zum *Evolutionären Führungsansatz* und zur Manager-Persönlichkeit erlaubt haben.
- **Es gibt einen neuen Titel!** Die aktuelle Auflage trägt nicht mehr den Namen des Evolutionären Führungsansatzes, sondern erscheint unter *Natürlich führen*. Damit möchte ich einerseits betonen, dass wir *selbstverständlich* Führung benötigen, um unseren Weg gemeinsam erfolgreich weiterzugehen! Andererseits

---

[6] z.B. www.getAbstract.com

verbinde ich mit »natürlich« das Verständnis von *naturgegeben* – bzw. etwas frecher: *artgerecht*.[7]

- ***Sie macht weniger „Ausflüge"!*** Viele Gedanken, die meinen Weg zur *Evolutionären Führung* begleitet und inspiriert haben, sind in dieser Auflage herausgenommen, um den vorgesehenen Rahmen nicht zu sprengen. Theoretischen Diskussionen, z.B. zu Für und Wider evolutionspsychologischer Sichtweisen, weiche ich nicht aus, hier würden sie den Charakter des Buches jedoch zu sehr verändern.[8]

- ***Diese Auflage betrachtet sich als Beginn eines fortlaufenden Prozesses!*** In der Erstveröffentlichung ging es mir vor allem darum, den *Evolutionären Führungsansatz* in die Diskussion zu bringen. Mittlerweile liegt mir am Herzen, ihn gemeinsam mit allen Interessierten weiterzuentwickeln, die einen Beitrag zu seiner Verbesserung leisten möchten.

In diesem Sinne: Haben Sie Interesse, gemeinsam mit uns Führungspraxis und Managementverständnis systematisch weiterzuentwickeln? Dann betrachten Sie das Buch doch als *evolutionären Quellcode der Führung*. Bringen Sie die Inhalte in Bezug zu Ihren eigenen Erfahrungen, probieren Sie die angebotene Perspektive aus, reichern Sie den Quellcode an und entwickeln Sie ihn weiter. Lassen Sie uns an Ihren persönlichen Erkenntnissen teilhaben, gehen Sie mit uns in den Austausch, fordern Sie uns heraus, stoßen Sie zu unserer *Open-Source: Management-Gemeinschaft*[9]. Finden Sie sich und Ihren Beitrag in der nächsten Auflage von *Natürlich führen* wieder, denn:

Wir können besser führen!

Bonn, im März 2013
Michael Alznauer

---

[7] Erinnern Sie sich an den Film „Der Pferdeflüsterer"? Robert Redford wurde hier ebenso von den Pferden beeinflusst, wie er dies umgekehrt tat, indem er sich den natürlichen Spielregeln des Miteinanders von Pferden unterwarf. Ich bin überzeugt, dass es ebenso natürliche Spielregeln des menschlichen Miteinanders und der Führung gibt! Nur einmal angenommen, ich hätte recht: Wäre es dann nicht extrem bedeutsam, diese Spielregeln zu kennen und nach ihnen zu handeln?
[8] lassen Sie uns diese gerne z.B. per Email führen
[9] Kontakt: Quellcode@Open-Source-Management.de

Inhaltsverzeichnis

Upgrade: Evolutionäre Führung 2.0 6
Wir können besser führen 13
Das verflixte Problem Führung 19

Teil I: Natürliche Führung 23

Die Geburtsstunde der Führung 24
  1. Leben in Gemeinschaft 26
  2. Leben in Sozialstrukturen 31
  3. Geführtes Leben 34

Führung auf dem Weg in die Gegenwart 44
  1. Unser Bewusstsein entfaltet sich 46
  2. Unsere Gemeinschaften werden größer 52
  3. Wir mehren unseren Besitz 60
  4. Kulturen differenzieren sich heraus 63

Teil II : Die Essenz der Führung 69

Die Aufgabenwelt der Führung ist überschaubar 70

Die Aufgaben professionell wahrnehmen 76

Die Kunst natürlicher Führung 82
  1. Persönliche Positionierung: Anspruch erheben und die Legitimation erhalten ... 83
  2. Erfolgsmodell-Klarheit: Wissen, wie man den gemeinsamen Erfolg herstellt 95
  3. Gemeinsame Wirklichkeit: Ein abgestimmtes Handeln sicherstellen 108
  4. Umsetzung: Für die Verwirklichung des Erfolgsmodells sorgen 119
  5. Leistungsgemeinschaft: Das Team wettkampffähig machen und halten 141
  6. Lebensraum: Das Biotop der Gemeinschaft sicherer machen 159
  7. Attraktion: Der Gemeinschaft zu einer guten Zukunft verhelfen 177

Das Besondere der persönlichen Situation berücksichtigen 193

Inhaltsverzeichnis

Teil III: Persönlichkeit und Führung 201

Führungspersönlichkeit: Mythos oder Realität? 202
1. Das Phänomen Persönlichkeit in den Griff bekommen 207
2. Von den Kriminal-Profilern abgeguckt 209
3. Praxis-Tipps für Ihr Unternehmen 213

In die Führungsaufgabe hineinwachsen 220
1. Das richtige Führungsverständnis als Ausgangspunkt 225
2. Erfahrung: Erfolgreich zum Führenden werden 234
3. Systematik: Die Abkürzung zum „Alten Hasen" 236
4. Künstlertum: Zur Führungspersönlichkeit reifen 242

Teil IV: Die Zukunft der Führung 247

Führung über das Unternehmen hinaus 248
Wettbewerb der Erfolgsmodelle 255

Anhang 259

Open-Source-Kreis: Management 260

Interview: Personalchefin Martina Baier 263

Interview: CEO Roland Keppler 265

Interview: Dr. med. Peter May 268

Interview: Vorstand Günter Reichart 270

Interview: Personalchef Peter van Eyk 272

Abbildungsverzeichnis 277

Literaturverzeichnis 278

Der Autor 280

Wir können besser führen

"Wenn man die menschliche Natur versteht, dann hat man alle Prinzipien, die das Wesen der Dinge regieren."

Hsün-Tzu, Weiser

Das Phänomen Führung ist selbst nach vielen Jahrzehnten Forschung und Jahrtausenden der Praxis immer noch verblüffend unverstanden. Was zunächst bedeutet: Führung funktioniert auch, ohne dass wir sie begreifen! Warum also damit beschäftigen?

Zunächst macht es schlichtweg **Spaß**! Wir haben ein Bedürfnis, Rätsel zu lösen und uns ein schlüssiges Bild unserer Welt zu machen. Wir befassen uns vielleicht aus einem ähnlichen Grund mit der „Theorie des Führens", wie wir grübeln, wer in einem Krimi der Täter ist. Haben Sie manchmal Lust auf Denken und Entwerfen? Ich auch! Lassen Sie uns gemeinsam an einer neuen und *wirksameren* Perspektive der Führung arbeiten. Sicherlich liegen zugleich aber auch oft **praktische Interessen** dahinter. Wenn wir uns mit dem Phänomen Führung auseinandersetzen, versprechen wir uns persönlich einen größeren Erfolg als Manager[10].

Zudem zähle ich Führung zu den wesentlichsten **gesellschaftlichen Phänomenen**! Es ist eindeutig nicht egal, ob und wie wir führen oder geführt werden! Für diese Erkenntnis reicht doch bereits ein oberflächlicher Blick in unsere Unternehmen und politischen Organisationen. Kann ich Sie davon überzeugen, dass unsere gemeinsame Zukunft wesentlich von der Qualität unseres Führungsverständnisses mitbestimmt wird? Bedauerlicherweise zeigt das wahre Leben: Führung ist nicht nur wichtig – Führung ist auch schwierig! Offenbar sind wir Menschen manchmal eigensinnig und widerspenstig, manchmal pflegeleicht und folgsam. Wir sind kompliziert. Aber sind die entscheidenden Mechanismen des Phänomens Führung deshalb auch so unglaublich schwer zu verstehen?

Ich denke: nein!

---

10 Erlauben Sie mir, aus Gründen der leichteren Lesbarkeit des Textes, in der Regel die männliche Schreibform zu nutzen. Ich persönlich bin absolut überzeugt, dass das Geschlecht nicht über den Führungserfolg bestimmt.

Neben meiner über 20-jährigen Tätigkeit als Managementberater, Coach und Führungsdiagnostiker inspirierte mich die **Evolutionäre Psychologie**, ganz weit hinter die Kulissen des Phänomens Führung zu schauen. Kurz gesagt, ist diese davon überzeugt, dass die Idee der Evolution nicht nur für unser körperliches Erscheinungsbild bedeutsam ist, sondern auch Erkenntnisse in Bezug auf unsere *psychologische Welt* bietet. Kann es beispielsweise sein, dass Ihr Schreibtisch im Büro so steht, dass Sie mit dem Rücken zur Wand und nicht zur Tür sitzen? Haben Sie bei Besprechungen oder am Frühstückstisch einen Stammplatz? Spüren Sie den Adrenalinstoß, wenn ein Kollege Ihren Plänen öffentlich einen Strich durch die Rechnung macht – oder ein Autofahrer sich im Stau von der Nebenspur aus vor Sie drängt? Steigt Ihr Blutdruck, wenn Ihr Chef Sie telefonisch und mit knappen Worten zu sich bittet, ohne Ihnen zu sagen, worum es ihm geht? Wahrscheinlich kennen Sie solche Dinge, nicht wahr? Ist es nicht verblüffend, dass ich solche Annahmen über Sie einfach so in den Raum stellen kann? Ich kenne weder Ihr Leben noch die Erfahrungen, die Sie gemacht haben. Aber ich gehe davon aus, dass hinter unserem Verhalten **Muster** liegen, die wahrscheinlicher sind als andere. Und die Evolutionäre Psychologie weist darauf hin, dass diese nicht zufällig auftreten.

Ich behaupte, erfolgreich führen kann nur, wer die *evolutionär-menschliche Natur berücksichtigt*, statt ihr entgegen zu handeln![11]

Führung ist nichts, was beliebig zwischen Führungskräften und Geführten ausgehandelt werden kann oder aktuellen Moden folgt. Das evolutionär definierte Phänomen Führung besser zu verstehen, ist die grundlegendste Voraussetzung, um Führungserfolg systematisch zu erhöhen!

Der Ansatz dieses Buchs würde allerdings wohl kläglich scheitern, wenn dabei eine Bedingung die weitgehende **Reduzierung des Menschen** auf Quasi-Instinkte wäre. Ich bin vollkommen davon überzeugt, dass wir mehr sind als „biologische Maschinen" und unsere Zukunft erheblich von diesem *Mehr* abhängt. Wir müssen also einen sehr tiefen Blick hinter die Kulissen des Phänomens Führung werfen. Und wir brauchen zugleich eine Sicht auf das, was Tag für Tag zwischen Führenden und Geführten geschieht! Und zu guter Letzt benötigen wir einen Ansatz, der in der Lage ist, dies alles professionell zu einem Bild zu fügen!

---

11 Allerdings hat Evolutionäre Führung nichts mit Ansätzen zu tun, die den Manager mit „*Manipulationswissen*" über die Natur des Menschen versorgen wollen (z.B. *Nigel Nicholson*, How hardwired is Human behavior?, in HARVARD BUSINESS REVIEW, Juni-August 1998, S. 134-147). Während hier quasi die Mitarbeiter an den evolutionspsychologischen Marionetten-Fäden der Führenden hängen, werden wir aufzeigen, wie sehr diese selbst daran festgeknüpft sind.

Wie können wir uns das Rätsel rund um das Phänomen Führung eigentlich vorstellen? Unsere Lage ähnelt einerseits der Situation, über eine riesige Anzahl von Puzzle-Steinen (Detailwissen, Studienergebnisse etc.) zu verfügen. Wir können damit durchaus auf den beeindruckenden Leistungen all derjenigen aufbauen, die für diese Steine gesorgt haben. Leider haben sie versäumt, eine Bild-Vorlage hinzuzufügen. Und schwieriger noch: Wir wissen nicht einmal, welche Steine zu einem völlig anderen Puzzle gehören, und es fehlen vermutlich viele, die wir benötigen würden. Wir wissen nur eines: Wenn das Puzzle fertig ist, zeigt es eine Schatzkarte! Wie soll man an diese Aufgabe herangehen? Für welche Hilfsmittel entscheidet man sich?

Der *Evolutionäre Führungsansatz* nutzt 2 Zugänge zu den für uns wesentlichen praktischen Ableitungen. Wenn alle zwei zu einer ähnlichen Schlussfolgerung führen, reduziert sich unsere Gefahr, das Opfer einseitiger Gedanken zu werden oder am Thema vorbei zu theoretisieren:

1.) ***evolutionspsychologische Perspektive***: Erfolge und Misserfolge haben während der Entwicklung unserer Art deutliche Spuren in unserer Psyche hinterlassen.

2.) ***handlungsorientierte Perspektive***: Überleben bedeutet, Aufgaben erfolgreich zu bewältigen. Da auch die menschliche Aufgabenwelt nicht zufällig ist, hinterließ sie ebenfalls Spuren in unseren Verhaltensmustern: Instinkt und Kultur vermengen sich.

Unser Ansatz gibt uns – um in unserer Geschichte zu bleiben – eine grobe Information darüber, welchen Gesetzmäßigkeiten die Bildvorlage folgt, welche Steine unabdingbar sind und welche eher zu einem anderen Puzzle gehören. Diese sollten wir dann auch getrost einfach zur Seite legen. Es gibt zu viele Themen und Gedanken, die unter der Überschrift Führung diskutiert oder veröffentlicht werden, die für das Kernphänomen verblüffend unwesentlich sind.

Den **Stand der Führungsforschung** können wir uns folgendermaßen verdeutlichen: Die Forscher haben Berge von *Puzzlesteinen* (Einzeldaten und -fakten) gesammelt, die sie zwischendurch immer wieder einmal neu nach Farbe oder Größe sortieren. Diese Steine stellen eine unerschöpfliche Quelle für die Gestaltung unterschiedlichster (Führungs-) *Bilder* dar; jeder *Puzzler* (Trainer, Berater, Autor…) kann sich beliebig bedienen, um sein Bild zu gestalten. Für dessen Wahrheitsgehalt gibt es kaum Kriterien, entscheidend für den jeweiligen Erfolg ist daher in erster Linie der *Unterhaltungs- und Vermarktungswert*. Leider ging den meisten Beteiligten schon vor längerer Zeit auch noch die Kreativität aus. Die *Führungsgalerien* hängen voll von *Fälschungen und Plagiaten,* und die Führungsliteratur besteht zumeist aus – freundlich ausgedrückt – Wiederholungen.

Haben wir überhaupt eine Chance, einen anderen Weg einzuschlagen? Schauen wir uns die anstehende Aufgabe noch einmal an: Ein Grundproblem der geschilderten Situation besteht darin, im „Puzzlestein-Salat" *bedeutsame von irrelevanten* Steinen zu unterscheiden. An dieser Stelle tritt für uns die Evolutionspsychologie auf die Bühne. Sie bietet uns keine Bildvorlage, die wir abzeichnen können, aber sie gibt uns Regeln. Wir hantieren nicht mehr auf einer völlig freien Fläche, unser Bild bekommt eine Struktur. Wir können begründet äußern: Dieser Puzzlestein gehört dazu, jener nicht.

Natürlich handelt man sich mit diesem Vorgehen ein Problem ein: Wie stellen wir sicher, hinterher nicht ein fantasievolles, aber leider völlig *irrelevantes* Bild zu betrachten? Die Evolutionspsychologie hat nämlich logischerweise mehr Ähnlichkeit mit einem Denkexperiment als mit einer Erfahrungswissenschaft. Wir haben weder Zeugen, noch lassen sich versteinerte Verhaltensweisen finden. Unser Denkexperiment könnte im unangenehmsten Fall zu einer willkürlichen Fantasterei geraten. Um bei der kreativen Gestaltung unseres Bildes seriös zu bleiben, orientieren wir uns daher an **wissenschaftlichen Spielregeln**[12]. Meines Wissens stehen die Aussagen des Evolutionären Führungsansatzes nicht im Widerspruch zu wissenschaftlichen Erkenntnissen z.B. aus Ethnologie, Anthropologie, Psychologie und Biologie.

Die Gestaltung eines evolutionspsychologischen Ansatzes verlangt einen schrittweisen Aufbau. Man könnte es auch so ausdrücken: Wir dürfen **kein fertiges Bild vor Augen** haben und dann mit den vorhandenen Puzzlesteinen verzweifelt versuchen, dieses „hinzubekommen". Und wenn ein Stein nicht passt, machen wir ihn auch nicht passend. Wir müssen Schritt für Schritt schauen, welches Bild bereits entstanden ist und welche Art von Stein als nächstes passen könnte. Unstimmigkeiten verlangen dabei glaubwürdige Erklärungen – oder einen kompletten Umbau des Bildes. Wie die fertige Schatzkarte letztendlich aussieht, wissen wir erst im Verlauf ihrer Entstehung. Insofern haben wir mit der 1. Auflage von *Evolutionäre Führung* vor einigen Jahren eine Skizze entworfen, die nun weiter ausdifferenziert werden kann. Sie wurde mittlerweile umfangreich praktisch erprobt, in kritischen Diskussionen veredelt, hat von unterschiedlichsten Seiten Anregungen erfahren und **an Klarheit gewonnen**.

---

[12] Eine **gute Theorie** sollte eine große Menge an Daten in sinnvolle Aussagen und Thesen zu ordnen verstehen und einige nachvollziehbare Kriterien erfüllen (*Miner, J. B.,* Theories of organizational behavior, 1980, Hinsdale Ill.: Dryden Press): Sie sollte zum Verstehen eines Phänomens führen, Vorhersagen gestatten und Beeinflussung erleichtern, klare Grenzen für ihre Anwendbarkeit definieren, die Forschung auf wichtige Themen aufmerksam machen, generalisierbare Ergebnisse hervorbringen, weiteres Testen ermöglichen, indem sie klar definierte Variablen und Begriffe enthält, nicht nur von der Forschung bestätigt werden, die davon direkt abgeleitet wird, sondern auch mit bekannten Tatsachen vereinbar sein und so einfach wie möglich ausgedrückt werden.

Interessanter Weise sind die zwischenzeitlich nützlichsten Veröffentlichungen dazu, unabhängig von unserem Ansatz, auf wissenschaftlicher Seite entstanden (z.B. im Jahr 2009: *The Evolution of Leadership*, ein von Vaughn, Eerkens und Kantner editierter Sammelband und *An Evolutionary Psychology of Leader-Follower Relations* von McNamara und Trumbull; ein Jahr später *Selected* von van Vugt und Ahuja). Wir haben deshalb mittlerweile auch mit den Forschenden einen aktiveren Austausch gesucht.

Zu Beginn unserer gemeinsamen (Zeit-)Reise durch die Welt der Führung werden wir zunächst einen kurzen Blick auf die *problematische Ausgangssituation* (1) werfen. Womit sieht sich der Interessierte konfrontiert, wenn er heute mehr vom Phänomen Führung zu verstehen sucht? Ausgerüstet mit diesem Verständnis gehen wir sozusagen zum Ursprung unseres Phänomens zurück und skizzieren uns eine »Landkarte« für die weitere Reise. Ich werde Ihnen schildern, warum *Führung als evolutionär definierte Aufgabe* (2) betrachtet werden sollte und welch schwerwiegende Bedeutung eine solche Perspektive hat.

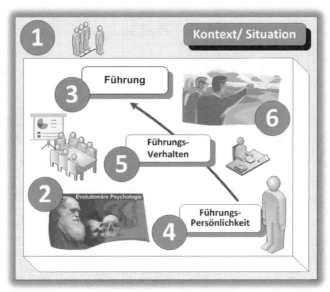

Abbildung 1: Buch-Struktur

Auf dieser Grundlage werde ich dann die *Kern-Aufgaben der Führung* (3) herausarbeiten – und Anregungen für ihre erfolgreiche Bewältigung geben. Es kommt mir vor, als hätte ich insbesondere diese evolutionären Kern-Aufgaben seit der 1. Auflage sehr viel besser verstanden. Was sich nicht nur in ihrer Differenziertheit ausdrückt, sondern hoffentlich auch in einer gelungenen Darstellung.

An dieser Stelle bringen wir dann den *Handelnden* ins Spiel, der sich mit den definierten Aufgaben auseinandersetzt. Hier versuchen wir die Frage zu klären, was es mit diesem berühmten *Rätsel der Führungspersönlichkeit* auf sich hat und prüfen, welchen Nutzen die evolutionäre Führungsperspektive für Fragen der *Auswahl* (4) und *Entwicklung* (5) von Managern bietet. Unsere gemeinsame Reise beenden wir dann mit einem Blick in die *Zukunft des Phänomens Führung* (6). Wir schließt unsere Reise ab und versucht einen Blick in die Zukunft: Welche Rolle kann und sollte das Phänomen *Führung auf unserem weiteren Weg* auf dieser Welt spielen?

Wenn Sie die Meilensteine auf unserem gemeinsamen Weg später noch einmal Revue passieren lassen möchten, hier einige Lesetipps:

 Das Zeichen gibt Ihnen einen Hinweis darauf, dass es sich an dieser Stelle um einen wichtigen Zwischenschritt bei der Gestaltung unseres „Puzzles" handelt: eine **Kernaussage oder Schlussfolgerung**, die Sie einer kritischen Prüfung unterziehen sollten.

Beispiele, ergänzende Gedanken und Erläuterungen finden Sie mit einem grauen Balken gekennzeichnet.

Diese Texte sind „kleine Ausflüge" auf unsrem Weg nach rechts und links, dienen also der vertieften Orientierung in der Landschaft, in der wir uns bewegen.

Hinterlegte Textstellen enthalten die versprochenen Hinweise auf **praktische Konsequenzen** der zuvor entwickelten Gedanken. D.h., hier findet Ihr Bedürfnis nach „Tipps & Tricks" hoffentlich ein wenig konkrete Nahrung.

Ich möchte dabei in regelmäßigen Abständen Beispiele dafür geben, wie sich mit dieser Perspektive praktisch umgehen lässt.

Lassen Sie uns zunächst einen kurzen Blick darauf werfen, mit welcher unglücklichen Ausgangslage wir konfrontiert sind, wenn wir uns mit dem Phänomen Führung beschäftigen.

Manchmal bin ich unsicher, ob ich dabei zu kritisch bin. Das sind die Momente, in denen ich beispielsweise gefragt werde, ob nicht zum Thema Führung alles schon gesagt wäre (böse Zungen ergänzen dann: „…nur nicht von jedem"). In der Tat, es wird unglaublich viel über Führung geredet und geschrieben. Selbstredend, dass sie noch unendlich viel häufiger ganz pragmatisch tagtäglich ausgeübt wird. Was sollte da noch zu tun sein?

Das verflixte Problem Führung

> *„Während allgemein akzeptiert ist, dass Gene etwas damit zu tun haben, dass eine Hunderasse freundlicher (oder bösartiger) ist als eine andere, sträuben sich selbst manche Wissenschaftler gegen die Vorstellung, dass sie prägend auf unser Denken und Handeln einwirken."*
>
> Gary Marcus, Psychologieprofessor

Einige Jahre sind seit der 1. Auflage vergangen – und man wünschte sich, ich hätte dieses Kapitel komplett umschreiben oder sogar korrigieren müssen. Leider fand ich dafür kaum Anlass. Nun bin ich mir allerdings auch absolut im Klaren darüber, dass eine Gesamtsichtung aktueller Entwicklungen zum Phänomen Führung nicht in Einzelarbeit oder in einer kleinen Gruppe zu bewältigen ist. Daher meine Bitte: Geizen Sie nicht mit (kritischen) Hinweisen, und machen Sie mich mit Ihrer Ansicht nach wesentlichen (widersprechenden) Tatsachen vertraut[13].

Ich bin nach wie vor der Ansicht, dass die Anzahl an Veröffentlichungen und Veranstaltungen rund um das Thema Führung zum tatsächlichen Verständnis des Phänomens in einem erschreckend ungleichgewichtigen Verhältnis steht. Wenn wir ehrlich sind, wissen wir über das Phänomen Führung unangenehm wenig![14] Und dass aktuelle Bücher – wie z.B. *„Radikal führen"*[15] oder *„Leadership 2.0"*[16] – mit ihren Titeln etwas Neues suggerieren, trägt uns auch nicht viel weiter: Im besten Fall legen sie weitere Puzzlesteine auf unseren unübersichtlichen Berg.

Peter van Eyk[17], derzeit Bereichsleiter Human Resources Development & Management der *Vivento-Group, Deutsche Telekom AG*, und ein guter Kenner der Management-Szene, fragte mich einmal „Authentisch führen, Radikal führen, Spirituelle Führung, Emotionale Führung… jetzt auch noch Evolutionäre Füh-

---

[13] Sie erreichen mich unter Buchkritik@Evolutionäre-Führung.de.
[14] Es verwundert nicht, wenn *Oswald Neuberger*, einer der populärsten deutschen Führungsforscher, 2002 nahezu zynisch verlangt: „Statt kurzatmig Fakten auf Fakten zu häufen und mit unzulänglichen Messinstrumenten auf Verdacht herausgegriffene Variablen in ihrem Zusammenhang zu ungenügend operationalisierten Ad-hoc-Erfolgsmaßen zu bestimmen, muss der theoretischen Durchdringung der bereits vorliegenden Erfahrungen größere Aufmerksamkeit geschenkt werden …" (*Neuberger*, 2002, S. 433-434).
[15] *Reinhard K. Sprenger*, Frankfurt: Campus
[16] *Maren Lehky*, Frankfurt: Campus
[17] Mitglied im Insiderkreis der *Open-Source: Management* – Initiative; Interview im Anhang.

rung. Ja, was denn nun?"[18] Spricht er Ihnen damit aus der Seele? Verständlich! Zum Thema Führung gibt es mehr Veröffentlichungen, als wir jemals lesen können (und wollen!). Jeder schreibende Manager erzählt davon, wie er selbst erfolgreich geworden ist (oft völlig unterschiedliche, individuelle Erfahrungen), und in den **Seminaren** erfährt man mehr über die Wertvorstellungen des Trainers als über das „wahre Leben". Dazu kommen ganz **persönliche Erfahrungen** damit, wie wir selbst geführt wurden. Überall nehmen wir ein wenig mit und „basteln" uns selbst etwas, woran wir uns orientieren – zumindest hin und wieder. Mit kurzen Worten: Subjektivität, Zufall und Willkür beherrschen die Szene!

Erscheint Ihnen die Lage rund um das Thema Führung schon aussichtslos genug? Sie wird leider noch dadurch erschwert, dass es nicht einmal so richtig gelingen will, den **Erfolg der Führung** näher zu bestimmen. In der Regel wird in der Literatur hier zumindest schon einmal zwischen (A) dem *Karriereerfolg* einer Führungskraft und (B) ihrem *Beitrag zum Unternehmenserfolg* unterschieden. Eine nähere Bestimmung dieses Beitrags wird als „Herkulesaufgabe" definiert[19], d. h. als menschlich unmöglich (wenn man bedenkt, dass Herkules ein Halbgott war).

Ein wenig Hoffnung macht da beinahe der Versuch, zumindest die „**Misserfolgsfaktoren**" der Führung[20] zu identifizieren. Bedauerlicherweise stellt sich Triumph nicht dadurch ein, dass man Dinge lässt, die die Niederlage garantieren.

> Für wie wertvoll würden professionelle Skifahrern es halten, wenn man ihnen den Tipp gäbe, nicht zu stürzen oder eine Muskelzerrung zu vermeiden? Führungskräfte sind sogar noch schlechter dran als Leistungssportler: Es gibt viele Belege dafür, dass nicht einmal eine bislang ungebrochene Erfolgsbilanz ein Indiz dafür ist, dass eine Führungskraft nun weiß, was sie zu tun hat.

Führungserfolg entsteht offenbar nicht, indem man sich an klar festgelegte Vorgehensweisen oder Trainingsmethoden hält. Es erscheint daher fraglich, ob beispielsweise die Aussage „Er ist eine gute Führungskraft" in dieser allgemeinen Form überhaupt möglich ist. Die sehr traditionsreiche Forschungslinie, nach *den* Eigenschaften oder Verhaltensmustern zu suchen, die erfolgreich Führende von weniger erfolgreichen unterscheiden, ist jedenfalls ohne größeren Gewinn geblieben. Top-Manager unterscheiden sich genau so deutlich voneinander wie andere Menschen auch.

---

18 Das sind alles Titel mehr oder weniger aktueller Bücher über Führung.
19 *Neuberger, O.*, Führen und führen lassen, 2002, S.305
20 z.B. *McCall, M. W./ Lomardo, M. M. / Morrison, A. M.*, Erfolg aus Erfahrung. Effiziente Lernstrategien für Manager, 1995, und *Mintzberg, H.*, Manager statt MBAs. Eine kritische Analyse, 2005, S. 136

Es gelingt offensichtlich auch nach Jahrzehnten der Führungsforschung bis zum heutigen Tag nicht, das Phänomen in einer Weise greifbar zu machen, die breiten Konsens findet und zugleich wertvolle Hinweise für die Praxis gibt.

Die Suche nach der Führungspersönlichkeit „serviert" uns immer wieder nur die üblichen Facetten der menschlichen Natur. Diese Tatsache interpretiert *Neuberger* gnadenlos, wenn er feststellt, dass viele Studien „… die Grenze zu Kalenderweisheiten oftmals überschreiten"[21]. Auch die **Managementliteratur** ist bei der Lösung unserer Schwierigkeiten „…in so hohem Maße wertlos, dass es sich, von wenigen Ausnahmen abgesehen, praktisch nicht lohnt, sie durchzusehen." Die interessantesten Gedanken aus dieser Wirtschaftswelt sind aktuell solche, die zumindest (z.T. theoriefrei) das Grundprinzip der evolutionspsychologischen Perspektive aufgreifen: existenziell wesentliche **Aufgaben** als Ausgangspunkt ihrer Überlegungen zu wählen. Für diese Linie war wohl Malik ein früher Vorreiter.

Auf diesem insgesamt also noch immer recht wackeligen Untergrund sehen sich viele Autoren und Forscher genötigt, die chaotische Welt der Führungsdefinitionen um weitere zu bereichern. *Neuberger* entlarvt diese Ansätze als völlig irrelevant: „Wer glaubt, mit dem richtigen Wort ließe sich die Sache entzaubern, irrt."

Hier wird deutlich: Unsere Suche muss dem **Kern der Führung** gelten, nicht seiner Oberfläche, sie muss dem Phänomen gelten, nicht der Suche nach den *richtigen Begriffen*.

Wie bereits erwähnt, soll uns bei unserer Aufgabe die **Idee der Evolution** wertvolle Dienste leisten. Was meinen Sie? Trägt diese überhaupt für psychologische Phänomene, wie es Führung eines ist? Es gibt Autoren, die dies grundsätzlich ablehnen[22] und kritische Fragen stellen: Wie sollten Gene Verhaltenswahrscheinlichkeiten beeinflussen? Erfreulicherweise gibt es aber auch Studien, die darauf Antworten geben und unseren Ansatz lohnen lassen[23].

Verfolgen wir also den Gedanken weiter, dass das Phänomen Führung parallel zu unserer eigenen evolutionären Entwicklung entstanden ist. Fragen wir uns also: Wo ist der Puzzlestein, mit dem alles anfing? Auf der Suche nach einer Antwort müssen wir weit in unsere menschliche Ur-Zeit zurück…

---

21 *Neuberger*-Zitate auf dieser Seite aus: Führen und führen lassen, 2002, S. 10/ 25/ 205
22 *Hemminger, H.*, Der Mensch – eine Marionette der Evolution? Eine Kritik an der Soziobiologie, 1983
23 *Marcus, G.*, Der Ursprung des Geistes. Wie Gene unser Denken prägen, 2005

Teil I: Natürliche Führung

Die Geburtsstunde der Führung

„Eine Genossenschaft, welche eine große Zahl gut angelegter Individuen umfasst, nimmt an Zahl zu und besiegt andere und weniger gut begabte Gesellschaften, selbst wenn schon jedes einzelne Glied über die anderen Glieder derselben Gesellschaft keinen Vorteil erlangen mag."

Charles Darwin

Ist es vorstellbar, dass die kleine Gemeinschaft, die vor mindestens 350.000 Jahren über mehrere Generationen hinweg in der Nähe Erfurt drei Hüttenplätze, „Werkstattzonen" und einen „Schlachtplatz" bewohnte, in dieser Zeit mehr als 1.000 Tiere jagte und verzehrte (darunter Nashörner, Hirsche, Biber, Waldelefanten, Höhlenlöwen, Wildschweine), dabei ohne Führung und Management auskam?[24] Aus meiner Sicht eine völlig rhetorische Frage.

Den Geburtsmoment des Phänomens Führung für die Menschheit auf ein bestimmtes Datum zu legen, ist natürlich Unsinn. Aus meiner Perspektive fällt es jedoch schwer, Autoren zu folgen, die meinen, Management sei geschichtlich gesehen noch sehr jung, keine hundert Jahre alt, und der größte Teil der Entwicklung falle in die Zeit nach dem Zweiten Weltkrieg.[25]

Ersetzen wir oben im Zitat von Darwin das Wort „begabte" durch „geführte", dann haben wir die Formulierung, für die ich in diesem Buch argumentiere. Führung ist nicht einfach nur ein soziales Phänomen, das rein *situativ und kulturell* bedingt ist. Es hat *archaische Wurzeln*, die wir nicht ignorieren sollten!

> Diese Wurzeln können Sie in ihrer Auswirkung mit einem **Autopiloten** vergleichen, der Verhaltensmuster mit verschiedenen Wahrscheinlichkeiten für Sie bereithält. Er zwingt Ihnen dabei nicht exakt auf, was Sie konkret und im Einzelfall zu tun haben. Vermutlich konkurrieren in verschiedenen Situationen sogar unterschiedliche Impulse in Ihnen um ihre Verwirklichung. Sie erleben dann eine innere Zerrissenheit, sozusagen zwei Seelen in einer Brust. Welche Empfehlung aktuell „gewinnt" hängt dann von vielen situativen und psychologischen Bedingungen ab.

---

24 *Engeln, H.*, Wir Menschen. Woher wir kommen, wer wir sind, wohin wir gehen, 2004, S. 89 ff.
25 *Malik, F.*, Führen, Leisten, Leben. Wirksames Management für eine neue Zeit, 2001, S. 9

Die Geburtsstunde der Führung

> Wir verfügen also über erfreulich mehr Verhaltensflexibilität, als instinktgesteuerte Wesen (z.B. Haie) oder reine Reiz-Reaktions-Organismen (z.B. Amöben). Sie und ich können Empfehlungen unseres Autopiloten sogar widerstehen[26]. Ausbauen oder abschalten lässt er sich jedoch nicht.

Wie sah sie denn jetzt aus, unsere Geburtsstunde? Für welches *wiederkehrende Überlebensproblem* stellt Führung eine Lösung dar? Nun, von Beginn an lebten unsere Vorfahren in einem kritischen Spannungsfeld, das ihnen ihr eigenes »Erfolgsmodell Gruppe« quasi als Nebenwirkung beschert hatte. Stellen Sie sich das vor, wie in einer Sportmannschaft: An sich eine prima Sache; ist sie aber zerstritten und chaotisch, leidet die Wettkampfstärke!

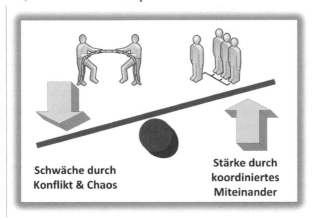

Abbildung 2: Chancen und Risiken des Miteinanders

Führung bot einen *evolutionären Zusatznutzen*, da sie Konflikte reduzieren und das koordinierte Miteinander verbessern konnte. Sie machte das Überleben der Gruppe damit wahrscheinlicher! Wäre letzteres nicht der Fall gewesen, würde uns das Phänomen heute nicht mehr beschäftigen.

> Wir müssen meiner Ansicht nach nicht einmal mühevolle Diskussionen führen, wenn man uns fragt, 1.) wie hat denn jetzt Führung zu mehr Nachkommen geführt und 2.) wie trennen wir in Bezug auf Führung sinnvoll zwischen Evolution und Kultur? Erstens gibt es kein „Manager-Gen", das man weitervererben muss, damit die Führungsaufgabe existent bleibt!
>
> Zweitens hat sich verständlicher Weise die ganze geführte Gruppe erfolgreicher vermehrt – und damit auch das Phänomen Führung weitergetragen.

---

[26] Die Evolutionstheorie definiert für das menschliche Verhalten weder genetische Zwänge noch die Unmöglichkeit einer Veränderung, wie teilweise fälschlich unterstellt wird.

> Wo genau bei dieser Art der Verbreitung exakt die Grenze zwischen Evolution und Kultur[27] ist, betrachte ich so lange als vernachlässigbaren Nebenkriegsschauplatz, bis die Fachleute diese Frage zu anderen Schlüsselthemen beantwortet haben.

Führende mussten nicht die großen Retter der Menschheit sein oder allgemeines Wohlbefinden schaffen – sie mussten nur dafür Sorge tragen, dass die Gruppe das aktuelle *gemeinsame Ziel* besser erreichte. Es gab diese Aufgabe. Es gab Wesen, die sich dieser Aufgabe annahmen. Führung war geboren!

 Viele Ansätze – egal aus welcher Profession – machen einen entscheidenden Fehler: Sie definieren Führung durch bestimmte Strukturen oder Verhaltensweisen. In dem Moment, in dem wir *Führung als Aufgabe* erkennen, ändern sich alle Spielregeln!

Die unterschiedlichen Varianten, diese Aufgaben zu lösen, mögen variieren – die *Essenz* der Führung (das evolutionäre Phänomen) tut dies nicht!

Wenn Sie mit mir unsere menschliche Frühgeschichte etwas beleuchten möchten – vielleicht sogar Interesse an evolutionspsychologischen Gedanken haben –, dann folgen Sie mir nun durch Teil I unseres Buches. Wir skizzieren unsere Landkarte der Führung dann Schritt für Schritt.

Sollten Sie aber schon zu neugierig auf die praktische Seite geworden sein, dann blättern Sie ruhig zu Teil II und vertiefen deren Hintergrund im Nachhinein.

1. Leben in Gemeinschaft

Alle heutigen Erkenntnisse sprechen dafür, dass die Entwicklung unserer Art stets in Gruppen stattgefunden hat. Eine Reihe von Wissenschaftlern betrachtet **Gemeinschaft und Kooperation** sogar als Basis des Lebens an sich, die schon unmittelbar nach dessen Entstehung ihren Auftritt auf der Bühne der Evolution hatten[28]. Von einem Zeitpunkt an, der noch vor der berühmten Frage nach Henne und Ei anzusiedeln ist, erlebten unsere Vorfahren, dass sie gemeinsam mit Artgenossen wesentliche *Überlebensprobleme* erfolgreicher bewältigen konnten (z.B. die Treibjagd, Aufzucht oder Verteidigung).

---

[27] "Kultur beruht unter anderem auf der genetischen Neigung, die Erfolgreichen (oder zumindest Erfolgversprechenden) nachzuahmen." (in *Karl Eibl*, Kultur als Zwischenwelt, 2009, S. 113)
[28] *Fortey, R.*, Leben. Eine Biographie, 2002, S. 78

Die Geburtsstunde der Führung

Die Evolution hat dabei – im Gegensatz zu einigen zeitgenössischen Autoren – nie geäußert, dass die Gruppe bei *allem* erfolgreicher ist. Ein **Team-Dogma** wäre für sie absurd! Man kann aus dem Nutzen der *gemeinschaftlichen Arbeit* ableiten, dass nicht vieles alleine besser geht[29]. Wir sind schon immer gleichzeitig Individuum *und* Gruppenmitglied! Daher sind einige psychologische Spannungsfelder quasi in uns eingebaut und bestimmen unseren archaischen Autopiloten spürbar.

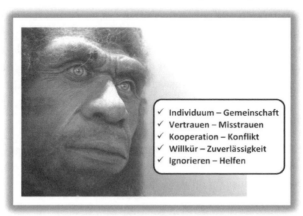

Abbildung 3: Sozialer Autopilot

Im Grunde haben unsere Vorfahren untereinander einen Handel abgeschlossen, den sie niemals ablehnen konnten, und – im wahrsten Sinne des Wortes – mit Blut besiegelt! Wie D'Artagnan, der Musketiere aus Alexandre Dumas Roman, es ausdrücken würde: „Alle für einen und einer für alle!" Ich bezeichne diesen Handel gerne als »*Gegenseitiges Leistungsversprechen*« und werde darauf später näher eingehen.

 Zweifellos können wir von einem urzeitlichen **gegenseitigen Leistungsversprechen** unserer Ahnen ausgehen: „Wenn Du Deinen Teil des evolutionären Deals einhältst, halte ich auch meinen ein. Dann profitieren wir beide."

Ich bin überzeugt, dass dieser *Ur-Handel* ein Grundprinzip unseres menschlichen Überlebens und damit quasi auch ein Teil unserer »psychologischen Hardware« (*Archaischer Autopilot*) ist. Deshalb sind uns Zuverlässigkeit, Berechenbarkeit und Vertrauen so wichtig.

---

[29] Schwächen und Gefahren der Gruppe sind z. B. die Illusion der Unangreifbarkeit, der Druck der Gruppenmeinung oder die Gefahr des sozialen Faulenzens (*Weinert, A. B.*, Organisations- und Personalpsychologie, 2004, S. 431 ff.).

Konnten unsere Ur-Ahnen ihr Versprechen an die Gemeinschaft aufgrund kurzzeitiger Probleme (z.B. Krankheit) nicht einhalten, wurde es von den anderen Mitgliedern ausgeglichen. So lange es sich eine Gruppe leisten konnte, unterstützte sie Hilfsbedürftige[30]. Nutzten diese die Unterstützung der Gruppe allerdings schamlos aus, war der Handel aufgekündigt. Ausgestoßen zu werden kam damals der Todesstrafe gleich.

Das Phänomen **Beziehung** ist von Mutter Natur zum gegenseitigen Nutzen der Beteiligten definiert und durch etwas charakterisierbar, was wir die *Deal-Dimension* nennen wollen. Verständlicherweise saßen damals keine Ur-Anwälte zusammen, um diesen Deal sachlich auszuhandeln. Folglich war es nützlich, die Wesen noch auf eine andere Weise aneinander zu binden. Diese Funktion hatte und hat ein „*irrationaler Klebstoff*" zwischen uns, den wir als die *Emotionale Dimension* einer Beziehung bezeichnen wollen.

 Jede Beziehung enthält eine **Deal-Dimension** und eine **Emotionale Dimension**. Je nach Charakter einer Verbindung können diese unterschiedlich ausgeprägt bzw. bedeutsam sein.

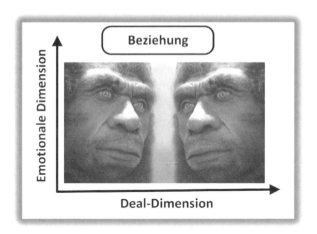

Abbildung 4: Verbunden sein

Solche Verbindungen können wir nicht mit unendlich vielen Wesen aufrechterhalten. Interessanter Weise ist auch zur Gruppengröße etwas in unserem archaischen Autopiloten verankert. Die kleinste Einheit einer Gemeinschaft – das »**Paar**« – wird durch den eigenen Nachwuchs zu einer »**Kernfamilie**«.

---

[30] Es gibt sogar Knochenfunde, die zeigen, dass selbst schwer verletzte Gruppenmitglieder, die die ihnen erwiesene Unterstützung nie mehr ausgleichen konnten, lange gepflegt und am Leben erhalten wurden.

Die Geburtsstunde der Führung

In Ur-Zeiten war es aus unterschiedlichsten Gründen (z.B. Transport, Ernährung, Verteidigung) nicht wahrscheinlich, dass diese sehr groß war. Vermutlich bildeten 2-3 Kernfamilien (eine Gruppe von etwa 15 Individuen), eine Existenzgemeinschaft bzw. einen »*Haushalt*«. 10 bis 15 solcher Haushalte (150-200 Individuen) hatten enge Verbindungen mit- und zueinander, unterstützten sich in Notzeiten. Die Diskussion, ab wann wir Gemeinschaften als Stamm, »*Clan*« oder Sippe bezeichnen wollen, überlasse ich anderen. Jedenfalls fühlen sich für uns diese verschiedenen Größen irgendwie *natürlich* an.

> Solche Gruppengrößen bzw. Einheiten haben sich durch unsere ganze Geschichte hinweg als praktisch erwiesen. Seien Sie also nicht erstaunt, wenn die Produktivität Ihrer Projektgruppe spürbar sinkt, wenn Sie diese z. B. um weitere Mitglieder von 7 auf 15 Personen erweitern. Es gibt Unternehmen, die stark darauf achten, keine Organisationseinheiten zu haben, die über 150 Mitarbeiter hinausgehen. Zählen Sie mal, wie viele Freunde und wie viele gute Bekannte Sie haben. Und wie groß ist Ihr erweiterter Kreis? Ich wage die These, Sie finden unsere Zahlen wieder.

Das Leben in der Gruppe scheint uns – zumindest durchschnittlich – gut zu tun. Moderne Studien liefern in diesem Zusammenhang interessante Ergebnisse: Organisationsmitglieder, die Teil einer harmonisch eingespielten Arbeitsgruppe sind, werden gewöhnlich seelisch, geistig und körperlich mit den Arbeitsbedingungen besser fertig. Sie sind zufriedener, klagen seltener über Stress und sind weniger krank als diejenigen, die als Außenseiter keiner Gruppe angehören[31].

Weil wir es also prima finden, Bestandteil einer Gemeinschaft zu sein, übertragen wir ihr durchaus bereitwillig einen Teil unserer Handlungs- und Entscheidungsfreiheit. Wenn im Urlaub alle unsere Freunde zum Strand wollen und nur wir lieber ins Museum, überlegen wir schnell, ob uns die Ausstellung wirklich so wichtig ist. Auch Teamsportarten zeigen, dass wir Menschen sogar rein zum Spaß miteinander kooperieren. Was noch lange nicht heißt, wir seien *perfekte* Kooperationspartner.

Die Evolution hat mit der ***Kooperationsfähigkeit*** unseren wertvollen ***egoistischen Impulsen*** nur einen weiteren Nutzenbringer zur Seite gestellt. Sie sah keine Notwendigkeit, den Mechanismus des Eigennutzes zu eliminieren – zumindest bislang.

Um überhaupt in den Kooperationsmodus zu kommen, müssen wir von der Grundannahme ausgehen, dass unser Gegenüber uns nicht schaden will. Wir nennen das heute ***Vertrauen***. Für unsere Ahnen eine deutlich leichtere Geschichte, als für uns heute.

---

31 *Weinert, A. B.*, Organisations- und Personalpsychologie, 2004, S. 417

Jeder wusste damals, was er vom Anderen erwarten konnte, da man einander schon sein ganzes Leben lang kannte. Unsere Vorfahren sind in eine – modern formuliert – *Vertrauenskultur*[32] hineingeboren worden. Wie Studien belegen, sind nicht Freundschaft oder Verträge die wichtigsten kooperationsfördernden Faktoren, sondern der „Schatten, den die Zukunft wirft"[33]. Mit dem Satz »**Man sieht sich im Leben immer zwei Mal**« bringen wir dieses instinktive Wissen zum Ausdruck. Solange sich unser Gegenüber erwartungsgemäß, d. h. berechenbar verhält, gibt es keinen Grund, das Vertrauen aufzukündigen.

> Wenn ein Homo erectus (einer unserer Urahnen) dem anderen das Essen wegnahm, entstand nicht zwingend Misstrauen zwischen diesen beiden, so merkwürdig uns das im ersten Moment vorkommen mag. Es ging allein darum, ob diese Aktion zu erwarten war. Vielleicht gab es Wut, Enttäuschung und Rachegefühle des Unterlegenen – Misstrauen entstand aber nur, wenn die **Berechenbarkeit** (Vorhersehbarkeit, Verlässlichkeit etc.) verloren ging.
>
> Ähnlich sieht es aus, wenn Sie Ihrem Kind „versprechen", dass es kein Eis bekommt, wenn es Spielkameraden im Sandkasten Förmchen wegnimmt. Läuft es schließlich tatsächlich auf einen eisfreien Tag hinaus, ist Ihr Nachwuchs sicherlich nicht glücklich und dankbar. Sie haben aber damit sogar das Vertrauen in Ihre Person verstärkt: Was Papa oder Mama sagen stimmt!

Wir wurden zwar schon immer automatisch in eine Gruppe hineingeboren, blieben aber nicht ebenso zwangsläufig darin. Es war also sehr wichtig, in der Gruppe zumindest toleriert und akzeptiert zu sein, im besten Falle sogar anerkannt. Pragmatisch, wie die Natur ist, hat sie diese Anerkennung an den **Wert des Einzelnen** für die Gemeinschaft geknüpft. Noch heute leiden wir, wenn wir für niemanden nützlich sind und keine Funktion in der Gemeinschaft haben.

Spannender Weise hat die Gruppe gleichzeitig stets gemeinsam darauf geachtet, dass niemand größenwahnsinnig wurde, also seinen eigenen Wert überschätzte. Heute würden wir an dieser Stelle von Arroganz, Hochnäsigkeit oder Überheblichkeit sprechen. Das gefährdete nämlich den Frieden untereinander – und damit die Leistungsfähigkeit der Gemeinschaft. Man holte diejenigen „auf den Boden der Tatsachen" zurück.

> Es wird vermutet, dass unser **Selbstwertgefühl** ein subjektives Messinstrument für diese Akzeptanz anderer Menschen sein könnte. Ist es nicht faszinierend, was wir alles tun, um unser Selbstwertgefühl zu schützen oder gar zu steigern? Und ist es nicht ebenso beeindruckend, wie unendlich gnadenlos wir mit den Menschen umgehen, die es (vielleicht nur versehentlich) verletzen?

---

[32] Zum Phänomen Vertrauen gibt es nicht ein Tausendstel der Forschung und Literatur, wie zu unserem Thema Führung. Dabei ist es eventuell der zweitwichtigste Einflussfaktor, wenn es um den Erfolg von Unternehmen geht (vgl. *R. Berth*, Erfolg, 1993).

[33] *Allman, W. F.*, Mammutjäger in der Metro, 1999, S. 109

Ich muss zugeben, dass ich nicht nachvollziehen kann, wie diese Ur-Gemeinschaften von manchen Spezialisten benachbarter Fachgebiete (z.B. Anthropologie, Ethnologie, Archäologie) als egalitär bezeichnet werden können. Für mich steht ziemlich außer Frage, dass es innerhalb der Gruppen schon immer Unterschiede in Bezug auf den Beitrag der Einzelnen zum *Überleben* (Deal) und zum *guten Miteinander* (Emotion) gab. Aus diesen Unterschieden entfaltete sich das, was wir heute *Sozialstrukturen* nennen.

2. Leben in Sozialstrukturen

Unsere Gemeinschaften waren nie homogene, gleichwertige und konfliktfreie Zonen. Daher wurden im Laufe der Jahrtausende kulturell viele Methoden entwickelt, die damit verbundenen Risiken für die Gruppen zu begrenzen. Spätestens wenn rasche Entscheidungen notwendig sind und eine große Herausforderung auftaucht, gilt dabei das Primat des pragmatischen Erfolges. Wenn es ums nackte Überleben geht, hat man einfach keine Zeit, sich um Befindlichkeiten Einzelner zu kümmern. Das kann man danach wieder klären. In Notzeiten bilden sich z. B. selbst in grundsätzlich sehr liberal-demokratisch geführten Völkergruppen straffe Hierarchien. Wir können also sagen, Gemeinschaften statten einzelne Mitglieder in bestimmten Situationen mit Macht aus.

Der *Begriff Macht* hat Wurzeln in vielen Kulturen und ist im Zusammenhang mit *etwas schaffen* zu finden. Er weist also darauf hin, dass Mächtige etwas vermögen, was anderer nicht können. Das Phänomen hat also mit *Unterschieden zwischen den Menschen* zu tun und beruht auf persönlicher *Wirksamkeit*!

Schon kleinste Kinder haben Freude an der Erfahrung, etwas bewirken zu können, selbst dann, wenn das Ergebnis uns Erwachsenen völlig unsinnig erscheint. Haben Sie schon einmal einem Baby zum siebten Mal einen Schnuller in den Mund gesteckt, den dieses freudig erregt sofort wieder ausspuckt, um Ihre Reaktion zu genießen? Es spürt seine eigene Wirksamkeit – und hat einen riesigen Spaß daran.

Es gibt sehr unterschiedliche Macht-*Haber* und prinzipiell verschiedenste Macht-*Quellen*: Manche Menschen können besser laufen oder jagen, andere besser reden, kämpfen, flirten oder Probleme lösen. Eine echte Schwierigkeit ergibt sich allerdings daraus, dass es für das Machtstreben keine triebbefriedigende, abschaltende Endsituation gibt. Wir haben Spaß daran, unseren Wirkungskreis zu erweitern und immer mehr bewirken zu können. Machtstreben kennt keine Grenzen, außer denen, die die Umwelt bzw. Gemeinschaft setzt.

Der Evolutionspsychologe *Mark van Vugt*[34] weist darauf hin, dass wir Strategien entwickelt haben, mit zu dominanten Gruppenmitgliedern umzugehen. Er nennt das unterhaltsamer Weise **STOP** (**S**trategies **T**o **O**vercome the **P**owerful): Der *Klatsch* untereinander ist seiner Ansicht nach unsere erste Verteidigungslinie gegen aufbegehrende Gruppenmitglieder oder fehlgeleitete Führung. Zeigt das keine ausreichende Wirkung, kommt es zu *öffentlichen Diskussionen* mit kritischem Ton. Auch die *Satire* kommt hier ins Spiel: deutlich sichtbare Kritik, gewürzt mit Humor. Im nächsten Stadium werden wir – mehr oder weniger sichtbar – *ungehorsam*, dann *entthront* die Gruppe den Führenden bzw. *desertiert*. Die heute erfreulich selten gewordene letzte Lösung ist für *van Vugt* das *Attentat*! Allerdings gibt es klare Zeichen, dass selbst Despoten länger hingenommen werden, wenn sie für wirtschaftliche Sicherheit und Wohlbefinden der Gemeinschaft sorgen, d.h., die Ur-Aufgabe der Führung erfüllen.

> In großen Organisationen funktionieren die natürlichen Selbstheil- und Kontrollmechanismen in Richtung Führung, also *STOP*, nicht mehr gut. Wenn sich bestimmte (Macht-) Strukturen einmal gefestigt haben, mit der Kultur zu einem schlüssigen Ganzen wurden, sind sie schwer zu verändern. Nun bliebe prinzipiell selbstverständlich noch die Wahlmöglichkeit der Geführten. Sie könnten die Gemeinschaft verlassen, an deren Führung sie nicht mehr glaubt. Aber diese Lösung steht nicht immer und jedem zur Verfügung (z.B. Arbeitsmarktlage, regionale Beschränkungen, Alter…).
>
> In besonders ausgeprägter Form finden wir diese Problematik bei nationalen Gemeinschaften. Was tun wir, wenn wir an das Erfolgsmodell unserer Landesführung nicht länger glauben können?

Macht ist *unlösbar* mit der Natur (des Menschen) verbunden! Und wir sollten dies auch nicht bedauern, schließlich ist es gut, dass wir unterschiedliche Kompetenzen haben. Macht an sich ist kein soziales Problem. Es ist der **Macht-Missbrauch**, der ernsthafte Schwierigkeiten produziert! Nur, woran erkennt man den Unterschied? Sie sollten dann sehr hellhörig werden, wenn

1. individuelle Fähigkeiten zu rein **egoistischen Zwecken** eingesetzt werden, was ein Aufkündigen des gegenseitigen Leistungsversprechens darstellt (Deal Dimension),
2. und gleichzeitig keine Rücksicht auf das **Selbstwertgefühl anderer** und damit auf das soziale Gefüge genommen wird (Emotionale Dimension).

---

[34] *Mark van Vugt and Anjana Ahuja*, Selected, 2010, S. 114 ff.

> Während das schmiedeeiserne Gartentor der Lehrwerkstatt für den Direktor egoistisch sein mag, fördert es zumindest noch die Kompetenzen der Auszubildenden und könnte gar deren Selbstwertgefühl steigern. Die sexuelle Affäre mit einer Mitarbeiterin, die später stillschweigend „versetzt" wird, hat da eine andere Dimension.
>
> Vorfahren, die ihre egoistischen Antriebe nicht kontrollieren konnten oder ihr Vermögen (ihre Macht) nur für egoistische Zwecke nutzten, werden im Exil geendet haben, von der Gemeinschaft getötet oder gefangen genommen worden sein[35].

Ich habe keine Ahnung, in welchem Moment **Hierarchie** den negativen Beigeschmack von Machtmissbrauch bekommen hat. Vermutlich, weil hierarchisch Höherstehende mehr Chancen auf Status, Sex und Reichtum hatten – und sich plötzlich nur noch darauf konzentrierten. Das sollte jedoch nicht dazu führen, das berühmte Kind mit dem Bade auszuschütten. Das anarchistische Hauptziel, die Abschaffung der Ausbeutung des Menschen durch den Menschen, ist nicht durch Hierarchiefreiheit zu erreichen. *Macht ist nicht abschaffbar!*

Übrigens kann auch mit der Entsorgung offizieller Machthaber das Phänomen Führung nicht beseitigt werden. Es entstehen unmittelbar neue Führungsstrukturen. Aus unserer Perspektive gibt es kaum etwas Selbstverständlicheres. Führung ist unabhängig von einer *formalen* Hierarchie.

> Es ist sinnvoll, an *transparenten Machtstrukturen* zu arbeiten, die von den Beteiligten legitimiert oder abgelehnt werden können. Der Missbrauch von Macht muss (von den Geführten) erkannt und geahndet werden können.

Halten wir fest: Soziale Strukturen und bestimmte Rollen entstehen in Gruppen nahezu automatisch (z. B. Mitläufer, Know-how-Träger, Treiber). Selbst Mitglieder, die quasi „am Rande" der Gruppe leben (Außenseiter, Prügelknaben, Sündenböcke), haben trotz geringer Integration eine Aufgabe für den Gruppenzusammenhalt zu erfüllen. Vermutlich könnten Sie mir einige interessante Anekdoten zum Thema „Sündenböcke in Wirtschaftsunternehmen" erzählen. Jeder von uns hat solche Erfahrungen, weil sie ein Ur-Thema menschlichen Miteinanders betreffen. Solche **Rollen** sind aber nicht mit Persönlichkeiten zu verwechseln und entstehen oft zu unterschiedlichen Aufgaben neu. Wäre es nicht spannend, den ehemaligen Pausen-Clown Ihrer Schule heute einmal mit seinen Mitarbeitern zu erleben?

---

[35] *Richerson, P. J., Boyd, R. & Paciotti, B.*, An Evolutionary Theory of Commons Management, Draft 4.0 May 30, 2001, Chapter intended for: Institutions for Managing the Commons, Stern, P., managing editor, National Research Council, S. 12

Ich gehe davon aus, dass die bislang beschriebenen sozialen Phänomene bereits in der archaischen Welt unserer Ur-Ahnen angelegt waren. Und genau in dieser Welt kristallisierte sich ein neues Erfolgsmodell menschlicher Gemeinschaften heraus: Führung! Sie ist eine Methode, dass *Spannungsfeld von Konflikt und Kooperation* bei der Verfolgung gemeinsamer Ziele zu beherrschen.

3. Geführtes Leben

Als spezielle Problemlöse-Methode war Führung zunächst nur ein weiteres *Experiment der Natur*, denn sie hatte ähnliche Probleme bereits anders bewältigt. So gibt es beispielsweise keinerlei Hinweise darauf, dass Insektenstaaten einer Führung bedürfen, um ähnliche Überlebensaufgaben zu lösen. Ihr Superorganismus basiert – ab einer Größenordnung von etwa 100.000 Individuen – wohl ausschließlich auf dem Prinzip der Selbstorganisation[36]. Aber wir sind keine Insekten und funktionieren offensichtlich auch sozial anders. Daher ist es nicht so nützlich, das zweifellos spannende Thema *Selbstorganisation* für uns Menschen zu arg zu strapazieren.

Man braucht auch nicht für alles Führung! Eine lose zusammenstehende Ansammlung von Personen (in unserem Bild: ohne Deal und ohne emotionalen Bezug) kann gut darauf verzichten. Das ändert sich erst, wenn diese Menschen etwas „miteinander zu schaffen haben". Dann kann eine wirkungsvolle Einheit entstehen und Führung als Problemlösemethode seinen Wert entfalten.

Unsere Ahnen profitierten von Beginn an von Führung! Sonst hätte die Evolution dieses Experiment rasch wieder beendet. Die Gemeinschaften, die in der Lage waren, auch wichtige Großprojekte erfolgreich zu managen, lebten zweifellos erfolgreicher. Dabei war nicht entscheidend, ob der Einzelne seine individuellen Chancen verbesserte (vielleicht starb er bei der Jagd auf Großwild), sondern ob die Gesamtgruppe erfolgreicher fortbestand.

Kooperation und Führung können keine alternativen Formen der Zusammenarbeit sein, sie erfordern einander und entstanden sicherlich gleichzeitig!

---

36 *Wieser, W.*, Die Erfindung der Individualität oder Die zwei Gesichter der Evolution, 1998, S. 469

Worin besteht nun genau die evolutionäre Ur-Aufgabe der Führung? Ganz unspektakulär ging es von Anfang an darum, für den gemeinsamen Erfolg Sorge zu tragen!

Abbildung 5: Die Ur-Aufgabe der Führung

Wenn wir dabei fragen, was genau denn dieses »*es*« ist, das zum Funktionieren gebracht werden soll, suchen wir nach dem Grund, aus dem sich die Gruppe zusammengefunden hat – vielleicht besser noch: nach ihrem Sinn!

Prosaisch ausgedrückt, lautet eine der grundlegendsten Fragen jeder geführten Gruppe auch heute noch: *„Was ist unser Mammut?"* Zu welchem Zweck tun wir uns zusammen? In Bezug auf die Ur-Aufgabe macht es also überhaupt keinen Unterschied, ob man Bergführer, Abteilungsleiter oder Familienoberhaupt ist! Die Aufgabe besteht stets darin, dafür zu sorgen, dass es gemeinsam besser funktioniert.

> Ebenso, wie Sie einen Verein für die unterschiedlichsten Zwecke gründen können, ohne dass sich das Vereinsrecht verändert, bleiben die Grundprinzipien der Führung gleich. Allerdings gibt es noch eine andere Ähnlichkeit: Wenn Sie keine Mitstreiter für Ihren Vereinszweck finden, gibt es weder ihn noch für Sie eine Führungsaufgabe!
>
> Und machen Sie bloß nicht den Fehler, den Zweck bzw. Sinn einer Einheit auf die üblicherweise beschworene Zielvereinbarung zu reduzieren. Glauben Sie wirklich, dass Ihr Team sich tief bewegt fühlt, mit vereinten Kräften an einer Umsatzsteigerung von 15%, einer Prozessoptimierung oder Ertragssicherung zu arbeiten?

Abbildung 6: Erfolgreicher mit Führung

Tipp: Versuchen Sie nicht, »*das Mammut*« der Gruppe durch die schlichte Bildung von Organisationseinheiten oder (künstliche) Team-Erlebnissen zu ersetzen. Auf diesem Weg ist dieser evolutionspsychologische Erfolgsbaustein der Führung nicht zu kompensieren!

Also: Arbeiten Sie sorgfältig daran, eine gemeinsame, attraktive Großaufgabe für Ihr Team zu identifizieren und in den Köpfen präsent zu halten!

Aber zurück zu unseren Überlegungen: Einer der psychologischen „Startschüsse" für unser Phänomen Führung wird das zwischenmenschliche ***Beobachten und Nachahmen*** gewesen sein. Wir gehören zu den wenigen Lebewesen, die diese Fähigkeit in bedeutsamer Weise über das Baby- und Kindesalter hinaus nutzt. Wir können jederzeit als Vorbild dienen oder uns an jemandem orientieren.

Richtig spannend wurde es, als einer unserer Vorfahren sich erstmals *bewusst* wurde, dass er als Vorbild diente. Insbesondere in Verbindung mit unserem angeborenen ***Statusbedürfnis***, nahm das Phänomen Führung weiter Form an.

Schauen wir an dieser Stelle noch etwas genauer hin. Was sind das für Typen gewesen, die in ewiger Vorzeit die Führung innehatten? Sicherlich war es für unsere Urahnen nicht nützlich, die Verantwortung für die Führungsaufgabe per Zufallsprinzip zu vergeben. Gab es ein „Assessment-Center" der Vorzeit?

3.1 Die Führenden

Es kann rasch Missverständnisse auslösen, Führung mit dem Thema Evolution in Zusammenhang zu bringen. In einem Vortrag wurde ich schon gefragt, ob Führende damit sozusagen die genetisch besser Ausgestatteten seien, also die von der Natur *Auserkorenen*. Hat die Evolution dafür gesorgt, dass eine außergewöhnliche Untergruppe unserer Art die schwächere Masse führt? Hier und jetzt ganz eindeutig: Das halte ich für *extrem unwahrscheinlich*!

> Ich teile auch nicht *Freuds*[37] Vermutungen, dass die Menschen in archaischen Zeiten in einer Ur-Horde zusammenlebten, die von einem Urvater angeführt wurde, der wiederum seinen Willen entsprechend seinen Bedürfnissen umzusetzen verstand, weil er die Anerkennung durch andere nicht benötigte und zu ihnen auch keine gefühlsmäßige Bindung aufbaute. Ein solches Wesen wäre aus meiner Sicht eher der erste *Soziopath* gewesen, und der, – wie ich später noch begründe – wäre nicht lang *Urvater* geblieben.

Es geht bei der Führung nicht darum, dass manche („schwache") Wesen eine solche brauchen und Eliten besondere Verantwortung übernehmen müssen, um dem Chaos in der Welt vorzubeugen, wie es *Weibler*[38] für den anthropologischen Erklärungsansatz der Führung unterstellt. In dieser Perspektive ist Hierarchie (wörtlich übersetzt: heilige Ordnung) die einzige Alternative zum Chaos, und Menschen müssen im Zweifelsfall auch gegen ihren Willen geführt und damit „gerettet" werden. Mal ehrlich: Wer hätte sich vor 2 bis 3 Millionen Jahren solche philosophischen Gedanken machen sollen?

Führende sind keine kleine Gruppe von Über-Menschen!
Auch in der kläglichsten Gemeinschaft Unterprivilegierter findet Führung statt, sobald es eine gemeinsame Aufgabe gibt, die man nur zusammen bewältigen kann.

Es will mir auch nicht recht gelingen, mir die Ur-Führenden als selbstlose Helden und einsame Kämpfer vorzustellen. Ich habe da eher das Bild von *problemlösenden, sozialen Angstwesen* vor Augen. Die Welt unserer Ur-Ahnen war ein verschlungener, überquellender Dschungel voller Gefahren. Viele Bewohner waren unglaublich viel schneller und gefährlicher als wir. Statt sich durch ihre Welt zu

---

[37] *Freud, S.*, Die Masse und die Urhorde, 1921, abgedruckt in: Kunczik, M. (Hrsg.), Führung: Theorie und Ergebnisse, Düsseldorf, 1972, S. 36-40
[38] *Weibler, J.:* Personalführung, 2001, S. 10

wüten, haben unsere Vorfahren wohl einfach nur versucht zu überleben. Helden sterben in der Regel früh – und für die Evolution ist das ein wesentlicher Punkt!

> Erst mit dem Verschwinden der großen Reptilien (Dinosaurier), unumschränkte Herrscher ihrer Welt, wurden die Säugetiere von über 100 Millionen Jahren der Bedeutungslosigkeit befreit. Machen wir uns nichts vor: Die Vorfahren unserer Ahnen waren von Natur aus Angsthasen, denn sonst hätten sie nicht überlebt. „Wir können uns vorstellen, wie sie, mit empfindlichen Schnurrhaaren versehen, zitternd unter einem Palmfarngehölz Schutz suchten, während Sauropoden donnernd vorbeistampften; sie warteten auf den Einbruch der Dunkelheit, um sich hastig über die Reste der Mahlzeit des Riesenreptils herzumachen."[39]

Ich denke, unsere Angsthasen-Natur ist uns erhalten geblieben. Was wir fürchten, ist tief in uns verwurzelt, und auch heute noch schleppen wir die **Urängste unserer Vorfahren** mit uns herum. Wir sind **Alarmwesen** und unsere Reaktionen werden davon stark beeinflusst. Unsere Ahnen flohen sofort aus der Gefahrenzone. Sie kämpften – wie die meisten Lebewesen – nur um ihr Leben, wenn es unumgänglich war. Statt Helden zu sein, gingen sie die anstehenden Aufgaben einfach *trotz* ihrer Angst an. Aus dieser Welt entstammten die **ersten Führer**. Aber auf welcher Basis wurden sie von der Gruppe ausgewählt?

Empirische Untersuchungen bestätigen immer wieder, dass bestimmte Personen verstärkt als Führende wahrgenommen werden. Offenbar verfügen wir hier über **prototypische Vorstellungen**. Insbesondere Verhaltensweisen, auf die unsere Forscher die Etiketten „Intelligenz" und „Dominanz" geklebt haben, spielen dabei eine Rolle. Lässt sich das aus unserer Perspektive erklären? Erfüllten intelligente, dominante Hominiden die Ur-Aufgabe der Führung durchschnittlich besser? Nun, das hängt natürlich davon ab, was wir damit meinen.

> Während wir viele Jahrzehnte den Grad der Intelligenz über Quotienten bestimmen wollten, wird in der neueren Intelligenzforschung mittlerweile eher von **Erfolgsintelligenz** gesprochen. Damit ist die Fähigkeit gemeint, die Probleme zu lösen, die in einer bestimmten Umwelt anstehen. Dieser (interkulturell gültige) Intelligenzbegriff korreliert also vor allem mit relevanten Erfolgen im Leben und nicht in erster Linie mit Schulnoten.

Es steht für mich völlig außer Frage, dass es nur sehr fähige Gruppenmitglieder waren, denen gefolgt wurde. Für die Ur-Geführten war es (überlebens-)wichtig, dass die Führenden von der anstehenden gemeinsamen Aufgabe viel Ahnung hatten – also »intelligent« waren. Personen, die ein solches **Verständnis der Lage** mit **problemlösender Einflusskraft**[40] verbanden, müssen für die frühen Gruppen sehr wertvoll gewesen sein.

---

39   *Fortey, R.*, Leben. Eine Biographie, 2002, S. 339
40   Dieses Etikett gefällt mir viel besser, als von Dominanz zu sprechen.

Während die intensive Verbreitung von *Intelligenz* durchaus nützlich ist, würde eine weite Verbreitung von *Dominanz* in wenigen Generationen zu „Mord und Totschlag" führen. Eine evolutionär stabile Strategie würde letztere also nur vorsichtig fördern und darauf achten, dass dominantes Verhalten sozial eingedämmt bleibt. Ein für die Gemeinschaft wertloses Durchsetzen von egoistischen Interessen löste wohl den Widerstand der Gruppe aus. Der *Ur-Soziopath* wurde verbannt oder getötet.

 Dumme Durchsetzung eliminierte sich in der gnadenlosen Landschaft evolutionärer Gesetze quasi von selbst.

> *Eibl-Eibesfeldt* weist darauf hin, dass bei geselligen höheren Säugern nicht die Dominanz für die Rangordnung den Ausschlag gibt. „Der Ranghohe wird unter anderem aufgrund seiner Fähigkeit, Streit zu schlichten, Schwache zu schützen, Feinde abzuweisen, die Initiative zu ergreifen und Aktivitäten organisieren zu können, gewählt und erst in zweiter Linie auf Grund seiner Aggressivität. Diese Leistungen setzen neben Durchsetzungsvermögen Intelligenz und Erfahrung voraus ... Statt einer Dominanzbeziehung liegt ein Führungsverhältnis vor." Eine interessante Sichtweise!

Wir können also durchaus vermuten, dass es ein Assessment-Center der Urzeit gab. Die Kriterien waren nicht sehr differenziert, aber wertvoll: »*Erfolgsintelligenz*« und »*problemlösende Einflusskraft*«. Später wird die »*Fähigkeit mit der Sprache*« umzugehen (heute als Kommunikationskompetenz bezeichnet) dazugekommen sein.

Etwas flapsig gesagt: Die Probezeit der ersten Führungskräfte war allerdings auch länger. Sie konnten zweifellos nicht einfach machen was sie wollten, sondern standen unter beständigem Erfolgsdruck. Erfüllten sie ihre Aufgabe nicht (mehr), wurde es rasch eng für sie. Führung war schon immer eine **Konkurrenzsituation**: War die Gemeinschaft überzeugt, dass ihr Überleben unter Leitung eines anderen Mitglieds wahrscheinlicher ist, kam es wohl bald zum Wechsel.

Unter Evolutionsperspektive müssen wir uns an dieser Stelle fragen, welchen Nutzen es für den Einzelnen hatte, diese Aufgabe zu übernehmen. Zuallererst profitierte er natürlich, wie alle in der Gruppe, vom **gemeinsamen Erfolg**. Schwer vorstellbar, dass sich der kompetenteste Jäger zurückhielt, um nicht in diese anstrengende Führungsrolle gedrängt zu werden. Er hatte Hunger und nutzte seine Fähigkeiten sicherlich optimal aus. Zweifellos genoss er auch die **Anerkennung** (nicht nur vom anderen Geschlecht) nach getaner Arbeit und die **Privilegien**, die die Gemeinschaft ihm zugestand.

Das, was wir heute *Verantwortungsgefühl* nennen, hatten sicherlich nahezu alle Gruppenmitglieder. Ich glaube nicht, dass sich Führende hier auffallend abhoben und ihre Rolle aus dieser Motivation heraus übernahmen. Leichter fällt mir da die Vorstellung einer Negativauswahl: Egoisten ohne Verantwortungsgefühl für die Gemeinschaft fanden weniger Akzeptanz und Gefolgschaft!

 Aus evolutionspsychologischer Sicht liegt die Vermutung nahe, dass die erfolgreiche Erfüllung der Ur-Aufgabe der Führung schon immer zu besonderem *Ansehen*[41], *Status und Privileg* führte.

Alle „Erfolgreichen" versuchten (und versuchen!) aus naheliegenden Gründen, ihren Status zu halten. Konzentrieren sie ihre Kräfte jedoch auf den Erhalt der Privilegien und vernachlässigen dabei die eigentliche Ur-Aufgabe der Führung, wird ihnen die Legitimation und Unterstützung wieder entzogen. Es entsteht ein Teufelskreis: Je stärker man sich auf die Privilegien konzentriert, desto eher verlieren man sie! Es kommt zum Führungswechsel – oder zur *Diktatur*!

Es kann heute noch belegt werden, dass Führende zwar durchaus von den Gruppennormen abweichen dürfen („Extrawurst", Sonderstatus etc.), dass sie jedoch die Erwartungen, die an ihre Führungsposition geknüpft sind, weiterhin strikt zu erfüllen haben.[42]

Tipp: Widerstehen Sie der Versuchung, auf Ihrem Karriereweg gewonnene Macht und Vorteile direkt in den Positionserhalt zu investieren. Das mag sich (politisch) geschickt und schlau anfühlen, setzt jedoch einen gefährlichen Mechanismus in Gang: Ihre Mitarbeiter entziehen Ihnen Akzeptanz und Unterstützung, und Sie sehen Ihre weitere Entwicklung gefährdet. Es folgt der übliche Verlauf: Erhöhung von Druck und Kontrolle, wachsende Demotivation, Konflikte nehmen zu, Karrieren-Rettung durch Job-Hopping…

Also: Investieren Sie Ihre gewonnene Macht in erster Linie in die immer bessere Erfüllung der Ur-Aufgabe der Führung. Bauen Sie auf diesem Weg Ihre Legitimation weiter aus und verdienen sie sich Ihre Privilegien!

Ich bezweifele, dass die Führungsrolle ständig verteidigt werden musste, wie manche Autoren annehmen. Der Führende war von seinem Ursprung her kein *gewalttätiger Diktator*; er war in erheblichem Maße von der Gruppe *ermächtigt* und so wertvoll, dass sie ihn schützte – statt ihn anzugreifen. Notfalls verteidigte man ihn (ähnlich wie Schachfiguren den König) mit dem eigenen Leben. Fiel der

---

41 Der Begriff „An-sehen" verbindet sehr schön die Verbindung von Einfluss und sozialer Aufmerksamkeit.
42 *Hollander, E. P.*, Some effects of perceived status on responses to innovative behavior, in: Journal of Abnormal and Social Psychology 63, 1961, S. 247-250

Führende im Kampf mit einer anderen Gruppe, war oft die ganze Auseinandersetzung verloren.

 Die Führenden wurden von der Gruppe legitimiert, weil sie nützlich waren. Damit wurde ihnen zur **Kompetenz-Macht**, die die Übernahme der Rolle erst ermöglichte, zusätzlich *soziale Macht* verliehen.

Als immer größere Herausforderungen auftauchten (z. B. kriegerische Angriffe) oder gesucht wurden (z. B. Bau von Bewässerungsanlagen) wuchs auch der Wert wirksamer Führung. Die Entwicklung der frühen Führer hin zu mehr Einfluss und Macht („big man") nahm ihren Lauf.[43] Es wundert also nicht, wenn wir auch heute noch in **Krisensituationen** (z. B. Terror, Wirtschaftskrise, Klimakatastrophe) bereit sind, unseren Führenden mehr Macht zuzugestehen. Und es wundert auch nicht, wieso diese uns gerne von solch großen Bedrohungen berichten.

Wir sehen, dass das Phänomen Führung sich im Spannungsfeld von (a) Herausforderung für die Gruppe, (b) Beitrag des Führenden zum gemeinsamen Erfolg und (c) Verhalten der Gemeinschaft bzw. Geführten entfaltete.

Wechseln wir daher an dieser Stelle einmal die Perspektive und schauen uns an, wie die (psychologische) **Welt der Geführten** möglicherweise ausgesehen hat. Der Evolutionspsychologe *Van Vugt*[44] ist überzeugt, dass es eine Art "Gefolgschaftsinstinkt" gibt. Wir akzeptieren dabei Hierarchien, weil gut geführte Gemeinschaften für alle spürbare Vorteile bieten. Er postuliert: Geführt werden ist für uns in Ordnung – dominiert werden ist es nicht!

---

[43] Hier dürfte die Sicherung gegenüber existenzieller werdender Bedrohungen eine Rolle gespielt haben. So herrschte in den frühen Hochkulturen z. B. ständig die Angst, die Welt würde ihre Ordnung verlieren. „Wer die Verantwortung für die Fruchtbarkeit des Landes trägt oder an vorderster Front gegen das Böse kämpft – als Priester gegen Unheil, als König gegen sichtbare Feinde –, der kann von denen, für die er kämpft, Unterwerfung und Gehorsam verlangen. Sein Rang und seine Macht wachsen mit der getragenen Verantwortung." (*Manfred Drenning*, Tauschen und Täuschen, S. 55).

[44] *Mark van Vugt & Anjana Ahuja*, Selected, 2010, S. 8/9

3.2 Die Geführten

Es erscheint mir unsinnig, sich die Ur-Geführten als schwache Personen vorzustellen, die sich zitternd dem mächtigen Führer beugten. Noch absurder erscheint mir die Annahme, dass sie ein „Verlangen, sich gehorsam zu unterwerfen"[45], hatten. Ich kann mir zwar vorstellen, dass es irgendwann in der Geschichte einmal für Führende machtpolitisch nützlich gewesen sein mag, ein Bild des „hilflosen Geführten" zu zeichnen und zu verbreiten – ursprünglich trifft es nicht zu!

Vergessen wir nicht: Jeder Geführte war schon immer ein *erfolgreicher Überlebender*, der hervorragende Arbeit leistete. Welche Großaufgabe (z. B. Kampf oder Großwildjagd) sollte ein Führer mit devoten, schwachen und ängstlichen Personen erfolgreich bewältigen?

Die *Karikatur des Geführten* wird keine große Chance bekommen haben, sich fortzupflanzen. Wer nicht körperlich stark war, brauchte andere *Leistungsmerkmale*. Auf jeden Fall qualifizierte er sich sicherlich nicht durch Feigheit und allgemeine Leistungsschwäche.

Der Urgeführte war *ein erfolgreich Überlebender*!

Genau vor diesem Hintergrund braucht jede Führungstheorie eine Antwort darauf, warum Menschen *freiwillig* Gefolgschaft leisten und dem Führenden sogar Dinge durchgehen lassen, die sie selbst in der eigenen Entfaltung einschränken. Ich vermute, dass es drei frühe Wurzeln der Gefolgschaft gab, an denen unser Phänomen Führung psychologisch quasi andockte.

- Das *Überlebensprinzip „Bleib bei Deiner Gruppe"*: Unsere Ahnen wussten, dass ihr Leben in der Gemeinschaft sicherer war. Dorthin, wohin sich die meisten anderen begaben, gingen sie deshalb mit.
- Das *Modul sozialen Lernens* (Zeigen und Nachmachen): Wir werden – im Gegensatz zu Nestflüchtern – „unfertig" geboren und müssen sehr viel lernen, um überlebensfähig zu werden. Es gehört zu unserer psychologischen Grundausstattung, aufmerksam abzugucken, d.h., »folgsam« zu sein.
- Die *Lernen durch Belohnung*: Unsere gesamte Argumentation ging bisher in diese Richtung. Kooperation, Führung und Gefolgschaft lohnen sich! Wäre dies nicht der Fall, wäre das »Experiment Führung« schon lange wieder beendet worden.

---

45 *Neuberger, O.*, Führen und führen lassen, 2002, S. 106

Das teilweise große Gefälle zwischen Gruppenmitgliedern und ihrer Führung ist evolutionär ein absolut junges Phänomen und hat sich sicherlich nicht in unserem archaischen Autopiloten kristallisiert. Es wird in den Ur-Gemeinschaften zwischen allen Beteiligten zumeist gegenseitige Anerkennung und Akzeptanz gegeben haben. Ist es da nicht beinahe tragisch, welches Bild sich daraus im Laufe tausender von Generationen entwickelt hat?

> Was mögen Mitarbeiter von unseren heutigen Managern halten, wenn sie in einer Buchhandlung Titel lesen, wie „Umgang mit schwierigen Mitarbeitern", „30 Minuten für effektives Delegieren", „Führung durch Charisma. Eine Analogie von Hunden und Katzen", „Pferdeflüstern für Manager. Mitarbeiterführung tierisch einfach" usw.?

Lustiger finde ich dagegen, wenn Kollegen aufgeregt darüber berichten, dass die Menschen in den Organisationen immer kompetenter werden. Dabei vermitteln sie den Eindruck, als sei dies etwas Besonderes und erfordere völlig neue Führungsprinzipien. Müssen wir uns – auch an der Stelle – nicht vielmehr wieder auf die alten besinnen? Sie kennen meine Antwort darauf.

Gleichzeitig bin ich mir natürlich darüber im Klaren, dass zwischen der Geburtsstunde des Phänomens Führung und unserer heutigen Welt viel Zeit vergangen ist. Und da Sie mich mittlerweile ein wenig kennen, ahnen Sie vielleicht den Reiz, den eine *Kulturgeschichte der Führung* auf mich ausübt. Wie ging die Entwicklung weiter? Erlauben Sie mir im kommenden Kapitel dazu ein paar Gedanken zu formulieren?

Führung auf dem Weg in die Gegenwart

„Am Anfang, noch vor dem ersten Tier, vor der ersten Emotion, war eine Nervenzelle, die sich direkt aus einem Bakterium entwickelt hatte. Der innerste Kern der Neuronen unseres Gehirns, die Millionen von Mitochondrien, ähnelt diesen Urbakterien fast aufs Haar. Wir haben dieses Milliarden Jahre alte System in jeder unserer Zellen."

Robert Ornstein, Gehirnforscher

Unsere bisherigen Überlegungen führen zu der These, dass wir über ein *„Urbild der Führung"* verfügen, das uns weder anerzogen werden muss noch außer Kraft gesetzt werden kann.[46] Allerdings hat es sich selbstverständlich weiter entfaltet. Es wurde kulturell eingebettet und hat durch die Geschichte hinweg auch stets zeitgeistige Farben angenommen. Eine **Sozialgeschichte der Führung** steht meines Wissens noch aus und soll auch hier nicht geleistet werden.[47]

Allerdings möchte ich in den nächsten Kapiteln einige **Stränge menschlicher Entwicklung** und ihren möglichen Einfluss auf unser Phänomen Führung separat betrachten. Insgesamt kommen mir alle folgenden Facetten für unser Thema Führung heute bedeutsamer vor, als noch vor einigen Jahren. Die Kapitel sind daher im Vergleich zur 1. Auflage erheblich überarbeitet.

Immer, wenn die Evolutionspsychologie auftaucht, kommt Besorgnis auf. Gehen wir die Probleme von morgen mit der Psyche der Vorzeit und den Werkzeugen von gestern an? Manche Autoren sind sogar der Überzeugung, dass „sämtliche Niederlagen, die wir bereits haben einstecken müssen" mit diesem menschlichen

---

[46] „It is an anthropological truism that all societies, from the most egalitarian to the most stratified, have some form of leadership. Forms of impermanent and situational leadership exist in even the most »egalitarian« societies." (Kevin J. Vaughn, Emergent Leadership in Middle-Range Societies, in Vaughn, K. J., Eerkens, J. W., Kantner, J., 2010, S. 148)

[47] wobei eine tolle Vorarbeit, zumindest für die Ursprünge industriellen Managements, von *Werner Berg* bereits geleistet wurde (in „Die Teilung der Leitung", 1999, Göttingen: Vandenhoeck und Ruprecht); ist aber nur etwas für wahre Fans der Managementgeschichte

Defizit zusammenhängen[48]. Eine sehr pessimistische Haltung. Halten wir uns doch ein paar gelungene Aktionen unserer Geschichte vor Augen.

Vor rund 40.000 Jahren steigerten wir unsere *Innovationskraft* in unfassbarem Ausmaß, *differenzierten* Arbeitsschwerpunkte aus und *integrierten* diese gleichzeitig in das größere Ganze unserer Gemeinschaften. Vor gut 14.000 Jahren haben es Führungskräfte geschafft, ihren *Planungs- und Managementhorizont* drastisch zu verändern: vom Nomaden- und Jäger-Dasein zum Pflanzer und Hirten. Völlig neue Grundhaltungen wurden damals notwendig, um von der gewohnten Ein-Tages-Planung auf eine 365-mal längere Jahresplanung überzugehen. Vor etwa 6.000 Jahren hatten wir den Mut, unsere Kleingruppen Schritt für Schritt gegen immer riesigere Gesellschaftssysteme nahezu einzutauschen. Vor rund 2.500 Jahren entwarfen wir Religionssysteme, die für Mitgefühl *weit über unsere Sippe hinaus* plädierten. Mit den unfassbaren Entwicklungen seither lassen sich Bibliotheken füllen. Sollen wir wirklich glauben, dass unsere psychologischen und verhaltensbezogenen Muster ein unlösbares Problem für uns definieren?

Liebe Pessimisten: *Das Spiel ist noch lange nicht zu Ende!*

Wir sind aber auch noch nicht so weit, einen Blick auf den weiteren Verlauf dieses Spieles zu werfen. So ein schönes Thema sollten wir uns für das Ende des Buches aufbewahren. Lassen Sie uns erst einmal unser Phänomen Führung – nach seiner Geburt – durch Kindheit und Pubertät begleiten. Hierbei werden wir nicht seinen „Lebensjahren" folgen, sondern thematische Schwerpunkte setzen, quasi von unterschiedlichen Seiten Lichtstrahlen auf die Entwicklung richten.

Dadurch können Sie jedes Kapitel unabhängig voneinander lesen, um unser Puzzle und Ihr „Bild im Kopf" weiter auszudifferenzieren. Entscheiden Sie selbst, wie viele Pixel es haben soll. Wenn Sie das Gefühl haben, der evolutionspsychologische und historische Hintergrund reicht Ihnen aus, können Sie jederzeit in Teil II des Buches springen.

---

[48] *Berth, R.*, Erfolg, 1993, Düsseldorf: Econ, S. 14

1. Unser Bewusstsein entfaltet sich

Lassen Sie dieses Wort kurz auf Ihrer Zunge zergehen: Bewusst-Sein! Nach wie vor eines der größten ungelösten Rätsel der Biologie. Und es vertieft sich mit der Tatsache, dass die meisten Gehirnvorgänge es auch noch umgehen. Unser Zugang zu den Bereichen, in denen wir Handlungsabläufe abwägen, Entscheidungen treffen und Ziele bewerten, ist überraschend eingeschränkt[49]. Das liegt schlichtweg daran, dass diese **Funktionen** auch schon benötigt wurden, als unser Denken noch nicht über Worte verfügte und das Bewusstsein in den Kinderschuhen steckte. Unser Handeln wurde ursprünglich in erster Linie durch **emotionale Impulse** initiiert, die Teil unseres »*archaischen Autopiloten*« sind. Eine sehr schnelle, energiesparende, wirkungsvolle Methodik.

Heute kann niemand mehr wissen, was wir ohne Sprache und mit nur rudimentärem Bewusstsein zu leisten vermochten. Zukunftsplanung, Aufarbeitung des Vergangenen, strategischer Umgang mit der Komplexität des Lebens: all das wird vermutlich in der Startphase menschlichen Lebens nicht zu unseren Stärken gehört haben. Heute bestimmen solche Themen den Manager-Alltag.

Unser ursprüngliches Denken kann man sich wohl am ehesten als »***Denken in Bildern***« vorstellen. Es gibt auch Versuche, den alten Bildern in unseren Köpfen auf die Spur zu kommen, die manchmal als ***Archetypen*** bezeichnet werden.

Abbildung 7: Unser Bewusstsein entfaltet sich

---

49 *Koch, Ch.*, Bewusstsein – ein neurobiologisches Rätsel, 2005, S. 224 ff.

> Nach *C. G. Jung* handelt es sich hierbei um „Reste einer frühen Kollektivpsyche" die „in der Gehirnstruktur vererbt ist". Er sieht im Archetypus eine kollektive Erlebnisbereitschaft, die nicht erworben ist, sondern schon immer da war, seit die Gattung homo existiert. Für ihn liegen Archetypen in einer funktionalen Nähe mit Trieben, und er betrachtet sie als „gigantische historische Vorurteile"[50]. Erkennen wir an dieser Stelle nicht verblüffende Parallelen zu unseren evolutionspsychologischen Gedanken?

Mit dem Auftauchen *sprachlicher Elemente* bekam der Prozess eine völlig neue Dynamik. Unsere assoziativen, bildhaften „Ur-Gedanken" wurden durch Worte überlagert. Heute wird Bewusstsein zumeist sogar mit Sprache gleichgesetzt!

Wir können davon ausgehen, dass die Entfaltung unseres Bewusstseins Einfluss auf unser Zeiterleben und die Komplexität in unseren Köpfen hatte. Lassen Sie uns etwas genauer auf diese beiden Facetten schauen.

1.1 Zeitverständnis: Die Zukunft entsteht

Es ist Mode, den *Manager der Zukunft* herbeizureden, der überraschende Möglichkeiten schafft und die zukünftigen Spielregeln des Erfolgs neu definiert, um damit die Konkurrenz zu übertrumpfen. Wir träumen von der Fähigkeit, die Zukunft nicht nur zufällig zu beeinflussen, sondern beständig und strategisch zu gestalten. Nicht Versuch und Irrtum sollen unser Vorgehen charakterisieren, sondern Weit- und Voraussicht.

In der aktuellen Literatur begegnet uns häufig eine Aufteilung von Führungskräften in *Problemlöser* (auf das Hier-und-jetzt ausgerichtet) und *Chancensucher* (auf das Mögliche ausgerichtet). Immer wieder wird dabei mit Bedauern festgestellt, dass es zu wenig Visionäre und Chancensucher gäbe. Vielleicht ist dies schlichtweg *natürlich*!

Unser Geist ließ zu Frühzeiten kaum den Blick in die Zukunft zu. Der Zeithorizont unserer Ahnen war auf das Hier und Jetzt ausgerichtet, ähnlich, wie es bei vielen Tierarten heute auch noch ist. Das Morgen fand einfach dann statt, wenn man das Heute überlebte. Daher war auch die Ur-Aufgabe der Führung auf den aktuellen Zeitpunkt ausgerichtet: Dafür sorgen, dass es gemeinsam funktioniert! Wir könnten konkretisieren: ... *hier und jetzt* gemeinsam funktioniert!

---

[50] *Schmidbauer, W.*, Mythos und Psychologie, 1999, S. 118 ff.

Die Erweiterung der Ur-Aufgabe der Führung (Dafür sorgen, dass es *auch morgen noch* gemeinsam funktioniert!) wird zweifellos erst viele Jahrtausende nach der Geburtsstunde des Phänomens Führung möglich gewesen sein.

Wir Menschen sind zunächst einmal von Mutter Natur darauf ausgerichtet, akute Probleme zu lösen. Das ist die Methode der Wahl beim Überleben. Das Prinzip lautet: »*Problem erlebt ⇨ Lösungsverhalten jetzt*«. Wir spüren Hunger und machen uns auf die Suche nach etwas Nahrhaftem. Haben wir gerade kein Problem, kümmerten wir uns um Sozialpflege. Auch heute noch gibt es eine Reihe von Kulturen, die diesem Prinzip folgen, oftmals von unseren Leistungsgesellschaften je nach Stimmung belächelt, ausgeschimpft oder beneidet.

Vermutlich könnten wir uns mit gutem Gewissen „*soziale Problemlöse-Wesen*" nennen[51]. Um dieses Erfolgsmuster gut verwirklichen zu können, wurden wir einerseits mit sensiblen Antennen für das Miteinander versorgt, andererseits für die Wahrnehmung von Schwierigkeiten und Gefahren.

> Wenn Sie sich also das nächste Mal wieder darüber ärgern, dass Ihr Chef oder Ihr Lebensgefährte immer nur Missstände anspricht, statt auch Ihre guten Seiten zu sehen, sagen Sie sich einfach: „Ach nein, er ist schon wieder im Urzeit-Modus!"

Dass sich für unsere Vorfahren irgendwann der erlebte Zeithorizont ausdehnte und sie vorausschauender handeln konnten, setzte niemals ihren Grundmodus der Problemorientierung außer Kraft. Und das ist gut so! Auch heute noch findet das Morgen statt, wenn es uns gelingt, das Heute zu überleben. Müssen wir uns über die strategische Zukunft eines Unternehmens Gedanken machen, wenn es gerade Konkurs anmeldet? Wir sind einfach keine Wesen geworden, die sich gedanklich vor allem in der Zukunft bewegen. Die Einzelnen von uns, die dies tun, werden zumeist sogar als lebensuntüchtig, zerstreut oder gar verrückt erlebt.[52]

> Die **Geburtsstunde der Zukunft** wird möglicherweise heute noch „nachgespielt". So gibt es in jeder persönlichen Entwicklung während der Kindheit einen Moment, von dem an wir verstehen, was es bedeutet, etwas „in einer Woche" zu tun. Und es gibt den Moment, in dem wir entscheiden, jetzt auf ein Bonbon zu verzichten, um morgen eine Tüte von diesen Süßigkeiten zu erhalten.

---

51 Wenn wir uns nicht schon großspurig als homo sapiens sapiens bezeichnen würden.
52 Wahrscheinlich wollte das ein bekannter Deutscher zum Ausdruck bringen, als er etwas lästerlich den Menschen, die Visionen haben, einen Therapeuten empfahl.

Es ist denkbar, dass genau die Gemeinschaften überlebten, in der eine **gelungene Mischung von Individuen** zu finden war: viele gegenwarts- und problembezogene *Macher* im Team mit einigen wenigen zukunftsorientierten *Sehern*. Jetzt musste nur noch dafür gesorgt werden, dass diese sich untereinander respektierten und voneinander lernten. Ich denke, dass es kein Zufall ist, dass Führende schon immer »Seher« (Wahrsager, Orakel, Wirtschaftsweise, Trendforscher etc.) in ihrer Nähe haben wollten.[53]

> ***Tipp***: Lassen Sie sich von den vielen Forderungen nach Vision und Zukunftsmanagement nicht verwirren und zu Aktionismus verleiten.
>
> Sorgen Sie allerdings gleichzeitig dafür, als Gesamtverantwortlicher vom Tagesgeschäft regelmäßig so viel Abstand zu gewinnen, dass Sie sich intensiv mit Zukunftsfragen der Gemeinschaft (z.B. Vorsorge, langfristige Navigation) beschäftigen können.
>
> *Also: Es ist in Ordnung, wenn sich nur wenige – dafür aber die Richtigen – in einer Gemeinschaft mit Zukunftsfragen befassen.*

Die Ausdehnung unseres Zeithorizontes bescherte uns ein paar weniger erwünschte Nebenwirkungen: Plötzlich konnten wir uns in (Zukunfts-) Sorgen und in (Vergangenheits-) Bewältigung „verlieren". Unsere Innenwelt signalisierte uns zunehmend Probleme, für die es in der Außenwelt keine unmittelbaren konkreten Entsprechungen gab. Wir fingen an, unsere natürliche **Präsenz** zu verlieren. Wir konnten Angst vor Dingen bekommen, die es nicht gab.

Psychologen haben dafür den Begriff der **Lageorientierung** gewählt. Wir sind in diesem Modus so sehr mit uns und unserer Lage beschäftigt, dass wir nicht mehr handlungsfähig sind.

Wir können wohl davon ausgehen, dass uns Mutter Natur für die strategische Entwicklung von Zukunft nicht sonderlich gut ausgestattet hat. Es bringt vielleicht genauso wenig, mehr Visionäre zu fordern, wie Kleinkinder aufzufordern, sich ihre Schokolade besser einzuteilen.

Ich wage die These:

Visionäre sind statistisch betrachtet die Ausnahme!

Das Grundproblem besteht nämlich nicht darin, dass wir etwas zu wenig haben (*Zukunftsorientierung*). Es besteht darin, dass von Natur aus etwas anderes dominant ist (*Problem- bzw. Aktionsorientierung*).

---

53 sehr unterhaltsam: *Anett Klingner*, Heimliche Regenten. Astrologen als Drahtzieher der Macht, 2012

Aktionismus zu vermeiden, stellt meiner Erfahrung nach für viele Führungskräfte schon eine echte Herausforderung dar. Aber selbst wenn uns dies gelingt, entsteht dadurch nicht automatisch eine *Zukunftsorientierung* (Vorausdenken, Strategie-Entwicklung, Vision…). Fähigkeiten, die man für diese Aufgaben benötigt, sind auch nicht einfach zu vermitteln. Wie oft haben Sie in Ihrem Leben schon ein Strategie-Meeting, einen Zukunftsworkshop oder die Arbeit an einer Vision erlebt, die Sie in ihrem Ergebnis echt fasziniert hätte?

Die erlebten Herausforderungen und unsere Lösungskapazität stachelten sich in unserer Historie quasi gegenseitig hoch. Das Wachstum unserer geistigen Potenziale, die Entfaltung des Bewusstseins, die Verlängerung des Zeitstrahles in die Zukunft: All das führte dazu, dass sich unsere Möglichkeit massiv erweiterte, aber auch die Komplexität in unseren Köpfen!

1.2 Komplexität und Dynamik: Die Welt gerät aus den Fugen

Die Zahl unserer aktuellen Probleme scheint ständig zu wachsen. Gleichzeitig werfen wir uns selbst vor, der steigenden Komplexität nicht Herr zu werden und halten unsere Zeit für wahnsinnig schwierig. Dabei ist völlig ungeklärt, ob wir dramatischere Entwicklungen erleben als unsere Ur-Ahnen. Erstens hatten sie viel schlechtere Ausgangsbedingungen, zweitens ebenfalls existenzielle Umwälzungen zu bewältigen. Damals wie heute suchen wir nach Lösungen, um unsere (innere) Welt wieder **unter Kontrolle zu bekommen**.

Vielen Menschen gelingt das immer seltener, und sie verlieren oft sogar vor lauter Sorgen und Grübelei ihre Handlungsfähigkeit. Die Entwicklung unserer mentalen Fähigkeiten ist wohl schon immer *Segen und Fluch* zugleich gewesen. Nachdenken schafft uns oft erst die Sorgen, die wir mit weiterem Nachdenken lösen wollen. Wir könnten auch zynisch fragen: Werden *zu* intelligente Personen handlungs- und damit erfolgsunfähig?

Möglicherweise nimmt die Komplexität der Welt gar nicht objektiv so rapide zu, wie es allerorts beschworen wird. Vielleicht sind wir nur zunehmend in der Lage, in uns eine größere Komplexität zu *produzieren*. Das würde betonen, wie wichtig es ist, (a) Wesentliches von Irrelevantem zu unterscheiden und (b) uns vor Daten-Überlastung zu schützen. Im Feld der Komplexität und Dynamik sind viele Fragen zu finden, für die wir noch gute Antworten brauchen.

Für die Gruppe ist der Führende eine **Methode der Komplexitätsreduktion**. Die Geführten möchten sich vertrauensvoll entspannen, die Sorge um die gemeinsame Bewältigung der anstehenden Probleme in den besten Händen wissen. Wir haben bereits festgestellt, dass erlebte Unsicherheit die Sehnsucht nach Führung erhöht. Und das, obwohl die Menschheit insgesamt ihre Fähigkeiten explosionsartig weiterentwickelt.

1.3 Kompetenz-Explosion: Vom Traum der Welt-Herrschaft

Wir wurden im Verlauf unserer mentalen Entwicklung immer mächtiger! Alle! Die Evolution machte keinen Unterschied zwischen Führenden und Geführten. Schließlich entwickelten sich hier nicht zwei Gruppen unabhängig voneinander, so wie die Finken auf den Galapagos-Inseln und die in Europa. Wir haben bereits dargestellt, dass die Geführten *von Natur aus* erfolgreiche Überlebende mit entsprechendem Selbstverständnis waren – und wir alle sind deren Nachkommen. Es machte für die Natur absolut keinen Sinn, die Geführten prinzipiell *dumm und schwach* zu halten. Anders sieht dies schon aus Sicht der Führenden aus!

Im Konkurrenzkampf um die Führung gibt es zwei Wege: Zum einen kann ich stetig besser werden, um einen **Vorsprung zu halten**, zum anderen dafür sorgen, dass alle anderen schlechter sind als ich.

Führende haben wohl schon früh damit begonnen – aus politischen **Gründen der Machterhaltung** – das „Dumm-und-schwach-Halten" der Geführten selbst in die Hand zu nehmen. Um ein Sprichwort etwas abzuwandeln: *Wenn man ein Einäugiger ist, wird man König, indem man den Rest der Welt blendet!*

Auch heute finden wir viele Führungskräfte, die alle Lichter um sich herum ständig austreten, damit ihr eigenes heller leuchtet. Dumme und schwache Geführte stellen die Autorität nicht so rasch in Frage. Der Preis: Schwierige Gemeinschaftsaufgaben können immer schlechter bewältigt werden, denn die Mannschaft ist untauglich. Im Überlebenskampf der Gemeinschaften ein echtes Hindernis!

Diktatorisch-repressive Gesellschaften waren und sind in der Bewältigung wirklich herausfordernder Gemeinschaftsaufgaben schlechter als gut geführte Gesellschaften. Das gilt auch für Wirtschaftsorganisationen!

Und nun haben wir ein Problem: Die Geführten werden immer besser, und ich kann sie als Führungskraft nicht einfach „dumm halten". Was bleibt mir dann, um meine Rolle zu erhalten?

Machtmissbrauch und Gewalt als Lösungsweg verstoßen derart massiv gegen unsere evolutionär angelegten Vorstellungen von guter Führung, dass sie keine nachhaltige Strategie darstellen können. Wenn ich den größten Teil der vorhandenen Energie der Gemeinschaft durch interne Kämpfe und Konflikte verbrauche, bleibt zu wenig im Wettstreit nach außen. Schauen wir uns nur die vom Bürgerkrieg geschwächten Länder an.

> *Tipp*: Widerstehen Sie ebenso der Versuchung, schwache Menchen um sich herum zu versammeln, wie Ihre Gruppe künstlich dumm zu halten, damit Ihre Führungslegitimation nicht in Frage gestellt wird.
>
> *Also: Nur mit einer starken Mannschaft können Sie eine entscheidende Rolle im Wettkamf der Gemeinschaften spielen.*

Das zwischenzeitlich gepflegte ***Selbstverständnis der Führenden*** als „in allem Bessere" gerät zu Recht ins Wanken. Es gab schon für unsere Führungs-Ur-Ahnen sicherlich Fähigkeiten, die einzelne Gruppenmitglieder besser entwickelt hatten. Ich kann mir kaum vorstellen, dass der *„historische Oberchef"* die besten Pfeile herstellte, alles über das Verhalten des Wildes wusste, über eine kraftvolle Konstitution verfügte, das Wetter bestimmen konnte usw. Auch damals gab es sicherlich bereits kleine Spezialisten.

Alles in allem wurde es durch die Entfaltung unseres Bewusstseins sicherlich nicht automatisch leichter, die Ur-Aufgabe der Führung erfolgreich wahrzunehmen. Hinzu kommt noch, dass die Gruppen, die geführt werden mussten, im Verlaufe der menschlichen Geschichte größer und größer wurden.

2. Unsere Gemeinschaften werden größer

Schon vor etwa 11.000 Jahren lassen sich zahlreiche Ortschaften nachweisen, die sich im Laufe vieler Generationen immer mehr zu Siedlungssystemen zusammenfügten. Vor knapp 6.000 Jahren wuchsen dann die ersten größeren Gesellschaften. Für Menschen wurde es immer nachteiliger, keiner großen Gruppe anzugehören. Dieser Übergang stellte für unseren frühzeitlichen Verstand eine gewaltige Herausforderung dar: ***Angst und Misstrauen*** gegenüber Fremden wuchsen ebenso wie das Bedürfnis nach Verteidigung.

Führung auf dem Weg in die Gegenwart

Tausende von Jahren lassen sich in unseren Köpfen nicht so einfach ausradieren: Die Anzahl der Menschen, die wir gut kennen – meist sind es nicht mehr als 150 Personen – hat sich seit den Lebzeiten unserer Vorfahren praktisch nicht geändert, obwohl wir heute in einer Massengesellschaft mit Abermillionen von Menschen leben.

Unsere Psyche ist darauf eingerichtet, lebendige Beziehungen nur mit einer **überschaubaren Gruppe von Menschen** aufrechtzuerhalten. Schließlich kann jede Form der Kooperation prinzipiell zwar viel versprechend sein, aber auch sehr gefährlich und *nervenaufreibend*.

Abbildung 8: Unsere Gemeinschaften werden größer

Schlau wie wir waren, begannen wir einfach, innerhalb der Großgesellschaften wieder unsere geliebten Kleingruppen aufzubauen. Es „… entstand, was unter Menschen in vergleichbarer Lage immer entsteht: ein unentwirrbares Netzwerk von Interessen, Eifersüchteleien, Begehrlichkeiten und natürlich auch Konflikten"[54]. Es entstanden die ersten *Urzeit-Kartelle* und *Interessenverbände*.

Eine herrliche Lösung: Wir erleben wieder die Geborgenheit und Identität der Gemeinschaft – und bauen Einfluss und Ansehen unserer „*Bande*" nach außen aus. Neben uns stehen Einzelne und weniger geschlossen auftretende Gemeinschaften oftmals im Abseits. Folglich steigen sie ebenfalls in den Wettkampf ein und beginnen, „*Politik*" zu machen!

---

[54] *Herzog, R.*, Staaten der Frühzeit. Ursprünge und Herrschaftsformen, 1998, S. 38

Solange direkte Erfahrungen zwischen Geführten und Führenden möglich waren, konnten sich Privilegien, Macht und Leistung nicht stark voneinander lösen. Als unsere Vorfahren sesshaft wurden, Städte und Weltreiche entstanden, hatten viele Menschen keinerlei Kontakt mehr zu ihren Herrschern. Irgendwann auf diesem Weg wurde es sogar möglich, dass rein *formale Machthaber* existierten, die nur noch Symbole ohne Leistung waren (z. B. Marionetten-Könige, Frühstücksdirektoren). Im direkten Umfeld einer Führungskraft wirken die archaischen Muster dagegen nach wie vor stark. Den Menschen in seiner Nähe kann man auf Dauer nichts vormachen.

Je größer eine Organisation wird, desto mehr Mitglieder kennen sich untereinander nicht mehr. Allmählich wird aus dem in Kleingruppen so wichtigen »Ansehen« – absolut wörtlich zu nehmen – das in Großgruppen nicht minder wichtige »Image« (also das Bild, was man sich von uns macht). War gerade noch die Legitimation durch die Gruppe das Entscheidende, kommt plötzlich der Entscheidung „von oben" ein akuter Stellenwert zu.

Es gibt Stimmen, die mir erzählen, heute könne man in Großunternehmen nicht mehr durch gute Führung Karriere machen. Dazu bedürfe es ganz anderer Fähigkeiten. Und dann fällt unter anderem sehr häufig auch das Wort Politik; es geht hier um das *„Große Spiel der Macht"*.

2.1 Politik: Das Spiel um die Macht bekommt ein Eigenleben

Soziale Anerkennung und persönlicher Status haben für unser Überleben in Gemeinschaften eine wichtige Funktion. Das Streben danach wird sogar durch einen hormonalen Reflex belohnt. Es handelt sich also selbst aus biologischer Perspektive um einen sehr alten Ansporn[55]. Allerdings produziert der auch eine Nebenwirkung: Wo Chemie und Lust zusammenkommen, ist die Abhängigkeit immer in der Nähe. In diesem Fall die Sucht nach *Macht und Ansehen*!

In überschaubaren Kleingruppen – in denen wir ursprünglich alle lebten – werden wir von anderen Mitgliedern notfalls „geerdet". Für den Fall, dass wir uns für zu wichtig halten, können uns die Menschen in unserem direkten Umfeld am schnellsten wieder auf den berühmten Boden der Realität zurückholen.

---

55 *Eibl-Eibesfeldt, I.*, Die Biologie des menschlichen Verhaltens, 2004, München: Piper, S. 432

Die Dinge begannen sich massiv zu ändern, als unsere Gemeinschaften wuchsen. ***Politik findet seinen Nährboden vor allem in größeren Systemen.***

Abbildung 9: Politisches Kapital

 Das Ringen um Einfluss und Ansehen stellt eine **Wurzel der Politik** dar. Politische Kompetenz hat erheblich mit dem Erwerben, Erhalten und Vermehren von Macht zu tun.

In diesem Zusammenhang wird auch von ***politischem Kapital*** gesprochen. Dieses besteht nach Ansicht von Wissenschaftlern aus zwei immateriellen Gütern: ***Ansehen und Beziehungen***. Sie behaupten, dass unser politisches Kapital wächst, wenn wir (a) das Ansehen und die Aufstiegschancen der Menschen in unserer unmittelbaren Umgebung fördern, (b) wenn wir uns ihnen gegenüber loyal verhalten und uns (c) erfolgreich am Netzwerk der gegenseitigen Gefälligkeiten, Einverständnisse und Hilfestellungen beteiligen.[56]

Wenn diese Erkenntnisse stimmen, hat es die Natur sehr geschickt eingerichtet: Wir erhalten Ansehen, wenn wir wertvoll für die Gemeinschaft sind. Allerdings hatte sie diese Konstruktion für überschaubare Kleingruppen geplant.

---

56 *Badaracco, J. L.*, Lautlos führen. Richtig entscheiden im Tagesgeschäft, 2002, S. 83

In größeren Gemeinschaften besteht auf einmal die eher störende Möglichkeit, mangelnde Leistung durch Beziehungen zu *kompensieren*!

Eine ganz besondere Beziehung ist dabei natürlich die zum Führenden! Sicherlich war es schon immer ein Anliegen der Gruppenmitglieder, sich durch Nähe zu ihm einen vorteilhaften Status zu sichern. Dazu brauchen wir nicht erst auf die Zeit des Hofstaates zu schauen. Schon unsere Urahnen werden achtsam registriert haben, wer zum „*Inner-Circle*" gehörte – und sich am Verhalten der Mitglieder ein Vorbild genommen haben.

Tipp: Stellen Sie sicher, dass Sie keine Sonder-Beziehungen zu Gruppenmitgliedern aufbauen bzw. zulassen, die Sie in Ihrer Führungsaufgabe blockieren könnten. Achten Sie auf den individuellen Beitrag der Beteiligten zum gemeinsamen Ziel!

Also: Können Sie Ihren besten Freund offiziell verwarnen, wenn er die Gemeinschaft mit seinem Verhalten gefährdet?

Die Gemeinschaften wuchsen weiter und gute Beziehungen zum Führenden konnten plötzlich eine neue Art von Privileg bescheren: Die Beförderung in eine *eigene* Führungsrolle. Der **Karrierist** war geboren!

Der Charakter unseres Ur-Phänomens Führung wurde zunehmend „verwaschen", als immer mehr Menschen durch Personen geführt wurden, die nicht von der Gruppe selbst legitimiert waren. Noch heute fällt es Managern nicht immer leicht, bei ihren Personalentscheidungen zwischen „der gefällt mir" und „der wird als Führungskraft gut" zu unterscheiden.

In dem Moment, in dem bei der Besetzung einer Führungsposition nicht mehr der Beitrag zum Erfolg der Gemeinschaft im Vordergrund stand, wurde in der Geschichte eine neue Aufgabe geboren: **Karriere machen**!

Das Phänomen entstand dabei vermutlich aus der sozialen **Beziehung zum Führenden**. Das ist etwas völlig anderes, als die Aufgabe der Führung selbst!

In der übersichtlichen Gemeinschaft unserer Ur-Ahnen wird es kaum dazu gekommen sein, dass jemand die Verantwortung für die Jagd „von oben" übertragen bekam, ohne die dazu zweckmäßige Kompetenz aufzuweisen. Jeder hätte diese Dummheit sofort mit Hunger gebüßt.

Erst in großen Gemeinschaften, deren Zeit mit der Agrarwirtschaft kam, konnten *Fehlbesetzungen* (eine gewisse Zeit lang) unerkannt bleiben. Diese berühmte Agrar-Revolution hat noch weitere bedeutsame Auswirkungen: Koordination und Organisation wurden erfolgsrelevanter!

2.2 Organisation: Von der Sippe zur Institution

Organisieren war für unsere Ur-Ahnen vermutlich kein besonderes Problem. Sie machten über sehr lange Zeit einfach das, was schon immer gemacht wurde und wie es schon immer gemacht wurde. Wesentliches Erfahrungswissen hatte sich über Generationen angesammelt. "Schon die Lager des Homo Sapiens, der vor vielen Jahrtausenden aus dem Dunkel der Eiszeit hervortrat, waren nach einem erkennbaren, immer wiederkehrenden Schema gegliedert..."[57]

Das Wissen um diese Dinge war vermutlich auf mehrere Köpfe verteilt, die ihre Erfahrungen – modern formuliert – »*on the job*« weitervermittelten. Wenn etwas nicht funktionierte, probierte man so lange herum, bis der Erfolg da war. Dann wurde der Weg nicht mehr in Frage gestellt, sondern *einfach stets wiederholt*. Es gab viele hunderttausend Jahre in unserer Geschichte, in denen sich erfolgreiche Abläufe und Kenntnisse nachweislich nahezu nicht veränderten. Sie hatten sich quasi in der Gemeinschaft „kristallisiert".

 Lassen Sie uns die *Ur-Sippe als erste Organisation* betrachten.

Das entspricht sogar modernen Definitionen: „Unter einer Organisation verstehen wir ein strukturiertes soziales System, das aus Gruppen von Einzelpersonen besteht, die zusammenarbeiten, um vereinbarte gemeinsame Ziele zu erreichen ... Die formale Organisation ist ein mit Problemen konfrontiertes und diese Probleme lösendes System."[58] Passt, nicht wahr?

Das Ziel der Ur-Organisation bestand schlichtweg darin, als Sippe zu überleben. Unsere Ahnen konnten dazu kein Strategie-Meeting einberufen. Mussten sie auch gar nicht! Denn Mutter Natur hat uns ja mit einer »*eingebauten Überlebensstra-*

---

[57] *Roman Herzog*, Staaten der Frühzeit, S. 8
[58] *Weinert, A. B.*, Organisations- und Personalpsychologie, 2004, S. 6 / S. 557

tegie« ausgerüstet. Deren Einzel-Programme haben alle einen **Projekt-Charakter**. Ihre Aktivierung ist zeitlich begrenzt! Es macht keinen Sinn, nie mehr mit der Jagd aufzuhören, bis zum Tode im Sex-Akt zu verbleiben[59] oder unendlich weiter zu essen.

Eine recht dramatische Veränderung ereignete sich vor rund 14.000 Jahren, als die Menschen zu Ackerbau und Viehzucht übergingen. Die Gemeinschaften wurden größer, man musste und konnte arbeitsteiliger arbeiten. Die Stunde der **Spezialisten** war gekommen (z.B. Bäcker, Soldaten, Heiler), die sich zunehmend in **eigenen Gruppierungen** organisierten (z.B. Zünfte, Heer). Neben der Sippe entstanden neue Strukturen und Institutionen, quasi *»künstliche Familien«*. Es galt nun, Bruderschaften, Gilden und religiöse Organisationen am Leben zu halten.

> Ist Ihnen schon einmal aufgefallen, wie schwer es Mitgliedern oder der Führung einer Organisation fällt, diese bei Zielerfüllung „sterben" zu lassen. Man sucht lieber neue Aufgaben für die Gruppe (ein Beispiel: heutige Schützenvereine, die ursprünglich den Charakter einer Bürgermiliz hatten).

Perfektioniert – und pervertiert – wurde diese Entwicklung in jüngerer Zeit, als es amerikanischen Konzern-Anwälten gelang, Unternehmen als *»juristische Person«* anerkennen zu lassen.[60] Seither gibt es **Pseudo-Wesen ohne Moralsystem**! In unserem Bild: Jemand, der seine Beziehungen nur durch die Deal-Komponente definiert und die emotionale Dimension – rechtlich abgesichert – ignorieren darf. Nach DSM IV[61] können wir eine solche Person als Psychopathen betrachten.

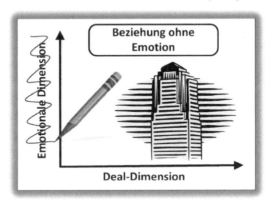

Abbildung 10: Organisation als Juristische Person

---

59 Bitte jetzt keine Witze…
60 Dazu wurde ein Gesetz genutzt, das die Rechte von Schwarzen sichern sollte.
61 ein etabliertes psychiatrisches Diagnose-System

Tragisch wird diese Entwicklung, wenn der ursprünglichste Sinn menschlicher Gemeinschaften aus dem Blick gerät: ***Überleben und Lebensqualität ihrer Mitglieder*** zu sichern.[62]

 Unsere Vorfahren nahmen die archaischen Verhaltensmuster und Bedürfnisse aus ihren Sippen mit – und übertrugen diese auf die neu entstandenen Organisationen.

Schauen Sie einmal in Ruhe hin: Verlangt nicht beispielsweise das „Sterben" einer Firma (z. B. bei Fusionen oder Insolvenz) eine Trauerphase der Beteiligten? Tut es uns nicht weh, wenn wir viele Jahre Herzblut in eine Organisation gesteckt haben – und dann vielleicht nur deren Name geändert wird? Selbst wenn unser Arbeitsplatz völlig ungefährdet ist? Wenn wir als „Gegenmittel" versuchen, uns nicht mehr mit der Organisation zu identifizieren, uns seelisch vor Schmerz zu schützen, fehlt uns etwas. Wir fühlen uns leerer, das Arbeiten-Gehen wird zu einer kalten Pflicht und Last.

Tipp: Begehen Sie nicht den Fehler, aufgrund von sogenannten Gründen der Effizienz- und Ertragsoptimierungen Strukturen zu schaffen, die dem menschlichen Naturell widersprechen (z.B. durch extremes Lean Management)!

Bieten Sie Ihren Mitarbeitern Möglichkeiten, sich durch ihren persönlichen Beitrag zum gemeinsamen Erfolg soziales Ansehen zu erarbeiten. Stellen Sie dabei sicher, dass die individuelle Profilierung nicht auf Kosten anderer Team-Mitglieder geschieht.

Also: Vergessen Sie nie, dass Ihre Organisation ein soziales System ist.

In den Abertausenden von Jahren hat sich mittlerweile Einiges verändert: Menschen arbeiten heute in Organisationen, verdienen dort ihr Geld und gehen wieder. Sie kommen oft nicht mehr erkennbar um einen gemeinsamen Sinn zusammen. Irgendwann verloren auch unsere Begriffe den Bezug zur Natur: Lebende Gemeinschaften wurden mit abstrakten Organisationen verwechselt und Gruppenmitglieder mit Stellenbezeichnungen. Wir registrieren auf diesem Weg natürlich Probleme, die aus evolutionspsychologischer Sicht vorhersagbar gewesen wären (z. B. sinkende ***Loyalität***).

---

62 Heute haben Organisationen oftmals in erster Linie den Zweck, das Vermögen ihrer Anteilseigner zu mehren. Für mich liegt nahe, dass sich an dieser Stelle sowohl ganz besondere Herausforderungen für die Führenden dieser Unternehmen ergeben, wie auch spezifische, sehr grundlegende Probleme.

Heute müssen nicht einmal mehr alle Beteiligten zur selben Zeit am selben Ort sein, damit Aufgaben bewältigt werden können. Organisationen sind immer seltener die sozialen Treffpunkte, die sie einmal waren. Sollten sie irgendwann **nur noch virtueller Art** sein, geht uns etwas verloren. Noch können wir nur spekulieren, wie sich diese Entwicklung mit unseren evolutionären Grundstrukturen und Mustern vertragen wird. „Bedauerlich, aber unvermeidlich!", darf dabei nicht unsere einzige Reaktion sein.

Bei aller Veränderung sollten wir mit *Peter Drucker* eines im Auge behalten: „Das Unternehmen ist vor allen Dingen sozial. Es besteht aus Menschen. So sollte es dem Zweck dienen, die Stärken der Menschen effektiv zu nutzen und ihre Unzulänglichkeiten bedeutungslos zu machen. Nur mit Hilfe der Organisationen ist es möglich, das umzusetzen – das ist der Grund, warum es Organisationen gibt und warum wir sie brauchen."[63]

Nach Ansicht eines anderen beeindruckenden Management-Denkers sollte niemand in einer Organisation arbeiten müssen, die sich „kein bisschen wie eine lebendige, offene Gemeinschaft anfühlt, sondern eher wie eine Planwirtschaft". Und wenn er gegen Ende seines Buches zu der Erkenntnis kommt, dass eine Organisation ihre Fähigkeiten erst dann vollkommen ausschöpft, „wenn sie vollkommen menschlich ist"[64], dann hat er uns voll auf seiner Seite!

3. Wir mehren unseren Besitz

Parallel zur Entwicklung von Organisationen und Positionen, Sprache und Bewusstsein, von Politik und Karriere bekam ein weiterer Aspekt menschlicher Geschichte wachsende Bedeutung: der **individuelle Besitz**. Dieses Thema ist in seiner Bedeutung für mich als Führungsspezialist insgesamt natürlich „mehrere Nummern zu groß" und Grundlage unterschiedlichster Gesellschaftsentwürfe (gewesen). Ich halte daher hier einfach die Gedanken fest, die mir für unsere Überlegungen bedeutsam erscheinen. Insbesondere eine Facette hat dabei im Zusammenhang mit unserem Phänomen Führung herausragende Bedeutung: dem ***Besitz als Machtquelle***.

---

[63] *Drucker, P. F.*, Auf dem Weg zu neuen Organisationsformen, in: *The Drucker Foundation*, Organisation der Zukunft, 1998, S. 15-19
[64] *Gary Hamel*, 2013, S. 206

Kapital und Vermögen in unserem Sinne finden wir evolutionsgeschichtlich gesehen erst seit wenigen Augenblicken. Die umherstreifenden Horden besaßen nur das, was sie gemeinsam tragen konnten. Recht sicher sind sich die Experten, dass die Motivation etwas zu besitzen, ganz unterschiedliche Quellen haben kann. So etwas, wie einen „allgemeinen Besitztrieb" gibt es nicht.[65]

Ab wann der Begriff »*persönliches Eigentum*« Sinn macht, lässt sich kaum einschätzen. Irgendwann wird jemand den schönen Stock, den Steinkeil oder die Muschelkette ungern jemand anderem gegeben haben – und zugleich die Möglichkeit gehabt haben, dies auch umzusetzen. Wir wissen, dass jedes Gruppenmitglied in solchen Dingen allerdings auch sehr vorsichtig war, um sich nicht den Unmut der Gemeinschaft einzuhandeln. Egoismus, Machtunterschiede und „Eigen-Tum" wurden schon immer als Risiko für die Harmonie der Gruppe erkannt. In diesem Umfeld entstanden unsere Ur-Bilder von **Gerechtigkeit, Besitz und Brüderlichkeit**.

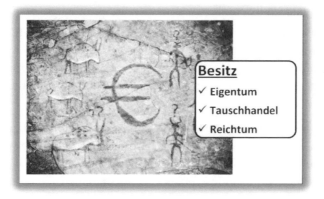

Abbildung 11: Einfluss durch Besitz

Anfangs ermöglichte Besitz vor allem **Tauschhandel**. Hatte die Gruppe genug Fleisch, verfügte aber nicht über Material für die Herstellung von Faustkeilen, wurden die Nachbarn sehr interessant, denen es genau andersherum ging. Oder auf individueller Ebene: Wenn ich zwei Bogen herstellte, konnte ich einen gegen einen Fellumhang tauschen. Immer jedoch blieb Eigentum etwas sehr Begrenztes. Wo es sich die Harmonie störend anhäufte, gab es korrigierende kulturelle Traditionen (z.B. die Verpflichtung zu riesigen Festen und Geschenken an alle).

---

[65] *Eibl-Eibesfeldt, I.*, Die Biologie des menschlichen Verhaltens, 2004, S. 482

Spätestens als vor rund 10.000 Jahren Menschen Land *in Besitz* nahmen, änderte sich jedoch vieles. Der Wechsel vom nomadischen (hier konnte schon aus praktischen Gründen nichts angehäuft werden) zum sesshaften Leben ermöglichte ***Vorsorge*** und ***generationenübergreifenden Besitz***.

Beides gab unserer Entwicklung und Kultur einen immensen Aufschwung, brachte jedoch zugleich auch Schwierigkeiten mit sich: Zum einen die Auseinandersetzungen um Besitztümer und zum anderen neue Hierarchie-Prinzipien. „Wohin sich auch der Blick der Archäologen wendet, überall finden sie Belege dafür, dass sich die ersten Bauern unaufhörlich bekämpften – mit tödlichem Ausgang."[66]

Zugleich entstand eine ***Form der Macht***, die nicht mehr von den Kompetenzen eines Individuums abhängen musste, sondern (a) von seinem *Besitz* („diese unnachahmliche Keule gehört mir. Versuche, sie mir abzunehmen ...") oder die Möglichkeit, über (b) dessen *Verteilung* zu entscheiden („du bekommst von meinem Getreidevorrat etwas ab"). Für unsere Überlegungen zum Phänomen Führung ein Wahnsinns-Thema!

Die neuen Formen der Besitz- und Verteilungs-Macht griffen unvermeidlich in die etablierten Mechanismen der (Führungs-)Strukturen der Gruppe ein. Mit einem Male musste ich als Gruppenmitglied überlegen, ob ich mich am besten Jäger orientiere oder lieber an dem Kollegen, der über das größte Getreidelager verfügen konnte.

„Besitz-Mächtige" konnten von nun an Führung beanspruchen, ohne persönlich für die Gemeinschaftsaufgabe wertvoll zu sein. Hochgradig schwierig wird es, wenn sie ohne ausreichendes Verständnis für das aktuell anstehende Problem Einfluss nehmen.

Besitz stellt nur eine *Machtquelle* dar, fördert also die Dominanzseite der Führung. ***Besitz macht nicht erfolgsintelligent!***

Müssen wir darüber sprechen, in welchem Ausmaß das Risiko von Machtmissbrauch von nun an stieg? Unmengen von *alternativen Gesellschaftsentwürfen* entstanden, weil die „große Masse" der Gemeinschaften mit den Nebenwirkungen dieser Entwicklung unzufrieden war. Die meisten davon berücksichtigten die menschliche Natur zu wenig, um von bleibender Wirkung zu sein.

---

[66] *Matt Ridley*, Wenn Ideen Sex haben, S. 184

> Es gibt Forscher, die sogar der Meinung sind, dass stabile **zentrale Führungsrollen** ohne das Auftauchen privaten Besitzes nicht möglich geworden wären.[67] Zuvor konnte die Legitimation der Gruppe nur durch Kompetenz und Leistung gewonnen werden. Es gab zu wenig Besitz, um eine breite Mehrheit zu *„kaufen"* oder zu *„erpressen"*.

Wir ahnen an dieser Stelle, welchen Einfluss die kulturellen Entwicklungen rund um das Thema Eigentum von nun an nahmen. Die bisher herausgearbeiteten archaischen Muster wurden dadurch jedoch nicht aufgehoben! Stellen Sie sich diese quasi als »*Hardware des Menschseins*« vor.

Unser *Evolutionärer Führungsansatz* beruht sehr entscheidend auf der Annahme, dass kulturelle Unterschiede nicht am Wesentlichen rütteln. Lassen Sie uns also zum Abschluss unserer Reise einen Blick auf das Thema Kultur werfen. Und danach sind wir endlich so weit: Wir fertigen uns aus den bisherigen Steinen das Puzzle der »*Essenz der Führung*«!

4. Kulturen differenzieren sich heraus

„Wir Menschen sind eine einzige große Gemeinschaft von Geschwistern, nicht viel mehr als 100.000 Jahre alt, die bislang keine Zeit hatte, fundamentale Unterschiede zu entwickeln, sondern lediglich einige äußere Anpassungen hinsichtlich Hautfarbe und Aussehen."[68] Wir sind alle genetisch verwandt mit einer Frau, die vor maximal 150.000 Jahren in Afrika gelebt hat. Alle anderen Familien, die zur gleichen Zeit lebten, sind ausgestorben[69]. Was hat es denn dann überhaupt mit kulturellen Unterschieden auf sich – wenn sie offensichtlich **nicht in erster Linie genetischer Natur** sind? Im Grunde lassen sich zwei Quellen für kulturelle Unterschiede differenzieren:

- Alle evolutionsbedingten Mechanismen unserer Spezies reagieren natürlich auf **Umweltbedingungen** und einige Phänomene könnten in manchen Gruppen bzw. Regionen *häufiger ausgelöst* werden als in anderen (z. B. Hautfarbe als Reaktion auf Sonneneinfluss).

---

[67] *Jelmer W. Erkens*, Privatization of Resources and the Evolution of Prehistoric Leadership Strategies, in: Vaughn, K. J., Eerkens, J. W., Kantner, J. (Edit.): The Evolution of Leadership, 2010, S. 89

[68] *Engeln, H.*, Wir Menschen. Woher wir kommen, wer wir sind, wohin wir gehen, 2004, Frankfurt/ M.: Eichborn, S. 157

[69] *Wells, S.*, Die Wege der Menschheit. Eine Reise auf den Spuren der genetischen Evolution, 2003, Frankfurt: Fischer

- Eine völlig andere Form kulturellen Einflusses stellt dagegen die Übertragung von *Ideen und Vorstellungen* dar. Es ist zu vermuten, dass sich in verschiedenen Gruppen eine „eigene Welt" entwickelte, eine Art „Ideen- und Werte-Biotop". Dabei ist anzunehmen, dass sich diese rund um einen universalen Kern, um urmenschliche Grundphänomene, bilden. In unserem Zusammenhang können wir z.B. festhalten, dass jede Gesellschaft ein Wort für Führer hat[70].

Ones[71] weist darauf hin, dass die Struktur der Persönlichkeit bei Völkern auf der ganzen Welt sehr vergleichbar ist. Auch die Vorhersage von Verhalten ist gleichartig. Allerdings unterscheiden sich die Ausprägungen der verschiedenen Komponenten.

Grundsätzlich können wir also davon ausgehen, dass wir Menschen in unseren Grundstrukturen „ähnlich ticken", diese jedoch in unterschiedlichen, kulturellen Farben schillern.

Abbildung 12: Völker und Kulturen

Vor mittlerweile einigen Jahrzehnten tauchten in der Wirtschaft plötzlich häufiger Begriffe wie »*interkulturelle Kompetenz*« und »*interkulturelle Führung*« auf. Die Diskussion wurde entfacht, weil es heftige Misserfolgserfahrungen damit gegeben hatte, eigene Erfahrungen und Strategien unreflektiert auf andere Kulturen zu übertragen. Meist in unterhaltsamen Anekdoten wurde vermittelt, dass es eindeutig unterschiedliche Spielregeln für verschiedene zwischenmenschliche Situationen gibt. Die einen im Gespräch schätzen einen Abstand zueinander von wenigen

---

70 *Buckingham, M.*, The One Thing. Worauf es ankommt, 2006, Wien: Linde, S. 134
71 *Ones, Deniz S.*, Welchen Stellenwert hat „Persönlichkeit" im Arbeitsleben?, in Wirtschaftspsychologie aktuell, 3/2005, S. 35-38

Zentimetern, die anderen empfinden das bereits als Bedrohung. Mitarbeiter hier wollen an Entscheidungen beteiligt werden, dort schätzen sie ein super-klares Wort vom Chef. Es gab Beispiele über Beispiele.

Wie stehen Führungsspezialisten zu diesem Thema? *Malik* formuliert hier recht kompromisslos: „Der Gedanke der Kulturabhängigkeit ist nahe liegend und verständlich, aber er ist *falsch*. Es liegt eine Verwechslung zwischen dem Was und dem Wie von Management vor. *Was* wirksame Führungskräfte tun, ist in allen Kulturen gleich oder doch sehr ähnlich ... So findet man in jeder gut geführten Organisation beispielsweise definierte Ziele und eine funktionierende Kontrolle"[72]. Letztlich, so meint er, lohne sich **kein besonderes Aufheben um das sogenannte interkulturelle Management.** Es gäbe halt einfach nur in jedem Land bestimmte Sitten und Gebräuche, die man als „elementare Höflichkeit erstens zu kennen und zweitens zu respektieren hat." Er zieht eine Parallele zu einem anderen menschlichen Betätigungsfeld und weist darauf hin, dass es genauso wenig nationen- oder kulturabhängigen Sport gibt. Es ginge allein um die Unterscheidung von gutem und schlechtem Management.

Auf der einen Seite folgen wir in Bezug auf unsere Ur-Aufgabe der Führung völlig der Argumentationslinie von *Malik*. Auf der anderen Seite kann es unseres Erachtens durchaus entscheidende kulturelle Unterschiede geben, die auch für das Phänomen Führung Berücksichtigung finden müssen. Wissenschaftler konnten z.B. zeigen, dass in verschiedenen Nationen, Weltreligionen und Kulturkreisen für den Prototyp der herausragenden Führungsperson zum Teil unterschiedliche Akzente gesetzt werden. Studien belegen auch, dass in Bezug auf Einstellungen zu Arbeitszielen, Bedürfnissen und Werten zwischen verschiedenen Kulturräumen unterschieden werden kann[73].

Unterstützung findet die differenzierte Sicht durch eine große interkulturelle Studie (Forschungsprogramm *Globe*), die universelle und kulturabhängige Führungseigenschaften identifiziert[74].

---

[72] *Malik, F.*, Führen, Leisten, Leben, 2001, S. 40
[73] *Laurent, A.*, The cultural diversity of western conceptions of management, in: International Studies of Management and Organization 13, 1983, S. 75-96
[74] *Weinert, A. B.*, Organisations- und Personalpsychologie, 2004, S. 529

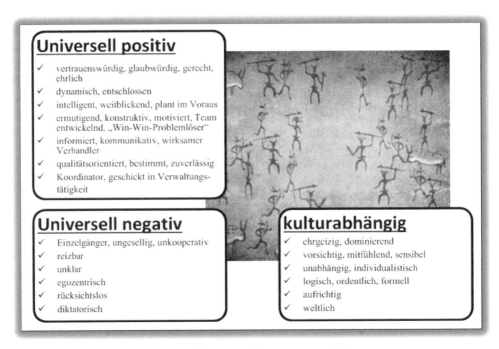

Abbildung 13: Kulturell geprägte Erwartungen an Führende

Heißt das nun, dass es – entgegen unserer bisherigen Argumentation – doch allgemeingültige Führungseigenschaften und -kompetenzen gibt?

Nein, das heißt es nicht!

Lassen Sie uns dieses Thema unbedingt später noch einmal in Ruhe vertiefen (vgl. Führungspersönlichkeit: Mythos oder Realität?). Es ist zu wesentlich, um es in ein paar wenigen Sätzen zwischendurch abzuhandeln. Auf jeden Fall bedeutet es, dass wir über eine ganze Menge von universellen Vorstellungen zum Thema Führung verfügen. Wir könnten sagen: ***archaische Vorurteile***! Was natürlich voll und ganz unseren Ansatz bestätigt, dass es sich hierbei um ein uraltes Phänomen handelt.

Eine andere Frage ist, inwieweit einzelne **Managementtechniken** auf fremde Kulturen übertragbar sind. Hier haben zwei Forscher bereits 1961 einige Stellungnahmen festgehalten, denen bis heute nicht widersprochen ist[75]:
- Es gibt eine **begrenzte Anzahl von Problemen**, für die alle Menschen zu jeder Zeit eine Lösung finden müssen.
- Es gibt eine **begrenzte Anzahl von sinnvollen Alternativen**, um mit diesen Problemen umzugehen.
- Alle Alternativen sind **in allen Gesellschaften zu jeder Zeit vorhanden**. Aber einige werden gegenüber anderen vorgezogen.
- Jede Gesellschaft hat **ein dominierendes Profil von Werteorientierungen** und ein spezifisches „Bevorzugungsmuster".
- In einer Gesellschaft, die einen **Wandel** durchläuft, wird dieses Bevorzugungsmuster nicht klar zu erkennen sein.

Auch *Mintzberg* meint in seiner aktuellen Veröffentlichung, vielleicht tendierten wir „...dazu, unsere Unterschiede zu übertreiben. Oder vielleicht hat die Kultur mehr Einfluss darauf, *wie* wir Rollen ausfüllen, und weniger darauf, welche Rollen wir ausfüllen."[76]

 Es gibt auch aus Kultur vergleichender Perspektive genug Hinweise dafür, dass eine *Essenz der Führung* Sinn macht.

Abbildung 14: Das Puzzle nimmt erste Form an

---

75 *Kluckhohn, F. & Strodtbeck, F. L.*, Variations in value orientation, 1961, Evanston, Ill.: Row, Petersen
76 *Henry Mintzberg*, Managen, S. 138

An dieser Stelle können wir festhalten, dass wir von unserer Zeitreise nicht mit leeren Händen zurückgekommen sind. Wir haben eine Menge an Material, um daraus die **Essenz der Führung** heraus zu destillieren.

Das Eis auf dem wir wandern wird weiter dünner, da es nun vom Sammeln zum Konstruieren geht. Lassen Sie uns also auf dem sichersten Weg bleiben: Gestalten wir unser Bild ausgehend von der U-Aufgabe der Führung – indem wir daraus weitere Kern-Aufgaben ableiten. Frei nach dem Motto: Wenn man die nicht löst, verliert man seine Legitimation als Führungskraft!

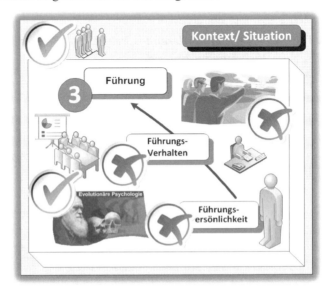

Abbildung 15: Alle Puzzle-Steine beieinander

Teil II: Die Essenz der Führung

Die Aufgabenwelt der Führung ist überschaubar

„Die wirkungsstarken Unternehmensführer, die ich kenne, unterscheiden sich...in fast allem, was Menschen unterscheiden kann. Gemeinsam ist ihnen nur die Fähigkeit zu bewirken, dass die richtigen Dinge getan werden."

Peter Drucker, Management-Denker

Unsere bisherigen Überlegungen lassen ahnen, warum Führung einerseits nicht einfach an konkreten Verhaltensweisen oder Eigenschaften festgemacht werden kann, andererseits jedoch bestimmten Regeln und Gesetzmäßigkeiten unterliegt. Damit löst sich ein Paradox auf, das sich noch am Anfang unserer gemeinsamen Reise stellte: Manche Menschen sind erfolgreichere Führende als andere, aber sie lassen sich nicht auf der Grundlage ihrer Persönlichkeit und ihres Verhaltens beschreiben. Unser Puzzle ist offenbar zumindest soweit gediehen, dass wir Teile zusammenfügen konnten, die bislang unvereinbar erschienen. Wir können an dieser Stelle die beiden Grundthesen aufstellen, dass die Gruppe von Menschen, die Führungsaufgaben erfolgreich wahrnimmt,

- besser als andere Mitglieder der Gemeinschaft ein für alle bedeutsames »Großes Ganzes« *zum Funktionieren* bringen kann und
- es versteht, die *Legitimation* für die eigene Führungsrolle zu erlangen und zu erhalten.

Aus meiner Sicht besteht das „Problem der Führung" damit weder in der verwirrenden Vielfalt ihrer Aufgaben noch in Rollenunklarheit. Auch die Sorge, dass man als Führungskraft zwischen den widersprüchlichen Erwartungen der Mitarbeiter zerrissen werden könnte, erscheint mir überschätzt. Auf welche Erwartungen es wirklich ankommt, lässt sich aus den Ur-Mustern rund um das Phänomen Führung ziemlich klar ableiten. Auch wenn es offenbar ***keine Musterlösung*** für die Führungsaufgabe gibt, so wie es z. B. auch keine Musterlösung für die weit einfacheren Aufgaben eines Schach- oder Fußballspiels gibt, kann man auch in unserem „Spiel" besser oder schlechter abschneiden. Es gibt Wege, die mit einer höheren Wahrscheinlichkeit zum Spielerfolg führen als andere.

Ein wesentlicher Aspekt besteht dabei aus unserer Sicht darin, dass wohl nur diejenigen erfolgreich führen können, die nicht der evolutionär-menschlichen Natur entgegenhandeln. Um unser Verständnis dieser Natur zu vertiefen, sind wir dem Weg des Phänomens Führung von seiner Geburtsstunde an gefolgt. Nun haben wir den Punkt erreicht, das Wesentliche dieser Aufgabe herausarbeiten zu können. Ich verspreche Ihnen, dass Sie in Ihrer Führungsrolle keine entscheidenden Fehler mehr begehen, wenn Sie sich an den Anregungen orientieren, die ich in den folgenden Kapiteln zusammenstelle! In diesen Punkten *zu* kreativ vom Wesentlichen abzuweichen, wird Ihren Erfolg gefährden. „Mit der Zeit verändern sich zwar die Themen, mit denen Manager zu tun haben, aber nicht die Praxis selbst. Die Tätigkeit bleibt dieselbe."[77]

In der 1. Auflage hat mich vor allem beschäftigt, was getan werden muss, um der Ur-Aufgabe der Führung gerecht zu werden und die eigene Position zu halten. Ich habe herausgearbeitet, welche Erwartungen der Geführten erfüllt werden müssen – und welche im Zusammenhang mit der Ur-Aufgabe unbedeutend sind. Im Rückblick erscheint mir treffend zu sagen: Ich habe die Spur evolutionspsychologisch begründeter Führung aufgenommen! Von Beginn an beschäftigte mich insbesondere die Frage, welche Kernaufgaben aus dem Ur-Sinn der Führung abgeleitet werden können. Schließlich definieren dann genau diese das Spektrum erfolgreicher Führungsarbeit. Wichtig erschien mir auch, mich auf Aufgaben zu konzentrieren, für die wir eine zeitliche und kulturelle Unabhängigkeit annehmen können. Vier Felder erschienen mir damals offensichtlich:

1. Eine Führungskraft muss selbst über eine wirkungsvolle Vorstellung davon verfügen, wie die Gruppe *Erfolg herstellen* kann (»***Erfolgsmodell***«).
2. Sie muss sicherstellen, dass allen Beteiligten *präsent bleibt*, worum es für die Gesamtgruppe wirklich geht und was zur gemeinsamen Zielerreichung nötig ist (»***gemeinsame Wirklichkeit***«).
3. Sie muss sicherstellen, dass die Hürden auf dem Weg zum Ziel *erkannt und erfolgreich bewältigt* werden (»***Problemlösung***«).
4. Sie muss sicherstellen, dass *notwendige Entscheidungen* getroffen werden (»***Macht-Wort***«). In diesem Zusammenhang war ich mir zudem sicher, dass es für die Führenden stets auch darum geht, nicht ihre wichtigste Machtquelle zu gefährden: ihre *Legitimation durch die Geführten*.

---

[77] *Henry Mintzberg*, Managen, S. 29

Natürlich war mir klar, dass unser Denkexperiment nicht zwangsläufig zu genau vier Hauptaufgaben führt. Erst recht kam den Schlagworten eine provisorische Bedeutung zu. Damals bat ich Sie daher an dieser Stelle um Anregungen und die kritische Auseinandersetzung mit diesen Aufgabenfeldern. Seither ist viel geschehen, und ich durfte in enger praktischer Zusammenarbeit und reger Diskussion mit Hunderten von Führenden (in erster Linie der Wirtschaft[78]) mein Bild weiter ausdifferenzieren. D.h., Sie finden in dieser – und jeder weiteren – Auflage den aktuellen Stand der Überlegungen und Entwicklungen, der insbesondere durch Unterstützung der *Open-Source-Initiative: Management* weiter vorangetrieben wird. Ich würde mir in erster Linie wünschen, Ihnen über dieses Buch ein für Sie klares, glaubwürdiges und nützliches Bild des Phänomens Führung zu zeichnen. Ob es dann 5, 7 oder 9 Kern-Aufgaben seien, ist nahezu nebensächlich. Und dass jede davon im Folgenden jeweils 3 Unterpunkte beinhaltet, ist zweifellos mehr meinem Bedürfnis nach Struktur zu verdanken als einer zwingenden Notwendigkeit.

- In der 1. Auflage erschien es mir wichtig, die *Aufgabe: Führung* demonstrativ von der *Aufgabe: Karrieremachen* abzuheben. Im Rückblick vermute ich, nicht gut mit der Tatsache umgegangen zu sein, dass Menschen offenbar Karriere machen können, ohne in unserem Sinne gut zu führen. Hier stand mir wohl ein Vorurteil im Wege! Heute erscheint es mir selbstverständlich, dass es zur erfolgreichen Führung dazugehört, die Legitimation der Geführten nicht nur zu halten, sondern auch erst einmal die **Führungsrolle zu erringen**. Vor dieser Aufgabe standen zweifellos unsere Ur-Ahnen ebenfalls. Und selbstverständlich geht es erst anschließend um die Frage, wie man die Legitimation der Gruppe behält.

- Unterschätzt habe ich aus heutiger Perspektive wohl auch die Herausforderung, aus einer Gruppe *eine Leistungsgemeinschaft zu bilden*. Zum einen ist es im Wettbewerb der Gemeinschaften überhaupt nicht selbstverständlich, zu den Überlebenden zu gehören. Zum anderen ist auch Leistung nicht selbstverständlich, schließlich haushaltet Mutter Natur sinnvoller Weise mit dem Energie-Einsatz.

- Zudem dürfen wir unseren Blick natürlich nicht nur nach innen richten, d.h. auf die geführte Gemeinschaft. Erfolgreiches (Über-) Leben findet stets *in einer Umwelt* statt! Es ist mir geradezu peinlich, diesem Aspekt in der 1. Auflage nicht den angemessenen Raum geboten zu haben.

---

[78] Interessant wäre für mich, diese aktuelle „Begrenzung" aufzulösen, und auch mit Verantwortlichen z.B. aus Non-Profit-Organisationen, aus der Politik oder auch Polizei, Militär und Feuerwehr ins Gespräch zu kommen. Geben Sie mir ein Zeichen, wenn Sie dies praktisch unterstützen können.

- Auch dem Aspekt der *zeitlichen Perspektive* habe ich mittlerweile eine größere Bedeutung eingeräumt. Es macht einen Unterschied, ob man sich darauf konzentriert, dass es heute funktioniert – oder als Führender im Auge zu behalten, dass es auch morgen noch funktionieren muss. Wir haben diesen Gedanken bereits im Kapitel „Zeitverständnis: Die Zukunft entsteht" in unsere Überlegungen und die Argumentation gebracht.

Damit möchte ich nun hier und heute 7 Herausforderungen (»Kernaufgaben der Führung«) in die Diskussion bringen, die eine erfolgreiche Führungskraft zu bewältigen hat:

1. Zunächst muss sie die Aufgabe lösen, die Führungsrolle zu gewinnen. Heute wird dieser Punkt wohl zumeist unter Karriere-Überlegungen diskutiert (*„Persönlichen Anspruch erheben und die Legitimation erhalten"*).
2. Spätestens vom Zeitpunkt des Antritts der Führungsrolle an, muss sie eine konkrete Vorstellung davon haben, wie sich der gemeinsame Erfolg herstellen lässt (*„Wissen, wie man den gemeinsamen Erfolg herstellen kann"*).
3. Dann muss sie sicherstellen, dass jedem Beteiligten präsent wird und bleibt, worum es für die Gesamtgruppe wirklich geht und was zur gemeinsamen Zielerreichung von wem nötig ist (*„Die Grundlage für ein abgestimmtes Handeln schaffen"*).
4. Jetzt gilt es, die gemeinsame Strategie auch zu verwirklichen. Die Führungskraft muss dabei gewährleisten, dass die Hürden auf dem Weg zum Ziel erkannt, eventuell umgangen oder erfolgreich bewältigt werden. Heute betrachte ich Entscheidungen nur noch als Notwendigkeit auf diesem Weg (*„Für die Verwirklichung des Erfolgsmodells sorgen"*).
5. Parallel werden verantwortungsvoll Führende stets die Leistungsfähigkeit ihrer Gruppe im Auge behalten (*„Das Team wettkampffähig machen und halten"*).
6. An dieser Stelle wird spätestens deutlich, dass auch das Umfeld einer Gemeinschaft ihren Erfolg mitbestimmt. Eine erfolgreiche Führungskraft wird die Schnittstelle zur Lebenswelt der Gruppe nicht dem Zufall überlassen (*„Den Lebensraum der Gemeinschaft sicherer machen"*).
7. Wenn die Führungskraft nicht nur „Karriere" machen will (also die 1. Kernaufgabe erfüllen), sondern auch gute Führungsarbeit leistet (2. bis 6. Kernaufgabe), dann wird sie mit großer Wahrscheinlichkeit erfolgreich sein und ihre Legitimation im Team bewahren. Die Krönung ihrer Arbeit wird sie damit leisten, der Gemeinschaft – und sich selbst – Sicherheit und eine bedeutsame Rolle in der Geschichte zu schaffen (*„Zu einer glücklichen Zukunft beitragen"*).

Neben diesen 7 Kern-Aufgaben natürlicher Führung drängen sich zumindest zwei weitere auf. Diese sind weniger evolutionspsychologischer als handlungsorientierter Natur und haben damit zu tun, dass ich uns als **soziale Problemlösewesen** verstehe. Erlauben Sie mir daher, die evolutionäre Perspektive an dieser Stelle zu erweitern, um Ihnen ein wirksames Gesamtbild anzubieten. Jeder Handelnde beeinflusst den Erfolg seines Tuns durch

- den Grad an **Professionalität**, mit dem er sich der jeweils anstehenden Aufgabe widmet und
- die Berücksichtigung des jeweiligen **Kontextes**, in dem sich die Aufgabe präsentiert.

Für den Erfolg Ihrer Arbeit als Führungskraft erscheint mir dann tatsächlich dieser Rahmen als ausreichend! Es geht nicht darum, dass Sie ein unendliches Repertoire an Techniken und Modellen zur Verfügung haben müssen. Sie brauchen auch Ihre Persönlichkeit nicht umzukrempeln, nur weil Sie leider eine der verschüchterndenen Anforderungslisten für Manager in die Finger bekommen haben oder das Feedback aus Ihrem letzten Assessment-Center Sie verunsichert hat. Es geht schlicht darum, das Notwendige zu tun, damit Sie die im Folgenden dargestellten Aufgaben erfüllen – mit allem, was Ihnen dazu zur Verfügung steht!

Lassen Sie uns zunächst etwas Licht auf das Phänomen *Professionalität* richten, bevor wir uns dann im Detail den einzelnen *Kern-Aufgaben* widmen. Hier soll auch Ihrem Bedürfnis nach praktischen Tipps wieder Nahrung geboten werden. Abschließen möchte ich diesen Buch-Teil dann mit konkreten Anregungen, welchen Einfluss Ihre *aktuelle Situation* auf Ihr Führungsverhalten haben sollte. Erst mit dieser Perspektive auf den jeweiligen Kontext, in dem sich die Aufgaben stellen, erscheint mir unser Ansatz solide verankert.[79]

Stand heute sind wir in der Lage, aus dem Zusammenspiel von a) *Evolutionärer Führungstheorie*, b) der individuellen *Situation* und c) den *persönlichen Verhaltensmustern* eines Managers praktische Arbeitsfelder und Führungsempfehlungen abzuleiten.

Auch wenn wir Führung niemals automatisieren können, wage ich die These, in einem der nächsten Entwicklungsschritte unseres *Evolutionären Führungsmodells* (vgl. Anhang: Open-Source-Kreis: Management) bereits erste „Programmierungen" vorlegen zu können.

---

79 Ich gehe nicht so weit wie Professor *van Vugt*, der evolutionspsychologische „Auslöser" bis in die spezifischen Situationscharakteristika herunterbricht.

Sie werden am Ende von Teil II feststellen, dass sich aus der *Kombination* von Kern- und Teil-Aufgaben eine hohe *Komplexität* ergeben kann. Deshalb ist Führung nicht einfach! Diese Fülle lässt sich jedoch durch die Analyse der individuellen Management-Situation (d.h., *kontextbedingte Prioritäten*) handlungsleitend reduzieren. Wir haben an dieser Stelle dann noch keine Verhaltenstipps. Wir haben die aktuelle Aufgabenwelt definiert! Die eigentliche – hoch individuelle – Herausforderung liegt dann darin, mit dem jeweils vorhandenen Verhaltensrepertoire eines Managers diese Aufgaben zu lösen!

Zu jeder einzelnen der folgenden Führungsaufgaben ließe sich ein separates Buch schreiben, wollten wir den Schwerpunkt auf das Repertoire möglicher Lösungswege für die jeweilige Aufgabe legen. Vielleicht geschieht das irgendwann sogar. Heute wollen wir zunächst den Rahmen dafür erschaffen!

Die Aufgaben professionell wahrnehmen

„Ein Mensch, der nichts hat, worin er anderen voraus ist, ist kein Führer."
Dschuang Dsi, Weiser

Gerade habe ich mich so weit aus dem Fenster gelegt, Ihnen zu versprechen, dass Sie als Führungskraft erfolgreich sind, wenn Sie sich an den Anregungen in diesem Buch-Teil orientieren. Und zugleich habe ich etwas frech behauptet, dass es Ihre Rolle gefährdet, wenn Sie in diesen Punkten „kreativ" vom Wesentlichen abweichen. Während ich mich mit diesem Versprechen 2006 noch auf dünnem Eis wähnte und mich in erster Linie auf meine Erfahrungen aus dem Berater-Alltag bezog, erscheint mir dieses Eis mittlerweile von wissenschaftlicher und praktischer Seite deutlich stabilisiert.

Ebenso, wie es in aller Regel nicht als Beispiel gelungener Kreativität beim Fußball betrachtet wird, den Ball in die Hand zu nehmen, schadet in Bezug auf die *Grundgesetzlichkeiten* evolutionärer Führung Abweichung dem Erfolg.

Im *Rahmen der Grundprinzipien* sind dagegen Flexibilität, Kreativität und Varianz für den Erfolg enorm wichtig. Natürlich können Sie mich nun schmunzelnd darauf hinweisen, dass es Spieler gab, die ihre Hand schon in geradezu künstlerischer Genialität zum Spielgewinn eingesetzt haben. Aber würden Sie diesen Ansatz daher als Empfehlung aussprechen und systematisch in das Training von Nachwuchs- und Profifußballern einbauen? In Ordnung, Sie haben mich überzeugt: Manche tun genau das. Ich kenne auch Berater, die enormen Erfolg mit der Philosophie haben, der Zweck heilige die Mittel. Aber das ist eine andere Sache.

Wesentlich ist: Die erfolgreichsten Sportler beherrschen die so genannten Standards, bevor sie Künstlertum entwickelten und Genialität erlangten. In der Welt der Führung sind wir meiner Ansicht nach noch unendlich weit entfernt von der *Professionalität*, die in den meisten Sportarten zu finden ist. Wahrscheinlich liegt das schlicht daran, dass dort Erfolg unmittelbar zu erkennen ist.

Die Aufgaben professionell wahrnehmen

> Wenn im Tennis die Schlägerfläche bei Grundlinienschlägen während des Treffpunkts in Richtung Boden weist, hat man einen Punkt verloren. Ende! Jeder weiß das, jeder sieht das. Kein Top-Spieler käme auf die Idee zu sagen, er gehöre zu den Besten der Welt und könne sich daher diese kleine persönliche Innovation im eigenen Spiel erlauben. Persönlicher Stil ist oft nichts anderes als Unvermögen.

Was wäre, wenn wir in unserem Gebiet ähnlich professionell vorgehen würden? Lassen Sie uns dazu kurz überlegen, was einen Profi überhaupt auszeichnet. Der Begriff bedeutet zunächst einmal nichts anderes, als durch seine Tätigkeit die eigene Existenz zu erwirtschaften. Schon vor dem 16. Jahrhundert wurde dieser Begriff in Frankreich benutzt, wenn jemand eine öffentliche Angabe zu einer Leistung machte, für die er bezahlt werden wollte. Der *Amateur* „entstand" später in Abgrenzung dazu als Liebhaber, der etwas einfach gerne tut, also damit nicht seinen Lebensunterhalt bestreitet. Das Verständnis, den Amateur als Dilettanten zu betrachten, ist moderner und im Kern nicht zwingend. Es gab in der Geschichte der Menschheit viele Persönlichkeiten, die Herausragendes auf Gebieten leisteten, auf denen sie nicht ihr Geld verdienten. Der Dritte im Bunde, der *Laie*, war schon viele Jahrhunderte einfach jemand, der zum Volk gehörte (ursprünglich in Abgrenzung zum kirchlichen Geistlichen).

Jeder Mensch, der mit seiner Tätigkeit die eigene Existenz erwirtschaftet, sollte aus meiner Sicht unzweifelhaft das **Selbstverständnis eines Profis** leben[80]. Es ist keinesfalls so, dass der Maurer, die Küchenhilfe oder der Professor in diesem Punkt von einem Fußballprofi unterschieden werden sollten! Alle Berufstätigen, die ihre Aufgabe professionell betreiben, orientieren sich an einigen Grundregeln:

- Profis akzeptieren die **relevanten Gesetzmäßigkeiten** der eigenen Aufgabe und handeln danach! Wenn die Aufgabe beispielsweise eine bestimmte Lebensführung oder Kleidungsordnung erfordert, wird dies nicht in Frage gestellt.
- Profis stellen die **eigene Person** während der Ausübung ihres Berufs hinter die Aufgabe zurück! Die wesentlichen Spielregeln und Gesetzmäßigkeiten des Erfolgs stehen absolut im Vordergrund.
- Profis tun die Dinge, die mit der **höchsten Wahrscheinlichkeit** zum Erfolg führen! Wenn etwas sich als wirkungsvoller herausstellt als das Bisherige, wird es übernommen. Persönliche Vorlieben werden nüchtern hinterfragt.

Unser Ansatz führt inhaltlich zu einem Führungsverständnis, das der Sichtweise des erfahrenen Managementprofis *Fredmund Malik* recht verwandt ist. Dies ist

---

[80] Zu den Ähnlichkeiten und Unterschieden zwischen Leistungssportlern und Managern habe ich mit einem medizinischen Spezialisten gesprochen. Das Interview mit Dr. Peter May (MVZ Dr. May Dr. Fehring, Bonn) finden Sie im Anhang.

insofern interessant, als wir bei einigen Fragestellungen zu einer ähnlichen Grundhaltung gelangen – obwohl wir von unterschiedlichen Ausgangspunkten starten. *Malik* betrachtet Führung als Handwerk und betont, dass es absolut nicht darum gehen kann, ob dabei etwas neu, modern oder „in" ist.

Es ginge ausschließlich darum, ob es funktioniert und praktisch hilft, die Führungsaufgabe bestmöglich zu erfüllen. Auch in Bezug auf die Frage, ob es interkulturelle Unterschiede bezüglich Führungsaufgabe und -handwerk gibt, kommt *Malik* zur gleichen Schlussfolgerung wie ich: „Gutes Management ist universell, invariant und unabhängig von Kultur."[81]

Amateure und Laien fragen sich in stillen Momenten natürlich manchmal, wo denn die Persönlichkeit des Einzelnen auf dem Weg des Profis bleibt. Insbesondere Anfänger erleben die Zwänge der professionellen Tätigkeit oftmals als massive Einschränkung und Beschneidung ihrer Freiheit und Spontaneität, übersehend, dass letztere bei genauem Hinschauen nur das Ausleben bisheriger Gewohnheiten darstellt. Sie verwechseln Spontaneität zumeist mit Willkür und Disziplinlosigkeit. Auch in der Führungskräfteentwicklung wird oft die Frage gestellt, ob man als Chef plötzlich nicht mehr „Mensch" sein darf. Was denken Sie?

Sie haben Recht! Natürlich hängt die Antwort davon ab, wie man *Menschsein* definiert. Auch Profis haben ihr ganz persönliches Stärken-Schwächen-Muster, ihre eigenen Beweggründe, Vorlieben und Hintergründe. Aber sie wissen, wann sie diese leben können – und wann nicht.

> Wie wohl würden Sie sich in einem Flugzeug fühlen, in dem der Pilot ihnen über das Lautsprechersystem mitteilt, dass er heute einen unglaublich miesen Start in den Tag hatte, leider immer noch ein wenig unter dem Gelage des Vorabends leidet, sowieso absolut keine Lust mehr auf diese verflixte Fliegerei hat und sein enormes Körpergewicht auch kaum noch in das Cockpit bekommt?

Nun ist, wie wir festgestellt haben, das richtige Verhalten für Piloten eindeutig klarer definiert als für Führungskräfte. Für uns gibt es keine Checkliste für den Start und auch keine computergesteuerte Landung. Die Führung von Menschen folgt nicht denselben Gesetzmäßigkeiten, wie der Umgang mit Maschinen, analytischen Methoden und Werkzeugen. Und genau darauf weist unser evolutionärer Führungsansatz hin. Die meisten so genannten Karrierewege vernachlässigen diese schlichte Tatsache allerdings.

---

81 *Malik, F.*, Management: Das A und O des Handwerks, 2005, S. 12

Die Aufgaben professionell wahrnehmen

Kommen wir zurück zu dem Weg, den erfahrene Trainer im Sport einschlagen. Wir können in diesem Zusammenhang folgende Aspekte als wertvoll erkennen:

- Die **Grundtechniken**: Unser Ansatz geht davon aus, dass Führende stets schon immer alles eingesetzt haben, was ihnen persönlich zur Verfügung stand, um ihre Ur-Aufgabe zu erfüllen. Daher findet die Wissenschaft hier weder spezifische Verhaltensweisen noch charakteristische Eigenschaften. Praktisch bedeutet das, Führung ist nicht – wie z. B. das Schachspielen – auf einige Spielfiguren mit klar definierten zulässigen Zügen beschränkt. Das Spiel ist wesentlich komplexer und beruht auf unserem Vermögen, Wirkung zu erzielen. Unsere Spielzüge beruhen im sachlichen Zusammenhang auf allen möglichen praktischen Fähigkeiten und im sozialen Zusammenhang auf Kommunikation (nicht gleichbedeutend mit „reden können" oder „sich gut verkaufen"). Damit ist im Grunde *jede* Verbesserung der eigenen Kompetenzen auch für eine mögliche Führungsaufgabe von Nutzen. Welcher Leistungsverbesserung dabei *entscheidende* Bedeutung zukommt, hängt von der anstehenden gemeinsamen Aufgabe, der jeweiligen Gruppe, der Konkurrenzsituation und dem Führenden selbst ab. Es kann hier keine allgemeingültige Antwort geben.

- Die **Prinzipien und Regeln**: Die Komplexität des Spiels geht nicht bis zur Zufälligkeit oder Beliebigkeit, denn die Spielfiguren sind wir Menschen und das Spielbrett unsere Welt. Die evolutionäre Gewordenheit des Phänomens Führung definiert die wesentlichen Rahmenbedingungen des Spiels. Im weiteren Verlauf werde ich diese detaillierter herausarbeiten.

- Die **Strategien**: Innerhalb der Prinzipien und Regeln besteht so viel *Spiel*-Raum, dass es unterschiedliche Wege zum Führungserfolg gibt. Die Historie hat beispielsweise gezeigt, dass das *„Grundprinzip Vorsprung"* für Führungskräfte auf zumindest zwei verschiedenen Wegen realisierbar ist: Einerseits können sie sich selbst verbessern, andererseits dafür sorgen, dass alle anderen schlechter werden. Die evolutionären Gesetzmäßigkeiten sorgen allerdings auf Dauer dafür, dass nicht alle Strategien gleich lebensfähig sind. Im direkten Wettbewerb wird im beschriebenen Fall die Gemeinschaft, die aus bewusst geschwächten Mitgliedern besteht, gegen die Konkurrenz verlieren.

- Gelungenes **Selbstmanagement**: Offensichtlich ist es nicht selbstverständlich, auch das zu verwirklichen, was man leisten kann. Oft ignorieren wir in unserem Tun unsere Überzeugungen und Kenntnisse, nicht selten bleiben wir weit hinter unseren Möglichkeiten. Fragen Sie einmal einen Raucher! Um „das Richtige" tatsächlich auch zu tun, benötigt man besondere allgemeine Kompetenzen, wie z.B. Disziplin, Selbstorganisation, Impulskontrolle, den Willen zur Qualität oder die Fähigkeit, mit den eigenen Emotionen, Belastungen und Launen umzugehen. Profis zeichnen sich dadurch aus, dass sie diese „psychischen Muskeln" trainieren.[82]

- Das *Üben von Standardsituationen*: Wir Menschen kommen in verschiedensten Lebenslagen in Situationen, in denen wir das üben können, was in der Führungsaufgabe auf uns zukommen wird. Natürlich kann auch ein Seminar solche Möglichkeiten bieten. Wenn wir auf den Sport schauen, dann stellen wir fest, dass hier kein erfolgreicher Mensch so wenige Trainingseinheiten absolviert wie eine Führungskraft. Offenbar überwiegt hier eine andere Form der Entwicklung. Während beispielsweise Boxprofis Woche für Woche ihr Programm durchlaufen, scheint die Welt der Manager eher auf dem Prinzip der Straßenkämpfer zu beruhen.

- Das *Spiel selbst*: Das „wahre Leben" ähnelt natürlich auch mehr dem Straßenkampf. Dies wird vermutlich der Grund sein, warum es eine ganze Reihe erfolgreicher Führungskräfte gibt, die nie eine entsprechende Vorbereitung in Anspruch genommen haben. Man nennt das in der Wirtschaftswelt „ins kalte Wasser werfen". Unabhängig davon, wie lange und professionell ein Sportler trainiert, ohne Wettkampferfahrung wird er nie ein Großer. Es scheint Sportarten zu geben, auf die das Leben selbst vorbereiten kann (z. B. der Kampf) und andere, bei denen der Weg nur über gezieltes Training führt (z. B. Tennis). Führung können wir wohl prinzipiell zur ersten Gruppe zählen. Ich bin aber auch überzeugt, dass die meisten Profis das Gros der Straßenkämpfer auf die Bretter schicken und die Besten beider Kategorien stets Talent und systematische Übung miteinander verbunden haben.

Halten wir fest: Eine Führungskraft darf und wird ihren *persönlichen Stil* entwickeln, denn sie ist in ihren ganz individuellen Möglichkeiten, die Ur-Aufgabe zu erfüllen, einzigartig. Aber sie kann dabei nicht ungestraft gegen die Grundregeln evolutionärer Führung verstoßen! Sie muss ihrer *Aufgabe und Rolle* gerecht werden!

Da unser Ansatz einen *stabilen Kern* dieser Rolle verlangt, sollte ein solcher auch nachweisbar sein – und zwar recht unabhängig von Zeitgeist und Kultur. Ich bin immer wieder überrascht, wenn ich wieder einmal lese, wie gewaltig sich Führung verändert hätte – um dann Erkenntnisse mitgeteilt zu bekommen, die sich in nahezu zwangsläufiger Weise aus dem evolutionären Führungsansatz ergeben, d.h. die uralt sind.

---

[82] Die Relevanz für unser Thema hat mir **Günter Reichart** (derzeit Mitglied des Vorstandes der EWR AG, Worms) in unseren Begegnungen vor Augen gehalten. Ein Interview mit ihm findet sich im Anhang.

Viele Buchtitel (wie „Führung neu denken", „Führung im Wandel" usw.) unterstützen die Verwirrung der aktuellen und zukünftigen Managergeneration und reduzieren damit zumeist leider auch noch die Professionalisierung dieser Aufgabe. Für Sportler entspräche dies der Situation, dass sie sich in den letzten Monaten auf das Konditionstraining konzentriert haben, Jahre davor auf eine hohe Beweglichkeit und davor auf die richtige Kleidung. Nun erfahren sie, dass die besten Sportler ihrer Disziplin sehr viel Eiweiß zu sich nehmen und 78 Prozent eine Körpergröße über 1,87 Meter haben.

Welche Fähigkeiten soll ich denn nun entwickeln, wenn wieder einmal gerade „alles neu" zu werden scheint? Ist es nicht schon beinahe so, wie in der Softwarebranche: Lohnt es sich überhaupt, dieses Update mitzunehmen, wenn bald bestimmt schon die neue Programmversion herausgebracht wird? In Bezug auf den evolutionären Führungsansatz lautet meine Antwort: *Nehmen Sie das Original*!

Erst wenn die Disziplin und ihre Gesetzmäßigkeiten wirklich klar sind, bekommen Training und Entwicklung eine Systematik. Der professionelle Weg zum wirklichen Könner führt immer vom Anfänger über die Aneignung und spätere Beherrschung der Standards. Schauen Sie sich die frühen Werke eines Picasso oder Dali an – und Sie verstehen, was ich meine. Später werde ich das Thema Management-Entwicklung noch etwas vertiefen (vgl. Kapitel: In die Führungsaufgabe hineinwachsen).

Die Kunst natürlicher Führung

> *„Die Leute zu gewinnen, gibt es einen Weg: Gewinnt man ihr Herz, so hat man damit schon die Leute. Ihr Herz zu gewinnen, gibt es einen Weg: Was sie haben möchten, gib ihnen; was sie verabscheuen, tu ihnen nicht an."*
>
> *Mong Dsi, Weiser*

Professionalität kann als übergeordnete Qualität des Beitrags für die Gemeinschaft betrachtet werden. Ihre Grundprinzipien hatten sicherlich schon lange vor der Ausdifferenzierung von Beruf und Lohn Gültigkeit. Etwas leger in eine Formel gebracht:

$$\textbf{Professionalität} = Einstellung * \left(\frac{Kompetenz}{Aufgabe} + Lernen\right) + Lohn$$

Als Amateur leiste ich also möglicherweise Besseres, als viele Profis es tun. Ich werde nur nicht dafür bezahlt. Und schon wird verständlich, warum der Amateur, der sich einer Aufgabe aus Liebhaberei widmet, nicht zwingend ein Dilettant ist. Offenbar ist es schade, dass wir die ursprüngliche Bedeutung dieses Begriffs aus den Augen verloren haben.

Eine wesentliche Variable in dieser Formel stellt die Aufgabe dar. Insofern kann ich – selbst mit der besten Einstellung – in einer Aufgabe professionell sein, in einer anderen völlig dilettantisch agieren, und in der nächsten mit Leib und Seele das Amateur-Dasein genießen.

Das führt uns zurück zu unseren evolutionär definierten Kern-Aufgaben der Führung. Graben wir etwas tiefer in den Phänomenen! Wenn Sie dies mit mir tun möchten, gehen Sie einfach weiter Schritt für Schritt mit. Liegt Ihnen mehr an der raschen Erhöhung Ihrer Wirksamkeit als Führungskraft, wählen Sie ein anderes Vorgehen.

Jedes der folgenden Kapitel beginnt mit einem Hinweis, in welchem Fall Sie es überspringen können.

Das Prinzip ist dabei ganz einfach: Erscheint Ihnen die jeweilige Kern-Aufgabe gelöst oder in Ihrer Situation irrelevant, investieren Sie Ihre Zeit in das nächste Kapitel.

1. Persönliche Positionierung: Anspruch erheben und die Legitimation erhalten

Dieses Kapitel hat für Sie „handwerklich" weniger Relevanz, wenn

- Sie in Ihrer Führungsposition seit langem etabliert sind,
- Sie einen klaren Vorsprung vor Ihren Mitarbeitern in wesentlichen Feldern Ihres Verantwortungsbereiches haben,
- Sie stabile „Rückendeckung von oben" haben,
- Ihr persönlicher Ruf in der Organisation gut und ungefährdet ist,
- man Sie als erfolgreichen „Karrieristen" sieht.

Führungsverantwortung leicht gemacht für jedermann! Haben Sie Lust auf Führung? Ich werde Ihnen jetzt rasch verraten, wie Sie es hinbekommen, auf *jeden Fall* mit einer Führungsaufgabe betraut zu werden.

Unser evolutionäres Führungsmodell unterstellt, dass die Unterschiede zwischen den Mitgliedern einer Gemeinschaft darüber bestimmen, wem die entsprechende Legitimation entgegen gebracht wird. Das bedeutet, es kann jeden von uns treffen – vorausgesetzt, er ist Mitglied einer Gruppe, in der alle anderen geringere Voraussetzungen für die Lösung der Ur-Aufgabe haben. Das beantwortet übrigens die immer wieder hitzig diskutierte Frage, ob Führung nun etwas Angeborenes oder etwas Erlernbares ist: weder – noch.

Führung ist eine Aufgabe! Und die kann zunächst einmal prinzipiell *jeder von uns* übernehmen. Hier ist der einfachste Weg:

✓ Definieren Sie eine ***Aufgabe***, die man nicht alleine hinbekommen kann (z. B. eine Badminton-Mannschaft bilden) – und in der Sie ganz gut sind.

✓ Sammeln Sie in irgendeiner Weise ***Menschen*** um sich, die zum einen auch Interesse daran haben, zum anderen weniger mitbringen als Sie (in unserem Fall also an Badminton interessierte Anfänger).

✓ Orientieren Sie sich von nun an in Ihrem Verhalten an den beschriebenen Hauptaufgaben der *evolutionären Führung* – schließlich wollen Sie ja vermutlich nicht nur mal kurz Führungskraft sein, sondern dies auch länger bleiben.

Das war schon alles! Ist das nicht prima? Das Prinzip klappt immer und für jeden! Sie meinen, der Tipp wäre ein bisschen mager und im Berufsleben nicht wirklich nützlich? Na gut, das stimmt schon. Schließlich habe ich nicht ganz zufällig ein Beispiel aus dem Hobbybereich gewählt.

In Ihrem Beruf ist dieser Weg nicht zu verwirklichen, weil Sie nicht selbst die Gemeinschaftsaufgabe bestimmen können. Vielleicht sollten Sie sich aber vor Augen halten, dass es auf die beschriebene Weise zumindest für jeden die Chance gibt, Erfahrungen mit den besprochenen Kern-Aufgaben der Führung zu machen. Auch nicht schlecht, oder?

Wir sind bereit zu folgen, wenn jemand einen Vorsprung hat, der uns eine erfolgreichere Zukunft verspricht. Wir ahmen ihn nach und tun, was er vorschlägt.

Es bietet für uns jetzt einen konkreten Nutzen, diesen Menschen zu unterstützen und wir sind sogar bereit, ihm gewisse Privilegien zuzugestehen.

Afrikanische Savanne. 1,7 Millionen Jahren vor unserer Zeit. Mit Augen, in denen viel Angst signalisierendes Weiß zu sehen ist, drückt sich die kleine Sippe in den Schatten der großen Steine. Verstört, schwitzend. Der Struppige blutet. Einige andere sind nicht mehr dabei. Instinktiv wissen alle, dass es noch nicht vorüber ist. Der schnelle Tod ist unterwegs. Sie hatten ihn bisher noch nie in der Zeit der Helligkeit so wüten gesehen. Wimmernde Lähmung!

HalbesOhr, einer der jüngsten Jäger der Gruppe, sondiert huschend das Gelände oberhalb. Seit er vor Wochen nach dem Sturz in die Schlucht alleine 5 Dunkelheiten überlebte und zur Gruppe zurückfand, ist er verändert. Er tut Dinge, die sonst niemand tut.

Jeder beobachtet ihn, als er auffordernd Steine und große Äste auf das kleine Plateau hievt. Der Struppige beginnt als erster, ihm zu helfen. Er ist es auch, der abends im Lager den überstandenen Schrecken, die Wirkung der gemeinsam geschleuderten Steine, und die Rolle von HalbesOhr wieder und wieder vorspielt. Ob die an diesem Tag auf 13 Mitglieder geschrumpfte Gemeinschaft überleben wird, weiß niemand – aber sie hat, neben dem Struppigen, eine neue Leitfigur.

Die Gruppe hat erlebt, wie HalbesOhr sie vor dem grausigen Tod durch vierbeinige Jäger gerettet hat. Er hat ein existenzielles Problem für sie gelöst! Wir würden heute sagen: HalbesOhr blieb auch unter extremem Stress handlungsfähig, übernahm Verantwortung, demonstrierte Sachkompetenz und bewies sich als Vorbild. Zweifeln wir daran, dass sein sozialer Status damals stieg und ihm zu einer Führungsrolle – zumindest in vergleichbaren Situationen der Bedrohung – innerhalb der Gemeinschaft verhalf?

In der heutigen Praxis begegnen uns zumeist zwei Gruppen von Menschen, die den Schritt Richtung Führung gehen. Einmal sind da die Personen, die einen persönlichen Drang zu dieser Rolle haben. Man sagt in diesem Zusammenhang oft, jemand würde einen *Führungs*anspruch stellen. Aus meiner Sicht haben wir es hier allerdings zumeist eher mit einem *Karriere*anspruch zu tun! Dies entspricht in etwa der Wettkampforientierung eines Sportlers. Ich sehe dabei vor meinem geistigen Auge einen tänzelnden Kämpfer, der Schatten boxend allen Anwesenden zuruft: „Kommt her. Jetzt kommt schon endlich her und greift mich an. Dann werdet ihr sehen, was ich drauf habe!" Die andere Gruppe kommt zur Führung, „wie die Jungfrau zum Kinde". Irgendjemand, der die Macht dazu hatte, *übertrug* die entsprechende Verantwortung, oder die Gruppe orientierte sich einfach an ihm. Ob einer dieser beiden Wege stärker mit dem späteren Führungserfolg korreliert, ist meines Erachtens noch nicht wissenschaftlich überprüft worden. Bis dahin besteht wohl das Vorurteil, dass die Menschen mit dem Bedürfnis zum Wettkampf und zur Macht bessere Manager werden. Dass sie eher die 1. Kern-Aufgabe der Führung bewältigen, kann ich mir vorstellen. Ob sie dann insgesamt bessere Führungskräfte werden, würde ich lieber überprüft sehen.

Da ich Ihnen vorhin Anregungen dafür versprochen habe, mit der Führungsaufgabe betraut zu werden, müssen wir plötzlich über Karrieretipps sprechen. Dazu gibt es eine ganze Reihe von Veröffentlichungen. Viele der dort zu findenden Empfehlungen verstoßen allerdings entscheidend gegen das evolutionäre Führungsverständnis und sollten mit extremer Vorsicht „genossen" werden. Lassen Sie uns hier einen seriösen, d.h. mit dem Erfolg in der Führungsaufgabe abgestimmten Weg wählen.

1.1 Auftritt: Die eigenen Möglichkeiten wirkungsvoll anbieten

Machen wir uns nichts vor: Unsichtbare Menschen werden nicht in die Verlegenheit kommen, in eine Führungsrolle zu geraten. Sie müssen der Gemeinschaft die Möglichkeit geben, Ihren persönlichen Beitrag für den Erfolg zu erkennen und zu bewerten. Dabei geht es nicht um das berühmt-berüchtigte „Schaumschlagen", vor dem sich so viele sachkompetente Menschen scheuen. Es geht darum, es Anderen nicht schwer zu machen, Ihnen die verdiente Anerkennung zu schenken.

Bitte begehen Sie nicht den weit verbreiteten Fehler, Ihrem Umfeld – vielleicht sogar nur unbewusst – Unachtsamkeit und Ungerechtigkeit vorzuwerfen, wenn

Sie selbst nicht auffallen. Mutter Natur hat massiv mehr Energie dafür investiert, Trittbrett-Fahrer innerhalb der Gruppe zu identifizieren als unauffällige Leistungsträger. Verständlicherweise! Denn von ersteren geht das Risiko für die Gemeinschaft aus!

Um Entscheidern aufzufallen, sollten Sie einen persönlichen Vorsprung (in irgendetwas Wesentlichem) spürbar werden lassen. Es gibt da allerdings ein Problem. Die Menschen werden immer kompetenter. Während es vor 50.000 Jahren für eine Führungsaufgabe genügt haben mag, ein wenig mehr Gespür für Wetterabläufe zu besitzen, gehört heute unendlich viel mehr dazu, einen Vorsprung zu haben. Dieser lässt sich seriös zumeist nur durch **Spezialisierung** erreichen. Es gibt viele Hinweise dafür, dass die gesamte menschliche Entwicklung sehr wesentlich durch die Arbeitsteilung und Spezialisierung innerhalb unserer Gemeinschaften geprägt und getrieben ist.

Ein interessanter Aspekt tauchte vor kurzem in der Diskussion des *Open-Source-Kreises: Management* auf: Gibt es evolutionspsychologisch begründete Antworten auf die Frage, wer sich in einer Gemeinschaft um die Führungsaufgabe bemüht (vielleicht sogar um sie kämpft) – und wer nicht?

Hand aufs Herz, ein wesentlicher Aspekt der Führungsmotivation besteht doch auch darin, dass oft nur die Übernahme einer Managementposition die Chance liefert, an mehr **Geld und Ansehen** zu kommen. „Ich bin Sachbearbeiter", das klingt weder besonders sexy noch nährt es den Verdacht, hier einem besonders wohlhabenden Menschen gegenüber zu stehen. Eine ethisch-moralische Diskussion darüber zu initiieren, warum immer die Promis aus allen Sparten einer Gesellschaft „den Ruhm, das Gold und die Frauen" bekommen, könnte eine interessierte Zielgruppe finden. Im Grunde ist sie aber erst einmal irrelevant. Wir können davon ausgehen, dass hier sehr ursprüngliche Muster am Werke sind, die unabhängig davon funktionieren, was wir von ihnen halten.

Es ist in unserem Zusammenhang sogar nicht einmal wesentlich, woher Sie Ihre ganz persönliche Motivation nehmen, eine Führungsrolle anzustreben. Sollten Sie dies aber tun, dann reicht es nicht, einen wesentlichen und sichtbaren Beitrag zur gemeinschaftlichen Aufgabe zu leisten. Das tun im besten Falle alle Teammitglieder.

Natürlich können Sie warten, bis jemand von sich aus auf den schönen Gedanken kommt, Ihnen die Führungsverantwortung anzubieten. Allerdings ist es sehr naheliegend, dass eine gesunde Portion Motivation und Wettkampfenergie an dieser Stelle nützlich ist. Ich gehe davon aus, dass unsere Ahnen die Wahrscheinlichkeit des späteren Erfolges ihrer Führung auch aus der Power ableiteten, die die Kandidaten durch und bei ihrer „Bewerbung" demonstrierten. Machen wir das anders? Schauen Sie sich an, was bei Präsidentschaftswahlen vor sich geht!

Nun wird man allerdings ebenso wenig zum erfolgreichen Manager, indem man es attraktiv findet und es sich wünscht, wie man Astrophysiker durch Träumen und „Anhimmeln" der Sterne wird. Üblicherweise wird die Person mit einer Aufgabe betraut, die es am besten kann. Und das heißt: Die Entscheidung fällt im Wettbewerb. Leider ist dies aber z.B. den meisten leistungsorientierten, fachlich gut ausgebildeten jungen Menschen nicht klar! Sehr oft verblüffen sie beispielsweise durch recht gekränkte Reaktionen, wenn man sie darauf hinweist, für den **Wettkampf um eine Führungsrolle** nicht gut gerüstet zu sein. Statt diese Aussage als fürsorglichen Hinweis zu verstehen, sehen sie ihre Stärken unverstanden. Manchmal wollen sie dann trotzig beweisen, dass sie dennoch irgendwo eine Führungsaufgabe erhalten können. Wie wir bereits besprochen haben, ist dies auch durchaus unter bestimmten Bedingungen denkbar – es ändert aber nichts an dem persönlichen Entwicklungsniveau.

Es gibt evolutionspsychologische Argumente dafür, dass Gefolgschaft Wurzeln im menschlichen Nachahmen hat. Wenn Babys und Kinder sich an den Eltern als Vorbildern orientieren, dann werden sie *geführt*. Deshalb gehört zur Führung – neben der Kompetenz – auch das (sich) zeigen und das attraktiv sein!

Fehlt Ihnen der Mut, auf die zwischenmenschliche Bühne zu gehen? Gehört Repräsentation nicht unbedingt zu Ihren Stärken? Stellen Sie Ihr Licht gerne unter den Scheffel? Das ist völlig in Ordnung! Vorausgesetzt, Ihnen liegt nichts an einer Führungsrolle. Bitte seien Sie aber weder mir noch Ihrem Unternehmen böse, wenn Sie schon diese kleine natürliche Facette der 1. Kern-Aufgabe der Führung nicht lösen (können).

1.2 Legitimation: Sich einen Vertrauensvorschuss erarbeiten

Wir können unbesorgt davon ausgehen, dass Kompetenz und Beitrag jedes Mitglieds in den überschaubaren, intimen Ur-Gemeinschaften recht transparent waren. Sowohl Trittbrett-Fahren wie auch Unsichtbar-Sein wurden sicherlich nicht erleichtert. In unseren heutigen großen Organisationen oder gar virtuellen Unternehmungen, in denen wir oft nur zur Arbeit zusammenkommen und uns persönlich „außen vor" halten, ist dies nicht mehr natur-gegeben. Während wir uns vor Aber-Jahrtausenden innerhalb unserer Lebensgemeinschaft zwangsläufig wahrnahmen, kannten und er-kannten, zumeist auch an-erkannten, müssen wir heute für jeden einzelnen dieser Schritte arbeiten. Gelingt uns der 1. Schritt (wahrgenommen zu werden), ist schon viel erreicht. Auf diesem Weg entstehen all die kleinen TV-Sternchen und C-Promis unserer Gesellschaft. Aber sie sind auch das beste Beispiel dafür, dass das alleine nicht ausreicht.

Das Spektrum reicht in unseren Organisationen heute vom „Unsichtbaren Dritten" bis zum „Schaumschläger der Nation". Reduziert sich der persönliche Kontakt, wird es bedeutsamer, welcher Ruf einem vorauseilt. Daher dürfen wir den Ursprung der Entwicklung, die wir hier gerade aufgreifen, wohl in die Zeit der wachsenden Gesellschaften legen.[83]

Natürlich hatten schon unsere Ur-Ahnen ihre individuelle Reputation und waren extrem motiviert, diese zu erhalten bzw. auszubauen. Es gibt wohl kaum psychologische Phänomene, die ohne Frühformen und Wurzeln ganz plötzlich und unerwartet entstanden. Niemand wird jemals davon begeistert gewesen sein, ein dummes, inkompetentes, schmarotzendes und träges Wesen im Team zu haben, geschweige denn, ihm zu folgen. Die Alternative zu diesem *Anerkennungsbedürfnis* bestand darin, die soziale Unterstützung zu verlieren, ausgestoßen oder gar getötet zu werden (wobei Beides im Grunde das gleiche bedeutete).

Aus der Verbindung von Kompetenz und Ruf formte sich die Entscheidung, wem die Legitimation zur Führung erteilte wurde.[84] Spannend ist dabei die Frage: Legitimation von wem? Denn es gibt seit Ur-Zeiten zumindest zwei Quellen: Auf der einen Seite die Anerkennung der Gruppe als Ganzes (prestige-basiert), auf der anderen Seite die der besonders mächtigen Mitglieder der Gemeinschaft (machtbasiert). Es wurde stets aufmerksam registriert, wem diese ihre Gunst schenkten – denn es war riskant, sich mit den Falschen anzulegen. Viele Jahrtausende später wurden diese Menschen treffsicher als *Günstlinge* bezeichnet. „Erfunden" wurden sie schon viel früher, denn es war zu allen Zeiten bedeutsam, sich ein wertvolles Netzwerk zu verschaffen. Aus den Vorteilen, die man als Gruppenmitglied aus der Nähe zu den Mächtigen ziehen konnte, entwickelte sich vermutlich das, was wir heute mit der Aufgabe „Karriere machen" bezeichnen. Es kann wohl davon ausgegangen werden, dass diese eine andere Wurzel hat, als das Phänomen Führung.

Um Missverständnissen vorzubeugen: Ich nehme hier keine moralische Position ein, etwa um die Günstling-Wirtschaft abzuwerten. Ganz im Gegenteil! Sie erscheint mir als etwas völlig Natürliches! Fast wird nämlich schon die Frage interessant, ob wir jetzt nicht lieber dem Phänomen des Günstlings auf der Spur blei-

---

83 vermutlich etwa vor 15.000 Jahren
84 Noch heute können Sie in jedem Assessment-Center Teilnehmer in der Ausübung der Kunst beobachten, die Konkurrenz „alt aussehen" zu lassen, ohne sich die Sympathien der Gruppe zu verscherzen. Zumeist gewinnt diese Person dann auch den Hauptpreis!

ben sollten, als dem der Führung. Schließlich werden in vielen Organisationen heute Managementpositionen in der Regel „von oben" besetzt.

Was gilt es zu tun, um die Legitimation eines einzelnen Entscheiders zu erlangen? Dazu müssen wir uns nur fragen, welche Anliegen dieser verständlicherweise hat. Auf einen einfachen Nenner gebracht: Er möchte seine Macht und die damit verbundenen Privilegien erhalten. Dazu benötigt er Mitglieder in der Gemeinschaft, die – in dieser Reihenfolge:

1. absolut *loyal* sind (d.h., die seine Ziele zu den eigenen machen, die Hierarchie zu keiner Zeit in Frage stellen und sich „in die Kugel werfen", die dem Mächtigen gilt)
2. *fleißig und konstruktiv* an der Verwirklichung der Ziele des Mächtigen arbeiten
3. dem Mächtigen das *Leben leichter* machen (d.h., keine Probleme machen, sondern sie alle lösen oder zumindest von ihm fernhalten)

Wohlgemerkt, es kann sinnvoll und nützlich sein, sich an diesen Erwartungen zu orientieren, um die 1. Kern-Aufgabe der evolutionär definierten Führung zu bewältigen. Allerdings dürfen wir nicht den Fehler machen, unser Phänomen auf diese Perspektive zu reduzieren. Vielleicht gelingt es Ihnen, durch die Legitimation „von oben" eine Management-Position und Personal zu erhalten. Doch mit Mitarbeitern haben Sie noch keine Gefolgschaft.

Unsere Ur-Führer erhielten ihre Legitimation nämlich von der Gemeinschaft. Etwas zu tun, was die Aufmerksamkeit der Gruppe weckt und deren Bereitschaft nachzuahmen, zuzuhören und zu folgen, forderte wertvolle Stärken und oft einen eigenen Weg („Eigen-Sinn"). Und genau an dieser Stelle ahnen wir, dass es diesbezüglich in den Anforderungen an die „Nummer 2" – oder 3,4,5... – Abweichungen gibt, denn Eigen-Sinn gehört hier wohl weniger zu den bevorzugten Eigenschaften.

Wenn wir eine ähnliche Liste in Bezug auf die grundlegenden Erwartungen der Gruppe erstellen sollten, wie wir es gerade für die Mächtigen taten, wie sähe diese aus? Zunächst einmal ist natürlich klar, dass wir hier nicht an durchdachte Anforderungsprofile denken dürfen. Das Führer-Geführten-Verhältnis folgt keinesfalls einer sachlichen Kosten-Nutzen-Analyse gemeinschaftlicher Investitionen, sondern einer ganzheitlich erlebten *„archaischen Wohlfühl-Analyse"*.[85]

---

[85] Forschungen zeigen, dass das individuelle Erlebnis der Unsicherheit zur Unterwerfung unter einen Führenden beiträgt, z. B. der Ruf nach der „starken Hand". Ich bin überzeugt, dass dies nur gilt, wenn der Führende nicht selbst als Ursache für das Unwohlsein betrachtet wird. Es gibt Hinweise darauf, dass unsere Vorfahren mit versagenden Führenden nicht sehr freundlich umgingen.

Ich stelle mir die Ur-Checkliste folgendermaßen vor:
1. ***Sorgt dieses Mitglied dafür, dass es gemeinsam besser funktioniert?*** (d.h., erleben wir praktischen Erfolg)
2. ***Fühlen wir uns mit ihm sicher?*** (d.h., erleben wir existenzielle Angstfreiheit, Zuversicht und Berechenbarkeit)
3. ***Fühlen wir uns mit ihm geborgen?*** (d.h., erleben wir uns als Gemeinschaft mit Freude und emotionaler Wärme)

Stellen wir uns ruhig vor, dass die Person, die am besten auf dieser Anforderungsliste abschnitt, die Legitimation der Gruppe zur Führung erteilt bekam. Wie Sie vermutlich direkt geprüft haben: Die beiden Checklisten sind nicht automatisch widersprüchlich. Das hängt im Wesentlich davon ab, ob die „Nummer 1" ebenfalls die archaische Wohlfühl-Analyse der Gemeinschaft besteht – oder eben nicht! Forscher sollten sich nicht wundern, wenn sie feststellen, dass die Hingabe an einen Führenden nicht rational durch Mittel-Zweck-Abwägungen motiviert ist, sondern „*ganz im Gegenteil* aktuellen Stimmungen und Gefühlslagen"[86] folgt.

Die Entscheidungen für oder gegen einen Führer waren für unsere Ahnen stets nur ***emotional*** möglich. Naturgegeben waren die Führenden stets „aus dem Volk". Heute würde man sagen: „Es wurde einer von uns!" Unabhängig von dieser Tatsachen lohnt sich die Frage: Warum sollte irgendjemand mir folgen?

Damit wären wir an dem Punkt angelangt, der Gemeinschaft ein (Führungs-) Angebot gemacht zu haben, das angenommen wurde. Sollten wir uns auf die Lösung dieser Teil-Aufgabe spezialisiert haben und uns als „Karrierist" definieren, können wir uns langsam nach der nächsten Führungsposition umsehen. Ansonsten müssen wir die Erwartungen der Gruppe auch erfüllen und uns um all die folgenden Kern-Aufgaben kümmern.

Job-Hopping war vor Jahrmillionen nicht angesagt. Wuchs die Unzufriedenheit unserer Ahnen (im Sinne der ***„archaischen Wohlfühl-Analyse"***), haben sie sich zusammengeschlossen, um etwas zu unternehmen. Vermutlich endete das in der Exilierung oder Tötung des Ur-Führenden; eine Entmachtung allein war zu riskant, da Dominante nicht konfliktfrei „zurück ins Glied gehen". *Kipnis et al.*[87] zeigten, dass auch heutige Mitarbeiter in ähnlichen Situationen Koalitionen bilden. Ohne den damals wohl nicht unüblichen letzten drastischen Schritt, suchen sie ihre Vorgesetzten in ihrem Sinne zu beeinflussen. Dieses „Sich-Zusammenschließen" scheint ein Muster zu sein, das bei Unwohlsein der Geführ-

---

[86] *Weibler, J.:* Personalführung, München: Vahlen, 2001, S. 160
[87] *Kipnis, D. et al.*, Patterns of managerial influence: shotgun managers, tacticians, an bystanders, in: Organizational Dynamics, 12/ Winter 1984, S. 58-67

Die Kunst natürlicher Führung

ten recht systematisch auftritt. Auch *Wunderer*[88] berichtet, dass erfolgreiche Zusammenarbeit bei der „Führung von unten" über wechselseitige Abstimmung und Konsens stattfindet: Man tut sich gegen die Führung zusammen, bildet eine Schicksalsgemeinschaft.

 Halten wir fest: Es wird „*Ur-Revolutionen*" gegeben haben. Die Gruppe hatte so etwas wie ein „Soziales Radar- und Immunsystem" und stimmte sich in ihrem Verhalten gegenüber dem Führer ab.

Was können wir aus dem evolutionären Führungsansatz ableiten, um diesem Schicksal zu entgehen? Es geht also um die Frage, wie Sie als Führungskraft ihre Legitimation nicht sofort wieder verlieren.

1.3 Antritt: Die Führungsrolle spürbar übernehmen

Es erscheint mir völlig verständlich, dass frische Führungskräfte zunächst einmal von der Sorge getragen sind, den Vertrauensvorschuss eventuell nicht zu rechtfertigen. Obwohl sie nun über Machtmittel verfügen, ist ihre Befürchtung, die Gefolgschaft nicht halten zu können. Sie spüren, dass ihre neu gewonnene Macht ihnen hier wenig helfen kann.

Dabei ist es im Prinzip einfach: Liebe Führungskräfte, definieren Sie für sich die Kern-Aufgaben evolutionärer Führung in diesem Buch zur Checkliste – und Sie haben nahezu die Gewissheit, aus zugeordneten Mitarbeitern eine Gefolgschaft zu gewinnen. Bleiben wir aber bei unserem bewährten Ansatz, in einzelnen Schritten vorzugehen.

Die unglücklichste – und gleichzeitig wahrscheinlichste – Vorgehensweise besteht an dieser Stelle darin, einfach weiter das zu tun, was man bisher tat. Warum das wahrscheinlich ist? Erstens ist man darin gut, zweitens wurde man dafür mit der neuen Rolle belohnt. Was kann also falsch daran sein? Nichts! Aber Sie haben eine *neue* Aufgabe! Dass Sie in Ihrer vorherigen Funktion Profi sind, steht nun nicht mehr so sehr im Vordergrund.

---

[88] *Wunderer, R.*, Führung des Chefs, in: *Rosenstiel, Lutz von, Regnet, Erika & Domsch, Michel (Hrsg.)*, Führung von Mitarbeitern, 5., überarb. Auflage, 2003, Stuttgart: Schäffer-Poeschel, S. 293-314

Sicherlich haben Sie auch schon die Erfahrung gemacht, dass oft gerade das *Fachspezialistentum* als Beleg für eine spätere gute Führungsleistung gewertet wird. Die beste Fachkraft wird zum Chef gemacht. Warum ist dieser seit vielen Jahren kritisch betrachtete Sachverhalt so schwer auszumerzen? Nun, weil eine solche Bewertung zunächst durchaus intuitiv nahe liegend ist! Der Betreffende signalisiert Selbstvertrauen und Kraft. Er verbindet, wie von uns gewünscht, Ansehen und Kompetenz! Wir legitimieren ihn zur Führung – und liegen mit unserer Einschätzung oftmals falsch. Oftmals heißt aber auch: Nicht immer!

Ich kenne viele Spezialisten, die ich mir durchaus als erfolgreiche Führende einer besonderen Gruppe vorstellen kann. Wir müssen an dieser Stelle aufpassen, nicht in die allgemeine Polemik einzustimmen, man hätte mit einer solchen Entscheidung stets „eine gute Fachkraft weniger und eine schlechte Führungskraft mehr". Und erst recht dürfen wir nicht den Fehler machen, auf Menschen hereinzufallen, die mit diesem Satz nur verdecken wollen, dass sie von dem Bereich, den sie führen wollen, keine Ahnung haben. Es reicht weder aus, „Management" (bzw. Betriebswirtschaftslehre etc.) studiert zu haben, noch die Klaviatur psychologisch-kommunikativer Techniken zu beherrschen. Wir erwarten von unserer Führung, dass Sie uns erfolgreich macht. Dafür muss sie selbstverständlich *Ahnung von der Sache* haben.

Auch Führende müssen *gute Fachkräfte* sein – nur ist ihr Fach in dieser Rolle ein anderes (geworden). Die immer wieder aufkeimende Diskussion, wie viel Fach- und wie viel Führungskompetenz ein Manager benötigt, hat ein wenig von einer Thema-Verfehlung!

Oftmals wird an dieser Stelle der *Generalist* herbeigeredet. Es wird darauf hingewiesen, dass wir eine größere Anzahl von diesem Typus benötigen. Gerade jungen Menschen wird damit häufig eine gefährlich falsche Vorstellung vermittelt. Für sie ist es durchaus attraktiv, sich in anregender Weise mit vielen, unterschiedlichen Dingen beschäftigen zu können, keine „Fachidioten" zu werden. Vielfalt statt Tiefe, Unterhaltung statt Fleiß, Übersicht statt Details, Twittern statt Dokumentation. Auf diesem Weg wird niemand zum Kenner einer Materie. Erfolg setzt wirkliches Verstehen voraus, und das entsteht weder durch „Themen-Tourismus" noch durch Oberflächlichkeit. Wenn Erfolg leicht und bequem zu erreichen wäre, hätte ihn jeder!

Es ist wichtig, sich bewusst zu halten, dass Führung grundsätzlich unter Konkurrenzbedingungen stattfindet. Nur Besitz kann hier einen gewissen Wettkampfvorteil bieten. Während der Bauer als Eigentümer in der Regel nicht im Wettbewerb mit dem Knecht über die Führung des Hofs steht, muss der Jagdleiter durch seinen Vorsprung beweisen, was er kann. Uns fallen die Menschen auf, die etwas

Besonderes leisten, die in etwas besser sind als andere. Es ist schön, wenn jemand von sehr vielen Sportarten die Grundregeln und -techniken kennt. Vielleicht beschert es ihm jede Menge unterhaltsamer Nachmittage oder den Job eines Sportlehrers Die Wahrscheinlichkeit jedoch, dass er in einer dieser Sportarten eine Führungsrolle innehat, ist nicht hoch.

Halten wir fest: Sowohl über den Weg als „Günstling", wie auch über den des „Kompetenz-Trägers" können wir die Legitimation für eine Führungsrolle erhalten. Ob wir dieser Aufgabe dann auch gerecht werden, entscheidet sich erst ab jetzt!

Tipp: Unterbrechen Sie nach der Übernahme einer neuen Führungsrolle Ihre Gewohnheiten und Routinen. Nehmen Sie sich Zeit, über die neuen Notwendigkeiten, Ihre Situation und die Erwartungen an Sie nachzudenken. Setzen Sie früh das Zeichen, dass Sie diese verstanden haben und zu erfüllen verstehen.

Also: **Investieren Sie deutlich Zeit und Engagement in Ihre Führungsarbeit.**

Worin besteht nun diese *Führungsarbeit in der Startphase*? Sie besteht darin, den erhaltenen Vertrauensvorschuss so lange über die Zeit zu bringen, bis der Erfolg Ihnen Recht gibt! Leicht vorstellbar, dass dies nur eine begrenzte Phase sein kann. Je kürzer, desto besser für Sie und Ihr Team. Die Uhr tickt! Dann beginnt aus dem viel versprechenden neuen Führer ein Scharlatan zu werden.

Führen wir uns vor Augen, welche *Versprechen jede Führungskraft* seit Ur-Zeiten an die Gemeinschaft abgibt:

- *Das Zukunftsversprechen:* Mit mir wird die Gruppe in eine attraktive Zukunft reisen!
- *Das Wirkungsversprechen:* Ich weiß, wie wir gemeinsam Erfolg herstellen können!
- *Das Beziehungsversprechen:* Ich bin vertrauenswürdig, gerecht und einer von Euch!

Sie können blind davon ausgehen, dass die Gemeinschaft Sie an diesen Versprechen misst, unabhängig davon, ob Sie diese tatsächlich aussprechen.[89] Wenn unsere Theorie stimmt, dann sind sie natur-gegeben!

---

[89] Ein gnadenlos unglückliches Versprechen wäre die Botschaft: „Ich bringe Euch den Erfolg!" Das Führungsversprechen sollte immer der Logik folgen: „Wenn wir mein Erfolgsmodell gemeinsam umsetzen, werden wir alle Erfolg haben!"

Individuell sind dagegen Ihre persönlichen Antworten auf die mit den Ur-Versprechen verbundenen Fragen: Welches Zukunftsangebot haben Sie für die Gemeinschaft? Wie soll diese Zukunft konkret gemeinsam verwirklicht werden? Was kann man von Ihnen als Mensch erwarten und welche Spielregeln definieren Sie? Was passiert jetzt?

Tipp: Statt nach Übernahme der Führungsrolle zur Tagesordnung überzugehen, sollten Sie erste Antworten auf diese Fragen ausarbeiten und Ihren Mitarbeitern vorstellen.

Also: **Bereiten Sie eine „Antrittsrede" vor. Halten Sie diese, und führen Sie in Ihrer neuen Rolle Einzelgespräche mit Ihren Mitarbeitern.**

Den ersten Schritt können Sie sich vorstellen, wie die berühmte »Skizze im Sand«, die stets von den Helden der Schwarz-weiß-Western am Lagerfeuer in den kargen Boden gestrichelt wurde. Hier schilderte er der Truppe rasch und hochgradig verständlich, wie man gemeinsam gegen die Gegner gewinnen kann. Blicke wurden ausgetauscht, die eine oder andere Frage beantwortet, abschließend ein stilles Nicken in der Runde. Man geht auseinander, um sich auf den Kampf vorzubereiten.

Haben Sie eine solche »*Skizze im Sand*«? Es wird nun Zeit dafür!

Tragisch wäre es, wenn sich die Gemeinschaft begänne zu fragen, welchen Unterschied es eigentlich für den gemeinsamen Erfolg ausmacht, ob es Sie gibt oder nicht. Dann haben Sie diese Teil-Aufgabe nicht gelöst.

Tipp: Überlegen Sie, was Sie in Ihrer neuen Rolle zum Erfolg der Gemeinschaft beitragen können, was andere nicht können. Prüfen Sie gleichzeitig, wo die Gruppe Schwächen hat, um sich darauf zu konzentrieren, diese zu kompensieren.

Also: Machen Sie einen wesentlichen Unterschied aus.

Wenn Sie diese 1. Kern-Aufgabe der Führung noch etwas nachwirken lassen möchten, dann lesen Sie jetzt einfach unsere historische Episode aus dem Leben von HalbesOhr ein zweites Mal. Spüren Sie dem Anspruch nach, den er erhoben hat, als er sich von der Gruppe entfernte und sie zur Nachahmung animierte. Führen Sie sich vor Augen, welche Erwartung die Gemeinschaft in die Hoffnung steckte, dass die Strategie von HalbesOhr aufgeht, als sie ihm folgte. Erst im Nachhinein stellte sich heraus, dass dieser Vertrauensvorschuss berechtigt war. Können Sie ähnlich überzeugend sein, ohne dass es eventuell gerade um das nackte Überleben Ihres Teams geht?

Alle Überzeugungskraft und Legitimation nützt Ihnen allerdings gar nichts, wenn Sie anschließend verzweifelt vor der Frage stehen, wie in aller Welt die Gruppe nun den Erfolg erreichen kann. Auch der »*Skizze im Sand*« muss bald ein ausgearbeitetes Erfolgsmodell folgen. Und damit sind wir bei der 2. Kern-Aufgabe evolutionärer Führung. Eine echte Herausforderung: Karrieristen scheitern an ihr, weil sie die Materie nicht kennen! Die berühmten „Alten Hasen" scheitern an ihr, weil sie ihre Erfahrung nicht transportierbar bekommen!

2. Erfolgsmodell-Klarheit: Wissen, wie man den gemeinsamen Erfolg herstellt

Dieses Kapitel hat für Sie „handwerklich" weniger Relevanz, wenn

- Sie in einem tradierten Bereich arbeiten, dessen Prozesse und Methoden wenig Änderungen unterliegen,
- Ihre Führungskraft Ihnen klar vermittelt, wie sie sich Ihren persönlichen Beitrag vorstellt,
- Sie sehr erfahren sind und sich die Rahmen-Bedingungen nur langsam ändern,
- Ihr Verantwortungsbereich eine vorhersehbare Zukunft hat,
- Sie sich seit langem als „analytisch denkender Unternehmer" beweisen.

Jeder Mensch – vermutlich jedes Lebewesen – hat ein Erfolgsmodell. Es entsteht schlicht aus der Verarbeitung eigener Misserfolge und Erfolge und wird vom Kindesalter an wirksam. Was funktioniert hat, wiederholen Lebewesen in der Regel; was sich nicht als erfolgreich erwies, taucht von nun an seltener auf. Gut nachvollziehbar, dass die Evolution diese Methodik belohnt hat. Schließlich wurden in der Startphase unseres Daseins Fehler oft sehr drastisch bestraft! Gleichzeitig haben aber nur wenige Menschen (vermutlich sind wir hier die einzigen Lebewesen) die Muße oder die Pflicht, sich über ihr Erfolgsmodell Klarheit zu verschaffen. Dieser Aufwand erschien Mutter Natur offenbar unnötig. Wir sind einfach nicht gut darin, unsere unbewussten Muster und Strategien, unsere Beweggründe und komplexen Erfahrungen analytisch differenziert herauszuarbeiten. Wozu auch? Es funktioniert ja!⁹⁰

Unser Gehirn formt aus unseren Erlebnissen ein **Modell der Umwelt**, das uns erlaubt, Dinge zu erkennen und Voraussagen über die Zukunft zu treffen. Die älteren und häufig gebrauchten Erkenntnisse formen sozusagen das Fundament, das nicht ohne weiteres geändert werden kann. *Jeder* Mensch handelt daher nach einer persönlichen, recht stabilen Erfolgstheorie. Dabei besteht zwischen den jeweiligen **Bildern im Kopf** und den wirklichen Tatbeständen das Verhältnis einer mehr oder weniger weitgehenden Analogie. Unsere Erfahrung kann sich einerseits in Form unserer **Intuition** melden, sie kann andererseits – dem **Intellekt** zugänglich gemacht – analysiert werden und ein immer komplexeres und differenzierteres Gebilde ergeben.

Übertragen Sie jetzt dieses Bild auf eine ganze Gruppe! Auch diese macht ihre Erfahrungen mit Erfolg und Misserfolg, die Mitglieder spielen sich ein, es etablieren sich Gewohnheiten, Traditionen, ungeschriebene Gesetze.

Die Prinzipien ähneln sich derart, dass folgende Unterscheidung aus meiner Sicht Sinn macht:

- ***Individuelles Erfolgsmodell***: Das aktuelle Endergebnis all unserer persönlichen Erlebnisse bezüglich des Erfolgreich-Seins!
- ***Gemeinsames Erfolgsmodell***: Die „Gewohnheiten, Spielregeln und Strategien", nach denen eine Gruppe handelt, wenn sie ihre Ziele verwirklichen will.

Der Schädel war längst schon gebrochen – und doch hämmert Urg blutrünstig den Kopf des bisherigen Führers erneut gegen den Fels. Niemand wagt es, aufzublicken. Alle fürchten ihn und meiden seine Gegenwart. Immer muss man bei ihm mit unvorhersehbaren Angriffen rechnen. Urg riecht die Angst um ihn herum und die versteckten Aggressionen. Beides erregt ihn und macht ihn misstrauisch. Stets damit beschäftigt, die männlichen Mitglieder der Gruppe zu terrorisieren, beachtet er die Weibchen nur, wenn er seine Erregung sexuell abbauen will. Der stetige Schub von Testosteron, Adrenalin und Endorphinen vermittelt ihm das Gefühl der Unbesiegbarkeit. Wenn er hungrig ist, nimmt er das, was da ist. Muss er warten, tobt Urg wie ein Wahnsinniger und alle sind bemüht, ihn zu besänftigen. Er fühlt sich grandios.

Wochen später ist die ganze Gruppe erschöpft. Niemand kennt die Wege der Jagdbeute so gut wie der frühere, jetzt tote Führer. Die ständige Angst der Gruppenmitglieder

---

90 Ich vermute, das ist einer der Hauptgründe dafür, warum sich die 2. Kern-Aufgabe der Führung als so schwierig für sehr viele Manager erweist.

> vor Urg lässt sie oft vergessen, was sie früher konnten und raubt ihnen zusätzlich viel Energie. Er lässt niemanden weit von sich weg, um alles im Auge zu behalten. Das Sammeln von Nahrung ist kaum noch möglich, alle leiden unter dem Hunger. Und die Tage und Nächte werden kälter.
>
> Eines Morgens zieht die Horde Richtung Süden weiter, während Urg in einer großen Blutlache, umgeben von kleineren Felsbrocken und schweren Ästen, zurückbleibt. Mehrere Männchen und Weibchen haben schmerzhafte Verletzungen, aber sie folgen ruhig und mit einer Zuversicht, die sie schon wochenlang nicht mehr verspürt haben, Krumm, dem Ältesten der Gruppe. Er ist der Einzige, der die Reise in den wärmeren Süden bereits einmal erfolgreich absolviert hat. In seinem Kopf trägt er die Bilder mit sich, an welchen Stellen die Nahrungssuche viel versprechend ist und wo Gefahren lauern. Er kann der Gruppe Ruhe und Sicherheit vermitteln. Schon unter dem früheren Führer war er es, der Konflikte innerhalb der Horde am friedlichsten regeln konnte. Urg, dessen Körper bereits von den Aasfressern verwertet wird, hatte ihn nie angegriffen. Er war zu schwach und unauffällig, um in ihm eine Gefahr zu sehen. Aber Krumm´s Erfahrung erscheint der Gruppe wertvoller – und sie hat das Notwendige getan.

Ganz offensichtlich hatte das individuelle Erfolgsmodell von Urg aber auch gar nichts mit dem gemeinsamen Erfolgsmodell für die Gemeinschaft zu tun. Eine ganze Reihe von Anthropologen geht davon aus, dass die „Erfindung" der Steinigung vor vielen Tausenden von Jahren die Spielregeln der Macht änderte. Nun konnten sich viele Schwache gegen einen Starken zusammentun. Und, das ist natürlich extrem entscheidend, ohne die gefährliche körperliche Auseinandersetzung. Interessanter Weise haben wir auch an dieser Stelle heute unser Repertoire wirksam erweitert (z.B. Gerüchte, Intrigen, Rufmord-Kampagnen, Erpressung…), aber das ist ein anderes Thema.

Von einem Führenden wird erwartet, dass er versteht, worauf ausbleibender Erfolg zurückzuführen ist. Er benötigt dazu eine treffende Vorstellung von der für die Gruppe *relevanten Aufgaben-, Problem- und Lösungswelt*. Im einfachsten Fall hat das mit Erfahrung und Können zu tun, im schwierigsten mit einer Neuerfindung der Zukunft!

> Wenn Sie Ihre Führungsaufgabe wirksam wahrnehmen wollen, müssen Sie eine klare Vorstellung davon haben, wie die Gruppe ihren Erfolg herstellen soll. Es geht an dieser Stelle darum, **theoretisch-konzeptionell** den Erfolg zu schaffen.
>
> Wenn diese Führungsaufgabe nicht von Ihnen gelöst wird, gibt es nur zwei Ausgänge: Jemand übernimmt die Führung, der hier kompetenter ist – oder die Gemeinschaft geht unter!

Eine faszinierende Frage: Wie entsteht Erfolg? In vielen Bereichen hat „Mutter Natur" dafür gesorgt, dass unser Großhirn nicht für den Erfolg notwendig ist. Wir müssen nichts über Biologie wissen, um uns zu vermehren, nichts über Ernährungsphysiologie, um gut zu essen, nichts über Soziologie, um zufrieden in einer Familie oder Arbeitsgruppe zu sein, nichts über unseren Hormonhaushalt, um die Sonne zu genießen. Wir benötigen kein Wissen über Tierkunde, um Kuhmilch zu trinken und keines über Neurophysiologie, um uns in „miesen Zeiten" etwas Gutes zu tun. Allerdings gibt es dann da noch die Bereiche, in denen Verhaltensflexibilität und Lernen wesentlich sind. Und hier betreten wir die Welt der Strategien und Erfolgsmodelle, die Welt der Erfahrung und des Verstehens.

Sind wir überhaupt in der Lage, unsere Welt zu durchschauen? Grundsätzlich lautet die Antwort: Ja! Unsere Erkenntnisstrukturen passen auf die Welt, weil sie sich im Laufe der Evolution in Anpassung an das reale Umfeld herausgebildet haben. Unser Verstehen ergibt sich in allererster Linie durch die *Auseinandersetzung mit unserer Umwelt*, durch unser Tun. Für uns ist in diesem Zusammenhang wichtig, dass es um die Auseinandersetzung mit der *relevanten* Umwelt gehen muss. Auf diese Weise erwerben wir uns **Kennerschaft**!

Ausschließlich theoretisches Wissen oder abstraktes Planen ohne aktives Handeln wird zu einer rein geistigen Übung, bei der wir eine Welt in unserem Kopf heraufbeschwören, die es nicht gibt.

Diese Tatsache sollte insbesondere auch bei der Ausbildung von Führungskräften (und z.B. auch Controllern) stärkere Berücksichtigung finden. Wir benötigen weniger (Besser-)*Wisser* als *Kenner*! Ein Weinkenner ist etwas völlig anderes als z. B. ein Wissenschaftler, der sich auf Wein spezialisiert hat. Ich wage die These, dass wir unsere Führungsqualität durch viele Ausbildungssysteme schwächen. Zwangsläufig werden hierbei Methoden vermittelt, die unabhängig vom Kontext und den spezifischen Spielregeln einer Szene funktionieren: Das „Standardrepertoire der Manager"! Und frei nach dem altbekannten Spruch „Wer im Besitz eines Hammers ist, hält alles für einen Nagel." wenden die über-ausgebildeten und oft unter-erfahrenen Menschen diese Standards dann überall an. Da sie damit sichtbare Wirkung erzielen, fühlen sie sich und ihr Erfolgsmodell bestätigt.

Führende müssen sich *Erfahrungen* erarbeiten und den *Kontakt zur realen Welt* erhalten. Zahlen, Tabellen, Studiengänge und Grafiken sind kein wirkungsvoller Ersatz für die aktive Auseinandersetzung mit dem erfolgsrelevanten Feld.

Die Ur-Aufgabe der Führung verlangt zu ihrer Erfüllung das, was landläufig als *über den Tellerrand hinaussehen* bezeichnet wird. Ein Erfolgsmodell für das Ganze setzt zwangsläufig voraus, dass der Blick nicht nur auf Details gerichtet ist. Es geht in der Führungsrolle um mehr als nur darum, den ganz persönlichen

Bereich zu kennen. Wenn einer unserer Urahnen ein genialer Hersteller von Wurfspeeren war, dessen Fähigkeiten für alle anderen ein Buch mit sieben Siegeln blieb, hatte er aufgrund seines Wertes für das Überleben der Horde sicherlich viel Ansehen. Gefolgt ist ihm allerdings wohl niemand in die Wildnis, wenn es Mitglieder gab, die mehr über all die Erfolgsfaktoren der Jagd oder Reise wussten. Ein guter Speer ist dabei nur ein kleiner Baustein. Zur Führung eines „Unternehmens für Wurfspeere" war er allerdings eventuell durchaus geeignet, denn er wusste, wie es gelingt, wirkungsvolle Waffen herzustellen.

Die eigentliche Kunst besteht in Bezug auf die 2. Kern-Aufgabe natürlicher Führung heute wohl darin, in der unendlichen, sich tagtäglich verstärkenden Komplexität und Dynamik

- das Wesentliche zu identifizieren und mit klaren Prioritäten zu versehen,
- sich darüber klar zu werden, dass der eigene Blick alleine nicht mehr ausreicht und
- wenn schon nicht die Zukunft vorherzusagen, dann zumindest eine sehr glaubwürdige Wette auf sie anbieten zu können.

2.1 Wesentlichkeit: Die Erfolgsgesetze des größeren Ganzen verstehen

Wesentlich bedeutet, dem Wesen einer Sache angemessen. Klingt einleuchtend, ist extrem schwer! Denn was ist das Wesen einer Sache? Haben Sie schon einmal erleben dürfen, welche Diskussionen entbrennen, wenn man in einer Gruppe darüber Einigkeit erzielen will, was für eine gemeinsame erfolgreiche Zukunft zu tun ist? Das Wesentliche ist verblüffend oft als „Selbstverständlichkeit" getarnt und im alltäglichen Einerlei versteckt. Es muss mühsam herausgearbeitet werden – und frustrierender Weise erscheint es dann auch noch am Ende naheliegend und trivial.

> Sie glauben vielleicht nicht, wie viel Nachdenken, Ausprobieren, Diskutieren, Überarbeiten und Forschen, wie viel Ringen um die Essenz und Suche nach dem Wesen des Phänomens Führung in den Gedanken dieses Buches stecken.
>
> Wenn Sie es aber gelesen haben, erscheinen Ihnen – zumindest wenn ich vernünftige Arbeit geleistet habe – viele Dinge und Aussagen selbstverständlich. Mir z.B. gelingt es schon nicht mehr gut, überhaupt eine andere Haltung zur Führung einzunehmen, da sie mir alle in das große Bild des evolutionspsychologischen Ansatzes integrierbar erscheinen.

Im Kern sind wir Erfahrungswesen, und für unsere Ur-Ahnen war diese Form des intuitiven Wissenserwerbs über ihren Lebensraum die einzig mögliche. Sprache, Schrift und analytische Methodik kamen nach und nach dazu, schoben Instinkt und Intuition in Richtung Wissenschaft.

Jeder dieser unterschiedlichen Zugänge zur Welt birgt seine eigenen Risiken: Erfahrung und Gewohnheiten können zu Starrheit werden, Intuition ist oft nicht mehr als Willkür und Ahnungslosigkeit, Analysen produzieren viel zu oft Datenfriedhöfe und wachsende Komplexität endet nicht selten in Handlungsunfähigkeit. Wir benötigen kein Mehr an *Daten*, sondern ein Mehr an *Verstehen*. Um in der Komplexität des Lebens entscheidungs- und handlungsfähig zu bleiben, müssen wir die Fähigkeit pflegen, das **Wesen eines Feldes** zu erfassen. Viele Manager häufen immer weiter Informationen an, in dem verzweifelten Versuch, ihre Welt unter Kontrolle zu bekommen. Eine geradezu widersinnige Strategie. Irgendwann geht die eigentlich entscheidende Nachricht im „Rauschen" unter. Gerade Führende müssen sich auf *Muster*, statt auf Daten und Fakten konzentrieren. Sie müssen sich ein *Bild* machen! Zur Mustererkennung gehören in der Führungspraxis vier Dinge:

- *Datenreduktion* auf die wesentlichen Schlüsselkomponenten,
- *Vernetzung* dieser Komponenten,
- *intuitives Füllen der Lücken* und
- systematisches Übersetzen von Intuition in *Erkenntnis*.

Solange wir jedoch die Muster nicht kennen, nützt es wenig, die Einzelbereiche mit noch mehr Detaillierung und Exaktheit zu untersuchen. Wir stehen hier an dem gleichen Punkt, der uns dazu geführt hat, das Phänomen Führung von seinen Ur-Mustern her verstehen zu wollen, statt einfach noch mehr Gedanken auf den riesigen Berg von Überlegungen anzuhäufen. Erfolgsmodelle können nicht aus gigantischen Datenbanken abgeleitet, erfunden oder frei erarbeitet werden! Man kann nicht nach dem Motto agieren: „Na, dann lasst uns mal überlegen, wie wir erfolgreich sein wollen." An dieser Stelle liegt durchaus auch ein entscheidender Fehler in der Denkweise einiger großer Strategieberatungen. Erfolgsmodelle werden eher aus der Realität herausgeschält als in einem demokratisch-kreativen Prozess diskutiert und verabschiedet. Genau diese so genannte Realität stellt natürlich andererseits genau das Problem dar. Schließlich gibt es sogar seriöse Wissenschaftler, die behaupten, es gäbe eine unendliche Fülle von Realitäten und nicht *die Eine*. Aber lassen wir uns nicht von metaphysischen Gedanken verwirren. Kein Geführter interessiert sich ernsthaft für unsere Probleme an dieser Stelle.

Wir sind nicht unfähig, in einem komplexen System erfolgreich zu leben! Der Beweis ist längst erbracht – schließlich gibt es uns noch. Schon vor über 1,5 Millionen Jahren haben Ur-Verwandte routiniert komplexe natürliche Aufgaben gelöst (z. B. Objekterkennung), von denen viele auch heute noch nicht in künstlichen Modellen der Intelligenz konstruiert werden können. Komplexität ist nichts Neues! Das Erfolgsprinzip lautet an dieser Stelle: „Wie viel kann ich weglassen, ohne das Wesen einer Sache zu verlieren?"

Die amerikanische Psychologin *Carol Moog* registriert bei Managern eine tief sitzende Angst vor der Vereinfachung. Angst davor, etwas auszulassen, etwas wegzulassen. Sie wollen sämtliche Optionen berücksichtigen, um nicht von irgendjemandem kritisiert werden zu können. Hier wird aus meiner Sicht der Beweis erbracht, dass viele Manager keine tauglichen Annahmen darüber haben, welche Informationen entscheidend sind. Diese sind allerdings Voraussetzung dafür, sich auch um das Wesentliche kümmern zu können.

Was ist für uns konkret zu tun, damit wir diese Kern-Aufgabe der natürlichen Führung lösen? Zurück zum alten Krumm, der die Gruppe vor Jahrtausenden in den warmen Süden führte, nachdem Urg „abgedankt" hatte. Er kannte sein Biotop und wusste, worauf es zum Überleben ankam. Können Sie das für sich auch behaupten?

Natürlich kann ich Ihnen jetzt – quasi per Ferndiagnose mit verbundenen Augen – nichts über die für Sie **erfolgsrelevante Umwelt** sagen (Kunden, Branchen, Märkten usw.). Das ist sehr spezifisch! Womit wir auch einen der Gründe gefunden hätten, warum weder die einfache Übertragung funktionierender Strategien noch der unreflektierte Wechsel erfolgreicher Manager von einer Branche in eine andere allzu zweckmäßig sind. Solche Schritte müssen sehr sorgfältig geprüft werden. Wir brauchen *Umwelt*-erfahrene Führungskräfte und auf spezifische Probleme spezialisierte Fachleute, *auf keinen Fall* werden Manager und Berater mit dem Anspruch auf Allgemeingültig gesucht.

In diesem Zusammenhang möchte ich noch vor einer ebenso offensichtlichen wie merkwürdigerweise ignorierten anderen Gefahr warnen: der Gefahr, die relevante Umwelt zu verkennen! Sie glauben nicht, dass dies leicht geschehen kann? Dann werfen wir doch einfach nur einen kurzen Blick auf die Welt der Börse und der Aktiengesellschaft. Diese Unternehmensform hat quasi naturgegeben schon ein Problem damit, glaubwürdig die Aufgabe „Zusammenkommen, um gemeinsam das Überleben zu erwirtschaften" in den Mittelpunkt zu stellen. Das Hauptziel des Topmanagements wird sehr schnell von den Beteiligten anders erlebt: „Zusammenkommen, um für die Anleger möglichst viel Rendite zu erwirtschaften".

Damit haben Vorstände und Führungskräfte von Aktiengesellschaften von Grund auf eine eher schwierigere Führungsaufgabe als das Management anderer Unternehmensformen.

Das oftmals noch wesentlichere Problem liegt aber, wie bereits angedeutet, in der Verkennung der relevanten Umwelt: Aktionäre und Analysten stellen eindeutig nicht den wesentlichen Markt für ein Unternehmen dar. Dennoch gelingt es beispielsweise vielen **Strategieberatungen** mit dem „Trick", die Börse als relevantestes Umfeld zu definieren, sich erfolgreich quasi als Spezialisten für Aktienwert-Konzepte zu platzieren.

Natürlich müssen sie dabei die Dinge empfehlen, auf die die *Kapitalmärkte* positiv reagieren. Leider hat dies zumeist erschreckend wenig damit zu tun, auf was die Kunden des jeweiligen Unternehmens positiv reagieren. Insgesamt spiegelt sich an dieser Stelle eine sehr unglückliche Entwicklung wider.

Halten wir fest: Es ist selbstverständlich entscheidend, dass Führende das Erfolgsmodell auf die für das Überleben relevante Umwelt (Kunden, Markt etc.) ausrichten. Im Grunde müsste man fragen: auf was denn sonst?

Nach über 20 Jahren Beratungstätigkeit bin ich nach wie vor überrascht, dass viele Unternehmen auf die einfache Fragen „Warum gibt es uns noch? Warum sind wir erfolgreich?" selten sehr differenzierte, analytisch tragfähige Antworten geben können. Zudem sind es dann auch noch in ein und derselben Organisation oft sehr unterschiedliche. Ich halte eine Antwort auf diese Frage – gerade in Zeiten, in denen Wandel offenbar per Definition als etwas Positives bewertet wird – für absolut wesentlich. Wenn ich nicht weiß, warum die Gemeinschaft bisher überlebt hat, drehe ich rasch versehentlich an **existenziellen Rädchen**.

Fassen wir kurz zusammen: Um ein transportierbares Erfolgsmodell aus der Unternehmenspraxis herauszuarbeiten, benötige ich relevantes Know-how über

1. die Umwelt, in der es zu überleben gilt, d.h., das »***Biotop***« (Wo und mit wem leben wir?) und
2. das bisherige »***Erfolgsmodell***« (Warum leben wir noch?).

Branchenerfahrene Führungskräfte haben hier Vorteile – sofern sie die Nebenwirkungen ihrer Erfahrungen kompensieren: Veränderungen werden von ihnen leichter übersehen und ihr Wissen steht ihnen eher intuitiv als explizit zur Verfügung. Ihren unerfahrenen und damit vorteilhafter Weise oft auch unvoreingenommeneren Kollegen fehlt dagegen viel Praxis. Weise Führer beider Lager werden daher nicht losgelöst von der Gruppe am Erfolgsmodell arbeiten. Wirklich gute Erfolgsmodell-Arbeit verlangt kommunikative Kompetenz und Glaubwürdigkeit, um „Bedeutung" zu schaffen.

Es gibt einen weiteren Grund, sich bei dieser Führungsaufgabe nicht alleine auf den Weg zu machen. Erinnern Sie sich an unsere Unterscheidung von a) individuellem und b) gemeinsamem Erfolgsmodell? Unsere ganz persönlichen Erfolgstheorien sind zwar einerseits Grundlage unserer individuellen Art von Erfolgen, andererseits halten sie uns zumeist von *anderen* Formen des Erfolgs ab. Wir stecken quasi in unserem Erfolgsstil fest! Urg kann von den Risiken dieser Tatsache Kunde geben!

2.2 Gemeinschaftlichkeit: Den Blick weiten

Manager müssen sich bewusst halten, dass sie vor dem Problem stehen, ihr eigenes Erfolgsmodell schwer widerlegen bzw. verbessern zu können. Erstens sagt ihnen kaum noch jemand die Wahrheit, zweitens sind sie von direkten Rückmeldungen des Marktes bzw. der Kunden weit entfernt. Hinzu kommt, dass unsere Entwicklung persönliche **Wahrnehmungsfilter** fördert. Wir sehen oft nur die Dinge, die unsere Sicht bestätigen und leben im wahrsten Sinne des Wortes in unserer *eigenen Welt*. Verständlich, dass diese Tendenz gerade für eine Führungskraft große Risiken birgt! Gibt es auch an dieser Stelle Gegenmittel?

- Pflegen und nutzen Sie zusätzliche, inoffizielle **Informationsquellen**. Gerade weil eine Führungskraft viele Kontakte hat, viele Zugänge und Quellen, genießt sie bei der Beschaffung von (weichen) Informationen einen natürlichen Vorteil. Bauen Sie diesen Vorteil aus!

- Suchen Sie Wege und Mittel, das eigene **Erfolgsmodell systematisch zu verbessern**. Der erste notwendige Schritt dazu besteht darin, das eigene Erfolgsmodell aus den Tiefen Ihres Autopiloten herauszuholen und **bewusst zu machen**.

- Stellen Sie sicher, kritische und kompetente **Partner zur Reflexion** zu haben.

- **Integrieren** Sie Hinweise auf weitere erfolgsrelevante Aspekte in ihr Modell, statt diese in Konkurrenz zu Ihrer Sicht wegzudiskutieren. Machen Sie sich schlau!

- Nehmen Sie Fakten, die nicht zu Ihrem Erfolgsmodell passen, besonders ernst! Sie sind oft Hinweis darauf, dass Sie etwas **Wesentliches noch nicht verstanden** haben.

Allein schon damit Ihr individuelles Erfolgsmodell weiter an Qualität gewinnt, ist der Einbezug Anderer wichtig. Allerdings sind wir dabei noch nicht einmal beim grundlegenden Problem: Es geht ja um die Konkretisierung des *gemeinsamen* Erfolgsmodells, nicht um die Optimierung Ihres individuellen.

> Sie mögen ein beeindruckender Linksaußen Ihrer Fußball-Mannschaft sein. Und sicherlich haben Sie auch eine Vorstellung davon, wie die Anderen spielen sollten, damit Sie persönlich glänzen können. Reicht das, um gegen die anderen Mannschaften zu gewinnen?

Führende müssen neben ihrem bisher ganz persönlichen Erfolgsmodell eines für die gesamte Gruppe erarbeiten. Im Sinne der Vorbildfunktion, Authentizität und Glaubwürdigkeit ist es wichtig, dass diese beiden Modelle nicht im Konflikt zueinander stehen. Wenn beispielsweise bislang der harte Konkurrenzkampf ein wesentlicher Faktor für Ihren persönlichen Erfolg war, könnte dieser im Zusammenhang mit der Führungsaufgabe plötzlich zu einem Hindernis werden. Es gibt Führungskräfte, die mehr Energie dabei verbrauchen, im steten Wettbewerb mit ihren Mitarbeitern zu stehen, als diese Kraft für den gemeinsamen Erfolg einzusetzen.

Insofern stellt die Verknüpfung von früherer, eigener Erfahrung und dem Modell für den Gruppenerfolg im Grunde die **erste Integrationsleistung** des Führenden dar. Um dies rasch, systematisch und professionell leisten zu können, müssen a) das eigene und b) das gelebte Erfolgsmodell der Gruppe aus dem Autopiloten geholt, im besten Fall analytisch herausgearbeitet sein. An beiden Aufgaben habe ich schon viele Führungskräfte scheitern sehen. Sie sind dann auf einen langen Weg von Versuch und Irrtum angewiesen – sofern man ihnen die Zeit dafür gibt.

Dazu kommt, dass Menschen **keine Automaten** sind und das Bedürfnis haben, sich nicht als solche zu erleben. Kompetente Gruppenmitglieder können durchaus für wesentliche Verbesserungen des gemeinsamen Erfolgsmodells sorgen.

> So wird beispielsweise im situativen Führungsansatz aus der Mitarbeiterreife abgeleitet, ob ein Mitarbeiter Anweisungen bekommen sollte (kompromisslos einfache Durchsetzung des Erfolgsmodells), ob ihm die Dinge erklärt werden sollten (Erläuterung des Erfolgsmodells), ob er beteiligt werden sollte (Einbezug des Know-hows des Mitarbeiters in das Gesamtmodell) oder ob ihm eine Aufgabe komplett übertragen werden sollte (es wird völlig auf das Erfolgsmodell des Mitarbeiters gesetzt).

Kann sich eine Führungskraft erlauben, ihr „Erfolgsmodell-Monopol" aufzugeben? Muss sie nicht selbst sagen, wo es langgeht? Was denken Sie? Wir haben bereits festgestellt, dass das Phänomen Führung einen erlebten Vorsprung des Führenden voraussetzt. Wenn andere das bessere Angebot machen, verliert man dann nicht vielleicht an Legitimation? Ich bin überzeugt, dass Führungskräfte kein Erfolgsmodell-Monopol in Anspruch nehmen müssen, aber sie braucht die *Erfolgsmodell-Hoheit*, d.h., im Zweifelsfall das letzte Wort in der Sache!

Das Grundmodell (»*Skizze im Sand*«), mit dem der Führende seine Legitimation erhalten hat, muss in der Lage sein, die wesentlichen Erfolgsbausteine der individuellen Modelle der Beteiligten aufzunehmen.

Im so genannten wahren Leben findet der hier geforderte Schritt der Integration in aller Regel völlig unsystematisch und unprofessionell statt. Aus meiner Erfahrung wird diese Führungsaufgabe **sträflich vernachlässigt**, wenn überhaupt erkannt.

Wenn schon in vielen Organisationen verblüffend wenig Zeit für die Erarbeitung einer gemeinsamen Vorstellung von der Vorgehensweise investiert wird, handelt es sich bei der hier besprochenen Aufgabe wohl um ein noch stiefmütterlicher behandeltes Thema. Ich bin absolut überzeugt, dass in dieser Tatsache einer der wesentlichen Gründe für die als fehlende Motivation der Mitarbeiter bezeichnete Problematik zu sehen ist. Dabei wird es doch erst da für die Führung schwierig, wo sich das individuelle Erfolgsmodell eines Geführten nicht in das große Ganze integrieren lässt. An dieser Stelle ist eine wirkliche gemeinsame Topleistung nicht mehr sicherzustellen und wir stehen vor einem notwendigen Konflikt! Und auch hier gilt wieder: Der Führende braucht die *Erfolgsmodell-Hoheit*! Sollte das Grundmodell in Frage stehen, ist auch dessen Anbieter in Frage gestellt.

> *Tipp*: Unterscheiden Sie sehr gut zwischen Mitarbeitern, die mit eigenem Knowhow zur Verbesserung des gemeinsamen Erfolgsmodells beitragen wollen, und denen, die eine Alternative dazu anbieten - und damit in Konkurrenz zu Ihnen treten.
>
> *Also: Beteiligen Sie das Team an der Erarbeitung des gemeinsamen Erfolgsmodells, und bleiben Sie sensibel für grundlegende Herausforderungen Ihrer Legitimation!*

Letztlich läuft es darauf hinaus, dass unterschiedliche *Wetten* auf den Erfolg (und damit Wetten auf die Zukunft) im Umlauf sind! Wir bewegen uns in einer Welt der Wahrscheinlichkeiten! Unsere Ur-Ahnen musste entscheiden: Bietet der Weg nach Süden eine Alternative zum möglichen Hungertod? Ist es besser, auf den Frühling und die großen Herden zu warten – und einige Tote in Kauf zu nehmen? Greifen wir lieber die Gruppe in der Großen Höhle an, um deren Nahrungsmittel, Waffen und Frauen zu rauben?

Unterscheiden sich solche Entscheidungen im Kern von den heutigen? Absolut nicht! Es gibt unterschiedliche Antworten auf die Fragen, da niemand absolute Gewissheit hat.

2.3 Strategie: Eine vielversprechende Wette auf den Erfolg anbieten

In der Natur existiert eine ungeheure Fülle an Möglichkeiten zurechtzukommen. Es gibt nicht die *eine* „Strategie der Sieger". Jeder Organismus ist gefordert, seine eigene Überlebensstrategie zu entwickeln – angepasst an seine Möglichkeiten und an seinen Lebensraum. Grundsätzlich besteht die Möglichkeit, (a) um Lebensräume zu konkurrieren oder (b) sich eigene, konkurrenzarme Lebensräume zu erobern. Während die meisten Tiere keine große Wahl in Bezug auf ihr Erfolgsmodell haben, geht es uns Menschen hier anders.

Es liegt übrigens eine ganze Reihe von Studien vor, die dafür sprechen, dass die Erfolgsunterschiede zwischen den Branchen deutlich geringer sind als zwischen den besten und schlechtesten Unternehmen einer Branche. Das bedeutet in unserer Sprache nichts anderes, als dass es mehr auf gute Erfolgsmodelle ankommt als auf das Biotop. *Coureil*[91] weist darauf hin, dass man in den meisten Industriezweigen große Wertsteigerungen erzielen kann. Und ebenso kann man in für unproblematisch gehaltenen Bereichen viele Werte vernichten. Dass es bei Erfolgsmodellen mehr um **Muster, Dynamiken und tiefes Verständnis** geht als um Datenberge und Detailanalysen, haben wir bereits besprochen. Vom erfahrenen Praktiker *Jack Welch*[92] erhalten wir an dieser Stelle Schützenhilfe: „Vergessen Sie das mühselige, verkopfte Herumreiten auf Zahlen und Daten … Vergessen Sie das Entwickeln von Szenarios, jahrelangen Studien und hundert Seiten langen Berichte … In der Praxis ist das Thema Strategie sehr geradlinig. Man wählt eine ungefähre Richtung und strengt sich dann höllisch an, sie umzusetzen." Für ihn geht es letztlich nur um drei Dinge:

- Hat man eine clevere, realistische und relativ schnelle Methode, sich einen nachhaltigen Wettbewerbsvorteil zu verschaffen?
- Hat man die richtigen Leute mit den richtigen Aufgaben betraut, um die Geschäftsidee umzusetzen?
- Wird man in der Umsetzung besser?

Interessanter Weise finden wir diese Fragen in dreien unserer 7 Kern-Aufgaben natürlicher Führung wieder (Erfolgsmodell-Klarheit, Leistungsgemeinschaft, Umsetzung).

---

91 *Coureil, P.*, Mehrwert. Die neue Aufgabe der Führung, 1999, S. 22
92 *Welch, J. und S.:* Winning. Das ist Management, 2005, S. 179

Halten wir fest: Die 2. Kern-Aufgabe natürlicher Führung ist eine hochgradig schwierige, weil sie sich in dem Bereich abspielt, in dem uns die Natur nur die Fähigkeit zu lernen und nachzudenken mitgegeben hat. Aber genau aufgrund dieser Möglichkeit gehören wir heute zu den flexibelsten und unter verschiedensten Bedingungen überlebensfähigen Arten. Indem Führungskräfte ihren potenziellen Gefolgsleuten ihr Erfolgsmodell anbieten, lassen sie auch ihre strategischen Vorstellungen erkennen.

Es gibt in der Praxis eine **»*Lösungs-Konserve*«** für diese Aufgabe. Sie wird insbesondere von den Managementschulen angeboten und durch „Abgucken" virusartig verbreitet.

Auf dem Etikett der Konserve steht: *„Was Sie ohne Rücksicht auf Kontext und Bezüge tun können, wenn Sie das Erfolgsmodell und Ihre Branche nicht durchdringen!"*

Wenn Sie die Konserve öffnen, riecht es intensiv u.a. nach Kostenreduktionsprogramm, Vertriebsintensivierung, Lean-Management, Marketingbudgets, Quality-Management und Prozessoptimierung.

Was ist aber zu tun, wenn endlich alle Manager dieselbe Konserve aufgewärmt und verzehrt haben?

Chan Kim und Mauborgne[93] gehen einen noch radikaleren Weg, wenn sie formulieren: „Die Konkurrenz lässt sich nur auf eine Weise schlagen: indem man aufhört, es zu versuchen." Sie weisen darauf hin, was die Geschichte uns lehrt: Wir verfügen über eine enorm unterschätzte Fähigkeit zur Schaffung neuer und zur Umgestaltung alter Branchen. Sie untersuchten über 150 strategische Bewegungen, die von 1880 bis 2000 in mehr als 30 Branchen gemacht wurden – und fanden weder ein Unternehmen noch eine Branche mit ständigen Spitzenleistungen. Erfolg fanden sie allerdings systematisch dort, wo strategische Entscheidungen darauf konzentriert waren, der Konkurrenz durch das Erschließen neuer, bisher von niemandem beanspruchter Märkte auszuweichen.

Jede gute Strategie hat ihrer Ansicht nach (a) einen klaren Fokus, (b) unterscheidet sich deutlich vom Durchschnitt und (c) ist von der Zielgruppe schnell und unmittelbar verständlich („überzeugender Slogan"). Mit dieser letzten Erkenntnis leiten uns die Autoren, an der Schnittstelle unserer »*Skizze im Sand*«, zu unserer nächsten Kernaufgabe über.

---

[93] *Chan Kim, W., Mauborgne, R.*, Der Blaue Ozean als Strategie, 2005, S. 4

3. Gemeinsame Wirklichkeit: Ein abgestimmtes Handeln sicherstellen

Dieses Kapitel hat für Sie „handwerklich" weniger Relevanz, wenn

- Sie als Team geradezu blind aufeinander eingespielt sind,
- die Bilder im Kopf der Beteiligten aktuell sind,
- Sie regelmäßige Team-Besprechungen haben, in denen es um die konkrete Zusammenarbeit geht,
- es für Sie kein Problem darstellt, das Wesentliche missionarisch immer wieder zu predigen,
- Sie als „verkäuferischer Moderator" bekannt sind.

Was nützt es, wenn ein Mensch das „Geheimnis des Erfolges" kennt – aber nicht verrät? Möglicherweise bietet eine solche Vorgehensweise die Basis für individuelle Erfolge: Man stellt quasi ein Monopol her. Wertvoll ist dies nur, wenn man für den Erfolg niemanden benötigt, die Aufgabe also gar keiner Führung bedarf. Ein Monopol auf das Feuermachen war zweifellos vor vielen Jahrtausenden eine beeindruckende Sache, die Anerkennung und Macht verschaffte. Ein Monopol auf die Methode der Treibjagd hat da einen deutlich geringeren Reiz. Wenn man hier das Geheimnis für sich behält, ist es wertlos. Gleichzeitig stellt es aber ein Erfolgsmodell für eine gemeinsame Großaufgabe dar und birgt damit die Grundlage für die Übernahme einer Führungsrolle.

Ich stelle hier folgende These auf: Wenn die persönlichen Erfolge einer Person bislang darauf beruhten, dass diese ein *(Erfolgsmodell-)Monopol* aufbaute, wird sie mit geringerer Wahrscheinlichkeit eine gute Führungskraft. Diese Annahme beruht auf der Tatsache, dass wir unsere bewährten persönlichen Erfolgsmodelle nicht einfach geändert bekommen. Wie wir gesehen haben, kann ich mich als Einzelperson sehr gut mit der Geheimhaltung meines Erfolgsmodells positionieren. Nehme ich diese „Geheimnis-Strategie" aber mit in eine Führungsaufgabe, stellt sie sofort ein Problem dar.

In den Situationen, in denen es um Führung geht, muss das eigene *Erfolgsmodell angeboten* werden. Es geheim zu halten, macht zum einen keinen Sinn, da Führungskräfte in einem Wettbewerb der Erfolgsmodelle stehen.

Zum anderen schwächt diese Strategie sogar den Erfolg der Gruppe!

Die Kunst natürlicher Führung

> Lassen wir vor unserem geistigen Auge einen jungen Menschenähnlichen erstehen, wie er vor rund 1,5 Millionen Jahren gerade in einer wilden Jagd mit anderen Gruppenmitgliedern hinter einem kleinen Säugetier herhetzt. Sein Blut ist voller Adrenalin und sein ganzes Wesen ist hochgradig fixiert auf die Beute. Keine Gedanken, die ihn ablenken können, mögliche Schmerzen sind durch körpereigene Hormone unterdrückt. Ein Zustand, wie ihn vielleicht in unserer Kultur einige Sportler unter Höchstleistung kennen. Die Gruppe fällt in leichtes Traben zurück, sammelt sich allmählich, die Jagd ist erfolglos geblieben, das Tier entkommen. Szenen der Jagd gespenstern durch die Köpfe, der Pulsschlag sinkt, unser Junge nimmt allmählich wieder wahr, was um ihn herum geschieht. Und er hat Hunger. Kein ungewöhnlicher Zustand für ihn. Die Gruppe hat Geräusche gemacht, das Tier zu früh aufgeschreckt, der Vorsprung war nicht einzuholen. Alle sind vor Hunger mittlerweile so schwach, dass Wurzeln, Blätter, die Maden und das Aas der letzten Tage nur noch zum nackten Überleben ausreichen. Eine schnelle Jagd ist kaum noch jemandem möglich. Plötzlich taucht zwischen den Bildern der Jagd in seinem Kopf eine Szene auf, die nicht tatsächlich stattfand. Er sieht sich und einige Frauen der Horde lärmend durch das hohe Gras ziehen, Tiere fliehen früh und gelassen – in die Speere der genau dort wartenden Jäger. Ein erregendes Bild. Dem Jungen läuft Speichel im Mund zusammen. Er gestikuliert hektisch, läuft wild herum, versucht die Szene darzustellen, zieht hier den einen am Arm, schiebt dort einen anderen an eine Stelle. Fünf Monate später stirbt er als Dritter der Horde an Nahrungsmangel. Kaum jemand hat ihn verstanden, als er das Prinzip der Treibjagd deutlich machen wollte. Die beiden Ausnahmen, zwei intelligente, aber sehr vorsichtige Wesen, haben nicht mitgemacht.
>
> 2.000 Kilometer östlich war eine junge Frau in einer anderen Gruppe mit einer sehr ähnlichen Phantasie erfolgreicher. Sie hat mittlerweile ein hohes Ansehen in der Horde, einen erfolgreichen Jäger als Partner und ist schwanger. Von jeder Jagd, die mittlerweile durch ihre Ideen sehr viel häufiger erfolgreich sind, bringen ihr die anderen die besten Stücke an ihr Lager und sind stolz, wenn sie diese annimmt. Der Schamane hat eine Jagdszene mit einer Farbe an die Höhlenwand gemalt, in die ihr Blut gemischt ist. Bei den Entscheidungen der Gruppe schauen viele Mitglieder aus den Augenwinkeln sehr genau auf ihre Reaktionen, um diese zu kopieren. Hunger hat dort derzeit niemand mehr.

Wir sind als Gruppe nur erfolgreich, wenn wir gemeinsame Vorstellungen davon haben, was zum Erfolg führt und was jeder Einzelne in diesem Zusammenhang zu tun hat. Dann sind unsere Verhaltensweisen aufeinander abgestimmt, Reibungsverluste minimiert und Enttäuschungen unwahrscheinlicher. Wir benötigen als zielorientierte Gruppe *gemeinsame Bilder im Kopf*, die uns Orientierung und Sicherheit in unserem Handeln geben.

3.1 Orientierung: Den unumstößlichen Kern des Erfolgsmodells verdeutlichen

Sofern Sie die 2. Kern-Aufgabe natürlicher Führung gelöst haben, wissen Sie selbst, was für den Erfolg des Teams wesentlich ist. Sie wissen, über welche individuellen Nachlässigkeiten Sie möglicherweise hinwegsehen und wo Sie keinen Spielraum akzeptieren dürfen. Ohne diese Vorarbeit von Ihnen, werden Sie spätestens an dieser Stelle ins Straucheln geraten: Sie müssen das Erfolgsmodell transportieren – von ihrem Kopf in alle Köpfe!

Unsere Urahnen boten ihrer Gruppe selbstverständlich kein bewusstes und durchdachtes Erfolgsmodell an. Sie lebten es einfach vor, ließen es in ihrem Handeln erkennen und die Wirkungen spüren, wurden nachgeahmt. Das funktioniert auch heute noch! Wir sprechen dann davon, dass eine Führungskraft *Vorbildfunktion* haben muss. Das Erfolgsmodell auf diesem Wege zu vermitteln, setzt allerdings zumindest zwei Dinge voraus, die in heutigen Führungssituationen nicht immer gegeben sind:

- Ich benötige den direkt *geteilten Alltag* mit den Mitarbeitern, damit diese mich auch erleben können.
- Ich benötige *Zeit*, da mein Verhalten erst im Laufe der Zeit in den Köpfen der Mitarbeiter eine Gestalt annimmt und die Muster erkennen lässt, die ihm zu Grunde liegen.

Wenn dies nicht möglich ist, brauchen wir eine Alternative. Damit kommt einer weiteren Art der Vermittlung Bedeutung zu: der *Sprache*! Kein Führender kommt daran vorbei, dass Kommunikation für ihn ein wesentliches Werkzeug ist. Diese Tatsache ist wahrscheinlich ein Grund dafür, dass viele Führungstrainings letztlich nicht viel mehr als Kommunikationsseminare sind. Ein anderer besteht darin, dass das Phänomen Führung nicht ausreichend verstanden ist.

 Der Begriff *Kommunikation* steht für das Phänomen „Wirkung auf andere zu erzielen". Es hat damit für jeden Führenden eine hohe Bedeutung, stellt allerdings nichts Charakteristisches für das Phänomen Führung dar.

Der Erfolg der eigenen Kommunikation misst sich schlicht daran, ob ich die Wirkung erziele, die ich erzielen möchte.

In der Praxis überwiegt eine bestimmte Form der Vermittlung: intellektuell und dominant! Es wird argumentiert, logisch vermittelt, verhandelt und im Zweifelsfall erzwungen. Das ist kein Zufall! Der Weg zur Führungskraft nimmt häufig einen Verlauf, der insbesondere analytisch-intellektuelle und diplomatisch-durchsetzungsbezogene Fähigkeiten erfordert und fördert. Weil sie selbst die Welt auf ihrem Weg seit vielen Jahren in eine rationale Sprache übersetzen (müssen), verfallen Manager leicht in eine Art Wahn: Sie halten die Welt – und die Menschen in ihr – für rational! In aller Regel ist dies ein folgenschwerer Fehler!

Viele Führungskräfte versuchen, ihre MitarbeiterInnen *sachlich* von Zielen, Veränderungsnotwendigkeiten, Entscheidungen etc. zu überzeugen. Manchmal gelingt dies, zumeist eher nicht! Diese Manager tun sich mit *emotionalen Typen* schwer und – ganz unter uns – betrachten das in der Regel als *deren* Defizit. Das Problem liegt allerdings an anderer Stelle.

Es geht zunächst gar nicht um die Frage, ob wir **rational oder emotional** sind! Wir erleben, können darüber mehr oder weniger gut nachdenken und uns mehr oder weniger gut von unseren Handlungs-Impulsen distanzieren!

Die Grundlage ist immer unser ganzheitliches Erleben einer Situation. Das ist zunächst unsere Wahrheit, besser: Wirklichkeit, und darauf reagieren wir!

Wenn Führungskräfte monatelang die Notwendigkeit von Veränderungen und die geplanten Maßnahmen veröffentlichen, tun sie aus ihrer Sicht alles, um den Umsetzungserfolg zu sichern. Wie oft hört man allerdings dann, dass sich die Mitarbeiter gut informiert fühlen? Erschreckend selten! Wenn die Führungskräfte nun erbost versuchen zu beweisen, dass dies die Unwahrheit ist, können sie nur verlieren. Es geht nicht um die große Wahrheit, es geht immer nur um unser Erleben, um unsere Wirklichkeit. Die ist immer wahr. Wenn ich nicht die Wirkung erziele, die ich erzielen wollte, muss ich etwas anders machen.

Zur erfolgreichen Kommunikation gehört die **Gestaltung von Erlebnissen**! Das hat in erster Linie nichts damit zu tun, die sachlichen Fakten zu verkaufen, sondern sich mit der (Innen-)Welt der Beteiligten zu befassen: Ich bin zunächst *Erlebnis* für sie und dann *Helfer beim Nachdenken* über ihr Erlebnis. Kommunikation hat immer einen Prozesscharakter.

Die evolutionäre Psychologie geht davon aus, dass wir Menschen grundsätzlich besser **visuell und emotional als analytisch-formal** angesprochen werden können, da wir schon viele Hunderttausenden von Jahren länger in emotional-visuellen Mustern denken und erleben als in Worten.

> Diese Sichtweise wird von der Neurobiologie[94] gestützt und kann als glaubwürdig eingestuft werden. Unser Gehirn hat spezialisierte Bereiche, die eine Art Radar für Bedeutendes sind. Interessanterweise sind die beteiligten Regionen nachweislich besonders sensibel für soziale Interaktionen. Die Vermittlung an uns erfolgt von dort aus in Form von Emotionen.
>
> Die umgangssprachlich übliche Unterscheidung zwischen Denken und Fühlen trifft dabei übrigens in keiner Weise die Wirklichkeit. Es gibt keinen kognitiven Vorgang in unserem Hirn, der ohne emotionale Beteiligung abläuft. Und um genau zu sein: Die emotionalen Prozesse holen hier zeitlich einen maßgeblichen Vorsprung heraus und können unsere Denkvorgänge quasi „färben".

Ich gehe davon aus, dass die so genannten ***charismatischen Führer*** an dieser Stelle ihren persönlichen Vorteil ausspielen. Aber machen wir uns nichts vor: Überlebensprobleme können auch ohne Charisma gelöst werden! Es erscheint mir absolut verfehlt, diese Fähigkeit als besonders qualifizierendes Merkmal erfolgreicher Führungskräfte zu betrachten.

> ***Tipp***: Arbeiten Sie auf der Basis der »*Skizze im Sand*« Ihrer Antrittsrede eine detailliertere Darstellung des gemeinsamen Erfolgsmodells aus.
>
> Nehmen Sie diese Darstellung als Grundlage dafür, eine grundlegende Strategie zu vermitteln, Prioritäten zu definieren, individuelle Verantwortungs- und Arbeitspakete zu schnüren sowie Ressourcen zuzuordnen.
>
> ***Also: Betrachten Sie sich als Missionar in Sachen gemeinsames Erfolgsmodell!***

Muss ich erwähnen, dass es von nun an nicht mehr zu Mehrdeutigkeiten und widersprüchlichen Botschaften kommen darf? In einer groß angelegten und interessanten Studie[95] wurde nachgewiesen, dass ein „Ja" auf die Frage: „Weiß ich, was bei der Arbeit von mir erwartet wird?" die wichtigste Aussage in Bezug auf ein starkes, produktives Arbeitsumfeld darstellt. Dann folgen: „Habe ich die Materialien und Arbeitsmittel, um meine Arbeit richtig zu machen?" und: „Habe ich bei der Arbeit jeden Tag die Gelegenheit, das zu tun, was ich am besten kann?". Wenn dies nicht ein unmissverständliches Ausrichten auf die gemeinsame Leistungserbringung darstellt. Zugleich wurde nachgewiesen, dass die Mitarbeitermeinung zu den Fragen sehr stark vom direkten Vorgesetzten geprägt war, weit weniger von der Politik und den Prozessen des Gesamtunternehmens.

---

94 *Siegel, D. J.*, Wie wir werden die wir sind. Neurobiologische Grundlagen subjektiven Erlebens & die Entwicklung des Menschen in Beziehungen, 2006

95 *Buckingham, M./ Coffman, C.*, Erfolgreiche Führung gegen alle Regeln, 2001

3.2 Synchronisation: Auf ein einheitliches Vorgehen einschwören

Das Erfolgsmodell der Führungskraft gewinnt seine Attraktivität dadurch, dass es Orientierung gibt. Jeder weiß, was von ihm erwartet wird und was er selbst von anderen erwarten kann.

Aber wir Menschen haben auch an dieser Stelle wieder zumindest zwei Seelen in unserer Brust. Auf der einen Seite lieben wir Orientierung und Klarheit, auf der anderen unseren Bewegungs- und Gestaltungsspielraum sowie das Gefühl der Freiheit. Wir wollen nicht einfach genau das machen, was uns jemand im Detail vorgibt. Wir fühlen uns dann eingeengt und spüren Impulse, unsere persönliche Freiheit wieder herzustellen. Bei Kindern nennen wir die damit verbundenen Handlungen *Trotzreaktionen* und gehen davon aus, dass sie mit zunehmender Reife verschwinden. Vertrauen Sie mir: Das tun sie nicht wirklich! Um dieser Tatsache gerecht zu werden, müssen Führungskräfte Orientierung geben und Spielraum lassen! Sie müssen Anschlussmöglichkeiten bieten und die Beteiligten mitnehmen!

Für Führende ist es enorm wichtig, unmissverständlich klar zu machen, welche Facetten des gemeinsamen Erfolgsmodells überlebenswichtig sind – weil damit auch deutlich wird, an welchen Stellen das Ausleben persönlicher Vorlieben und die Entfaltung von Kreativität möglich und vielleicht sogar sehr sinnvoll sind.

Es gibt allerdings noch eine weitere Möglichkeit, den Trotzimpulsen vorzubeugen: indem die individuellen Sichtweisen in das Gesamtbild integriert werden. Diesen Punkt haben wir bereits im Kontext der 2. Kern-Aufgabe natürlicher Führung besprochen, als es um die gemeinschaftliche Optimierung des gemeinsamen Erfolgsmodells ging. In der Praxis entspricht das z. B. der Erkenntnis, dass jemand motivierter an einem Projekt teilnimmt, wenn er an der Entstehung und Vorbereitung beteiligt war. Manche Mitarbeiter berichten in ähnlichem Zusammenhang auch davon, dass sie eine eigene Idee so platzieren müssen, dass der Chef denkt, es wäre seine eigene gewesen. Ich finde es irgendwie lustig, dass alle Beteiligten sich quasi gegenseitig mit den gleichen Grundmechanismen zu manipulieren versuchen. Nicht mehr so lustig ist allerdings, dass eine Haltung der Manipulation Nebenwirkungen hat: Sie führt zu einem zynischen Menschenbild, zu Misstrauen und sozialen Zerfallserscheinungen. Dabei geht es im Kern doch um etwas viel Wesentlicheres: Wie lässt sich in Bezug auf die *entscheidenden* Einflussfaktoren ***Einigkeit*** erzielen?

Hierzu ist es für Führende wichtig, Antworten auf folgende Fragen zu haben:

- ***Essenz***: In welchen Punkten des Erfolgsmodells darf es *keine Variabilität* geben? In welchen Aspekten ist *individueller Stil* und persönliche Willkür bzw. Freiheit zulässig? Zweifellos wäre es absolut unpassend, wenn die Fachkräfte, die am Gleiskörper eines Hochgeschwindigkeitszuges arbeiten, ihrer Kreativität freien Lauf ließen. Auch die Instandhaltungsarbeiten an Kernkraftanlagen folgen beruhigender Weise einer sehr zwanghaften Vorgabe. Ob allerdings ein Verkaufsvorgang mit der gleichen Kompromisslosigkeit vorgeplant und umgesetzt werden sollte, ist eventuell zu diskutieren.

- ***Integration***: Wie lassen sich individuelle Erfolgsmodelle *in das große Ganze* einbeziehen? Wir wollen nicht nur entscheiden, woran wir teilnehmen, sondern auch unsere eigenen wesentlichen Vorstellungen einbringen und berücksichtigt sehen. Dies gilt vor allem dann, wenn wir selbst viel Kompetenz mitbringen. Es wäre unsinnig, auf die Erfahrungen der Beteiligten zu verzichten, und zugleich entspräche es nicht unserer Natur, rein als Automat zu funktionieren.

- ***Konflikt***: Welche *individuellen Erfolgsmodelle* sind nicht in das große Ganze integrierbar? Es mag unüberbrückbare Unterschiede zwischen dem Gesamtmodell und einzelnen, individuellen Vorstellungen geben. Überzeugungsarbeit ist dabei vor allem dann oft nahezu unmöglich, wenn diese persönlichen Erfolgsmodelle auf vielen Jahren Erfahrung beruhen. Dies ist der Grund dafür, warum Unternehmen manchmal lieber selbst die Arbeit der Ausbildung auf sich nehmen, als „Alte Hasen" einzustellen.

Vor einiger Zeit habe ich irgendwo den wirklich spannenden Satz gelesen: „Ich muss Ihnen folgen! Schließlich bin ich ihr Anführer." Was empfinden Sie bei dieser Formulierung? Spontan entspricht er nicht gerade dem Klischee der Führung. *Synchronisation* bedeutet auch, sich selbst nicht zu weit von der Wirklichkeit der Gruppe zu entfernen. Erfolgreich Führende sind so nah an der Welt der Geführten, dass sie den Abstand zu ihnen nicht zu groß werden lassen und nichts erwarten, was einfach nicht erfüllt werden wird. Wie wird sich ein Orchester anhören, dessen Kontakt zum Dirigenten abgerissen ist? Wie sieht ein Tanz aus, bei dem alle Beteiligten völlig unabhängig voneinander ihrem eigenen Rhythmus folgen?

Da *jeder* Mensch jedoch zwangsläufig nach einem persönlichen Erfolgsmodell handelt, das nicht ohne weiteres änderbar ist, werden bei wesentlichen Unterschieden sowohl die Führungsakzeptanz wie ein gemeinsames Vorgehen unwahrscheinlich.

Ist das persönliche Erfolgsmodell eines Gruppenmitglieds in wesentlichen Punkten nicht in das Modell der Gemeinschaft integrierbar, ist eine **Trennung sinnvoll**.

Die Kunst natürlicher Führung

An dieser Stelle wird deutlich, dass Führung ohne das Phänomen Vertrauen immer eine Form von Zwang oder Manipulation darstellen wird. Entweder, ich glaube an das Erfolgsversprechen des Führenden und das zu Grunde liegende Erfolgsmodell für die Gemeinschaft, dann entsteht für diesen kein so genanntes Motivationsproblem, oder ich muss erst irgendwie dazu gebracht werden, etwas Bestimmtes zu tun – und zwar quasi ständig. Wer wäre so dumm etwas zu tun, an dessen Erfolg er nicht glauben kann?

> Wenn ich meinem Kind sage, dass es leicht an die Bonbons kommt, wenn es sich einen Stuhl aus dem Nebenzimmer holt, ist dessen nächster Schritt sehr voraussehbar. Es glaubt meinem Erfolgsmodell und braucht keine weitere Motivation. Das Ziel alleine reicht in Verbindung mit dem direkten Überprüfen meines Modells völlig aus.
>
> Wenn ich beteuere, dass das regelmäßige Lernen für die Schule den späteren Lebenserfolg maßgeblich mitbestimmt, sinkt mein Einfluss. Selbst wenn es mir glaubt, ist der Zusammenhang für mein Kind nicht direkt spürbar. Die Motivation sinkt.
>
> Verlange ich eine Verhaltensänderung mit der Behauptung, dass grüne Haare asozial machen, werde ich einen Konflikt haben. Mein Kind glaubt meiner Theorie nicht und erlebt auch noch die eigene hohe soziale Akzeptanz im Freundeskreis. Meine Legitimation als „Führungskraft" wird abnehmen.

Das Erfolgsmodell hat in extremer Weise mit dem **Phänomen Motivation** zu tun. Wenn Mitarbeiter nicht an das Erfolgsmodell des Führenden glauben, sinkt also nicht nur dessen Akzeptanz, es entstehen gleichzeitig massive Motivationsprobleme.

Es macht überhaupt keinen Sinn, im Zusammenhang mit dem Führungserfolg die Themen Motivation, Vertrauenswürdigkeit und Erfolgsmodell unabhängig voneinander zu betrachten. Die meisten so genannten Motivationstechniken gehen aus dieser Perspektive in erschreckender Weise am Thema vorbei.

Halten wir also fest: Führungskräfte können sich nicht erlauben, in Bezug auf die wesentlichen Aspekte ihres Erfolgsmodells Kompromisse einzugehen. Hält sich jemand nicht an das, was den Erfolg bewirkt, hat die ganze Gemeinschaft ein Problem. Der Erfolg bleibt aus und der Führungskraft wird Legitimation entzogen. Warum? Nun, ganz einfach: Sie hat ihr Erfolgsversprechen nicht gehalten. Von ihr wurde erwartet, das Problem zu lösen, und ich persönlich sehe in diesem Zusammenhang nur drei Wege:

- Es gelingt dem Führenden, dafür zu sorgen, dass der Abweichler sich *korrekt verhält*. Hierzu sind vermutlich klare Worte und Signale unausweichlich.
- Der Führende findet eine Aufgabe für den Abweichler, die innerhalb der Gemeinschaft einen *anderen Zweck* erfüllt, damit dieser sein Leistungsversprechen der Gruppe gegenüber weiter einhalten kann.

- Lässt sich jemand letztlich nicht in das gemeinsame Handeln integrieren, kommt ihm keine Aufgabe mehr zu. Er ist damit entweder ein *Sozialfall* für die Gemeinschaft, die ihn weiter trägt, oder er gehört nicht mehr dazu. In diesem Fall wäre eine Trennung unausweichlich.

Welchen Weg der Führende auch immer einschlagen mag, er wird mit den Konsequenzen leben müssen. Nichts zu unternehmen, hätte wohl die problematischsten Folgen und Nebenwirkungen.

Solange es jedoch keine grundlegenden Differenzen in Bezug auf das Erfolgsmodell gibt, geht es im Alltag viel mehr darum, dieses auch in den Köpfen der Beteiligten präsent zu halten, um einen *schleichenden Verfall* des gemeinsamen Erfolgs zu vermeiden.

3.3 Präsenz: Wesentliches in den Köpfen der Beteiligten bewusst halten

Manchmal bezeichne ich Führungskräfte als »***Dringlichmacher des Wesentlichen***«! Sie sind berufsbedingte Nervensägen! *Jack Welch* fragt in unserem Zusammenhang: „Wie sollen wir in unserem Geschäftsfeld erfolgreich sein?"[96]. Er berichtet, dass man in seinem Unternehmen in jedem großen oder kleinen Meeting immer wieder darauf zu sprechen kam. Jede Entscheidung, jede Initiative wurde damit verknüpft. Offenbar wurde also hier das Erfolgsmodell durch Hartnäckigkeit und Bewusstmachung seiner praktischen Bedeutung vermittelt.

Präsenz hat in unserem Zusammenhang also zumindest zwei unterschiedliche Facetten:

- ***Die Präsenz der Führungskraft***: Wie oft begegnet man heute Managern, die einen *abwesenden* Eindruck machen oder tatsächlich abwesend *sind*? Von einer Besprechung in die nächste hetzend, ihre Mitarbeiter an unterschiedlichsten Orten verteilt, den Kopf voll mit operativen Problemen ausgelastet.
- ***Die Präsenz des gemeinsamen Erfolgsmodells***: Wie oft können Mitarbeiter nicht einmal die 5-7 Leitlinien Ihres Unternehmens zitieren? Da werden 1 x im Jahr Ziele vereinbart oder Mitarbeitergespräche geführt, im Management-Meeting und der Betriebsversammlung die aktuellsten Pläne vorgestellt, und dann schauen wir mal…

---

[96] *Welch, J. und S.:* Winning. Das ist Management, 2005, S. 24

Früher haben sich Menschen Knoten in ihr Taschentuch gemacht, um an wichtige Dinge zu denken. Offenbar ist es schwer für uns, Wesentliches im Kopf zu behalten. Wir sind zumeist zu sehr vom lebhaften Alltag beeindruckt. Es gibt so vieles, was sich uns in dieser Welt aufdrängt, dass die entscheidenden Dinge einer großen Konkurrenz um unsere Aufmerksamkeit ausgesetzt sind. Kommt noch hinzu, dass wir selbst nicht wissen, was tatsächlich bedeutsam ist, vervielfältigt sich das Problem exponentiell.

Die Phase der Arbeit am gemeinsamen Erfolgsmodell ist oft eine spannende und inspirierende Zeit, in der alle Beteiligten auf das Wesentliche konzentriert sind. Der Austausch, die Diskussionen, das Ringen um die wirklichen Erfolgsfaktoren sind hervorragende Wege, sich bewusst zu machen, worauf es ankommt. Die Schwierigkeiten beginnen später: Sie beginnen in dem Moment, in dem der gemeinsame Austausch wieder an Ab-Teilungsgrenzen endet und sich isolierte Wirklichkeiten bilden und verfestigen. Sie beginnen dann, wenn Dringlichkeiten die Wichtigkeiten verdrängen, wenn die Informationsflut und Belastungen unsere Aufmerksamkeit ablenken und der Alltag ein Eigenleben bekommt. Sie werden deutlich, wenn die Führungskräfte feststellen, dass ihre Vorstellungen spätestens an der übernächsten Führungsebene „hängenbleiben".

Unter dem Titel „Führung neu denken"[97] ist ein Buch erschienen, das die ***Aufgabe der Vermittlung*** schwerpunktmäßig dem Mittleren Management zuweist. Dabei wird verblüffender Weise übersehen, dass diese Ebene das Erfolgsmodell ja auch vermittelt bekommen muss. Und die untere Managementebene, die für die Umsetzung verantwortlich sein soll, steht doch auch vor dieser Aufgabe. In meinem Verständnis ist die gemeinsame Wirklichkeit grundlegend mit dem Phänomen Führung verknüpft, unabhängig von der Hierarchieebene. Eigentlich geht es sogar um die jeweils sinnvolle „Übersetzung" des Modells durch alle Ebenen hinweg. Darin besteht meines Erachtens die tatsächliche Kunst des Mittleren Managements: Sie sind die Fachleute für die stimmigste Übersetzung.

Forscher haben festgestellt, dass Ordnung, Konformität und Form in vielen Systemen nicht durch komplexe Kontrollen geschaffen und aufrechterhalten werden, sondern durch einige wenige Leitsätze oder Prinzipien.[98] Im besten Fall geben diese das Wesentliche des Erfolgsmodells wieder. Im Grunde sind die meisten so genannten ***Führungstechniken*** (Mitarbeitergespräche, Meetings, Führen mit Zielen, Anweisungen, Delegation, Feedback, Beurteilung, Kritik, Kontrolle) Instrumente, die eine gemeinsame Wirklichkeit entstehen lassen und präsent halten

---

[97] von *Michael Löhner* im Jahr 2005
[98] *Wheatley, M. J.*, Quantensprung der Führungskunst, 1997, S. 27

könnten.[99] Da sich verblüffend viele Manager darüber aber nicht im Klaren zu sein scheinen, betrachten sie solche Instrumente als *Zeiträuber*. In der Tat sind sie das auch, wenn man sie z.B. nur als vorgegebene Tools der Personalabteilung begreift, die es (Alibi-mäßig) abzuarbeiten gilt.

Der Begriff Präsenz deutet auch auf **Aktualität** hin! Gerade in unseren Zeiten besteht eine besondere Herausforderung darin, das *Bild im Kopf*[100] des Mitarbeiters *aktuell* zu halten. Der Ausspruch „Das haben wir früher aber anders gemacht!", beschreibt selten eine nüchterne Erkenntnis, die der Betroffene dokumentarisch festgehalten wissen möchte. Er gibt Hinweis auf ein grundlegendes Problem! Entwickeln sich die Bilder in den Köpfen der Beteiligten auseinander, hören sie auf, gut zusammenzuarbeiten. Richten sich manche noch nach den Spielregeln von 1980, obwohl es seit 1987 jährlich Updates gab und 2011 eine komplett neue Regel, dann kommt es einer Thema-Verfehlung gleich, über mangelnde Motivation zu sprechen. Hier wurde nicht die Aufgabe der Begeisterung vernachlässigt, sondern die 3. Kern-Aufgabe natürlicher Führung!

Nehmen wir an, Sie hätten nun auch diese Kern-Aufgabe gelöst. Ihrer Mannschaft steht klar vor Augen, wie man gemeinsam das Ziel erreicht. Die Verantwortlichkeiten sind geklärt, die Pläne stehen – und auf einmal tritt das wahre Leben auf das Spielfeld. Und das hält sich erfahrungsgemäß nicht an unsere Pläne, Vorstellungen und Erfolgsmodelle. Wir sagen dann z.B. „Was schief gehen kann, geht auch schief!"

Ein Autor empfiehlt gar, das Wort *Lösung* aus unserem Wortschatz zu streichen und durch den Begriff *Prozess* zu ersetzen[101]. Er weist darauf hin, dass sich Erfolg im Leben nie plötzlich, sondern erst im Verlauf komplexer Veränderungsvorgänge einstellt, deren Verlauf (und sogar Ausgang) zudem stets ungewiss sei. Die unausweichliche Begegnung mit dem Realen löst nicht nur Freude aus, wenn alles so abläuft, wie wir es uns vorgestellt haben. Sehr oft kommt „alles ganz anders als man denkt". Wir erleben Irritationen unterschiedlichster Art, Ängste und Frustrationen und Enttäuschungen. Eines erscheint sicher: Das Leben orientiert sich nicht an guten Absichten und kluger Voraussicht. Es bedarf der Bewältigung des Unerwarteten und unseres – zumindest zwischenzeitlichen – Scheiterns. Den Weg zwischen Plan und Ergebnis nennen wir Umsetzung!

---

[99] Über diese Dinge wurde dermaßen viel geschrieben, dass ich an dieser Stelle getrost auf solche Veröffentlichungen verweisen darf.

[100] Mit „Bild im Kopf" beschreibe ich die individuelle Wirklichkeit eines Menschen, nach der er filtert, denkt und handelt.

[101] *Mary, M.*, Das Leben lässt fragen, wo du bleibst. Wer etwas ändern will, braucht ein Problem, 2005

4. Umsetzung: Für die Verwirklichung des Erfolgsmodells sorgen

Dieses Kapitel hat für Sie „handwerklich" weniger Relevanz, wenn

- die Qualität der Leistungserbringung durch Ihr Team stabil und hoch ist,
- die Prozesse in Ihrem Verantwortungsbereich stark durch die IT oder Maschinen bestimmt werden,
- Sie gut improvisieren können und entscheidungsfreudig sind,
- operatives Organisieren zu Ihren Stärken zählt,
- man Sie allseits als „projektorientierten Treiber und Macher" kennt.

Natürlich ist es ein wichtiger Anfang, Einigkeit darüber herzustellen, wie der gemeinsame Erfolg erreicht werden kann, vergleichbar einem Fundament vor dem Baubeginn. ***Aber genau das ist es***: der Zeitpunkt *vor* dem Baubeginn! Von nun an geht es um die Verwirklichung des Erfolges. Letztlich zählt das praktische Gelingen! Keine Fantasie, kein Vertrauensvorschuss, keine Hoffnung hält ewig. Die Ur-Aufgabe der Führung lautet: *Dafür sorgen, dass es gemeinsam funktioniert!* Misslingt das, musste unser Urzeit-Manager genauso seinen Platz räumen, wie es heute ein Trainer in der Fußball-Bundesliga muss. Niemand interessiert sich für die Ursachen!

Wenn ein alter Schamane vor vielen tausend Jahren ein Ritual vollzog, um den Regen zu rufen, hatte er das Vertrauen seiner Leute. Er „wusste", was bei Trockenheit zu tun ist. Aber er benötigte auch Erfolge, um seine Macht zu legitimieren. Wenn ihm klar war, dass es vor allem dann regnet, wenn eine spezifische Wolkenformation über einem Hügel bei bestimmten Temperaturen auftritt, waren seine Beschwörungen zweifellos wirkungsvoller. Raten Sie, was geschah, als sich die Klima-Bedingungen änderten?

In zahlreichen Studien wurde dabei belegt, dass Führung kaum als autonome und geradlinige Umsetzung einer durchdachten und stimmigen *Strategie* gesehen werden kann. Angesichts mehrdeutiger Ziele und Bedingungen, unvollständiger Informationslage und unterschiedlicher Interessen, beschränkter Ressourcen,

Zeitdruck und undurchschaubarer Abhängigkeiten spricht *Neuberger*[102] in diesem Zusammenhang von der zu beherrschenden „Kunst des Durchwurstelns". **Das Wesentliche dabei ist jedoch, dass es nicht darum geht, sich als Führungskraft alleine „durchzuwursteln".** Niemand kann eine Treibjagd ohne die anderen zum Erfolg bringen. Es ist in Ordnung, Schwierigkeiten zu haben. Problematisch ist es jedoch, als Führender nicht mehr weiter zu wissen. Damit ist das Erfolgsversprechen gebrochen! Die Zielerreichung beruht allerdings auf **gemeinschaftlichen Anstrengungen**. Es kommt einem absoluten Kunstfehler gleich, dem Team – und wenn auch nur indirekt durch das eigene Verhalten – zu vermitteln, das Erfolgsversprechen würde lauten: „Ich persönlich schaffe euch den Erfolg!" Jedem Manager sollte klar sein, dass er sein Erfolgsversprechen von Natur aus nur zusammen mit den anderen halten kann.

Nachdem die Gruppe das personifizierte Erfolgsversprechen akzeptiert hat, nachdem sie den Führenden und sein Erfolgsmodell angenommen hat, gilt es für diesen, sein **Versprechen auch zu halten**. Alle anstehenden Probleme auf dem Weg zum Ziel müssen gelöst werden.

Grau, der erfahrene Führer der Gruppe, hat entschieden, dass der Weg nach Südwesten das Überleben wahrscheinlicher macht. Mehrere Familien einer fremden Horde, die über Distanz mit angespitzten Stöcken zu töten verstehen, haben seit Monaten alle bekannten sicheren Höhlen in Besitz genommen. Raubtiere ziehen hungernd durch die Landschaft. Es kommt zu immer mehr tödlichen Begegnungen. Nur noch 5 Frauen, 3 Männer und 2 Kleinkinder folgen Grau. Und sie begleiten ihn weiter als jemals zuvor. Wenn die kleine Gruppe einen Fluss erreicht, laufen sie an seinem Ufer, bis er schmal und seicht wird oder ein Baum eine natürliche Brücke bildet. So haben sie es schon immer gemacht – und ihre Eltern – und deren Eltern …

Heute ist etwas grausam anders. Seit Tagen läuft die Gruppe an einem unglaublich breiten Fluss entlang, die Wellen sind extrem, das andere Ufer ist nicht zu sehen. Das Wasser ist ungenießbar und brennt in den Augen. Alle haben nach verschiedenen Trinkversuchen extremen Durst. Eine weitere Frau und ihr Kind sind von Raubkatzen, die der Gruppe folgen, getötet worden. Als sie eine Stelle erreichen, von der aus ein kleines Stück weit entferntes Land zu erkennen ist, lagert die Horde. Niemand will Grau weiter folgen. Alle sind erschöpft und die beiden anderen Männer wollen mit ihren Partnerinnen zurückgehen.

Drei Jahre später lebt die Gruppe, mittlerweile zwei Paare mit 4 Kindern, immer noch unter Führung von Grau, geschützt auf einer Insel vor der Küste. Grau hat treibende

---

[102] *Neuberger, O.*, Führen und führen lassen, 2002, S.476

> Baumstämme mit Lederriemen verbunden und die Überfahrt als erster gewagt. Gemeinsam haben sie später diese Technik verbessert und alle übergesetzt. Weder Raubtiere noch Feinde haben ihnen folgen können. Die kleine Frischwasserquelle, die Vögel, Fische und Pflanzen machen den Ort zu einem sicheren Paradies. 20.000 Jahre später leben Aberhunderte Nachkommen von Grau in ihrer ganz eigenen Art vom Meer. Sie sehen nicht mehr genauso aus wie ihr Vorfahr und wissen nicht, dass ihre Art des Bootsbaus tiefe Wurzeln in der Vergangenheit hat.

An den Führenden wird eine glasklare Forderung gestellt: Sorge dafür, dass die Gruppe ihren Sinn erfüllt und eine positive Zukunft verwirklicht! Das Leben nimmt in aller Regel allerdings keinen geraden, vorhersehbaren Verlauf und hat seine eigene Dynamik. Es liegt in der Natur des Lebens, dass nicht alles genau so gelingt, wie wir es uns vorgestellt haben. Das Vergeblichkeitsgefühl *Frustration*[103] hält uns ab, sinnlos Energie zu vergeuden. Es sagt uns: Vorsicht, überprüfe die Dinge noch einmal, bevor du weitere Kraft investierst. Wäre dies allerdings unser einziger Impuls, könnten wir uns nur sehr schlecht gegen Widerstände behaupten und Hürden überwinden. Wir wären schnell „geknickt". Deshalb hat uns Mutter Natur noch mit einem anderen Impuls ausgestattet: mit der angesprochenen ***Freude an unserer Wirksamkeit***.

Wir finden es großartig, wenn wir etwas hinbekommen. Dieses Gefühl mobilisiert nun gerade die Kräfte, die wir zur Überwindung von Hindernissen auf dem Weg zum Ziel benötigen. Interessant ist in diesem Zusammenhang die Aussage von *Malik*[104], dass Organisationen nicht geschaffen wurden, damit Menschen glücklich und zufrieden sind. Man sollte daher seiner Meinung nach statt auf Freude am Arbeiten auf Freude an der Wirksamkeit achten. Sinn liege in erster Linie in den Ergebnissen einer Tätigkeit, nicht in der Tätigkeit selbst, die durchaus zeitweilig frustrierend sein kann und wohl auch wird.

Ob es Grau Spaß bereitet hat, sich durch die gefährliche Brandung zu kämpfen, ohne schwimmen zu können, voller Angst, Sorge um die Seinen und Müdigkeit, erscheint mir fraglich. Aber sicherlich hat er gekämpft und der Erfolg vermittelte ihm schließlich ein wahnsinnig gutes Gefühl. Das Erleben von ***Wirksamkeit und Sinn*** ergibt zusammen offenbar eine extrem befriedigende Mischung für uns Menschen. Probleme selbst machen möglicherweise keine Freude. Festzustellen, dass wir die Fähigkeit besitzen sie zu bewältigen, befriedigt uns allerdings sehr.

---

[103] Der Begriff Frustration stammt in seinem Kern aus dem Lateinischen und beschreibt etwas Irrtümliches, etwas Vergebliches.
[104] *Malik, F.,* Führen, Leisten, Leben, 2001, S. 81 ff.

Vielleicht ist sogar das ganze Leben als Problemlöseprozess beschreibbar. Während niedrige Organismen allerdings stets unter Einsatz ihres Lebens experimentieren, können wir **Pläne, Modelle und Simulationen** für uns sterben lassen. Wir müssen dazu allerdings *gedanklich probehandeln*. Dies ist insofern recht bedeutsam, weil unser Großhirn insbesondere in Krisensituationen, also wenn es wirklich darauf ankommt, nicht besonders beeindruckend arbeitet. Für solche Momente hat uns die Evolution zwei recht automatisch ablaufende Problemlösemethoden mitgegeben: Flucht und Kampf. Da Nachdenken für unsere Urahnen in bedrohlichen Situationen offenbar eher ein Hemmnis darstellte, wird unser Großhirn quasi *abgeschaltet*. Ich nenne das unseren **Neanderthaler-Modus**[105]: Hier denken wir nicht nach, sondern schlagen um uns oder fliehen aus der Situation.

Es gibt Autoren, die Unternehmen als vielfältig miteinander verknüpfte Problemlöseaktivitäten bezeichnen. Sie äußern, dass *Führungskräfte* für komplexe Probleme, die *Geführten* für einfache und komplizierte Probleme zuständig seien.[106] Diese Sicht kann ich nicht teilen.

Führende sind für das Funktionieren des großen Ganzen zuständig. Ob sie dazu einfache, komplizierte oder komplexe Probleme lösen müssen, ist nahezu irrelevant. Gleichzeitig gibt es sicherlich auch Geführte, die ganz hervorragend komplexe Probleme zu lösen verstehen und dies auch für das große Ganze tun können müssen. Von Führungskräften wird etwas anderes erwartet: Sie müssen dafür sorgen, dass die für das große Gelingen **relevanten Probleme** gelöst werden! Denn Mutter Natur ist vor allem daran interessiert, dass Energie nicht „verpulvert" wird; diese ist so schwer zu beschaffen. Bevor man sich jedoch fragt, welche Herausforderung man überhaupt annimmt, muss man sie auf dem Radar haben.

4.1 Navigation: Keine unnötigen Kräfte vergeuden

Sicherlich haben geniale Kapitäne ihre Segelschiffe zeitweilig unter Nutzung der Strömungen und Winde nahezu von selbst an das Ziel gebracht. Ich halte es für ausgeschlossen, dass es jemandem immer gelang. Zweifellos gab es auch Situationen, in denen dieselben Könner die Entscheidung gefällt haben, dass die Mannschaft stunden- und tagelang an die Ruder musste. Vielleicht war es notwendig,

---

[105] In der Hoffnung, dass diese mir meine – nur des plakativen Effektes wegen in Kauf genommene – Respektlosigkeit großzügig ausgelegt hätten.
[106] *Gomez, P. & Probst, G.*, Die Praxis des ganzheitlichen Problemlösens, 3. Auflage, 1999, S. 13

zugleich die Essensrationen auf die Hälfte zu reduzieren. Jedes andere Vorgehen hätte das Überleben aller gefährdet. *Jede* Gruppe steht manchmal vor unumgänglichen Hindernissen. Ohne ein besonnenes, achtsames und realitätsbezogenes Registrieren der Lage und Entwicklung ist erfolgreiches Führen kaum möglich. Denn nur auf dieser Grundlage lässt sich die Frage beantworten: Müssen wir das Problem direkt angehen oder können wir ihm ausweichen? Wenn Wege gefunden werden können, den Aufwand auf dem Weg zum Ziel gering zu halten, sollten sie genutzt werden. Grau hätte sicherlich lieber eine seichte Furt gefunden, um das Wasser zu überqueren.

Wachsamkeit und Geschick können Vielem vorbeugen. Es gibt Führungskräfte, die einen sehr einfachen Job zu haben scheinen. Wenn man ihnen über die Schulter sieht, ist man überzeugt, diese Aufgabe sofort übernehmen zu können: oft eine verhängnisvolle Fehleinschätzung. Ähnlich geht es vielen Menschen, wenn sie einem guten Tennisspieler zuschauen oder vom Sofa aus Fußballprofis weise Ratschläge geben. Wirkliche Könnerschaft und die geschickte Wahrnehmung der Führungsaufgabe sind zumeist durch Details und subtile Feinheiten ausgezeichnet, die unerfahrenen Menschen verborgen bleiben.

Wachsam meint nicht, „neurotisch" auf alle irgend mögliche Gefahren zu lauern. Das käme der unternehmerischen Praxis gleich, auch noch die 10.000ste Kennzahl in das Controlling einzubauen. Wir sprechen von Wachsamkeit in Bezug auf die wirklich *bedeutsamen* Probleme und Steuerungselemente. Und dazu greifen wir selbstverständlich wieder auf das gemeinsame Erfolgsmodell zurück, das uns eine erste gute Orientierung für das Wesentliche liefert, das im Auge zu behalten ist. In Bezug auf diese Aspekte wäre natürlich ein *systematisches Frühwarn-System*[107] nützlich.

Die Wachsamkeit ist im *Neanderthaler-Modus* (Kampf oder Flucht) nicht besonders ausgeprägt. Unsere Wahrnehmung und Aufmerksamkeit sind hier deutlich auf das konzentriert, was uns gerade Schwierigkeiten bereitet. Grundsätzlich eine gute Sache für unser Überleben. Problematisch wird dieses Muster allerdings beispielsweise, wenn es größere Probleme gibt, die uns dadurch entgehen. Unsere Wahrnehmung ist nicht nur konzentriert, sondern zugleich auch eingeschränkt. Zwei in einen heftigen Streit um eine Frau verwickelte Neanderthaler sind zweifellos eine Gefahr füreinander. Richtig unangenehm wird es allerdings für beide, wenn sie darüber den anschleichenden Berglöwen übersehen.

---

[107] Der Begriff Wachsamkeit weist darauf hin, dass auch der Intuition erfahrener Beteiligter und den schwachen Informationsmustern Wert beigemessen werden muss.

Wir Menschen sind solchen **Wahrnehmungsmustern** auch heute noch unterworfen. Was bedeutet das für uns Führende? Die Reaktion auf dringliche Probleme nimmt einen großen Teil der Managerzeit in Anspruch. Sie müssen häufig auf Sachzwänge reagieren und stehen dabei nicht selten unter massivem Druck. Es bedarf aber eines kühlen Kopfes und eines gewissen inneren Abstands vom stressigen Tagesgeschäft, um die eigene Wachsamkeit zu bewahren. Erschwert wird diese Situation dadurch, dass wir in der Regel die Einschränkungen unserer Wahrnehmungsfähigkeit im Neanderthaler-Modus nicht bewusst mitbekommen. Erst mit dem Nachlassen der Stresssituation spüren wir, dass sich unsere Wachsamkeit wieder vergrößert, unser Blick weiter wird. Wir sind wieder offen für die schönen Dinge, für schwache Informationsmuster und die Befindlichkeiten anderer Menschen.

Manager, die sich stets von den alltäglichen Sorgen und Problemen mitreißen lassen, laufen ***Gefahr, das Wesentliche zu übersehen***. Für sie ist es enorm wichtig, sich in regelmäßigen Abständen aus dem hektischen Fluss des Geschehens heraus zu ziehen, um die eigene Wahrnehmungsfähigkeit zu bewahren und zu regenerieren.

Während die Controlling-Instrumente in den meisten Unternehmen immer feiner werden, verliert unsere Fähigkeit zur **Interpretation** dieser Daten an Qualität. So wird in der gesamten Führungskräfteentwicklung oft übersehen, dass es letztlich darum gehen muss, *sich selbst* zum wertvollsten (Wahrnehmungs-) Instrument zu machen. Viele wesentliche Informationen finden wir z. B. nicht in den kaufmännischen Abteilungen der Unternehmen, sondern unstrukturiert, widersprüchlich und mehrdeutig in den Köpfen der Mitarbeiter und Kunden verborgen. Die wirklich bedeutsamen Situationen sind oft undurchsichtig, vielschichtig und gefährlich. Führungskräfte, die nicht über die Erfahrung verfügen, aus den vorhandenen Daten für sich persönlich sinnvolle Bilder zu gestalten, sollten das schnellstens zu kompensieren suchen.

Schaffen wir uns an der Stelle eine kleine Übersicht über einige Schlüsselbegriffe (besser: Schlüssel-Phänomene), die rund um das Thema Navigation Bedeutung haben:

- ■ ***Kontrolle***: Ein zwiespältiges Thema. Ich muss als Profi mitbekommen, wenn etwas Wesentliches entscheidend anders verläuft als vorgesehen. Die Schlüsselfrage lautet also nicht: Kontrolle oder Vertrauen? Die Schlüsselfrage lautet: Wie sollte die Kontrolle aussehen, damit sie nicht als Misstrauen verstanden wird? Kontrolle darf weder auf das *Erwischen* ausgerichtet sein noch aus einem *Kontrollzwang* des Managers heraus entstehen. Sie sollte aus einer Grundhaltung der *Fürsorge* erfolgen.

- **Steuerung**: Die Kontrollinstrumente schaffen mir die Möglichkeit, das Geschehen zu steuern. Im echten Blindflug möchte niemand unterwegs sein. Gute Steuerung bringt neben den Kennzahlen die zeitliche Dimension ins Spiel: Es geht um die Ausnutzung des richtigen Momentes, das gute Timing, die Abstimmung des Vorgehens mit den Gegebenheiten und der *Eigen-Zeit* der Phänomene. Die ersten Bauern wussten, wann es Zeit für die Saat ist, wann sie gärtnerisch nachhelfen sollten und wie lange sie sich keine Sorgen machen mussten, noch nichts von dem Wachstum oberhalb der Erdoberfläche zu sehen. Viele Manager definieren dagegen z.B. einfach, dass die Ernte in einem Quartal erfolgen muss: Von der *Eigen-Zeit* der Phänomene weit entfernt!

- **Voraus-Sicht**: Steuern und kontrollieren sind in der Regel auf das aktuelle Geschehen bzw. das bereits Vollbrachte gerichtet. Das entspricht quasi dem Flug auf Sicht bzw. dem erwähnten Durchwursteln. Erfahrene Piloten stellen jedoch sicher, dass sie stets „15 Minuten vor dem Flugzeug" sind: Sie bereiten und beugen vor, spielen durch, passen die Pläne den neuen Vorhersagen an. Hierzu gehört auch die Berücksichtigung von möglichen Nebenwirkungen und Spätfolgen der vorgesehenen Aktionen. Die Bauern wurden erfolgreicher, als sie in weiser Voraussicht begannen, Bewässerungssysteme für das kommende Jahr zu bauen und Läger für den Winter.

Viele Führungskräfte verstehen und erleben sich in erster Linie als Macher und Problemlöser. Gleichzeitig scheint es heute schick geworden zu sein, das Wort Problem nicht mehr zu benutzen. Wir haben offensichtlich plötzlich alle nur noch „Herausforderungen, denen wir uns gerne und mit vollem Engagement stellen". Wir sind alle kraftvoll, anpackend und konstruktiv. Das ist natürlich Unsinn. Erstens stellen wir Menschen uns zweifellos nicht gerne jeder Herausforderung. Manche Probleme machen uns Freude und reizen uns, andere erleben wir als Belastung und Bedrohung. Zweitens **kostet das Annehmen einer Herausforderung Kraft**. Wir dürfen daher gar nicht jede annehmen. Wenn es uns aufgrund der eigenen Wachsamkeit gelungen ist, wesentliche Hindernisse auf unserem Weg zum Ziel zu identifizieren, sollten wir zuallererst überlegen, ob wir den Problemen ausweichen können. Es ist kein Zeichen von Schwäche, Defizite zu kompensieren, einen leichteren Weg einzuschlagen oder ein alternatives Zukunftsversprechen zu prüfen. Es bleibt allein wichtig, den Sinn der Gemeinschaft weiterhin erfolgreich zu verwirklichen.

Manager, die quasi in ihrem Selbstverständnis als machtvolle Problemlöser gefangen sind, unterliegen ständig der *Gefahr, die eigenen Kräfte und die Ressourcen der Gemeinschaft zu überfordern*. Für sie ist es enorm wichtig, sensibler für Energiethemen zu werden und das eigene Rollenverständnis zu erweitern.

Gerade in den letzten Jahren verstärkt sich der Eindruck, dass viele Aktionen und Entscheidungen der Wirtschaftsbosse auch die Funktion erfüllen, sich mehr über die eigene Wirksamkeit zu freuen als darauf Acht zu geben, das Erfolgsversprechen zu erfüllen. In den Unternehmen überschlagen sich die Veränderungsprojekte, große Deals werden gemacht und die Organisation zum x-ten Male neu aufgestellt. Das ganz schlichte Resümee: In den meisten Fällen sind die Ergebnisse nicht dem Aufwand angemessen. Sie werden allerdings im Nachhinein mit der Aussage legitimiert, dass es heute viel schlimmer wäre, wenn man nichts getan hätte. Das mag schon sein. Wer weiß? Aber es geht ja gar nicht um die Alternative des Nichtstuns, es geht um die Alternative der geschickten Navigation.

> Können wir uns die Situation vorstellen? Eine Horde unserer Vorfahren registriert, dass die ständig zunehmende Kälte die Zukunft gefährdet. Den nächsten Winter wird man eventuell nicht mehr überleben können, weil die Zeit zwischen den Schneephasen nicht reicht, genügend Vorräte anzulegen. Ein Mitglied der Gruppe folgt ihrem „Traum von Wärme und Sattheit" (Vision), ist als guter Jäger und Läufer bekannt, geachtet. Es macht sich auf den Weg Richtung Süden, einige Weibchen und Männchen gehen mit, folgen ihrem neuen Führenden. Wir wissen heute, dass solche Projekte erfolgreich abgeschlossen worden sind. Dem Problem Hunger und Kälte wurde ausgewichen, nachdem eine weitere Erhöhung der Anstrengungen die Kräfte der Gruppe überstiegen hätte. Unsere Urahnen konnten keine Darlehen aufnehmen, um noch mehr Kleidung zu kaufen und die Eiszeit an Ort und Stelle zu überstehen. Auch die gezielte Anwerbung noch erfolgreicherer Jäger war nicht möglich. Und vergessen wir nicht: Beide Entscheidungen hätten auch das Leben der Gemeinschaft damals nicht retten können.

Letztlich läuft es darauf hinaus, dass im praktischen Tun, tagtäglich unzählige Entscheidungen getroffen werden müssen. Es gibt sehr viele Autoren und Forscher, die daher die Entscheidungen für die Gruppe zu einem Schlüsselthema der Führung machen. Für mich gehören sie allerdings frühestens in die 3. Reihe bzw. eigentlich ganz woanders hin. Wir haben zunächst die Ur-Aufgabe der Führung, daraus leiten sich deren Kern-Aufgaben ab. Entscheidungen rangieren darunter und stammen aus einer anderen Schublade: Sie gehören nicht zu den Aufgaben! Fragen wir uns daher lieber, wozu sie im Führungszusammenhang dienen, um das Wesentliche im Blick zu halten.

4.2 Entscheidung: Der Gemeinschaft durch Verwirrung und Lähmung hindurch helfen

Um die Handlungsfähigkeit der Gruppe als Ganzes zu erhalten, dürfen sich die vorhandenen Kräfte nicht gegenseitig aufheben. Es darf weder längere Patt-Situationen geben, noch darf es zu Lähmungen kommen. In solchen Momenten erwartet die Gruppe eine Entscheidung des Führenden, die in Bezug auf das gemeinsame Erfolgsmodell nachvollziehbar ist. Sie fordert die so genannte „starke Hand". Das tut sie nicht deshalb, weil sie selbst schwach ist und geführt werden will, sondern weil sie die Wahrnehmung der Entscheidungsaufgabe in genau dieser Lage mit der Führungsrolle verbindet. Der Führende wird genau dazu von den anderen mit Macht und Privilegien ausgestattet. Setzt er sie nun nicht für das große Ganze ein, werden beide wieder entzogen. Auch die stärksten Mitglieder der Gemeinschaft fordern *eine Entscheidung oder das Freimachen der Führungsposition* – damit ein anderes Gruppenmitglied die Handlungsfähigkeit wieder herstellt.

Eine Art von Problem auf dem Weg zum Ziel besteht darin, dass die unterschiedlichen Interessen und Perspektiven der Gruppenmitglieder die gemeinsame Zielverfolgung gefährden. Da der Führende von der Gemeinschaft damit betraut ist, die Zielerreichung für alle sicherzustellen, muss er die Initiative ergreifen.

In diesem Zusammenhang ein Machtwort zu sprechen, ist nichts Anmaßendes oder Diktatorisches. Es ist eine *Aufgabe und Verantwortung*, die der Führung in dieser Situation zukommt.

In einer ähnlichen Lage befand sich möglicherweise auch *Grau's* Gruppe, nachdem es ihnen gelungen war, die Insel zu erreichen. Nach vier Tagen war allen klar, dass dieses Land rundherum von Wasser umgeben war, nur die Kraft für ein erneutes Übersetzen hatte niemand mehr. Aber sie sind offenbar sicher vor Raubtieren und Feinden, aber auch die vertraute Jagdbeute lebt nicht auf der Insel. Während *Grau* mit zwei Frauen weiter nach Nahrung sucht, hockt der kleine Rest der Horde mit dem letzten erbeuteten Vogelei am Ufer und blickt sehnsüchtig auf das Festland zurück. Fünf Tage später ist das einzige verbliebene Kind der Gemeinschaft tot. Der Mann und drei Frauen legen mit letzter Hoffnung Holz zusammen, um die Überfahrt noch einmal zu versuchen. In *Grau's* Bewusstsein flackern Bilder von Einsamkeit und Hunger, von Ertrinken und dem ausgemergelten Leichnam des Kindes. Er ahnt irgendwie, dass ein Auseinanderfallen der Restgruppe das Aus für alle bedeutet. Einem allmählich reifenden Impuls folgend, schlägt er den Mann nieder und zerstört das kleine Floß. Die zeternde Gruppe rennt den abtreibenden Stämmen hin-

> terher und wirft mit Steinen nach *Grau*. Einer dieser Steine platzt auf und etwas Weißes rinnt auf die Felsen.
>
> Als es Nacht wird, ist es ruhig auf der Insel geworden. Viele braune Schalen liegen am Strand und die Gruppe wärmt sich aneinander. Das Blut am Schädel des Mannes ist abgewaschen, und er ist seit Tagen endlich wieder satt. Seinen Kopf hat er unter die Hand von *Grau* geschoben, der ihn streichelt. Es dauert viele Tage, bis die Gruppe feststellt, dass nicht nur die Kokosnüsse essbar sind, sondern auch das Meer eine Fülle von Nahrung bietet. Und es dauert einige Monate, bis sich neuer Nachwuchs in der Gruppe einstellt.

Führung spitzt sich gewissermaßen in einigen Situationen auf *Momente der Wahrheit* zu. Jetzt oder nie (mehr)! Das sind die Situationen, für die Führende von ihrer Gemeinschaft mit Macht ausgestattet worden sind! Sie müssen jetzt Antworten auf folgende Fragen haben:

- Gefährden die aktuellen Kraftverhältnisse und Strömungen den Erfolg der Gemeinschaft? Muss ich meine Kraft einsetzen, um die Verhältnisse wieder eindeutig zu gestalten? (**Entscheidung**) Viel zu oft wird von Führenden übersehen, dass es Situationen gibt, die von ihrer Natur her nicht kooperativ oder gar demokratisch zu lösen sind. Während sie Sorge haben, der Einsatz von Macht könnte ihnen vorgeworfen werden, übersehen sie das Wesentlichste: Wirklich vorgeworfen wird ihnen in allererster Linie der Misserfolg der Gruppe!
- Verfüge ich über ausreichende Kraft, die maßgebliche Entscheidung herbeizuführen? Habe ich einen realistischen Blick für die vorhandenen Kraftfelder? (**Wirksamkeit**) Führende dürfen sich nicht in eine Situation oder Lage manövrieren (lassen), die sie selbst handlungsunfähig macht. Ihre Stärke müssen sie im Interesse des Ganzen pflegen. Gleichzeitig benötigen sie ein Gespür für Machtverhältnisse und -dynamiken, um wirksam sein zu können.
- Gelingt es mir, meine Macht so einzusetzen, dass ich meine Führungsrolle nicht gefährde? Kann ich die Akzeptanz der Geführten bewahren? (**Legitimation**) Da die Kraft der Führenden im Wesentlichen auch darin besteht, durch die Geführten ermächtigt zu sein, dürfen sie sich dieser Machtquelle nicht selbst berauben. Der sicherste Weg dies zu tun, besteht im Machtmissbrauch.

Es gibt Menschen, die das Phänomen Führung oder sogar unser gesamtes soziales Miteinander ausschließlich unter dem Gesichtspunkt von *Machterwerb* und *-ausübung* betrachten. So wenig mir einfiele, die Bedeutung des Machtstrebens als Kraft an sich zu leugnen, käme ich nicht auf die Idee, unser Sozialleben auf diese Perspektive zu reduzieren. Dennoch darf man wohl nicht übersehen, dass dem Phänomen Führung der Konkurrenzaspekt innewohnt und damit stets ein grundlegender

Konflikt erhalten bleiben wird: Wofür setze ich meine Macht schwerpunktmäßig ein?

- Nutze ich meine Macht, um die *gemeinsamen Ziele* der Gemeinschaft in bestmöglicher Form zu verwirklichen – und akzeptiere, wenn mir von der Gruppe aufgrund meines Vorsprungs die Legitimation zur Führung übertragen wird?
- Besteht mein Hauptanliegen darin, den Konkurrenzkampf um die Führung zu gewinnen? Will ich in erster Linie *Ansehen und persönliche Privilegien* erlangen und erhalten?

Ich habe bereits im Kapitel „Politik: Das Spiel um die Macht bekommt ein Eigenleben" mein grundsätzliches Verständnis des Phänomens Macht beschrieben. Es geht darum, aufgrund von individuellen Unterschieden Dinge machen zu können, die für andere nicht möglich sind. Es gibt sehr unterschiedliche Macht-*Haber* und prinzipiell verschiedenste Macht-*Quellen*. Das Charakteristische an der Macht ist, dass sie funktioniert, und sie versorgt uns Menschen mit dem guten Gefühl, etwas bewirken zu können. Es gibt zumindest zwei Grundprobleme des Phänomens:

- Machtstreben kennt *keine Grenzen*, außer denen, die die Umwelt setzt. Wir haben Spaß daran, unseren Wirkungskreis zu erweitern, immer mehr bewirken zu können. Es gibt keinen abschaltenden Zustand der Befriedigung für unser Machtbedürfnis.
- Wir können mit unserer Macht auch rein egoistische Ziele verfolgen und dies sogar in völliger *Ignoranz und auf Kosten anderer*. In diesem Fall spreche ich von Machtmissbrauch.

Wer seine Führung auf Einschüchterung und mehr oder minder offene Gewalt gründet, der darf sich nicht wundern, wenn ihm die eigenen Mitarbeiter sofort die Gefolgschaft verweigern, sobald die autoritären Machtmittel nicht mehr zur Verfügung stehen oder präsent sind. Es gibt nicht einmal in der Natur das viel beschriebene „Gesetz des Stärkeren"; Raubtiere sind gewiss nicht die erfolgreichere Lebensform im Vergleich zu ihren Beutetieren. Es gibt nicht zufällig weit mehr harmlose Pflanzenfresser als Raubtiere.

Eine wesentliche Unterscheidung sollten wir zwischen Machtbewusstsein und **Machtmotivation** oder gar **-sucht** treffen. Letztere holt sich ihre nicht stillbare Befriedigung aus der Niederlage anderer. Das kann unmöglich den Gesamterfolg der Organisation erhöhen. Dagegen benötigt jede erfolgreiche Führungskraft aber Antennen für subtile Machtsignale und vielleicht sogar notwendige Machtkämpfe. Sie muss **Machtbewusstsein** besitzen, zu ihrer Macht stehen und diese für das gemeinsame Ziel einzusetzen bereit sein. Tut sie das nicht, wird sie ihrer Funktion nicht gerecht.

Ein unterschätztes Problem für Führungskräfte besteht darin, dass Macht *funktioniert*. Sonst verdient sie gar nicht den Namen Macht. Und wir Menschen sind von der Natur darauf „programmiert", alles was funktioniert, häufiger zu tun. Im Grunde eine sinnvolle Sache – statistisch betrachtet. Im Einzelfall allerdings manchmal auch etwas brisant. Einige Beispiele: Der Cognac am Abend entspannt; er funktioniert. Unser Ausrasten in einer Besprechung hat die anderen mundtot gemacht; es hat funktioniert. Die Entscheidung des Chefs auf sich beruhen zu lassen und auszusitzen, reduziert diese Woche meinen Stress; es funktioniert. Wir konnten dem erotischen Impuls auf der Geschäftsreise nachgeben, ohne die Ehe zu gefährden; es hat funktioniert. Den Reklamationskunden in den zwei Tagen vor meinem Urlaub nicht mehr zurückzurufen, bringt Ruhe in mein Leben; es funktioniert. Wollen wir wetten, dass in all solchen Fällen die Wahrscheinlichkeit ähnlicher Entscheidungen und Verhaltensweisen gestiegen ist?

Warum das alles ein Problem für den Einsatz der Macht sein soll? Weil unser Verhalten Auswirkungen und Nebenwirkungen hat. Viele Menschen essen gerne Süßes, Salziges und/ oder Fettiges. Sie genießen das; es funktioniert. Die Nebenwirkungen können wir uns allerdings in vielen Ländern in jeder Einkaufsstraße und in vielen Patientenkarteien anschauen. Welche Nebenwirkungen hat der Machteinsatz?

Ist Ihnen schon einmal aufgefallen, dass nach dem Einsatz von Macht die Anzahl von „unglücklichen Kleinigkeiten" zunimmt? Zumeist handelt es sich dabei um Dinge, für die wir nicht wirklich jemanden zur Rechenschaft ziehen können, weil sie sich quasi am Rande des Zulässigen oder Zufälligen bewegen. Trotz mehrmaliger Versuche konnte ein Mitarbeiter sich beispielsweise nicht mit einem anderen über notwendige Schritte abstimmen – und es kam zu Missverständnissen, die jetzt ein Problem darstellen. Oder bei der Instandsetzung einer Anlage war ein notwendiges Ersatzteil nicht direkt einsatzbereit – und es kam zu teuren Ausfällen. Oder die E-Mail, die wir nicht sofort als dringlich erkennen konnten, weil sie sehr harmlos aussah – sie enthielt leider weit unten im ausufernden Text einen Termin, für den ein Mitarbeiter dem Kunden unseren Rückruf versprochen hatte. Vielleicht passt in diese Reihe auch die Krankheit, die sich bei einem Teammitglied genau am „Tag danach" einstellt, wer weiß? All diese Dinge, ich nenne sie *Trotzreaktionen*, treten mit hoher Berechenbarkeit nach dem Einsatz von Macht häufiger auf! Glauben Sie mir!

Spannend ist es auch zu beobachten, wie sich Manager über die geringe Selbständigkeit und Kreativität ihrer Mitarbeiter beklagen. Sie machen nur Dienst nach Vorschrift, hängen bei jeder Gelegenheit tratschend in Grüppchen zusammen und brauchen in regelmäßigen 3-Wochen-Abständen ordentlich Druck. Dann geht es wieder eine Zeit lang – bis alles von vorne losgeht. Wenn man nur die richtigen Leute finden würde ... Seitdem man ein Exempel statuiert hat, scheint es ein wenig besser zu laufen. Aber man muss quasi ständig neben den Leuten stehen. Kommt Ihnen das bekannt vor? Dann haben Sie entweder das Pech, als Führungskraft ein Erbe angetreten zu haben, das Ihnen das Leben noch lange schwer machen wird. Oder Sie sollten einmal einen Blick darauf werfen, wie Ihre Rolle in diesem Teufelskreis aussieht.

Es erscheint mir sinnvoll, den Einsatz von Macht zunächst einmal als Abbuchung vom „*Legitimations-Konto*" zu betrachten. Die Situation hat ein wenig Ähnlichkeit mit der Entscheidung unserer Bank, uns einen Kreditrahmen einzuräumen. Die Höhe hängt davon ab, was uns die Bank wirtschaftlich zutraut (Sicherheiten und Einkommen) und wie hoch ihre Angst (Risikopolitik, Vertrauen in unsere Person) ist. Stellen wir uns also vor, unsere Mitarbeiter hätten uns ein Legitimations-Konto eingerichtet, auf dem wir eine Kreditlinie haben. Diese bekommen wir, damit wir Spielraum haben, um unsere Aufgabe zu erfüllen. Wohlgemerkt: Wir bekommen sie nicht, um es uns bequem zu machen, unsere egoistischen Träume zu verwirklichen oder zu spekulieren. Die Mitarbeiter erwarten unmissverständlich, dass wir ihren Kredit zur Erreichung des gemeinsamen Ziels nutzen.

Vielleicht ist es anfangs nur ein sehr kleiner Kredit. Schließlich kennt man uns noch nicht. Überziehen wir schnell in dramatischem Ausmaß, kündigt man uns das Konto. Unsere Legitimation ist fort und unsere Handlungsoptionen sind völlig verschwunden. In der Praxis bleibt uns jetzt nur, die Positionsmacht einzusetzen – was weiteres Überziehen bedeutet. In einem Software-Spiel bekämen wir nun die Nachricht: „end of the game". Versuchen wir es erneut. Wir wissen, dass unser Kreditrahmen noch sehr klein ist und konzentrieren uns darauf, den Kreditgebern zu beweisen, dass wir das Beste aus ihrem Geld machen. Wir zeigen, dass wir in der Lage sind, die Erfolgswahrscheinlichkeit zu erhöhen. Ich nenne das hier: Wir zahlen ein. Das Zutrauen unserer Kreditgeber wächst. Gleichzeitig erleben sie uns in unterschiedlichsten Situationen und registrieren, dass man uns vertrauen kann. Allmählich sind sie bereit, unseren Kreditrahmen zu erweitern. Wohlgemerkt: Weil wir ihn praktisch kaum gebraucht haben! Wozu das alles?

Irgendwann wird die Situation kommen, dann benötigen wir den Kreditrahmen – vielleicht sogar in vollem Umfang –, um unser Erfolgsversprechen weiterhin einlösen zu können. Vielleicht drücken wir zum Beispiel gegen den allgemeinen Trend in der Gruppe etwas durch. Unsere Bank wird sagen: „Ei, ei, ei, was macht er da gerade? Das gefällt uns aber gar nicht. Wenn das mal gut geht." Und genau so ist es. Wenn das gut geht, sind Zutrauen und Vertrauen sogar noch weiter gewachsen. Hat es dagegen kein Happy End, wird unser Kreditrahmen wieder massiv gekürzt – oder sogar unser Konto aufgelöst. Ein einfaches System, nicht wahr?

Der Kern ist, dass wir als Führungskräfte diese Kreditlinie brauchen. Wenn wir unsere Macht nicht erhalten, wenn uns die Legitimation entzogen wird, sind wir im

Grunde chancenlos. Zu Zeiten unserer Ahnen war das Spiel damit aus. Heute kann uns unsere formale Position noch ein wenig Galgenfrist verschaffen, aber nur kurz. Viele Manager verlassen dann das Unternehmen, um ihre Karriere nicht zu gefährden. Das Dumme ist nur: Sich selbst und ihr Führungsverständnis nehmen sie mit, solange sie nicht wirklich ent-täuscht werden (d. h. ihrer Täuschung beraubt) und die Ursachen an anderer Stelle suchen und finden.

„Entscheidungsbedarf ist das gemeinsame Kennzeichen aller kritischen Situationen: Diese sind definiert als Situationen, deren Ausgang die weitere Entwicklung eines Prozesses bestimmt ..."[108] Mal ehrlich: Welche Situation im Leben definiert nicht durch ihren Ausgang, wie es weiter geht? Und im Grunde ist es ja noch komplizierter: Führungskräfte bewegen sich – ebenso wie jeder andere Mensch – in einer Welt voller Widersprüche, in denen es selten eindeutige Entscheidungsgrundlagen gibt. Da sie jedoch die Aufgabe übernommen haben, dafür Sorge zu tragen, dass das spezifische Sozialsystem erfolgreich seinen Sinn erfüllt, *müssen* sie unter bestimmten Bedingungen ihre Entscheidungs*gewalt* wahrnehmen! Selbst wenn sie dies anderen überlassen, entkommen sie nicht ihrer grundsätzlichen Verantwortung!

Führende müssen damit zumindest zwei Entscheidungen immer treffen: (1) *Muss* hier eine Entscheidung her? und (2) Liegt es jetzt bei *mir*? Das sind die beiden Grundfragen jeder Entscheidungspolitik. Man kann vor ihrem Hintergrund folgenden Haltungen häufig begegnen:

- Führungskräfte, die sich **in erster Linie als Entscheider** sehen, versuchen oft, ihre Nase quasi überall mit hinein zu stecken. Sie werden zwangsläufig zum Flaschenhals der Gemeinschaft und von ihren Mitarbeitern und der folgenden Gruppe als hinderlich, direktiv und machtorientiert erlebt.

- Führungskräfte, die ihr Verhalten oft als **kooperativen (Entscheidungs-)Stil** bezeichnen, suchen vor allem den Konsens und überlassen es nicht selten sogar den Beteiligten selbst, diesen zu finden. In Gesprächen haben sie viele gute und ethisch motivierte Argumente für ihre Haltung, die jeder unterschreiben würde. Nichtsdestotrotz werden sie von der ersten Gruppe und auch sehr vielen Mitarbeitern als hinderlich, führungs- und entscheidungsschwach erlebt.

Und nun das Humorvolle an der Situation: Diese beiden Gruppen und die kleine Anzahl anderer Führungskräfte wähnen sich *alle* in der Mitte zwischen diesen Positionen. Testen Sie diese Behauptung von mir und fragen Sie einfach einmal nach. Was halten Sie in dem Zusammenhang von folgenden Thesen?

---

[108] *Hofinger, G.*, Fehler und Fallen beim Entscheiden in kritischen Situationen, in: *Strohschneider, St.* (Hrsg.), Entscheiden in kritischen Situationen, 2003, Frankfurt: Verlag für Polizeiwissenschaft, S. 115-136

- Ein Großteil der so genannten Entscheider lebt vor allem sein ganz persönliches **Bedürfnis nach Kontrolle und Sicherheit** aus. Sie wollen die Dinge im Griff behalten und fühlen sich extrem unwohl, wenn dies nicht möglich ist. Da nehmen sie lieber in Kauf, nicht von jedem gemocht zu werden.
- Viele so genannte kooperative Führungskräfte suchen einen Weg, ihrer Sorge vor persönlicher Ablehnung zu begegnen. Sie haben das **Bedürfnis nach Harmonie** und sind oft nicht sehr erfahren im erfolgreichen Lösen von Konflikten. Da verschieben sie die Konflikte lieber.

Damit haben wir immer noch keine Antwort auf unsere beiden Grundfragen der Entscheidungspolitik. Hilft uns das evolutionäre Führungsverständnis an dieser Stelle weiter? Ich denke schon. Wäre es wirklich sinnvoll gewesen, wenn die Natur es so eingerichtet hätte, dass die meisten Entscheidungen in den Gemeinschaften in einem Kopf getroffen werden müssten? Ich sehe in Gedanken schon einen Urzeit-Jäger, der das Wild an sich vorbeiziehen lässt, weil der Hordenführer ihm nicht das Zeichen gegeben hat, seinen Speer zu werfen. Eine absurde Vorstellung, oder? Hier benötigt niemand Führungsinitiative, denn das gemeinsame *Ziel* (das „*Mammut*") und das gemeinsame *Erfolgsmodell* („*Treibjagd*") definierten die wesentlichen Elemente für jede individuelle Entscheidung. Nur wenn *Probleme* auf dem Weg zum Ziel auftauchen, die der Einzelne nicht lösen kann, muss die Führung aktiv werden, z. B. wenn die Gruppe plötzlich auseinander gerissen worden wäre. Wir sehen an dieser Stelle, wie die unterschiedlichen Führungsaufgaben miteinander verwoben sind.

Und aus der anderen Perspektive: Waren unsere Urahnen überhaupt in der Lage, in kommunikativen Prozessen die Grundlage für Konsens-Entscheidungen zu erarbeiten? Hat unser Freund *Grau* eine Sitzung einberufen, um die Vor- und Nachteile des Insellebens mit der kleinen Gemeinschaft zu diskutieren? Hat er sicherlich nicht, aber ich vermute, er war sich darüber im Klaren, dass ihn seine Entscheidung auch das Leben kosten kann – wenn er einfach Pech hat oder die Kraftverhältnisse falsch einschätzt. Und hier scheinen wir ein weiteres wichtiges Kriterium gefunden zu haben: das **Verhältnis vorhandener Kräfte**!

Für die Gruppe von *Grau* bestand zwar nach wie vor das gemeinsame Ziel im Überleben, aber das Erfolgsmodell stand in Frage: Überlebte man dadurch, dass die Gruppe auf der Insel blieb oder überlebte man durch die Rückfahrt? Der Bau des Floßes stellte ein Konkurrenzmodell dar und hätte ebenso gut einen Führungswechsel einleiten können.

Wir haben damit zwei grundlegend unterschiedliche Entscheidungssituationen für Führende:

- Wird das bisherige Erfolgsmodell in Frage gestellt? Dann betrifft die Entscheidung den **Kampf um die Führung** selbst.
- Lähmen sich die Kräfte innerhalb des gemeinsamen Erfolgsmodells gegenseitig? Dann sollte eine Entscheidung die **Befreiung aus der Handlungsunfähigkeit** bedeuten.

Alle anderen Entscheidungen sind **Sach- und Detailentscheidungen** – und nicht Kern-Aufgabe der Führung! Haben Sie schon einmal einen Job übernommen, dessen früherer Inhaber jetzt genau eine Hierarchiestufe höher sitzt, also nun Ihr Chef ist? Dann wissen Sie vermutlich, wovon ich spreche.

Manager müssen für ihre Entscheidungen Spezialisten darin sein, **Kraftverhältnisse** realistisch zu bewerten. Das setzt Machtbewusstsein voraus. Ihre Entscheidungen müssen stets einen klaren Bezug zum allgemein anerkannten Erfolgsmodell haben und die Handlungsfähigkeit der Gruppe als Ganzes erhalten.

Alle Gruppenmitglieder müssen für ihre Entscheidungen Spezialisten darin sein, **Sachverhältnisse** realistisch zu bewerten. Das setzt Fachkompetenz voraus. Ihre Entscheidungen müssen sie stets vor einem kompetenten Kreis inhaltlich vertreten können.

Zweifellos ist es sowohl für Führende wie auch für die Gruppe enorm wichtig zu wissen, wann ihre Entscheidung gefragt ist. Ich behaupte vor dem Hintergrund unseres evolutionären Führungsansatzes, dass Manager ihre Rolle gefährden, wenn sie in den beschriebenen Situationen nicht entscheiden. Übernehmen sie *darüber hinaus* Entscheidungsverantwortung, machen sie sich – kompetente Gruppenmitglieder vorausgesetzt – häufiger zum Hindernis für die Gemeinschaft als ihr zu nutzen.

> Forscher haben festgestellt, dass Entscheidungen für die Gemeinschaft in Jäger-Sammler-Gesellschaften zumeist so lange offen diskutiert werden, bis ein Konsens gefunden wird. Und interessanterweise sind die glücklichsten Kulturen kleinere Gesellschaften wie Schweden, Holland und die Schweiz, die zudem über viele Möglichkeiten der Teilhabe verfügen[109].

---

[109] *Richerson, P. J., Boyd, R. & Paciotti, B.*, An Evolutionary Theory of Commons Management, Draft 4.0 May 30, 2001, Chapter intended for: Institutions for Managing the Commons, Stern, P., managing editor, National Research Council, S. 24

Ist das nicht ein eindeutiger Beleg dafür, dass die Gruppe und nicht die Führungskraft entscheiden sollte? Auf jeden Fall wird er häufig so benutzt. Ich könnte mir durchaus auch eine andere Einordnung dieser Beobachtungen vorstellen: Entscheidungen von Führungskräften haben unmittelbare Bedeutung für andere Menschen und verändern auch oft die bestehenden Kräfteverhältnisse. Damit ist für sie ein nicht zu unterschätzendes Risiko verbunden. Ich vermute, *weise Entscheider* initiieren Gruppendiskussionen und Gespräche nicht, um Entscheidungen im Team zu treffen. Ihre Hauptziele sind meiner Einschätzung nach andere:

- Sie analysieren auf diese Weise die *bestehenden* Kräfteverhältnisse.
- Sie entwickeln eine Vorstellung darüber, wie sich diese mit den notwendigen Entscheidungen *verändern* würden.
- Sie prüfen, mit welchen *Reaktionen* sie nach einer Entscheidung rechnen müssen, um sich darauf vorzubereiten.
- Sie suchen den *konfliktärmsten* Weg zur Lösung des aktuellen Problems – und damit zur Erfüllung ihrer Aufgabe!

Was wäre nun aber, wenn die Entscheidungen wirklich auf der Grundlage der Gruppendiskussion erfolgen würden? Ist das nicht völlig in Ordnung und auch der beste Weg? Unwahrscheinlich! Sind die Teammitglieder schon individuell auf der richtigen Fährte (z. B. weil sie sich alle am gemeinsamen Erfolgsmodell orientieren), so braucht man die Gruppe eigentlich nicht. Sind sie auf der falschen Fährte, schaffen sie es fast nie, durch Diskussionen wieder auf den richtigen Weg zu kommen. Es gibt einige Studien, die die Schwierigkeiten belegen[110]:

- In Gruppendiskussionen wird **mehr geteilte Information ausgetauscht** als ungeteilte. So wird das Gefühl von Gemeinschaft und Nähe gefördert. Niemand möchte gerne außerhalb stehen.
- Es werden im Verlauf **kaum neue Informationen** eingebracht. Diese könnten das Gefühl der Gemeinschaft irritieren. Und unter (Zeit-)Druck wird der Informationsfluss auch noch reduziert.
- Es gibt oft einen *vorschnellen Konsens*. Man möchte sich gerne wohl miteinander fühlen und sendet gegenseitig Signale des Friedens.
- Man geht davon aus, dass wichtige Informationen auch weiter verbreitet sind, und **orientiert sich an der Mehrheit**.

---

[110] *Schulz-Hardt, St.*, Gruppen als Entscheidungsträger in kritischen Situationen: Mehr wissen = besser entscheiden?, in: *Strohschneider, St.* (Hrsg.), Entscheiden in kritischen Situationen, 2003, Frankfurt: Verlag für Polizeiwissenschaft, S. 137-151

- Inhaltlich findet *kaum gegenseitige Bereicherung* statt. Der eigenen Meinung widersprechende Informationen werden als unglaubwürdiger oder irrelevanter erlebt.
- Es wird nicht um die bestmögliche Problemlösung für das große gemeinsame Ziel gerungen. Einen größeren Mut zu Konflikten haben nur die Mitglieder, die *um persönliche Interessen feilschen*.

Wenn man solche Forschungsergebnisse betrachtet, könnte man resignieren – oder feststellen, dass diese Dinge aus evolutionspsychologischer Sicht zu erwarten waren. Natürlich musste für unsere Ahnen im Vordergrund stehen, die Gemeinschaft zu erhalten und selbst Mitglied zu bleiben. Natürlich waren sie brav und sendeten liebe Signale. Und natürlich passten sie auf, dass ihre Interessen nicht zu kurz kamen. Genau deshalb hat die Natur von Anfang an so gute Erfahrungen mit dem Phänomen Führung gemacht: Vorhandene Kräfte dürfen sich nicht gegenseitig aufheben und das gemeinsame Ziel muss erreicht werden. Ungeführte Gruppendiskussionen sind einfach nur soziale Ereignisse und mit hoher Wahrscheinlichkeit fördern sie nicht die Problemlösung. Oder haben Sie mit Ihren Besprechungen andere Erfahrungen gemacht?

Der *einsame Entscheider* argumentiert währenddessen, dass er letztlich ja doch die Verantwortung tragen muss und Diskussionen nur unnötig Zeit kosten. Unabhängig einmal davon, ob es heutzutage wirklich einen Zwang zu schnellen Entscheidungen gibt: Er geht auf diese Weise völlig unvorbereitet und ahnungslos seinen Weg. Selbst bei analytischster Entscheidung verhält er sich damit absolut dumm – und läuft große Gefahr, seine Macht in den Augen der Betroffenen zu missbrauchen und die eigene Legitimation ernsthaft zu gefährden. Denn es wird ihm sehr viel schwerer fallen, die Kräfteverhältnisse erfolgreich zu berücksichtigen und zu gestalten.

Gehen wir aber davon aus, die Entscheidung wäre nun getroffen worden. Wirksam wird sie nur dann auf jeden Fall, wenn sie auch umgesetzt wird. Es gehört meiner Erfahrung nach leider nicht zu den Ausnahmen, dass das Management Entscheidungen verabschiedet, an die sich dann niemand zu halten genötigt sieht. Die Kraft der Entscheidung misst sich daran, ob es dadurch weiter vorangeht.

4.3 Fortschritt: Dem Ziel stetig weiter nähern

Wir hatten bereits festgestellt, dass Entscheidungen – ebenso wie Erfolgsmodelle und Pläne – keinen Selbstzweck haben, sondern uns unserem Ziel näherbringen sollen. Schritt für Schritt: Wir müssen die *Energie* für den Weg mitbringen, dürfen uns nicht auf Nebenkriegsschauplätzen verausgaben (*Fokussierung*) und nur wenig Zeit in *Entscheidungssituationen* vergeuden. Wir brauchen *Kompetenzträger* und *Macher*, die Probleme auf dem Weg zum Ziel ausräumen. Von Zeit zu Zeit helfen uns auch *Treiber*, wenn wir das Wesentliche aus dem Auge verlieren oder träge werden. Die erfolgreiche Führungskraft wird sicherstellen, dass all dies zur Stelle ist, sofern es notwendig wird! Und Sie wird die dazu notwendige *Infrastruktur* aufbauen.[111]

> **Tipp**: Legen Sie sich eine pragmatische Checkliste an: Sind für die aktuelle Aufgabe die entscheidenden „*Schlüssel am Bund*" (Stratege, Umsetzungsplaner, Treiber, Know-how-Träger, Umsetzungskapazitäten, Infrastruktur/ Resourcen). Es ist in Ordnung, wenn eine Person mehrere Themen abdeckt, vernachlässigen Sie aber kein einziges!
>
> *Also: Die Arbeit am Fortschritt ist konkret und offenbart jede Schwäche!*

In Kompetenzprofilen lesen wir oft von erforderlicher **Durchsetzungskompetenz**. Unglücklicherweise! Denn damit wird zum einen suggeriert, es handele sich um eine abgrenzbare Fähigkeit, statt die gelungene Umsetzung als Resultat eines komplexen Zusammenspiels von unterschiedlichsten Führungsimpulsen und dem Verhalten aller Beteiligten zu betrachten. Zum anderen verschieben solche Begriffe das Phänomen Führung deutlich in den Kraft- und Machtsektor. Wesentliche Facetten erfolgreicher Umsetzung – wie z.B. Qualität, Eigeninitiative, Kreativität, Selbstmotivation und Flexibilität – lassen sich auf diesem Weg aber nicht wecken.

Ähnlich vorsichtig sollten wir mit dem Aspekt der **Motivationskompetenz** von Führungskräften umgehen. Diese wird zeitweilig als Alternative zur Durchsetzung ins Spiel gebracht. Das Thema gehört in der Berufswelt aus meiner Sicht zu den maßlos aufgepusteten Seifenblasen. Grundsätzlich ist es der natürliche Zustand eines Lebewesens, für sein Handeln motiviert zu sein!

---

[111] *Roman Herzog* weist darauf hin, dass Aufbau und Pflege der Infrastruktur schon zu den Aufgaben gehörte, die sich die frühesten Vorläufer des Staates stellten (Staaten der Frühzeit, 1998, S. 77)

Unser Verhalten ist *immer* motiviert – sonst fände es nicht statt. Gleichzeitig können wir die Energien (z. B. Hunger) eines Menschen weder weg noch herbei reden. Sie sind da oder eben nicht. So genannte Motivationskünstler puschen schlichtweg auf. Sie machen uns „trunken", sprechen unsere Phantasie an, erhöhen unseren Adrenalinspiegel. Das ist genau der Grund, warum wir uns einige Zeit danach leer und ausgelaugt fühlen. Vielleicht sehnen wir uns sogar zurück nach dem energetischen Zustand, wollen das Erlebnis wiederholen – wir sind süchtig geworden. Mit dem, was Tag für Tag von uns im Berufsleben gefordert wird, hat dies wenig zu tun.

Haben Lebewesen ein Ziel erreicht, werden dafür zunächst keine weiteren Ressourcen eingesetzt. Dann sind wir möglicherweise motiviert, wieder zu Kräften zu kommen. Die Evolution haushaltet offenbar weise. Alle Lebewesen scheinen zu wissen, dass der Aufwand, den sie für ihre Erfolge betreiben müssen, sie auch überfordern, für lange Zeit lahm legen und damit in ihrer Existenz gefährden kann. Interessanterweise ist Ressourcenschonung in der Natur insbesondere dort der Fall, wo starke Konkurrenz vorhanden ist. Im Wettbewerb ist es wohl noch wichtiger, keine überflüssigen Energien zu vergeuden. Unser Einsatz hängt also davon ab, über wie viel Energie und über welche Ressourcen wir verfügen, welches Ziel wir gegenwärtig als angemessen empfinden und wo unserer subjektiven Einschätzung nach die „Sättigungsgrenze" liegt. Mit diesen Mustern hat uns Mutter Natur für unsere Aufgabe hier auf der Welt ausgestattet. Und wir sollten dankbar dafür sein.

Warum kommt aber dem Thema Motivation am Arbeitsplatz eine wachsende Aufmerksamkeit zu? Damit Manager ihre Aufgabe erfüllen können, müssen andere Menschen sich in ihrem Verhalten nach einem gemeinsamen Erfolgsmodell richten. Solange dies geschieht, wird das Thema Motivation im Führungszusammenhang kaum auftauchen. Die Situation sieht völlig anders aus, wenn Mitarbeiter nicht mehr „das Richtige" tun. Aber da lohnt es sich doch erst einmal zu fragen: Warum sollte das passieren? Aus unserer Perspektive sind da nur drei Gründe denkbar:

- Der Mitarbeiter hat kein Interesse mehr an der gemeinsamen Aufgabe!
- Der Mitarbeiter glaubt nicht mehr an das Erfolgsmodell!
- Der Mitarbeiter ist nicht in der Lage, das Notwendige zu tun!

Wenn wir die erste Ursache einmal ausschließen, dann stellen wir fest, dass die anderen beiden insbesondere in Zeiten auftauchen, in denen sich Veränderungen abspielen, die die Anpassungsfähigkeit der Menschen übersteigen. Sie verhalten sich nicht mehr zweckmäßig bzw. erwünscht.

Da unzweckmäßiges Verhalten der Mitarbeiter und Führungskräfte die Wettbewerbsfähigkeit eines Unternehmens gefährdet, sollen sie „motiviert" werden. Um korrekt zu sein: Eigentlich sollen sie in aller Regel nur dazu gebracht werden, sich unter veränderten Bedingungen *wieder zweckmäßig zu verhalten*!

> Wenn über Motivation gesprochen wird, geht es im Kern darum, dass Menschen das tun sollen, was innerhalb des Erfolgsmodells notwendig ist – und es nicht tun.
>
> Statt hier nach Motivationskünstlern zu rufen, sollte nach den Ursachen gesucht werden. Die Vermeidung von Demotivation ist erfahrungsgemäß wichtiger als das „Erfinden" immer neuer Motivationsinstrumente.

Gleichzeitig stellen Unternehmen zunehmend fest, dass man an das *Beste im Menschen* (z. B. seine Initiative, seine Kreativität, seine Begeisterung und sein persönliches Engagement) nicht mit Zwang oder einfachen „Ködern" kommt. Sie geben es nur freiwillig – oder gar nicht. Auch in diesen Momenten wird das Zauberwort Motivation gerne eingesetzt. Im Grunde geht es hier um die paradoxe Aufgabe, jemanden dazu zu bringen, etwas freiwillig zu geben. Der Grundgedanke besteht offenbar darin, dass eine Führungskraft etwas Motivierendes tut, damit sich Mitarbeiter engagiert „richtig" verhalten. Es entsteht zunehmend eine Kultur, die auf die Forderung hinausläuft: „Chef, ich fühle mich heute so lustlos. Lass Dir was einfallen."

> Unsere Gesamtlage ist vergleichbar mit der Situation von Hobby- und Hochleistungs-Teamsportlern. Zunächst einmal ist Voraussetzung, dass jemand überhaupt das Interesse an der jeweiligen Sportart hat. Es macht keinen Sinn, dass der Spielführer jemanden zur Teilnahme zwingen oder ständig aufs Neue dafür gewinnen muss. Die Grundmotivation für das gemeinsame Projekt bringt man mit, sonst gehört man einfach nicht dazu. Ende! Und wenn ein Sportler allen anderen das Spiel verdirbt, weil er sich nicht an den Regeln orientiert, also seinen Part des Leistungsversprechens nicht hält, wird er wieder verabschiedet.
>
> *Motivationsstufe 1* setzt voraus, die Regeln zu kennen (Erfolgsmodell) und an seinen Fähigkeiten zu arbeiten, das Notwendige zu tun (Kompetenz). Gleichzeitig ist es wichtig, dem Spieler nicht die Lust an der gemeinsamen Aktivität zu nehmen (keine Demotivation). Unter diesen Voraussetzungen kann man es prinzipiell vom Hobbyspieler bis zum Profi bringen. *Motivationsstufe 2* verlangt dann vom Sportler eine besondere Leistungsmotivation (Ehrgeiz/ Anspruch) und eine zunehmende Spezialisierung den eigenen Talenten entsprechend. Zudem muss er in der Lage sein, sich jeweils aufs Neue zum Training und Wettkampf optimal einzustellen (Wille/ Disziplin).
>
> Wenn die Leistungsdichte immer mehr zunimmt, es letztlich auf winzige Unterschiede ankommt, rücken besondere Begabungen, exzellente Rahmenbedingungen und individuelle Feinheiten in den Vordergrund. Vielleicht hat mittlerweile jeder Topsportler ein individuelles Betreuerteam und auf ihn ganz persönlich zugeschnittene Trainings- und Leistungsbedingungen.

Motivation, die ständig hergestellt werden muss, ist nichts wert. Die Entlarvung der Widersinnigkeit gängiger Motivationspolitik und -praxis ist kaum irgendwo besser gelungen, als in *Reinhard Sprengers* Buch „Mythos Motivation".[112]

Halten wir fest: Ist der gemeinsame Erfolg gefährdet, muss die Führung aktiv werden. Denn genau so haben wir die Ur-Aufgabe der Führung definiert. Ob es sich hier aber um eine Motivationsaufgabe handelt, ist fraglich. Vielleicht sind die Vorstellungen und Erwartungen der Beteiligten unrealistisch (dann hätten wir eine *Kommunikationsaufgabe*), es liegen „Steine im Weg" (hier hätten wir ein *operatives Problem*), Überlastung tritt auf (*Kapazitätsproblem*), die Koordination misslingt (*Organisationsaufgabe*), jemand verfügt nicht über die notwendigen Fertigkeiten (*Besetzungs- oder Personalentwicklungsproblem*) oder hat Wut im Bauch (womit wir vielleicht bei *Gerechtigkeitsproblemen* wären). Vielleicht wird also viel zu oft nach Motivation gerufen, wo ein genaueres Hinsehen wirkungsvoller wäre.

In dem Augenblick, in dem wir uns ein wenig sowohl von der so genannten Durchsetzungs- wie auch von der Motivationskompetenz entfernen, bewegen wir uns in Richtung einer breit angelegten **Umsetzungskompetenz**: der Fähigkeit, sicherzustellen, dass das gegenseitige Leistungsversprechen auch tatsächlich von allen Beteiligten gehalten wird. Wie wir festgestellt haben, ein komplexes Aufgabenfeld, das stark davon abhängig ist, was der gemeinsamen Zielerreichung im Wege steht. Dies können äußere Faktoren sein oder Aspekte, die sich innerhalb der Gruppe abspielen. Denn nachvollziehbarer Weise spielt es eine entscheidende Rolle, ob ich mit einem zusammengewürfelten Haufen von lustlosen Einzelkämpfern in die Umsetzung ziehe – oder zusammen mit einer echten Leistungsgemeinschaft.

---

[112] Leider argumentiert er durchgängig in dem ihm eigenen, unterhaltsam-zynischen Stil und unterstellt, dass jeder sich an einem Größeren beteiligende Mensch sein eigenes „schwaches Ich" kompensieren will. Diese Perspektive kann ich ganz und gar nicht teilen: Vielleicht bedarf es gerade eines starken Ichs, um die eigenen Grenzen zu erkennen und anzunehmen. Sich für größere Ziele zusammenzutun, muss sicherlich nicht ein Zeichen der Schwäche sein. Es ist vielmehr der Kern unserer Existenz. Dafür lohnt es sich, sein Bestes zu geben!

5. Leistungsgemeinschaft: Das Team wettkampffähig machen und halten

Dieses Kapitel hat für Sie „handwerklich" weniger Relevanz, wenn

- Sie mit auffallend kompetenten und selbständigen Menschen zusammenarbeiten,
- die Freude an ehrgeizigen Projekten und Zielen haben,
- Ihr Team sowohl seine Meinungsverschiedenheiten untereinander konstruktiv löst, wie
- die Energie auf die gemeinsame Leistung richten, statt in die Konkurrenz untereinander,
- und Ihnen die pädagogische Art eines Top-Trainers eigen ist.

Stellen Sie sich ein Team vor, das für die anstehende Aufgabe inkompetent und für seine Trägheit ebenso bekannt ist, wie für innere Zerrissenheit und eine Misstrauenskultur. Niemand, eigene Mitglieder eingeschlossen, würde etwas auf einen Erfolg dieser Mannschaft setzen. Vermutlich wird sie zerfallen[113]. Steht sie gar im Wettbewerb mit besser aufgestellten Teams, ahnen wir eine Tragödie. Der Versuch, einen glücklichen Ausgang dieser Geschichte zu erzählen, würde nicht ernst genommen. Zu Recht!

Doch gleichzeitig lieben wir Filme und Erzählungen, in denen eine solche Truppe plötzlich über sich hinauswächst und in die Historie eingeht. Wir lieben unsere Sportmannschaften, wenn sie uns auf ihrem Weg vom Underdog-Dasein zur Meisterschaft mitnehmen und schlussendlich zu einer faszinierenden Leistungsgemeinschaft zusammenwachsen. Wir spüren – selbst über den Bildschirm vermittelt – den Energieschub, der die Mitglieder zu unfassbaren Ergebnissen treibt. Unser Herzschlag erhöht sich, Endorphine und Adrenalin lassen uns jubeln und von unseren Sitzen hochspringen. Das Bedürfnis nach Gemeinschaft zwingt uns geradezu, unsere völlig unbekannten Nachbarn zu umarmen, einander anzulachen und zu feiern. Was für eine Urgewalt!

---

[113] Gemeinschaften splitten sich auf, wenn es nicht gelingt, eine schwierige Phase zu bewältigen – oder gehen in anderen Gemeinschaften auf (persönliches Gespräch mit Prof. Gerd-Christian Weniger, Direktor Neanderthal-Museum).

Die Menschen, die solche Veränderungen innerhalb einer Mannschaft initiieren und lenken, deren Namen wir mit solchen Wundern verbinden, die nicht selten im Augenblick des größten Triumphes ganz still und allein der wilden Feier zuschauen, werden zu Legenden.

Während mir in der 1. Auflage dieses Aufgabenfeld evolutionär nicht recht begründbar erschien und nicht unter die Kern-Aufgaben einzuordnen, bin ich mittlerweile in diesem Punkt zwiespältiger. Natürlich standen unsere Ahnen noch nicht vor dem Problem, „Mitspieler" auf dem Markt zu rekrutieren. Ihre Gemeinschaft war eine Schicksalsgemeinschaft. Natürlich motivierte der Hunger ausreichend für den vollen Einsatz bei der Jagd. Zweifellos gab es allerdings auch schon die gerade beschriebenen Zerfallserscheinungen in Gemeinschaften. Es gab also Unterschiede, die überlebenswichtig waren!

Die 5. Kern-Aufgabe der Führung scheint mir nach wie vor die diskussionsträchtigste zu sein, für die ich mir bis zur nächsten Auflage weitere Erkenntnisse aus Forschung und Praxis erhoffe. Ich möchte an dieser Stelle nicht all das diskutieren, was in der Literatur Kubikmeter Weise (zumeist im Kontext des Themas *Team*) zu finden ist. Bleiben wir vielmehr unserer Linie treu und schauen, wohin diese uns leitet.

Durch die Ur-Aufgabe der Führung (Dafür sorgen, dass es gemeinsam funktioniert!) definiert sich unmittelbar die Bedeutung der gemeinschaftlichen Leistung. Erfolg ist ohne **starke Geführte** auf Dauer nicht denkbar.

Eine Führungskraft, die sich dieser Tatsache und ihrer Konsequenzen nicht bewusst ist, kann ihre Position nicht halten.

Das noch schlagende, blutige Herz des jungen Mannes hoch erhoben, steht der Oberste Hohepriester in seinem Festgewand vor der brüllenden Menschenmenge. Trünke, Rauch und Trance haben seine Ängste verdrängt. Er fühlt sich durch die pulsierende Energie der wogenden Masse vor ihm und dem Eindruck, schwerelos über allem zu schweben, unglaublich mächtig, treibt sie wieder und wieder an, bevor er das Bewusstsein verliert.

Die Morgendämmerung hat begonnen. Die lange Zeremonie ist vorüber. Die Schmerzen, die er nicht mehr durch die Drogen bekämpft bekommt, sind ebenso zurückgekehrt wie seine unruhigen Gedanken. Die Alten hatten nie ein Geheimnis daraus gemacht, dass seine Aufgabe im Wahnsinn enden würde. Neu ist allerdings, dass die Wirkung der ehemals jährlichen Zeremonien auf das Volk so rasch verklingt. Innerhalb weniger Sonnenwenden finden die großen Feiern mittlerweile alle drei Monde statt – und brennen ihn innerlich völlig aus. Das Volk stellt die alten Gesetze lautstark in Frage, die Arbeit auf den Feldern leidet, die Bewässerungssysteme sind ungepflegt, und die Konkurrenz unter Jägern und Hohepriestern führt immer häufiger zu tödlichen Auseinanderset-

> zungen. Er selbst trinkt und isst seit langem nichts mehr, was nicht vorgekostet ist. Die Götter haben sich zurückgezogen, und die Feinde wissen das.
>
> Eine Generation später stirbt der letzte Bauer, der weiß, wie die Bewässerungssysteme aufgebaut werden müssen, an Kampf-Verletzungen. Das Volk überdauert noch 2 Dürreperioden, bis die Übriggebliebenen verhungert oder versklavt sind. Manche warten jetzt selbst darauf, den Göttern geopfert zu werden – allerdings sind es nun die Götter der Feinde.

Viele Jahrhunderte vorher warf der römische Dichter Juvenal seinem Volk enttäuscht und zynisch den eigenen Verfall vor.[114] Im Niedergang großer Zeiten begnügte sich dieses offenbar mittlerweile damit, satt zu sein und unterhalten zu werden. Die Erfahrung zeigt, dass sich unter diesen Bedingungen zwar kaum ein Volk gegen seine Führer wendet – allerdings auch selten etwas Großes entsteht. Man könnte hier wohl am ehesten von einer *Betäubungsstrategie* sprechen. Aber gewinnen Betäubte den Wettbewerb? Die Ära der Römer endete jedenfalls auf diese Weise.

Sicherlich galt und gilt es für Führende im Wettbewerb der Gemeinschaften, deren Leistungsfähigkeit und -bereitschaft stetig im Auge zu behalten. Die Versuche, beides zu steigern, haben sich im Laufe der Jahrtausende gewandelt. Während wir heute z.B. ehrgeizige Ziele definieren, Wettbewerb zwischen den Mitarbeitern provozieren, komplexe Anforderungsprofile erarbeiten und Performance Management einführen, haben sich unsere Ahnen in Zeremonien auf den Kampf eingestimmt, durch heftige Initialisierungsriten die Reife ihrer Mitglieder getestet, in regelmäßigen Spielen ihre Fähigkeiten trainiert usw.

Nett gemeinte Aussagen wie „Unsere Mitarbeiter sind unser Kapital!" oder technisch anmutende Begriffe wie „Human Ressources" sind in diesem Zusammenhang übrigens absolut unsinnig!

Führende sind wesentlich erfolgreicher, wenn sie folgende Grundhaltung leben: Mitarbeiter sind nicht das *Kapital* der Organisation oder deren Ressource! Sie *sind* die Organisation!

---

[114] „panem et circenses" (Brot und Zirkusspiele)

Letztlich ist die Frage einfach: Was ist innerhalb der Gemeinschaft zu leisten, damit diese den Herausforderungen des Lebens erfolgreich begegnen kann? Interessanter Weise wird dieses Aufgabenfeld heute oftmals im Bereich der Personalabteilung angesiedelt. Völlig in Ordnung, so lange Führende nicht einen entscheidenden Aspekt übersehen: Sollte die Zusammenstellung ihres Teams, dessen Leistungsbereitschaft oder der Grad des Vertrauens und Zutrauens untereinander den Erfolg gefährden, stehen sie in voller Verantwortung. Während unsere Ur-Ahnen „nur" dafür Sorge tragen mussten, dass die Gruppe einerseits in der Lage war, ihre Aufgaben zu meistern (z.B. Nahrung beschaffen oder Werkzeuge herstellen) und andererseits nicht von innerer Zerrüttung und Verfall bedroht wurde (z.B. durch die Pflege von Regeln und Ritualen), kamen später neue Aufgaben dazu: Zunächst wurde mit Zunahme des Wettkampfes untereinander dem Thema Leistung und Qualität bedeutsamer, viel später dann musste aus sich „fremden" Menschen erst um eine Aufgabe herum eine Gemeinschaft geschaffen werden.

5.1 Gemeinschaft: Zutrauen und Vertrauen entwickeln

Unsere Reise durch die Zeit hatten wir mit der Feststellung begonnen, dass wir immer schon in Gemeinschaften geboren wurden, lebten und starben. Nur eine bestimmte Art von Menschen vermag unter instabilen, fragmentierten sozialen Bedingungen zu prosperieren, meint der beeindruckende Soziologe *Richard Sennet*[115]. Wir sind in unserem Kern zweifelsohne Sozialwesen![116] Dabei hatten wir festgestellt, dass sich unsere Beziehungen durch eine emotionsbezogene und eine handlungsbezogene Dimension (von uns als „Deal" bezeichnet) kennzeichnen lassen:

- **Emotion** (Grad empfundener Nähe: *„Sympathie/ Antipathie"*)
- **Handlung** (Grad praktischer Abhängigkeit: *„Kooperation/ Wettbewerb"*)

Diese beiden Aspekte sind allen anderen Kriterien unseres Miteinanders übergeordnet und können in gewisser Weise unabhängig voneinander variieren. Ich kann beispielsweise in praktischer Abhängigkeit zu einem Verwandten stehen und die-

---

[115] in: Die Kultur des neuen Kapitalismus, 5. Aufl., 2011
[116] Aristoteles ist für seine Aussage berühmt, dass der Mensch ein staatliches Wesen sei. Er meint damit, dass er sich nicht mit dem eigenen Vorteil im Blick zu Gemeinschaften zusammenschließt, sondern weil das in seiner Natur liegt. Zudem schreibt er der Gesellschaft im Gegensatz zur späteren Ökonomie keinen mechanischen Charakter zu, sondern einen organischen.

ses Sippen-Mitglied hassen, weil wir extrem belastende Erlebnisse miteinander hatten. Andererseits ist eine tiefe emotionale Freundschaft mit Menschen möglich, die nur auf geteilter Vergangenheit und gegenseitiger Unterstützung beruht. Beide Dimensionen lassen uns auch das *Phänomen Konflikt* besser verstehen. Ein Konfliktpotenzial besteht, wenn Handlungen einander ausschließen, unser Erfolg jedoch von der Kooperationsbereitschaft des Anderen mitbestimmt wird. Unsere Emotionen werden hier – je nach Verlauf und Ausgang der Begegnung – alle möglichen Schattierungen annehmen können: Sorge und Verwirrung, Wut, Enttäuschung, Dankbarkeit, Rachegelüste, Ohnmacht, Liebe usw. Selbstredend, dass die Fähigkeit, mit Konflikten erfolgreich umgehen zu können, für unsere Beziehungen und Gemeinschaften (und damit für Führende) eine immense Bedeutung hat. Wir kommen darauf zurück.

Unsere ursprünglichsten Verbindungen untereinander sind die berühmten Blutsbande (*Familie, Sippe*), die früher zumeist entweder durch Nähe bzw. Frauenraub entstanden oder gezielt hergestellt wurden (z.B. zum „politischen" Zwecke der Verbrüderung). Vermutlich gab es schon früh auch Gruppierungen, die sich als *Nachbarn* (gemeinsame Grenzen), *Händler* (gemeinsame Tausch-Interessen) und *Arbeitsgemeinschaften* (gemeinsame Projekte) kennzeichnen lassen. Und dann gab es da noch die *Unbekannten*: fremd, bedrohlich und riskant im Umgang. Fanden Menschen, die sich noch nie gesehen hatten, in vorsichtigem Abtasten eine *gemeinsame Geschichte*, standen sie sich zumindest nicht mehr als *Feinde* gegenüber. Diese Geschichte entwickelte sich bei anderen Beziehungen quasi im Laufe der Zeit von selbst. Damit hätten wir sechs sehr grundlegende Möglichkeiten, „verbandelt" zu sein, die sich nicht untereinander ausschließen.

- **Familie, Sippe** (geteilte Gene)
- **Fortpflanzung** (geteilter Sex)
- **Nachbarschaft** (geteilte Grenzen)
- **Handel** (geteilte Tausch-Interessen)
- **Arbeitsgemeinschaft** (Arbeitsteilung)
- **Geschichte** (geteilte Vergangenheit)

Aus dieser Perspektive ist es nicht mehr verwunderlich, dass bis in unsere heutige Zeit hinein gerne Familienmitglieder oder Menschen mit ähnlicher Vergangenheit in die Organisationen geholt werden. So gesehen, ist die Bevorzugung von Mitarbeiterkindern bei der Vergabe von Ausbildungsplätzen nur eine Spätform der Vetternwirtschaft in alten Königreichen. Dass diese Strategie nicht für den Erfolg ausreicht, beweisen allerdings die vielen Grabstätten von Herrschern, die durch Familienangehörige gemeuchelt wurden und die untergegangenen Dynastien.

Bei Wesen, mit denen wir keine Gemeinschaft erleben, bedienen wir uns hemmungslos! Für nomadische Völker ist der Raub im Umfeld etwas völlig Natürliches, nicht selten ein Weg, sich soziale Anerkennung in den eigenen Reihen zu verschaffen. Hass oder Bösartigkeit spielen hier keine sonderliche Rolle. Diebstahl in der Sippe ist dagegen geächtet. Kulturen, die sich in Gemeinschaft mit ihrem Biotop empfinden, sind – um es mit einem modernen Begriff zu beschreiben – nachhaltiger orientiert, als Kulturen, die in ihrer Umwelt einen Selbstbedienungsladen sehen. Ist es Zufall, dass die Kriminalquote in Unternehmen umso höher ist, je niedriger die allgemeine Loyalität und das Wir-Gefühl sind? Erwarten wir besser nichts von einer Organisation, deren Mitglieder sich nicht als Gemeinschaft erleben. Mich jedenfalls überrascht es nicht, dass Manager, die von ihren Organisationen geschasst werden, noch alles – offenbar ohne geringste Anstandsgefühle – mitnehmen, was zu kriegen ist. Verblüffender Weise scheinen wir zu glauben, diese uralten Muster durch Compliance-Regeln und Team-Workshops kompensieren zu können.

Das berühmte Wir-Gefühl entsteht über ganz andere Wege, als es die „Psycho-Techniker" der Weiterbildungsbranche suggerieren. Doch auch wenn uns deren Haltung unangenehm stark an Zynismus förderndes Manipulationsverhalten erinnert: Wir müssen wohl akzeptieren, dass es bei unserem Thema tatsächlich um die Frage geht, wie man günstige Bedingungen „*herstellt*" oder zumindest fördert. Aus meiner Sicht besteht der entscheidende Unterschied zwischen Manipulation und gelingender Führung darin, dass erstere auf Mehrdeutigkeit und emotionaler Verunsicherung beruht, letztere auf Transparenz und emotionaler Stabilisierung.[117] Während Manipulation ihre Wirksamkeit im Verlauf ihrer Anwendung einbüßt und Misstrauen produziert, sobald sie allgemein sichtbar wird, entsteht dauerhafter gemeinsamer Erfolg u.a. durch geteilte Wirklichkeit, Zutrauen und Vertrauen. Statt egoistischer Grundhaltung geht es um gegenseitige Unterstützung, geteilte Freude und gegenseitige Inspiration. Es geht um positiven Wettstreit miteinander und Loyalität.

Wir können nun unser Anliegen konkretisieren: Was muss passieren, damit diese wertvollen Energien entstehen? Was macht aus Individuen eine erfolgreiche Gemeinschaft? Und wie lässt sich dieser Prozess durch gelungene Führung unterstützen? Es bleiben uns wohl – wenn wir für unsere Aufgabe Sex und Familie einmal beiseitelassen – vier thematische Ansatzpunkte: Nachbarschaft, Handel, Arbeitsgemeinschaft und eine gemeinsame Geschichte. Die handlungs- und emo-

---

[117] In alten Zeiten hätten unsere Vorfahren in diesem Zusammenhang vielleicht von „schwarzer und weißer Magie" gesprochen. Und sie wussten, dass beides die Beteiligten in anderer Weise verändert.

tionsbezogene Bewertung jeder Beziehung nehmen wir zur weiteren Entwicklung unserer Gedanken natürlich hinzu.

> Beraterkollegen sprechen manchmal von „Bewohnern" einer Organisation, wenn sie eine bestimmte, wenig leistungsorientierte Haltung von Mitarbeitern beschreiben möchten. Andere benutzen den Begriff „Silo", um solide Ab-Teilungen innerhalb des Unternehmens zu verdeutlichen. Ich selbst habe mich dabei ertappt, einmal despektierlich von „Käfighaltung" gesprochen zu haben, um einen spezifischen Führungsstil zu karikieren. All diese Formulierungen beschreiben im Kern dasselbe: Eine Gruppe von Menschen, die *Nachbarn* sind, statt eine Gemeinschaft zu bilden.

Es ist wohl legitim, im Management-Kontext die *Deal-Komponente* der Beziehung als Ausgangspunkt zu betrachten: Wir kommen in der Regel nicht in Wirtschaftsunternehmen zusammen, weil wir keine Freunde haben oder Zerstreuung suchen, sondern um gemeinsam unsere Existenz zu erwirtschaften. Vielleicht lässt sich so sogar der menschliche Ursprungsdeal umschreiben: *Wir Menschen sind zusammen, weil wir so wahrscheinlicher überleben!* Wir sind immer schon eine Arbeitsgemeinschaft – und damit sollten wir auch evolutionäre Muster finden, die für unsere Fragestellung nützlich sind. Die grundsätzliche Kooperationsbereitschaft aller Mitglieder einer Gemeinschaft bildet das Fundament des Erfolgs[118]. Warum und wodurch sollte sie aber entstehen?

Die erste Aufgabe wirksamen Managements sei es, für Ziele zu sorgen, meint ein populärer Autor[119]. Sollte es Fachleute geben, die seriös bezweifeln, dass Ziele eine wesentliche Grundlage erfolgreicher Führung sind, sind mir diese zumindest nicht bekannt. Dennoch bewegen wir uns hier bereits einen kleinen Schritt zu weit. Ich kenne haufenweise Unternehmen, in denen Manager klare Ziele definieren, ohne dass eine kooperationsbereite Gemeinschaft entsteht. Und dies ist nicht dadurch zu umgehen, die *Vereinbarung* der Ziele zu betonen, statt (böse, böse…) diese vorzugeben. An dieser Stelle wird oft schlicht etwas Wesentliches verwechselt: **Sinn** und **Ziel**! Zunächst einmal muss nämlich geklärt werden, wozu es eine bestimmte Gruppe überhaupt gibt und warum sie welche Mitglieder braucht. Eine Gemeinschaft entsteht nicht sinn-los! Unsere Ausgangsfrage lautet damit: Wann und wozu kommen Menschen zusammen?

---

[118] *Berth*, ein ehemaliger Kienbaum-Berater, hat sich trotz der prinzipiell immensen Schwierigkeit daran gemacht, Führungserfolg zu messen und mögliche Ursachen zu identifizieren (Erfolg, 1993, Düsseldorf: Econ). Vier Jahre lang spürte er unternehmerischem Erfolg nach, um festzustellen, dass sich extrem erfolgreiche Unternehmen vor allem durch ergänzendes Management auszeichnen. In Ansehung der eigenen Unvollkommenheit wurde hier die Nähe des anderen gesucht. Aus unserer Perspektive trifft dieser Erfolgsbaustein die Ur-Gruppe in ihrem Kern: Man tut sich für eine spezifische Aufgabe zusammen, weil man es allein nicht so gut schaffen würde. Das erfordert Vertrauen zueinander: der zweitwichtigste Faktor in *Berths* Studie.

[119] *Malik, F.*, Führen, Leisten, Leben. Wirksames Management für eine neue Zeit, 2001, S. 174 ff.

Es erscheint vor diesem Hintergrund fast etwas amüsant, wenn die Erarbeitung einer **Mission** für das Unternehmen, als pfiffige, moderne Berater-Empfehlung betrachtet wird. Im Grunde geht es hier um etwas absolut Archaisches! Warum sollten Lebewesen freiwillig etwas völlig Unsinniges tun? Wenn uns der Sinn einer Unternehmung einleuchtet, akzeptieren wir auch Ziele und Aufgaben, die wir nicht unmittelbar attraktiv finden. Besteht aber beispielsweise der Sinn darin, Pyramiden für den Unterdrücker oder maximale Tantieme für Fremde zu erwirtschaften, sieht die Sache anders aus. Ein und dasselbe Ziel (z.B. Kostenreduktion) kann damit, je nach **Sinn-Kontext** (z.B. Aktienwert-Erhöhung vs. Gemeinsames Überleben), völlig unterschiedliche Wirkung erzielen.

Tipp: Sorgen Sie dafür, dass gemeinsame Interessen betont sind und Einigkeit darüber besteht, warum man zusammen ist. Selten ist eine Gemeinschaft dadurch motiviert, für Außenstehende (z.B. Aktionäre) Gewinne zu erwirtschaften oder abstrakte Kennzahlen zu erreichen.

Also: Stellen Sie sicher, dass alle Beteiligten das gemeinsame „Mammut"[120] klar vor Augen haben. Definieren Sie es nicht nur durch Kilogramm.

Nachbarschaft hat – außer möglichst wenige Auseinandersetzungen – zunächst kein spezifisches Anliegen. Sie definiert sich schlicht über eine gemeinsame Grenze. Aus ihr wird in dem Moment etwas völlig anderes, in dem man den Anderen für etwas benötigt, z.B. den Bau einer Scheune, die Verteidigung gegen Angreifer, die Erweiterung des eigenen Speiseplans oder die Pflege eines überregionalen Bewässerungssystems. Im Vordergrund stehen nun entweder

- der **Tausch** von Waren bzw. Hilfeleistungen oder
- das **gemeinsam Hergestellte**.

Erst auf dieser Basis kann untereinander eine Vereinbarung (Deal) abgeschlossen werden: Wer sichert wem welchen Beitrag auf dem Weg zum gemeinsamen Erfolg zu? Wie sieht das **gegenseitige Leistungsversprechen** aus? Welche Form der Ergänzung untereinander ist zweckmäßig? Die Antwort darauf setzt entweder ein langwieriges Aufeinander-Einspielen voraus oder aber einen wirksamen Kommunikationsprozess im Spannungsfeld von Erwartung, Handeln und Feedback.

---

[120] Metapher für etwas, das sich nur mit anderen gemeinsam „jagen", d.h. erreichen lässt.

> *Tipp*: Führen Sie transparenten Diskussionen im Unternehmen darüber, wer wem welches Leistungsversprechen gibt und welche Regeln gelten. Achten Sie darauf, dass keine Versprechen gegeben werden, die nicht zu halten sind. Initiieren Sie auf dieser Basis einen systematischen Feedback-Prozess.
>
> *Also: Kompetenz, Unterstützung und Berechenbarkeit im gemeinsamen Vorgehen fördern Zu- und Vertrauen.*

Um in unserer Sprachwelt zu bleiben: Wir haben innerhalb einer *Arbeitsgemeinschaft* unter *Nachbarn* (man sitzt nebeneinander im Büro) einen *Handel* initiiert: „Du sorgst zur Verwirklichung des gemeinsamen Erfolgs für A und dafür stelle ich B sicher." Das Wissen über die gegenseitige Abhängigkeit, der Ansporn durch die eigene soziale Sichtbarkeit, sowie die geteilte Vorfreude auf das Ergebnis motivieren dazu, den eigenen Teil des Versprechens einzuhalten. Erweisen wir uns als zuverlässig und kompetent, wächst nicht nur das einander entgegengebrachte Vertrauen, sondern auch unsere Reputation. Es entsteht Anerkennung untereinander. Das gilt ebenso für den Austausch innerhalb der Gemeinschaft („interne Kunden"), wie für den nach außen („externe Kunden"). Einfache, transparente Zusammenhänge. Weit und breit nichts von Manipulation, komplizierten Verkaufstricks und Führungskunst.

An dieser Stelle beginnen wir bereits, eine **gemeinsame Geschichte** aufzubauen. Sind wir froh, dass es den Anderen gibt? Setzen wir darauf, auch beim nächsten Mal wieder zusammenzuarbeiten? Vertieft sich unser Vertrauen zueinander? Fangen wir an, an diese Gruppe zu glauben? Selbstredend wird das von den Erlebnissen abhängen, die wir nach und nach teilen.

> *Tipp*: Überlassen Sie die Erfahrungen, die die Beteiligten miteinander machen, nicht dem Zufall. Stellen Sie kleine, spürbare Erfolge der Zusammenarbeit sicher. Feiern Sie das gemeinsam Erreichte!
>
> *Also: Betrachten Sie Gemeinschaft als Prozess, der sich im Alltag abspielt. Bauen Sie gemeinsam etwas auf!*

Immer seltener kommt man in Unternehmen, die nicht vom Wehmut bewährter Mitarbeiter gezeichnet sind, wenn Anekdoten von früher erzählt werden. Zyniker betrachten sie als *Ewiggestrige* und fordern „moderne" Kompetenzen und Einstellungen: die Fähigkeit, immer wieder in neuen Projektteams arbeiten zu können, hohe Mobilität, Einsatzflexibilität usw. Sie fordern das Aufgeben des Bedürfnisses nach Gemeinschaft, nach Identifikation und Gruppen-Identität. Sie negieren unseren Traum von Geborgenheit und Sicherheit, unsere Bereitschaft zur Fürsorge und zum Füreinander einstehen – und beschweren sich zugleich über sinkende Loyalität und Einsatzbereitschaft.

Die spannendste Frage besteht vielleicht darin, ob sie rechthaben – oder nur keinen Weg gefunden haben, Top-Leistung mit unseren Urbedürfnissen und unserem gemeinschaftsorientierten Naturell in Einklang zu bringen. Suchen sie ihn überhaupt?

5.2 Leistung: Sich auf den Wettkampf ausrichten

In Gemeinschaften entsteht nicht automatisch Leistungsorientierung. Das liegt schlicht daran, dass Leistung Energie verbraucht, und diese steht nicht unbegrenzt zur Verfügung. Die meisten Lebewesen investieren selten Kraft über das *aktuelle* Wohlbefinden hinaus. Der Mensch ist an dieser Stelle ein wenig anders, weil sich sein Zeithorizont im persönlichen Entwicklungsprozess vergrößern kann (nicht muss!).

> Ein Manager, der aus Dankbarkeit und Fürsorge (in einem außereuropäischen Land) seinen Mitarbeitern ein Weihnachtsgeld zahlte, durfte danach einige Wochen auf ihre Arbeitskraft verzichten. Die Kollegen mussten nun aktuell nicht mehr für ihre Existenz arbeiten – und kamen erst wieder, als das Geld verbraucht war.[121] Niemand fühlte sich dafür schuldig oder undankbar. In der Zwischenzeit hatte der Manager existenzielle Probleme, den Betrieb unter maximalem persönlichem Einsatz aufrecht zu erhalten.

Dennoch wird diese Welt ja nicht von Schwächlingen bewohnt, die gerade so den Tag überstehenden. Wie kann das? Zunächst hat jedes Lebewesen Energie, sein Erfolgsmodell (z.B. Nahrung beschaffen, Flucht, Fortpflanzung und Aufzucht, Schwarmverhalten…) zu verwirklichen, also etwas Arteigenes zu leisten. Wir werden nicht geboren, liegen träge in der Ecke herum, und sterben wieder. Wir müssen bestimmte Dinge erreichen und andere vermeiden, um unsere Lebensdauer zu verlängern (im Idealfall der Natur zumindest bis zur erfolgreichen Fortpflanzung). Die Leistungsmotivationsforscher kommen zwar von einer anderen Seite, meinen aber dasselbe, wenn sie von *Furcht vor Misserfolg* und *Hoffnung auf Erfolg* sprechen.[122] Offenbar unterscheiden sich Lebewesen darin, ob sie tendenziell eher *Vermeider* (Fluchtwesen) oder *Erfolgssucher* (Gestalter) sind. Es scheint nicht einfach zu sein, die eigene Kategorie willkürlich zu wechseln.

---

[121] Eine Erfahrung, die mir von diesem Manager persönlich berichtet wurde.
[122] Damit beschreiben sie zwei sehr unterschiedliche Arten von Leistungsmotivation.

Was wir im Einzelnen zu vermeiden bzw. zu erreichen suchen, ist teils angeboren, teils gelernt. Wir sprechen dabei von Dingen, die uns Angst machen und solchen, die uns motivieren. Interessanter Weise nahezu unabhängig vom direkten Einfluss auf das Überleben, hat uns Mutter Natur zudem mit **Freude an der eigenen Wirksamkeit** ausgestattet. Wir investieren Energie in Kunstwerke, Kreuzworträtsel, Gartengestaltung, Miniatur-Eisenbahnen usw. Haben wir irgendetwas begonnen und werden dabei unterbrochen, entsteht bei uns – oft jenseits aller Nützlichkeit – der Wunsch, das Angefangene zu Ende zu bringen.

Zudem hängt unser Einsatz spürbar davon ab, ob wir für etwas kämpfen, das für uns bedeutsam ist, mit dem wir uns selbst *identifizieren* (z.B. unsere Heimat). Ein Sachverhalt, der dem allseits bedauerten Nachlassen von Loyalität und Wir-Gefühl in unseren Unternehmen noch eine zusätzliche Facette verleiht. Nicht immer siegten die gut ausgerüsteten Söldner in den Scharmützeln gegen die hochmotivierten Verteidiger von Heim und Hof.

Bis zu diesem Punkt bewegen wir uns auf der Ebene des Individuums. Stellt sich nun etwas oder jemand zwischen uns und unser Ziel, erhöht ein eingebauter Mechanismus unseren Energieeinsatz – solange, bis wir unser Tun als vergeblich erleben. Im *Wettkampf* um dasselbe Ziel, steigt also unsere Leistung, sofern wir uns als wettbewerbsfähig erleben. Weltrekorde werden in der Regel in der Auseinandersetzung mit anderen aufgestellt, die schlechtesten Leistungen bei völliger Chancenlosigkeit erbracht.

> In diesen Gesetzmäßigkeiten liegt der Grund dafür verborgen, dass unternehmensinterne Wettkämpfe für einige Beteiligte sehr leistungssteigernd, für andere völlig demotivierend sein können. Die unbedachten – und oft riskanten – Nebenwirkungen werden nicht selten von den Top-Leistungen Einzelner überstrahlt.
>
> Der freundschaftliche Konkurrenzkampf unter Gleichstarken fördert dagegen in der Regel das durchschnittliche Leistungsniveau erheblich. Die Zusammenstellung leistungshomogener Trainingsteams ist sinnvoll.

Völlig anders sieht es aus, wenn mehrere Lebewesen gemeinsam an einem größeren Ziel arbeiten, also kooperieren. Zunächst einmal erhöht *soziale Aufmerksamkeit* unser Energielevel. Sportmannschaften können von ihren Fans zu unglaublichen Leistungen „gepuscht" werden. Unsere Freude an der eigenen Wirksamkeit wird zur *Freude am Beitrag*. Fühlen wir uns dann noch für andere verantwortlich, z.B. unseren Nachwuchs oder die anvertrauten Mitarbeiter, scheint sogar das eigene Überleben an Bedeutung zu verlieren. Wir sind bereit, an unsere (Kraft-) Grenzen zu gehen. Viele Burnouts sind nicht nur das Resultat von Ehrgeiz, sondern von auffallend starkem *Verantwortungsbewusstsein*. Allerdings kann gemeinsames Handeln auch die Anstrengung jedes Beteiligten reduzieren: Zumeist ist die Summe der Einzelkräfte beim Tauziehen deutlich höher, als das, was die

Mannschaft an einem Seilende zusammen leistet. Wir *verlassen uns* auf die Anderen, und nahezu automatisch sinkt unser Einsatz. Auch ist bekannt, dass sich umso weniger Menschen verantwortlich fühlen, je mehr beteiligt sind. Man spricht dabei von **Verantwortungsdiffusion**; etwas, das jeder kennt, der einmal eine Traube von Zuschauern tatenlos um einen Verletzten hat herumstehen sehen.

Wir dürfen zudem nicht glauben, dass Energie an sich schon etwas über Erfolg oder Misserfolg aussagt. Physikalisch formuliert: Energie braucht eine ***Richtung***! Und unterschiedliche Energien müssen gebündelt bzw. koordiniert werden. Diesen Punkt haben wir rund um das Thema *Gemeinsames Erfolgsmodell* bereits beleuchtet.

Mittlerweile ist wohl ersichtlich, warum es eines komplexen Regel- und Werte-Werkes bedarf, d.h. kultureller und führungstechnischer Elemente, um aus Menschen eine Leistungsgemeinschaft zu machen. Es geht u.a. um einen gemeinsam getragenen Leistungsanspruch, um Kompetenz und Motivation, um Disziplin und Ausdauer, um Wettkampfgeist und reibungsarme Arbeitsteilung, um Verantwortung und die Lenkung der vorhandenen Energien in nützliche Bahnen.

Möglicher Weise finden wir insbesondere rund um die 5. Kern-Aufgabe der Wettkampffähigkeit der Gemeinschaft sogar den ***Haupttreiber*** unseres evolutionären Phänomens Führung! Die Gruppen überlebten, denen es im Wettbewerb gut gelang, die hohe Komplexität rund um Gemeinschaft, Energie und Richtung in ausreichende Leistung zu übersetzen. Gelungene Führung macht dabei einen entscheidenden Unterschied!

Insofern ist es wahrscheinlich, dass die 5. Kern-Aufgabe die größten Überschneidungen mit anderen Kern-Aufgaben hat. Welche Abgrenzungen an dieser Stelle die nützlichsten sind, klären hoffentlich die weiteren Erfahrungen mit dem evolutionären Führungsmodell.

Leistungsorientierung schafft man nicht durch wilde Reden und Motivationstricks, sondern durch ***Konzentration auf das Wesentliche***. Der Mitarbeiter macht sich mit Eintritt in eine Organisation freiwillig zum „Instrument" einer zweckorientierten Kooperation. Damit hat er das Recht zu erfahren, was von ihm erwartet wird, um den gemeinsamen Erfolg zu sichern, und er hat die Pflicht, die vereinbarten Spielregeln einzuhalten.

Wir haben das als gegenseitiges Leistungsversprechen bezeichnet. Versuchen wir vor diesem Hintergrund, eine Checkliste zusammenzustellen.

Die Kunst natürlicher Führung

✓ Achten Sie bei der ***Zusammenstellung Ihres Teams*** nicht nur auf Kompetenzen, sondern auch darauf, ob diese Person zu Ihrem Erfolgsmodell passt, ob sie Freude an der eigenen Wirksamkeit, Verantwortungsbewusstsein und den Glauben mitbringt, dass man in Ihrer Gemeinschaft mehr erreichen kann als alleine.

Im Ursprung hatten unsere Urahnen dieses Auswahl-Problem natürlich nicht wirklich. Sie lebten in einer gegebenen Gemeinschaft, und die Zusammenstellung eines Teams war nur für Projekte (z. B. eine Jagd oder einen Kampf) notwendig. Es erscheint mir sehr naheliegend, dass hierbei in erster Linie die Fähigkeiten der Beteiligten eine Rolle spielten und es selten zu bleibenden Fehleinschätzungen kam.[123] Wie wäre man satt geworden, hätte man ein nettes und loyales, aber erfolgloses Team zusammengestellt? Und wie erging es wohl dem Pseudo-Krieger oder -Jäger, der seine Fähigkeiten heillos überschätzte?

Im Idealfall sucht der Führende natürlich kompetente, loyale und zumeist auch ähnlich denkende Gefolgsleute. Finden er Personen, die genau zu seinem Erfolgsmodell passen, dieses also von Beginn an in den wesentlichsten Punkten teilen, können sie sich beispielsweise die 3. Kern-Aufgabe (Herstellen einer gemeinsamen Wirklichkeit) deutlich erleichtern. So wurden vielleicht auf dem Weg von den ursprünglichen „Zwangsgemeinschaften des Schicksals" (Familie, Sippe etc.) hin zu Freelancern, Söldner-Truppen und virtuellen Teams bestimmte Führungsaufgaben einfacher und gleichzeitig andere sehr schwer gemacht (z.B. den Aufbau loyaler Gemeinschaften).

✓ Investieren Sie Zeit in die Frage, welches Verhalten Ihrer Meinung nach im jeweiligen Verantwortungsbereich wirklich zweckmäßig ist. Je klarer, bedeutsamer und unmissverständlicher das ***Erfolgsmodell*** ist, desto größer ist selbstverständlich die Wahrscheinlichkeit, dass sich die Beteiligten zweckmäßig verhalten. Sagen Sie jedem, welches Verhalten Sie sich warum von ihm wünschen. Die Menschen wollen erst einmal klar und deutlich hören, was man im Rahmen des „großen Ganzen" von ihnen konkret erwartet! Sie fragen: Worin besteht mein Beitrag? Sie wollen Information, ***Orientierung*** und eventuell auch ***praktische Handlungsanweisungen***. Definieren und veröffentlichen Sie Leistungsanforderungen und Toleranzbereiche.

---

[123] Die Erfahrung und Empfehlung heutiger Management-Praktiker, die Besetzung von Schlüsselpositionen zur Chefsache zu machen, ist allerdings meines Erachtens vor allem taktischer Natur. Natürlich kann eine Führungskraft auf diesem Wege die Loyalität ihres Umfeldes beeinflussen und damit ihre Machtstrukturen sichern.

- ✓ Stellen Sie sicher, dass *„Fluchtwesen"* dort ihre Aufgabe finden, wo es um die Vermeidung von Schwierigkeiten geht. *„Gestalter"* sollten dort eingesetzt sein, wo die Gruppe Kraft zur Vorwärtsbewegung benötigt. Besprechen Sie mit den Betroffenen, was auf dem Weg zu diesem erwünschten Verhalten **hinderlich** sein könnte (z. B. fehlende Fertigkeiten, bestimmte Gewohnheiten, unglückliche Prozesse oder Organisationsformen). Lassen Sie so viele Hindernisse wie möglich **beiseite räumen** (z. B. durch angepasste Abläufe, Seminare, persönliche Unterstützung, Bereitstellung von Ressourcen und Macht).
- ✓ Ermöglichen Sie die Übernahme von ***persönlicher Verantwortung*** und lassen Sie Menschen spüren, worin ihr Beitrag besteht, was sie für das große Ganze geleistet haben. Frustrieren Sie nicht unnötig dadurch, dass Sie den Beteiligten das gute Gefühl vorenthalten, etwas abgeschlossen zu haben.
- ✓ Sorgen Sie für ***Sichtbarkeit*** – und damit soziale Kontrolle, Feedback und Anerkennung – der einzelnen Beiträge. Abweichungen vom gegenseitigen Leistungsversprechen sollten untereinander thematisiert werden.

Wo der Mensch etwas leisten will, das kann immer nur er selbst entscheiden. Dabei ist es einfache Realität, dass Menschen an dieser Stelle sehr verschieden handeln. Die Grundentscheidung kann keine einzige Führungskraft der Welt einem Mitarbeiter abnehmen, wenn sie nicht in Zwang oder Manipulation verfallen will! Wenn jemand seine Aufgabe „im großen Ganzen" allerdings nicht wahrnimmt, bricht er sein Leistungsversprechen. Wozu sollte er nun der Gemeinschaft nutzen?

An dieser Stelle muss gefragt werden, ob jemand sich auf Kosten der Gemeinschaft etwas herausnimmt (***Prinzip: Schmarotzertum***), eine legitime Begrenzung seiner Aufgaben vornimmt (***Prinzip: Arbeitsteilung***), oder hilfsbedürftig ist (***Prinzip: Fürsorge***). Der Umgang mit diesen unterschiedlichen Situationen bestimmt nicht unwesentlich das Leistungsniveau der Gruppe. Konsequenzfreies Schmarotzertum reduziert die Wettkampffähigkeit ebenso, wie unklare Verantwortlichkeiten. Und die Unterstützung von Hilfsbedürftigen kann das Gemeinschaftsgefühl stärken, ab einem gewissen Punkt jedoch das Überleben aller Beteiligten gefährden. Hier können harte Entscheidungen und ***Machtworte*** nötig sein.

Tipp: Trennungen sollten Sie konsequent und nach transparenten Spielregeln vollziehen. Geben Sie dem Team-Mitglied im Vorfeld eine Chance, indem Sie klare Erwartungen und Erfolgskriterien formulieren, wie er die Trennung vermeiden kann.

Also: Sowohl für die Gemeinschaft wie für den Betroffenen sollte eine Trennung nicht „aus heiterem Himmel" kommen!

Viele Führungskräfte schwören aufgrund der vielen Nebenwirkungen dem Einsatz von Macht weitgehend ab. Ihr Selbstverständnis als Führungskraft ist möglicherweise kollegial oder kooperativ, vielleicht sehen sie sich auch ganz modern in erster Linie als Coach und Förderer ihrer Mitarbeiter. Und sie finden reihenweise Literatur und Seminare, die sie in diesem Selbstverständnis bestätigen. Insbesondere für Autoren, Wissenschaftler und Trainer ist es leicht, solche Bilder zu verbreiten. Die meisten von ihnen kennen nämlich den Druck gar nicht, zusammen mit Menschen, die man sich oft nicht einmal aussuchen durfte, ehrgeizige Ziele erreichen zu *müssen*. Der vertretene Grundgedanke ist zumeist in etwa: Wenn Führungskräfte werteorientierte Menschen sind, ein förderndes Klima herstellen, die elementaren menschlichen Bedürfnisse ihrer Mitarbeiter erfüllen und selbst begeistert dabei sind, kommt der Rest von ganz alleine. Schön wär's! Leider ist das viel seltener der Fall als uns lieb ist. Die Erklärung dafür ist eigentlich ganz einfach. Fällt es denn niemandem auf? Es gibt in dieser Philosophie gar keine Führung.

Managern mit einer ähnlichen Haltung gelingt es oft recht schwer, ein förderliches **Leistungsklima** für die Gemeinschaft herzustellen. Ihre (vielleicht sogar unbewusst vermittelte) Kernbotschaft steht dem entgegen! Sie lautet zu oft: „Wir sind hier zusammengekommen, um zu reifen und uns zu entwickeln!" Aber sind wir das wirklich? Vielleicht auf einem Campus, aber nicht in Wirtschaftsunternehmen. Hier geht es um das gemeinsame Erwirtschaften des Überlebens. Das erfordert eine *völlig andere Kernbotschaft* und ein handfesteres Rollenverständnis. Wir sind nicht in der Führungsrolle, weil wir vor allem gute Förderer sind! Wir haben die Legitimation bekommen, weil wir für Erfolg stehen. Das Unternehmen und unsere Mitarbeiter trauen uns zu, dafür zu sorgen, dass es funktioniert! Deswegen folgen sie uns.

An dieser Stelle wird allerdings deutlich, dass es auch Konflikte und Nebenwirkungen notwendiger, harter Entscheidungen gibt, die die Leistungsfähigkeit der Gemeinschaft gefährden können. Im dramatischsten Fall kommt es zu Zerfallserscheinungen im Team und Revolutionen.

5.3 Zusammenhalt: Interne Konflikte lebbar machen

Eine zerstrittene Horde hat in der Wildnis kaum eine Überlebenschance. Es liegt daher nahe, dass die Natur schon von Beginn an wirkungsvolle Methoden entwickelt hat, Konflikte zu reduzieren und zu schlichten. Sie sorgte dafür, dass die Mitglieder einer Gemeinschaft sich rasch auf bestimmte Rollen und Positionen einigten, diese zumeist akzeptierten und sich auf die eigentliche Arbeit (das Überleben) konzentrieren konnten. Wahrscheinlich legte oft die ganze Horde den Rivalen nahe, ihren

Streit beizulegen. Völlig vergessen war dieser spätestens dann, wenn sich der Gemeinschaft Gegner von außen oder große Herausforderungen stellten. Je stärker es auf den Zusammenhalt der Gruppe in der Wildnis ankommt, desto versöhnlicher verhalten sich auch Tiere. Selbstverständlich braucht man ihnen nicht zu erzählen, worum es in letzter Instanz für sie geht. Je mehr Raum dagegen für Konflikte besteht und Energie für den internen Kampf frei ist, desto wahrscheinlicher werden diese – bis die Machtverhältnisse wieder eindeutig sind.

Eine moderne Studie weist darauf hin, dass die Kooperation zur Förderung von Leistung und Produktivität weitaus wirksamer ist als Konkurrenz oder Einzelkämpfertum. Zusätzlich wurde der Beweis erbracht, dass Kooperation ohne internen Wettstreit zu höheren Leistungen und höherer Produktivität führt als Kooperation mit internem Wettstreit[124]. Diese Tatsache passt ohne Schwierigkeit in unser evolutionärpsychologisches Bild und weitaus weniger gut zu weit verbreiteten Motivationstechniken. Sie sehen: Unsere evolutionären Wurzeln sind nach wie vor funktionstüchtig.

> Eine kleine klassische Geschichte: Ein Dorf hat eine gemeinsame Weide, auf die jeder Bauer sein Vieh schicken kann. Wir ahnen, wie rasch es zur Überweidung kommt, da jeder aus individueller Perspektive optimiert – und das sogar tun muss, um nicht völlig zu kurz zu kommen. Das Ego ist Ausgangspunkt des Handelns!
>
> Es bieten sich drei Lösungsansätze an: a) Modell *„Wilder Westen"* (der stärkste Bauer setzt sich durch), b) Modell *„Kapitalismus"* (Privatisierung der Weide) und c) Modell *„Gelingende Führung"* (Erarbeitung wirksamer Regeln für alle Beteiligten). Nur der letzte Ansatz kann das gemeinschaftliche Überleben fördern und breit angelegtes Wohlbefinden unterstützen. Weg a führt dagegen zu Diktatur, Sklaventum, Krieg und Revolutionen, Weg b fördert das Auseinanderdriften von Reich und Arm – und birgt damit ebenfalls heftige Konfliktpotenziale.

In dieser kleinen Geschichte verbergen sich 3 alternative Gesellschaftssysteme. Aus meiner Sicht hat sich das kapitalistische gegenüber dem „Wilden Westen" vor allem deshalb durchgesetzt, weil es *sozial akzeptierter* ist – solange die Ungleichheiten (Reich vs. Arm) nicht zu spürbar werden. Es löst gesellschaftlich weniger Widerstand aus, da es suggeriert: Jeder kann es schaffen; die Chancen sind gleichmäßig verteilt! Erstens ist dies nachweislich Unsinn, zweitens stellt sich natürlich die Frage: Was genau wird hier jedem in Aussicht gestellt? Es gehört mittlerweile zu den allgemein bekannten Gewissheiten, dass wir mit steigendem Wohlstand nicht ebenso glücklicher werden. Was wir dem System nicht vorwerfen dürfen, denn es erhebt nicht den Anspruch auf Steigerung von Glück!

---

[124] *Johnson et al.*, Effects of cooperative, competitive, and individualistic goal structures on achievement: A meta-analysis, in: Psychological Bulletin 89, 1981, S. 47-62

Es verspricht bestenfalls, dass einige im Wettkampf miteinander wohl-*habend* werden. Das Wohl-*Befinden* bleibt nach wie vor ein ungelöstes Privatproblem.

Selbstredend, dass auch der „Wilde Westen" nicht in erster Linie das Wohlbefinden der Gemeinschaft im Auge hat. Im Grunde stellt dies vielleicht nur das System „Gelingende Führung" in Aussicht, nämlich dann, wenn sich eine Gemeinschaft um dieses Anliegen herum aufstellt, d.h., darin seinen Sinn definiert. Das ist einer der Gründe, weshalb ich dem Phänomen Führung eine hohe Bedeutung für unsere Zukunft zuschreibe. Halten wir fest: Gesellschaften, die nach Wild-West-Manier funktionieren (?), gehören nicht zu den erfolgreichen dieser Welt, weder im Sinne breit gestreuten Wohlstandes noch im Sinne allgemeinen Wohlbefindens. Sie scheinen sich in Übergangsprozessen zu befinden, die erst durch „Recht und Ordnung", zumeist durch Gewaltmonopole, an Fahrt gewinnen.

Wir können unsere Energie und Ressourcen in Konflikte bzw. Krieg untereinander investieren (besser: sie dort verbrauchen) oder etwas Wertvolleres damit anfangen. Mit einer Entscheidung für Variante 2 verschwinden nicht automatisch die natürlichen Konfliktpotenziale: Es gibt unterschiedliche Interessen, Persönlichkeiten und Stile, Erfolgsmodelle, Positionen, Vorstellungen zur Sachlage, Beiträge zum Erfolg usw. Keinesfalls sollten diese geleugnet oder verdrängt werden. Es geht also für uns nicht darum, keine Auseinandersetzungen zu haben. Unbedingt aber sollten wir auf dem Weg zum gemeinsamen Erfolg zwischen unnötigen und **notwendigen Konflikten** unterscheiden können. Letztere sind beispielsweise all diejenigen, die gegen das gemeinsame Erfolgsmodell oder definierte Spielregeln verstoßen.

Ist eine Auseinandersetzung wirklich wichtig, muss sie so geführt werden, dass es möglichst **nicht zur dauerhaften Schwächung der Gemeinschaft** kommt. Wir würden sagen, „man muss hinterher noch miteinander können". Die gegenseitige Abhängigkeit bleibt bestehen und die individuelle Bereitschaft zur weiteren gegenseitigen Unterstützung muss gesichert bleiben. Es sollte einen Interessenausgleich geben, Konsenslösungen sind dabei wohl nicht zwingend notwendig.

Als Führungskraft hat man einerseits eine besondere Verantwortung dafür, dass Regeln für allgegenwärtige Konfliktpotenziale aufgestellt werden (z.B. Umgang mit Interessens- oder Macht-Differenzen, Verteilungsregeln, Strafmaß bei Regelverstößen, Umgang mit Hilfsbedürftigen und Schmarotzern), damit hier keine unnötigen Kräfte vergeudet werden. Andererseits übernimmt man oft die Funktion des Mediators und (Schieds-) Richters. Die Gemeinschaft akzeptiert diese Rolle nicht nur, sie fordert sie ein. Verstößt die Führungskraft allerdings dabei gegen grundsätzliches Gerechtigkeitsempfinden und ihr Verhalten wird als willkürlich empfunden, kommt es zu Unruhe.

> Was passiert, wenn der Trainer einer Fußballmannschaft einen Spieler, der immer wieder den Ball mit der Hand aufnimmt, nicht vom Platz holt? Zweifellos wird das ganze Team zunehmend seinen Unmut zeigen, die Leistung wird sinken, die Rolle des Trainers geschwächt. Nimmt derselbe Trainer völlig ohne nachvollziehbaren Grund einen Spieler heraus, den die Kollegen aktuell als Bereicherung empfinden, kommt es ebenfalls zu Unruhen.
>
> Während der erste Spieler vielleicht wütend und enttäuscht ist (aber mit etwas Abstand genau weiß, warum ihn die Auswechslung getroffen hat), bleibt im zweiten Fall allgemeine Unzufriedenheit zurück.

Auch wenn ich dieses Unterkapitel mit *Frieden* überschieben habe, möchte ich damit nicht den Eindruck vermitteln, Führende wären sonderlich friedvolle Wesen. Studien[125] zeigen, dass sie sich in diesem Punkt keineswegs von uns Normalsterblichen unterscheiden. Menschen, denen Andere Führungsakzeptanz entgegenbringen, vermeiden unnötige Konflikte tatsächlich nicht häufiger, als die Grundgesamtheit dies tut. Allerdings befinden sich unter ihnen fast 40% mehr Menschen, die Konflikte offen ansprechen. Konfliktscheu gefährdet also möglicherweise die Führungsakzeptanz. Gar 50% mehr sind in der Lage, Auseinandersetzungen so zu klären, dass eine weitere erfolgreiche Zusammenarbeit möglich ist.

Bitte beachten Sie: Es geht hier nicht wirklich um das Thema Konflikte. Es geht darum, ***Schwächungen der Leistungsfähigkeit*** der Gemeinschaft zu vermeiden bzw. zu korrigieren! Solche Schwächungen entstehen insbesondere dann, wenn ein Mitglied der Gruppe

- gegen das vereinbarte Erfolgsmodell handelt und sein Leistungsversprechen bricht,
- durch sein Verhalten (z.B. Egoismus, Machtmissbrauch, Kränkungen) die Bereitschaft gegenseitiger Unterstützung gefährdet und den Widerstand Einzelner oder der ganzen Gruppe auslöst oder
- an der Zersetzung der Gemeinschaft arbeitet (z.B. Intrigen, Anstiftung zur Meuterei, Hetzerei).

> ***Tipp***: Nehmen Sie nicht nur Ihre Funktion als (Schieds-)Richter wahr. Stellen Sie auch sicher, dass die gültigen Regeln allgemein bekannt und in ihrer Bedeutung nachvollziehbar sind. Auf diese Weise machen sie nicht alle glücklich, aber Sie erfüllen Ihre Aufgabe und reduzieren die Wahrscheinlichkeit, dass Ihr Verhalten als willkürlich erlebt wird.
>
> ***Also: Regeln auf der Basis des gemeinsamen Erfolgsmodells definieren! Dafür sorgen, dass Sie eingehalten werden!***

---

[125] Auswertungen der CST-Management-Profiling-Datenbank.

Die 5. Kern-Aufgabe natürlicher Führung fand sich in der 1. Auflage des evolutionären Führungsansatzes noch nicht.[126] Ich denke, die gemeinsamen Überlegungen haben gezeigt, dass es sich mehr als lohnt, dies zu korrigieren. Es ist kaum zu übersehen, dass sich sehr viele Manager gerade mit dieser Aufgabe stark auseinandersetzen, da sie hier große Potenziale im Wettbewerb der Unternehmen sehen. Gleichzeitig kann ich mich nicht des Eindrucks erwehren, dass die in der Praxis gewählten Zugänge und Lösungsversuche (z.B. Loyalitätsprogramme, War for Talents, Bonussysteme, Motivationsveranstaltungen, Erhöhung des internen Wettkampfes etc.) bestenfalls am Kern des Themas vorbeigehen, ärgstenfalls kontraproduktiv wirken.

Für die nächste Kern-Aufgabe scheinen deutlich bewährtere Erfahrungen vorzuliegen.

6. Lebensraum: Das Biotop der Gemeinschaft sicherer machen

Dieses Kapitel hat für Sie „handwerklich" weniger Relevanz, wenn

- Ihr Umfeld großes Interesse daran hat, dass Ihr Team erfolgreich ist,
- Ihre Mannschaft von wesentlichen Seite Unterstützung erfährt,
- Ihnen für die gemeinsame Aufgabe ausreichende und verlässliche Ressourcen zur Verfügung stehen,
- das Image Ihres Verantwortungsbereiches sehr gut ist,
- man Sie als einflussreichen Diplomaten und Netzwerker für Ihr Team charakterisieren kann.

Leben, Entwicklung und Sterben finden stets in spezifischen Umwelten, die wir Biotope nennen, statt. Wir Menschen gehören mit zu den wenigen Wesen, die sich an unterschiedlichste Bedingungen anzupassen verstehen – und auch auf diese Weise dafür gesorgt haben, dass man uns in nahezu jeder Region dieser Welt auffinden

---

[126] Ich verdanke **Roland Keppler** (derzeit CEO von Europcar International, Paris) die Anregung, dieses Thema verstärkt zu reflektieren und zu berücksichtigen. Er gehört zum Insider-Kreis der **Open-Source: Management** - Initiative. Ein Interview mit ihm findet sich im Anhang.

kann. Eine Erweiterung der Überlebensstrategie bestand für unsere Art irgendwann darin, die Umwelt auch aktiv eigenen Erfordernissen und Wünschen entsprechend zu verändern! Möglich, dass das bekannte Bibel-Zitat (Sie erinnern sich: das mit „Erde untertan machen") an die Frühphase dieser Entwicklung erinnert. Hominide Gemeinschaften haben sich

- im Umfeld *geschickt eingerichtet* und
- ihr biologisches und physikalisches (später auch das soziale) Umfeld zunehmend *gezielt beeinflusst*.

Der Wettbewerb der Gemeinschaften findet in der Natur letztlich über diese beiden Strategien und deren differenzierte Ausgestaltung statt. Selbstredend, dass sich damit für Führende hier ein Arbeitsfeld auftut. Gleichzeitig entfernen wir uns in dem Maße von stärker festgelegten evolutionären Mustern, wie wir uns in das Feld solcher strategischen Entscheidungen begeben. Dass wir sie nicht ganz verlassen, hat damit zu tun, dass natürlich auch die kulturelle Seite unseres Miteinanders nicht willkürlichen und zufälligen Gesetzmäßigkeiten unterliegt.

Selbstredend ist die Ur-Aufgabe der Führung (das gemeinsame Funktionieren sicherstellen), ohne Berücksichtigung des jeweiligen „Biotops" nicht zu erfüllen. Von der Rodung einer Urwaldlichtung über die politische Hochzeit bis zur Lobbyarbeit bietet sich hier ein breites Spektrum möglicher Maßnahmen, den Lebensraum der eigenen Gruppe günstiger zu gestalten.

Interessanterweise bewegen wir uns hier offenbar in einem Grenzgebiet zwischen Überleben und Ethik. Wann wurde Rodung zur Umweltzerstörung? Wie viele Menschen wurden bisher nicht in Kriegen getötet, weil zwei junge Thronfolger zwangsverheiratet wurden? Können wir einschätzen, ab wann Lobbyarbeit zur Erpressung und Bestechung wird? Wie viele Gemeinschaften gehen ein, weil sie das Vertreten ihrer Interessen vernachlässigt haben? Natürlich können wir solchen Fragen in unserem Kontext nicht annähernd gerecht werden. Gleichzeitig ist mir klar, dass meine persönliche Haltung mir eine neutrale Reflexion dieser 6. Kern-Aufgabe der Führung schwer macht. Daher direkt an dieser Stelle: Ich halte es für wertvoll, unseren physikalischen, biologischen und sozialen Lebensraum grundsätzlich als *Mit-Lebensraum* zu betrachten und nicht als *Selbstbedienungsladen* oder *Kriegsgebiet*. Kooperation und Symbiose sind dabei für mich wesentliche Kernelemente. Damit ergänzen wir die beiden zuvor identifizierten Grundstrategien (Anpassung und Beeinflussung) um eine Dritte:

- Die gemeinsame *Gestaltung eines größeren Ganzen*!

Als die ersten Bakterien sich zu einem Verbund zusammenfanden und eine neue Lebensform schufen, folgten sie keinem Plan. Wir aber sind mittlerweile nicht nur in der Lage, solche Entwicklungen denkend vorwegzunehmen, sie experimentell zu testen und „Prototypen" nicht dem Zufall zu überlassen. Wir haben auch die Chance, unser Biotop zu erforschen, uns ein wirksameres Bild unserer Lebenswelt zu schaffen. Wir dürfen diese Fähigkeiten nicht ungenutzt lassen! Zukunftsweisender Führung kommt hier aus meiner Sicht eine Schlüsselrolle zu!

Der Erfolg jeder Gemeinschaft definiert sich durch ihr Verhalten (Positionierung, Vernetzung, Einflussnahme etc.) innerhalb der eigenen Umwelt. Gute Führung überlässt dieses Verhalten nicht dem Zufall!

Die höchste Kunst besteht an dieser Stelle möglicherweise darin, mit anderen Bewohnern unseres Biotops eine gemeinsame Strategie des Überlebens zu entwickeln, d.h., ein größeres Ganzes zu schaffen.

Also gab es die Fremden wirklich. Die beiden Späher von Glatter´s Clan hatten wieder von den unbekannten Spuren auf den Anhöhen erzählt. Warum hatten die KleinenMenschen, die benachbarte Gruppe im Hügelland, sie nicht aufgehalten? Man hatte nirgendwo Kampfspuren gefunden.

Die Männer saßen seit der Dämmerung in hitziger Diskussion beratend zusammen. Ihr Wohlstand durch ihr Geschick mit den Herden hatte schon einmal gierige Fremde angelockt. Damals sicherte nur die Größe des Clans sein Überleben. Die Angreifer aus dem Norden hatten ihre Unterzahl mit erschreckender Kampfkraft ausgeglichen und viele getötet. Glatter war zu jener Zeit zu Ansehen gekommen, spürte aber auch, dass diese Mal etwas anders war. Ihn irritierte vor allem die Stille, in der die Fremden aufgetaucht waren. Nur Geister konnten so unsichtbar durch die Reihen der Nachbarn gelangen – oder dermaßen lautlos töten! Man wusste einfach zu wenig. Und Verhandlung war besser als Blut, Hass und Trauer. Die Uneinigkeit in der Gruppe verschaffte ihm zwei Nächte Zeit, seinen Plan wieder und wieder in die Runde zu werfen.

Acht Sonnenzyklen später jagen die Kinder von Glatter und SonnenHaar mit den dunklen Spielkameraden der KleinenMenschen durch die Hügel. Die blonde Frau mit den Wasseraugen vermisst immer noch manchmal den weiten Blick über das Meer ihrer fernen Heimat. Und Glatter lacht am lautesten, als er am Abendfeuer wieder einmal von ihrer ersten Begegnung erzählt und wie der „Geist" später sein Weib wurde. Währenddessen schnüren die Händler des Clans ihre Ballen und stellen die kleine Herde Jungtiere für ihre zweiten Reise zum Wasservolk zusammen. Wohlhabend sind alle geworden – und mutiger!

Wir wissen nicht, was damals in diesen 8 Jahren zwischen dem Auftauchen der Fremden und der Vorbereitung der zweiten Handelsreise geschah. Es ist jedoch anzunehmen, dass die Horde von Glatter nicht kopfüber in den Kampf gegen die Unbekannten zog. Was absolut nicht als selbstverständlich zu betrachten ist.

Der berühmte Anthropologe *Jared Diamond* schreibt in seinem neuesten Buch: „Mitglieder kleiner Gesellschaften begegnen selten oder nie Fremden, denn in ein unbekanntes Gebiet zu reisen, dessen Bewohner man nicht kennt oder mit denen man nicht verwandt ist, wäre geradezu Selbstmord. Trifft man zufällig einen Fremden auf dem eigenen Territorium, muss man annehmen, dass diese Person gefährlich ist. Angesichts der Gefahren bei Reisen in unbekannte Gebiete handelt es sich bei Fremden aller Wahrscheinlichkeit nach um einen Kundschafter, der einen Überfall oder einen Mord vorbereiten will, oder er hat das Revier betreten, um zu jagen, Ressourcen zu stehlen oder eine heiratsfähige Frau zu entführen."

Überlegen Sie, wie viel Vorsicht und Geschick im Umgang miteinander nötig war, um aus solchen gefährlichen und gefährdeten Fremden gute Nachbarn oder gar Handelspartner werden zu lassen. Halten Sie sich vor Augen, was für eine Leistung es für unsere Vorfahren gewesen sein muss, irgendwann mit Menschen, die nicht zur eigenen Sippe gehörten, arbeitsteilig zusammenzuarbeiten. Und heute? Heute reisen wir in völlig fremde Kulturen (manchmal zur Sicherheit abgeschottet in Ressorts), müssen mit unbekannten Lieferanten, Beratern und Vertragspartnern arbeiten, menschlich zufällig ausgewählt, weil sie eventuell das billigste Angebot abgegeben haben und sich gut verkaufen, – und setzen im Großen und Ganzen darauf, dass es gut geht. Äußern wir unsere intuitive Furcht vor Fremden, müssen wir manchmal sogar unsere Sorge ethisch verantworten (Stichwort: Rassismus).

Etwas einfacher war es wohl stets, sich mit dem (bekannten!) physikalischen und biologischen Umfeld zu arrangieren, das für uns immer schon zum Teil Lebensraum und zum Teil Ressource darstellte. Hier besteht die Herausforderung darin, a) tagtäglich alles zu haben, um gemeinsam zu funktionieren und b) vorzusorgen, dass sich dies auch in absehbarer Zeit nicht ändert. Letzteres stellt dabei nicht nur ein Beschaffungs- sondern immer wieder auch ein Verteidigungsproblem dar. Gelingt dies, entsteht Raum für weitere Entwicklung. So gewinnt das menschliche Leben in den ersten Städte dank der schützenden Mauern eine neue Dimension; „...plötzlich erscheint es natürlicher, sich mit Dingen zu befassen, die über die Lebensspanne des Einzelnen hinausgehen... Der Preis, den wir dafür zahlen, dass wir nicht mehr von den Launen der Natur abhängig sind, ist die Abhängigkeit von unseren Gesellschaften und Zivilisationen."[127]

---

[127] *Tomas Sedlacek*, Die Ökonomie von Gut und Bösen, S. 46

> *Tipp*: Nehmen Sie sich bitte für diese Kern-Aufgabe die Zeit, strategisch über sie nachzudenken, bevor Sie „handwerklich" werden. Sie hat eine entscheidende Schnittstelle zur 2. Kern-Aufgabe (*Erfolgsmodell*).
>
> ***Also: Bauen Sie in Ihr nächstes Strategie-Meeting Fragestellungen der 6. Kern-Aufgabe ein!***

Unsere eigenen Studien[128] zeigen, dass diese Kern-Aufgabe evolutionärer Führung sehr vernachlässigt ist, um genau zu sein: im Vergleich zu den anderen Aufgaben geradezu unendlich abgeschlagen. Einerseits liegt dies daran, dass sich viele Führungskräfte nicht für sonderlich diplomatisch, repräsentativ, fürsorglich und einflussreich halten. Diese Aufgabe entspricht damit ihrer Einschätzung nach nicht ihrem Naturell. Andererseits unterschätzen sie schlichtweg völlig die Erfolgsrelevanz dieser Facette ihrer Rolle. Während sie sich vielleicht noch im möglichen Rahmen um die materiellen und finanziellen *Ressourcen* für ihr Team bemühen, sind sie bei den Themen *Einfluss* und *Einbindung* sehr rasch am Ende ihres Repertoires angelangt. Ein dritter Aspekt mag noch eine Rolle spielen: Viele Manager glauben, diese Aufgabe gälte nicht so sehr für ihre Hierarchie-Ebene. Falsch!

> *Tipp*: Egal auf welcher Hierarchie-Ebene Sie sich der Führungsaufgabe stellen, machen Sie mindesten ein Strategie-Meeting im Jahr mit Ihrer Mannschaft!
>
> ***Also: Jede Kern-Aufgabe der Führung hat für jede Führungsebene Relevanz – nur die Ausgestaltung sieht anders aus!***

In den ersten Jahren nach „Geburt" des *Evolutionären Führungsansatzes* haben wir rund um dieses Thema hier zunächst von der Kern-Aufgabe *Außenpolitik* gesprochen – und es aus heutiger Sicht zu sehr eingegrenzt.

Trotzdem macht es mir Freude, dass die beiden Wirtschaftspsychologen *Ferris* und *Blickle* in einer aktuellen Veröffentlichung[129] die Führungskraft als Politiker thematisieren.

---

[128] Seit vielen Jahren diagnostizieren wir im Rahmen des CST-Management-Profilings (vgl. Teil III: Persönlichkeit und Führung) die individuelle Disposition von Führungskräften, um zu sehen, welche Kern-Aufgaben ihnen in welchem Ausmaß „liegen".

[129] Fit of political skills to the work context: A two-study investigation, in Applied Psychology: An international Review, 61/2, 2012, S. 295-322

Seit einigen Jahren erforschen die beiden Autoren das *Konzept der politischen Kompetenz* und belegen deren Bedeutsamkeit. Ihrer Ansicht nach besteht diese aus vier Komponenten:

- andere **verstehen** können
- andere **beeinflussen und überzeugen** können
- **Verbindungen zu einflussreichen Personen** inner- und außerhalb der eigenen Organisation aufbauen, pflegen und nutzen können
- **Vertrauen zur eigenen Person** herstellen und erhalten können

Ich wüsste nicht, warum diese Facetten nicht von Anbeginn unseres Miteinanders bedeutsam gewesen sein sollen. Unser Zugang unterscheidet sich jedoch – nach wie vor – von der kompetenzorientierten Forschungslinie. Wir gehen von existenziell bedeutsamen Aufgaben aus, die sich uns und unseren Ur-Ahnen stellten. In Bezug auf die Lebensraum-Perspektive, die wir gerade einnehmen, möchte ich nun drei näher beleuchten.

6.1 Ressourcen: Den Verhaltensspielraum der Gemeinschaft erhöhen

Jedes Lebewesen muss seine Existenz erwirtschaften oder ist darauf angewiesen, dass andere dies für es tun. Wir müssen arbeiten, schmarotzen oder werden gepflegt und unterstützt. Egal, wie wir diese Existenzweisen sonst benennen möchten. Wenn uns keine Ressourcen (z.B. Sauerstoff, Wasser und Nahrung) zur Verfügung stehen, endet unsere Existenz sehr rasch. Paradies und Schlaraffenland, das Märchen vom Goldesel, der Mythos des ewigen Füllhorns oder banal: Der Traum vom Lottogewinn und der Millionen-Erbschaft! Sie alle bezeugen, dass Ressourcen uns üblicherweise nicht in den Schoß fallen. Wir können über die Reduktion von Nahrung oder Sauerstoff den Verhaltensspielraum eines Menschen arg einengen. Gleichzeitig sind wir überzeugt, dass wir faszinierende Dinge tun könnten, wenn wir z.B. nur genug Geld hätten. Sicherlich braucht es keiner weiteren Worte, um unser Thema hier einzuführen.

Wenn einer Gemeinschaft die für die Realisierung ihrer Anliegen notwendigen Ressourcen nicht zur Verfügung stehen, wird sie erfolglos sein. Wir hätten also getrost solche Überlegungen auch anbringen können, als es in der 4. Kern-Aufgabe darum ging, das gemeinsame Erfolgsmodell zu verwirklichen. Das tun wir jedoch an dieser Stelle, um eine etwas anders gelagerte Gewichtung hineinzubringen. Unsere Fragen lauten: Was kann eine Gemeinschaft tun, um den Zugang zu notwendigen materiellen Ressourcen zu stabilisieren? Welche Rolle kommt dabei der Führung zu?

Aktuell scheint sich die Sicherheit des Zugangs zu Ressourcen für viele Organisationen mit ähnlicher Geschwindigkeit zu verringern, wie das Gewähren derselben nichts mehr mit Gemeinschaft (sondern unangenehm oft mit *Zockerei*) zu tun hat.

Interessanter Weise setzt vielleicht z.B. das ***Crowdfunding*** eine althergebrachte Praxis mit neuen Mitteln fort: Menschen bilden eine Gemeinschaft dadurch, dass sie für eine gemeinsam getragene Idee Ressourcen zur Verfügung stellen.

Ich habe zunehmend den Eindruck, dass Top-Manager mehr und mehr mit der Beschaffung von Finanzmitteln für ihre Organisation beschäftigt sind.

Ob Bankgespräche, die Suche nach Investoren oder die Vorbereitung des Unternehmens auf den Börsengang: Kann es gut und richtig sein, dass die oberste Führung einer Organisation den größten Teil ihrer Aufmerksamkeit dieser einzelnen Facette von Kern-Aufgabe Nr. 6 widmet? Auf der anderen Seite: Was wäre, wenn sie es nicht tut? Dass dies offenbar derzeit so bedeutsam für das Überleben ist, sollte uns zu denken geben. Von einem *Stabilisieren* des Zugangs kann folglich kaum die Rede sein. Allerdings möchte ich an dieser Stelle nicht der Versuchung erliegen, in gesellschaftskritische Gedanken abzudriften. Schließlich sind wir angetreten, um die Führungsaufgabe sorgsam herauszuarbeiten.

Tipp: Lassen Sie sich nicht in der Beschaffung von Ressourcen „festnageln". Machen Sie nicht den Fehler, das Spektrum der Führungsaufgaben dermaßen zu reduzieren.

Sollten Sie über Monate hinweg nahezu vollständig z.B. mit finanziellen Themen ausgelastet sein, ist zweierlei entscheidend: 1.) Sie brauchen Vertraute, die Sie zwischenzeitlich bei den anderen Führungaufgaben erfolgreich entlasten und 2.) eine grundlegende Änderung der Gesamtstrategie Ihrer Organisation!

Also: Immer das gesamte Cockpit Ihrer Führungsaufgaben im Auge behalten!
Gefahr wittern, wenn Sie immer mit der Beschaffung
von Ressourcen befasst sind!

Allerdings sollten wir bei Ressourcen nicht nur an die Unternehmensfinanzierung denken. Wohl die wenigsten Manager sind damit direkt befasst. Denken wir vielmehr z.B. an den zweckmäßigen Arbeitsplatz für den Mitarbeiter, das Einsetzen für eine dienliche Soft- und Hardware oder das Verteidigen eines Projekt-Budgets, wenn wir über die Praxis der 6. Kern-Aufgabe nachdenken.

Grundsätzlich sehe ich folgende Möglichkeiten, das Überleben der Gemeinschaft in Bezug auf die für sie notwendigen Mittel sicherer zu machen. Sie alle haben – wie natürlich jedes Verhalten – ihre eigenen, spezifischen Nebenwirkungen.

- Eine *besorgte Gemeinschaft* wird darauf achten, von begrenzt vorhandenen Ressourcen *nicht zu abhängig zu sein* und ihre Quellen *geheim zu halten*. Wenn ich als Familie in Notzeiten einen größeren Nutzgarten anlege, um eigene Nahrungsmittel zu produzieren und eine kleine Kaninchenzucht (geschützt vor hungrigen Augen) im Wohnzimmer beginne, habe ich diesen Weg gewählt. Ebenso gilt dies, wenn ich Werkstoffe durch preiswertere Alternativen ersetze, ein „Schwarzes Lager" angelegt habe, und straffe Kostenspar-Programme in der Organisation umsetze. *Nebenwirkungen*: z.B. Gefühl des Notstands in der Gemeinschaft, Misstrauen im engeren Umfeld, gewisse Unabhängigkeit.

- Eine *weitsichtige Gemeinschaft* wird darauf achten, in Zeiten des Überflusses *Rücklagen zu bilden*. Wann begannen unsere Ur-Ahnen, sich bei Jagderfolg nicht nur den Bauch vollzuschlagen, sondern sich über Haltbarmachung und Lagerhaltung Gedanken zu machen? Wir wissen mittlerweile, dass bei diesem Thema der Übergang zur agrarischen Lebensweise ein massives Umdenken bewirkte. Die Mentalität des Bauers und Gärtners unterscheidet sich von der des Jägers. Auch die ersten großen Städte (wohl etwa vor 6.000 Jahren) hatten wohl einen Teil ihrer Attraktion durch gemeinsame Vorratshaltung. Welchen Einfluss hat es wohl heute, wenn Konzernmütter und Finanzgesellschaften jeden Überfluss direkt abziehen? Fühlen wir uns an Zeiten erinnert, als Herrscher hohe Abgaben eintrieben? *Nebenwirkungen*: z.B. Angst vor und Attraktion für räuberische Gemeinschaften, Gefühl des Wohlstands in der Gemeinschaft, Lager- und Bewachungsaufwand, Misstrauen gegenüber Fremden.

- Eine *starke, mächtige Gemeinschaft* kann sich Ressourcen einfach *nehmen*. Sie können sich vorstellen, dass es gerade in „Symbiose" zur lagerhaltenden Strategie des Überlebens durchaus funktioniert, zu den Räubern zu gehören. Es scheint selten zu sein, dass Stärke nicht zu einseitigem Ge- bzw. Missbrauch der eigenen Möglichkeiten genutzt wird. Dies mag der Grund dafür sein, dass wir ein natürliches Bedürfnis nach der Begrenzung der Macht anderer zu haben scheinen. Insbesondere innerhalb von Gemeinschaften haben wir kulturell die unterschiedlichsten Lösungen dafür entwickelt. *Nebenwirkungen*: z.B. Größenwahn und Überheblichkeit, Machtmissbrauch, Gefühl der Sicherheit und Sorglosigkeit, Misstrauen den Schwachen und potenziellen Revoluzzern gegenüber, hohe „Rüstungsausgaben".

- Eine *geschickte Gemeinschaft* wird ihre Ressourcen und deren Quellen *pflegen*. Nicht alle gesammelten Eier auszuschlürfen, sondern den Vogelpaaren stets einige zu lassen, hat mit Respekt vor dem Lebendigen zu tun – und/ oder mit dem Wissen um biologische Reproduktionsprozesse. Auch Unternehmen könnte man sicherlich plakativ in „Farmer" und „Verbraucher" kategorisieren. Und viele Mitarbeiter können sehr gut einschätzen, ob ihre Führungskraft sich dafür einsetzt, dass ihnen die notwendigen Arbeitsmittel zur Verfügung stehen. *Nebenwirkungen*: z.B. dauernde Verantwortung und Arbeit, Gefühl von Eingebunden-Sein und Sicherheit, Wachsamkeit gegenüber Räubern.
- Eine *soziale Gemeinschaft* wird fördern, dass sich die Mitglieder untereinander *mit Ressourcen aushelfen*. Da sich in früheren Zeiten Fleisch nicht haltbarmachen ließ, war es absolut sinnvoll, dass der erfolgreiche Jäger großzügig verteilte. Auf diese Weise gewann er Ansehen und Sicherheit – für den Fall, sich bald selbst über Nahrung freuen zu müssen, die andere Mitglieder beschafft hatten. Das Unternehmen, in dem sich unterschiedliche Geschäftsbereich zu verschiedenen Zeiten geschickt quersubventionieren, handelt ähnlich. *Nebenwirkungen*: z.B. Gefühl von Geborgenheit, Wachsamkeit und Konsequenz im Umgang mit Schmarotzern, Ur-Vertrauen.

Diese verschiedenen Varianten (und mögliche Kombinationen) dürfen wir uns durchaus als Strategien vorstellen, wenn es um eine bewusste Entscheidung der Gemeinschaft für bestimmte Nebenwirkungen geht. Denn genau dieses „*bewusste*" macht den Unterschied zwischen guter und begrenzter Führung aus.

Letztlich spiegeln all diese Varianten den Versuch wider, nicht mehr so abhängig von Zufällen und situativen Einflüssen zu sein. Während z.B. das Überleben der kleinen Gemeinschaften von Jägern und Sammlern massiv davon abhing, was die Natur ihnen jeweils zu bieten hatte, schufen sich die ersten Bauern einen größeren Spielraum. Der Preis war allerdings hoch: sie mussten sich stärker abplagen, Krankheiten nahmen zu, die Attraktion für Räuber wuchs. Sicherlich hatte die Wende hin zur agrarischen Lebensweise unterschiedlichste Ursachen. Lust und Freude am damit verbundenen Alltag gehörte vermutlich nicht dazu. Vielmehr kann davon ausgegangen werden, dass dieser Weg deshalb zu mehr Wohlstand geführt hat, weil er unseren Vorfahren stärkere Kontrolle über ihren Lebensraum gab.

6.2 Einfluss: Die Kontrolle über das Biotop erweitern

Dadurch, dass unsere Pflanzen anbauenden Ur-Ahnen ihre Existenz nicht mehr in massivem Ausmaß dem Schicksal überließen, wurden sie Schritt für Schritt stärker. Sie erhöhten ihre Macht einerseits gegenüber natürlichen Veränderungen (Stabilität), andererseits im Vergleich mit anders lebenden Gemeinschaften (Attraktion). Und was haben Führende nicht alles getan, um die Kontrolle über ihre Welt zu erweitern: Sie haben gekämpft und experimentiert, infiltriert und manipuliert, Bündnisse geschlossen, gepokert und geblufft. „Die gesamte Kulturgeschichte wurde von dem Bemühen bestimmt, so unabhängig wie möglich von den Launen der Natur zu werden.", meint gar ein faszinierender Autor[130]. Wir nehmen das mit der „Erde untertan machen" offenbar sehr ernst und behaupten in der Regel, dass sich *Kraft und Größe* dabei nicht als beste Strategie in der Evolution erwiesen haben.

> Allerdings sind die Dinosaurier nach wie vor auf der ewigen Liste der „Herren der Welt" weit oben. 170 Millionen Jahre haben sie diesen Planeten beherrscht und offenbar wurden sie nicht von einem Erdbewohner besiegt – sondern von einem (zumindest aus ihrer Sicht) dummen Zufall namens Komet. Wir Menschen bringen es gerade auf extrem großzügig berechnete 2,5 Millionen Jahre. Noch läuft der Wettkampf für uns! Auch interessant: Bakterien führen auf dieser ewigen Liste!

Wir Menschen bilden uns dagegen viel auf unser *Wissen* und unser *Geschick* ein und definieren dies zumeist als wirksamste Überlebensstrategie. Wie gesagt: Der Wettkampf läuft noch! Wie Sie vermutlich mittlerweile unschwer erkannt haben, gehe ich davon aus, dass unsere Leistungen, die evolutionären Kernaufgaben der Führung zu erfüllen, den Ausgang dieses Wettkampfs wesentlich mitbestimmen werden. Halten wir an dieser Stelle fest:

- Eine Form, die eigene Kontrolle zu vergrößern, besteht in größerem **Wissen**. Wenn mir bekannt ist, welche Zugaben einen Acker fruchtbarer machen, steigt mein Wohlstand. Wenn ich Kenntnis darüber habe, was meine Feinde planen oder der morgige Tag bringt, baue ich einen Vorsprung auf. Welche Bezeichnungen die Wahrsager, Astrologen, Spione, Metaphysiker, Berater, Trendforscher und Seher im Laufe der Menschheitsgeschichte auch immer hatten, ihre Rolle war stets begehrt – und noch gefährlicher als die ihrer Arbeitgeber. Versagten ihre Empfehlungen und Aktionen, waren sie entweder als Scharlatane entlarvt oder zumindest beliebte Sündenböcke. Heute ist Vorsprung durch Wissen etwas sehr Schweres: Während die Verbreitung bekannter Informatio-

---

[130] *Tomas Sedlacek*, Die Ökonomie von Gut und Böse, S. 44

nen nahezu nichts kostet und sehr schnell erfolgen kann, erfordert die Erarbeitung neuer Informationen oft gewaltige Investitionen. – Und auch unsere modernen „Seher" sind schlauer geworden: Sie ergänzen ihre Vorhersagen pfiffig mit Formulierungen, im Stile von »*unter der Voraussetzung, dass die Rahmenbedingungen stabil bleiben*«. Letzteres ist natürlich nie der Fall!

Ich denke, es bedarf keiner Tipps, wie sich das Wissen über das eigene Biotop erweitern lässt. Die Welt ist hier voller Anbieter und das Problem besteht eher darin, relevantes Wissen zu identifizieren und noch wichtiger: daraus bedeutsame Bilder zu schaffen (*In-Formation*).

- Eine andere Form der Kontrollmöglichkeit besteht darin, über die Macht der **Durchsetzung** zu verfügen. Viele Jahrhunderte wurde das Gesicht unserer Welt von Eroberungskriegen, dem brutalen Eintreiben von Steuern, von Raubzügen und Machtkämpfen geprägt. Welches Unternehmen träumt nicht – mehr oder minder heimlich – davon, über eine unangreifbare Monopolstellung zu verfügen, Konkurrenten auszuradieren und neue Märkte zu erobern. Andererseits besitzen wir Menschen ein feines Gespür dafür, wann Machtpositionen zu stark werden und entwickeln Gegenreaktionen. Diese Strategie war nie so erfolgreich, wie die von ihr ausgehende Versuchung suggerierte. „Selbst in der Ära der sogenannten amerikanischen Hegemonie führten die Versuche der Amerikaner, durch ihre militärische Übermacht oder durch Wirtschaftssanktionen Veränderungen in anderen Ländern herbeizuführen, nur in einem Fünftel der Fälle zum Erfolg… Planungsstäbe der U.S. Army plädieren…dafür, nicht mehr so große Erwartungen in Technologie, lineare Planung und Zentralisierung zu setzen."[131]

Ich persönlich zweifle nicht daran, dass es für Führungskräfte absolut interessant ist, die Macht und das Durchsetzungsvermögen ihrer Organisation zu vergrößern. Nur darf der Begriff „Einfluss" nicht darauf reduziert sein!

- Die stärkste und zugleich flexibelste Form der Einfluss-Erhöhung besteht darin, der eigenen Gemeinschaft ***übergeordnete Bedeutung*** zu verschaffen. „Nach herkömmlicher Auffassung liegt die größte Macht bei den Ländern, die die kampfstärksten Streitkräfte besitzen; im Informationszeitalter könnte sie jedoch bei den Staaten (oder nichtstaatlichen Akteuren) liegen, denen die beste Selbstdarstellung gelingt… Eine große Strategie beginnt mit der Sicherung des Überlebens, sollte sich aber jenseits dieses Ziels auf die Bereitstellung öffentlicher Güter konzentrieren… Ein Imperium ist leichter zu regieren, wenn es sich nicht nur auf die harte Macht von Zwangsmitteln stützen kann, sondern auch

---

[131] *Joseph Nye*, Macht im 21. Jahrhundert, S. 229/ 74

auf die weiche Macht der Attraktion."[132] Insgesamt kann man wohl feststellen, dass der Einfluss umso größer ist, je mehr Menschen a) selbst davon zu profitieren meinen (Millionen Anhänger von Apple geben davon Kunde) und b) die Anliegen einer Organisation teilen (Spenden Sie für Greenpeace?).

Wir schenken automatisch – und aus nachvollziehbaren Gründen – den Menschen, Organisationen und Gemeinschaften den größten Einfluss, die die Anliegen des Allgemeinwohls auf sozial geschickte Weise voranbringen. Dann finden wir es auch absolut in Ordnung, wenn diese selbst ebenfalls profitieren. Leider erweist sich immer wieder die Gefahr, dass ein solcher Einfluss eine Versuchung darstellt, ihn für egoistischere Ziele zu missbrauchen. Und dann reagieren wir empfindlich. Hat man uns vorher gar in einem anderen Glauben gelassen, fühlen wir uns manipuliert und ausgenutzt. Wir erteilen dann die Höchststrafe: Mistrauen, Distanzierung, Rache!

> Unsere Vorfahren haben vermutlich gar nicht in einer »Welt der Ressourcen« gelebt. Ihr Biotop bestand für sie aus lebenden Wesen (denen man entsprechend zu begegnen hatte) statt aus technisch zu beherrschender toter Materie. Damit stand bei ihnen die Grundhaltung der Kooperation und Interaktion im Mittelpunkt. „Vieles, was man heute noch bei sogenannten primitiven Völkern beobachten kann, Opfergaben an die Naturgeister, ja selbst Dank an das Jagdwild dafür, dass es uns sein Fleisch überlässt, beruht auf dem Verständnis, in einer Welt zu leben, in der Austausch, Geben und Nehmen, die eigentliche Existenzgrundlage ist."[133]

Auch heute können die reichsten Länder der Welt ihren Wohlstand nur halten, wenn sie sich den Zugriff auf wesentliche Rohstoffe sichern, d.h., die Kontrolle über Ressourcen bewahren. Insofern kann man den politischen Führern dieser Länder zumindest nicht vorwerfen, diesen Teil ihrer Führungsaufgabe zu vernachlässigen. Was vielen von uns zu schaffen macht, hat eher mit der nächsten Facette von Kern-Aufgabe Nr. 6 zu tun: Sind wir, die wir in reichen Ländern leben, die Schmarotzer der Weltgemeinschaft? Missbrauchen wir unsere Macht?

---

[132] *Joseph Nye*, Macht im 21. Jahrhundert, S. 14/ 305/ 317
[133] *Manfred Drenning*, Tauschen und Täuschen, S.26

6.3 Einbindung: Aus Fremden Verbündete machen

In dem Maße, in dem man sich der gegenseitigen Abhängigkeiten bewusst wird, müssen Führende lernen, nicht nur Macht über andere, sondern auch Macht mit anderen auszuüben. *Nye* nennt dies „smart power" und betont, dass dies stimmige Strategien und intelligentes Führen voraussetzt. Er weist darauf hin, dass wir unsere Aufmerksamkeit stärker auf Kontexte und Strategien richten müssen, weil es eben nicht auf Ressourcen, sondern auf Ergebnisse ankommt.[134]

Im Grunde ist die Facette „Einbindung" theoretisch nicht weiter kompliziert. Wir müssen nichts grundlegend Neues in unsere Überlegungen einführen. Sowohl als Individuen wie als Gemeinschaft sind wir in soziale Kraftfelder eingebunden. Wir haben nicht nur Sympathisanten um uns herum und sind selten nur von Feinden umgeben (Stichwort: ***Emotion***). Es gibt vielleicht einige wenige Aufgaben, die wir völlig unabhängig von äußeren sozialen Einflüssen bewältigt bekommen, bei anderen benötigen wir Hilfe oder zumindest Neutralität (Stichwort: ***Deal***). Unsere Rolle im sozialen Kraftfeld wird von unserem konkreten Verhalten und unserem Ruf (Stichwort: ***Image***) beeinflusst.

Neu ist an dieser Stelle nur, dass wir diese Grundprinzipien vom Miteinander *innerhalb* der Gemeinschaft auf das Miteinander *zwischen* Gemeinschaften übertragen. Das ist insofern komplizierter und aufwändiger, weil andere – im Gegensatz zu unseren Gruppenmitgliedern – für uns zunächst Fremde sind. Ich bin jedoch überzeugt, dass für uns an dieser Stelle dieselben Gesetzmäßigkeiten bedeutsam sind, und wir haben es in dieser Disziplin weit gebracht. „In keiner anderen Spezies können zwei Individuen, die sich noch nie zuvor begegnet sind, zu beider Nutzen Güter oder Dienstleistungen tauschen."[135]

Wir bewegen uns damit plötzlich auf dem Spielfeld der Diplomaten, Gesandten, Händler und Mediatoren, denn das Gleichgewicht zwischen Konkurrenz und Kooperation stellt sich nicht von selbst ein, d.h., ohne Willen und Anstrengung.[136]

---

[134] *Joseph Nye*, Macht im 21. Jahrhundert, S. 35
[135] *Matt Ridley*, Wenn Ideen Sex haben, S. 123
[136] faszinierend: *Richard Sennet*, Zusammenarbeit, 2012

Der *Tausch* (z.B. von Hilfe und Geschenken) diente bereits in den Ursprungsgesellschaften der Sicherung des Überlebens durch soziale Beziehungen. Es wurde selbst dort getauscht, wo jeder das Gleiche hatte.

Arbeitsteilung und *Spezialisierung* fördert dabei den Wohlstand der Beteiligten. Dagegen ist das charakteristische Merkmal von Armut die Rückkehr zur Autarkie.

Allerdings dürfen wir nicht übersehen, dass die Evolution keine Reinformen des Altruisten bzw. Schmarotzers hervorgebracht hat, sondern uns mit einer breiten Skala von Verhaltensvarianten ausstattete. Wir können beides sein! Damit kommt der Gemeinschaftsbildung – und der Führung – wieder einmal eine wesentliche Funktion zu. „Es ist überraschend, wie wenig Aufmerksamkeit der Vernetzung nach außen in der Managementliteratur gewidmet wird, und das, obwohl seit Jahrzehnten eine Studie nach der anderen zeigt, dass Manager mindestens so sehr nach außen wie nach innen agieren."[137]

> Wie die sozialen Regelmäßigkeiten zwischen Individuen auch von früh an auf die zwischen Gemeinschaften übertragen wurden, lässt sich auch an anderen Dingen ablesen: z.B. ist Recht in seinen ältesten Ausprägungen Sippenrecht. Noch heute erleben wir vielleicht Auswirkungen unserer archaischen Muster, wenn wir ein ganzes Unternehmen verurteilen, weil einzelne Mitglieder grobes Fehlverhalten an den Tag gelegt haben. Der Ruf dieser Gemeinschaft ist geschädigt! Was tut diese? Sie opfert Betroffene (oder einen „Sündenbock"), um sich von dieser Schande zu reinigen. Geschieht das zu oft, wird die Methode unwirksam: Die gesamte „Firmen-Sippe" fällt in ihrem Umfeld in Ungnade, das *Image* ist nachhaltig belastet.

Unsere dominante Wirtschaftsform definiert unsere Beziehungen durch die **Deal-Komponente** und bewertet uns auf der Basis des aktuellen Nutzens. Wir sind als Individuum oder Organisation in die Gesellschaft über unseren funktionalen Wert eingebunden! Das ist völlig in Ordnung – sofern wir unsere Gemeinschaften nicht darauf *reduzieren*! Und die Wahrscheinlichkeit erscheint nicht gering, dass dies geschieht. Ebenso, wie die biologische Natur in der Geschichte der Menschheit irgendwann vom *beseelten Interaktionspartner* zur *materiellen Ressource* (d.h. entseelt) wurde, laufen wir zunehmend Gefahr, dass nun selbst unsere Mitmenschen zur kalkuliert manipulierten *menschlichen Ressource* werden (Stichwort: Human Resources).

Wir werden auch nicht dadurch sozialer, dass wir neurologische oder psychologische Erkenntnisse z.B. auf Mitarbeiter und Kunden anwenden. Absurder Weise versuchen wir die Probleme, die wir durch unsere Sichtweise verursacht haben (z.B.

---

[137] *Henry Mintzberg*, Managen, S. 102

sinkende Mitarbeiter- und Lieferanten-Loyalität, Kundentreue, gesellschaftliche Solidarität), mit Ansätzen aus derselben Schublade zu korrigieren (z.B. klassische Leistungs- und Kontrollsysteme, Ausschreibungsmodi, Treueprämien, Neuromarketing, Neoliberalismus). Wir bleiben mit diesem Vorgehen dem derzeit weitverbreiteten zynisch-manipulativen Welt- und Menschenbild verhaftet – und verfehlen unsere 6. Kern-Aufgabe grandios! Einem Artgenossen einen Dienst zu erweisen, kann kühle Berechnung sein, aber auch ein aufrichtiger Wunsch.

Zynismus entfaltet sich auf dem Fundament *misslungener* Einbindung, d.h., aus der Haltung des Außen- bzw. Darüberstehenden. Er ist nicht durch Know-how zu beheben!

Ebenso, wie es zynische Individuen gibt (z.B. Führungskräfte mit manipulativer Grundhaltung) gibt es zynische Gemeinschaften (z.B. Hardselling-Organisationen). Für beide ist die Lösung der *Aufgabe Einbindung* – ohne Kulturveränderung – im Grunde unmöglich, da sie diese technisch herstellen wollen, ohne sich selbst einzubringen.

Die Literaturwelt wimmelt nur so von Veröffentlichungen, die in die Kategorie „Zynische Management-Bücher" einsortiert werden müssen. Insofern ist es weniger eine Strategie (Technik) als eine Geisteshaltung (Kultur), die unser Verhalten bei der Frage bestimmen sollte, wie wir aus Fremden Verbündete machen. Grundsätzlich scheint man sich aber mehr und mehr darüber klar zu werden, dass die Einbindung (modern: Vernetzung) erfolgsrelevant ist. Verblüffender Weise wird diese Tatsache ursächlich mit modernen Entwicklungen (z.B. dem Web) in Verbindung gebracht. Dabei ist es genau umgekehrt: erst die uralten Bedürfnisse, dann Erfolg von Facebook, XING, Twitter usw. Wir sind mit den modernen Netzwerken nicht wirklich sozial innovativ. Wir kommen *zurück*! Prof. *Gerd-Christian Weniger*, Direktor im Neanderthal-Museum in Mettmann, wies mich darauf hin, dass es schon immer gerade die mit anderen Gemeinschaften gut vernetzten Gruppen waren, die in Krisenzeiten überlebten.

Wenn wir uns anschauen, wer die soziale Umwelt einer Organisation bildet, fallen uns rasch zumindest 4 wesentliche Gruppierungen ein: (interne) Kunden, (interne) Lieferanten, Mitbewerber und die Öffentlichkeit. Wir können mit ihnen parasitär zusammenleben oder symbiotisch, auf Kriegsfuß, nachbarschaftlich oder arbeitsteilig. Uns kann an einer gemeinsamen Geschichte und gegenseitiger Achtung liegen oder daran, die absolute Macht zu erringen. In der Regel prägt die Führungskraft durch ihre Haltung in Bezug auf diese Alternativen die Kultur ihrer Gruppe. Wir können mit anderen an etwas Größerem bauen, sie als neutrale Nachbarn betrachten – oder Sie bekämpfen.

Sie erinnern sich: Bei Wesen, mit denen wir keine Gemeinschaft erleben, bedienen wir uns hemmungslos! Erlauben Sie mir, an dieser Stelle einen Tipp erneut anzubringen.

> *Tipp*: Erarbeiten Sie für jede relevante Gruppe Ihres sozialen Umfelds bewusst eine Strategie und richten Sie das Verhalten Ihrer eigenen Einheit darauf aus!
>
> *Also: (Interne) Kunden-Orientierung ist eine Management-Aufgabe, die nicht an das Marketing, den Vertrieb oder den Service delegierbar ist!*

Der für die meisten Unternehmen wesentlichste Fremde ist natürlich der **Kunde**! Es geht im Kern immer um *gelungene Begegnungen* mit ihm! Wir brauchen keine Kunden-Bindungsprogramme. Wer ist schon gerne festgebunden? Wir müssen schlicht unseren Beitrag zur Gemeinschaft mit dem Kunden leisten – und verstehen, unter welchen Bedingungen unser Kunde diese Gemeinschaft attraktiv findet. Umfangreiche Studien des Gallup Institutes[138] lassen vier bemerkenswert konstante Erwartungsstufen über alle Branchen und Menschentypen vermuten:

1. Auf der untersten Stufe erwartet der Kunde *Genauigkeit*. Es soll das passieren, was angekündigt und erwartet wird.
2. Die nächste Stufe lautet *Verfügbarkeit*. Der Kontakt soll unkompliziert und einfach sein.
3. Auf der nächsten Stufe wird dann schon *Partnerschaft* erwartet. Was im Grunde nichts anderes bedeutet, dass der Kunde Gemeinschaft erleben will, d.h., das Gefühl, dass wir im selben Boot mit ihm sitzen. Und das tun wir!
4. Die höchste Erwartung wird als *Beratung* beschrieben. Der Kunde scheint sich der Organisation am stärksten verbunden zu fühlen, die ihn in seinem Lernprozess unterstützt, also weiter voranbringt.

Unterscheiden sich diese Punkte von dem, was uns unser evolutionspsychologisches Verständnis nahelegen würde? Erwartet nicht jeder von uns innerhalb seiner Gemeinschaft Verlässlichkeit (Genauigkeit), angenehme Begegnungen (Verfügbarkeit), gegenseitige praktische Hilfe (Partnerschaft) und Wachstumsimpulse (Beratung)?[139]

---

[138] *Marcus Buckingham & Curt Coffman*, Erfolgreiche Führung gegen alle Regeln, S. 138
[139] Seit einigen Jahren arbeiten wir an der Ausarbeitung eines evolutionspsychologischen Ansatzes der Kundenorientierung. Die ersten praktischen Erfahrungen damit sind wirklich spannend!

> Was wir an dieser Stelle nicht außer Acht lassen dürfen: Umgekehrt muss auch die Gemeinschaft *mit* Kunden attraktiv sein, um gemeinsamen Wohlstand zu erreichen. Und jeder von uns ist Kunde! Leider verstehen wir uns jedoch zu oft in unglücklichem Verständnis als **Verbraucher**! Wir *verbrauchen* Dinge, Organisationen und Menschen. Registrieren wir überhaupt noch, welche Fluktuation in den Ladenlokalen unserer Stadt herrscht? Ahnen wir, welche Anzahl verschuldeter Existenzen sich dahinter verbirgt?
>
> Wir als Kunden sind genauso bindungslos geworden, wie die Gesellschaft und Unternehmen, über deren mangelnde Loyalität wir uns beschweren. Es scheint uns nicht zu stören, dass der Wettbewerb, den wir abends im Geschäft oder bei der Internetbestellung entfachen, uns tagsüber in unserer eigenen Firma wahrhaft mörderisch erscheint.

Ein ganz anderer Aspekt dieser Teilaufgabe der *Evolutionären Führung* betrifft den **Schutz der Gemeinschaft**! Wenn sich die Gruppenmitglieder auf ihren Beitrag zum gegenseitigen Leistungsversprechen konzentrieren können, ist die Gemeinschaft stärker! Handwerker, Bauern und Kaufleute, die sich ständig gegen Plünderer und fremde Soldaten verteidigen mussten, vernachlässigten natürlich ihre Aufgaben. Der Wohlstand des Landes schmolz wie Schnee in der Sonne. Heute würden wir sagen: Die Führungskraft muss den ihr Anvertrauten den Rücken freihalten. Die Schaffung von *Bündnissen* spielt hier eine ebenso große Rolle, wie die *Abwehr* von und der *Schutz* vor Angriffen oder die *Besänftigung* von potenziellen Feinden. Spannenderweise reagieren viele Manager nahezu entsetzt, wenn man sie fragt, ob sie gut navigieren können, geschickte Politiker sind oder pfiffige Netzwerker. Sie sind stolz auf das, was sie Authentizität, Ehrlichkeit oder Geradlinigkeit nennen.

Die Politik zwischen Gemeinschaften ist etwas völlig anderes, als die Politik innerhalb einer Gemeinschaft. Ränkeschmieden unterscheidet sich von Diplomatie! Interessant ist in diesem Kontext, dass sich einzelne Gruppen einer Spezies umso feindseliger begegnen, je kooperativer sich die Mitglieder innerhalb ihrer Gemeinschaft verhalten. Es bedarf daher vermutlich ständiger Führungsarbeit, sowohl einen starken internen Zusammenhalt, wie zugleich Offenheit nach außen zu sichern.

Ein weiterer Kernaspekt scheint mir das **Image der Gemeinschaft** zu sein! So wie jedes Individuum daran arbeitet, sich Anerkennung, Vertrauen und Respekt zu erarbeiten, muss dies selbstverständlich auch für eine Organisation gelten. Was unmittelbar darauf hinweist, dass unser klassisches Marketing oder PR hier ganz anders positioniert sind. Eine *Marke* in unserem Sinne entsteht durch konkret erlebbares Verhalten! Auch das ist ein Grund, warum wir **gelungenen Begegnungen** einen so hohen Stellenwert einräumen müssen.

Der Manager ist an der Schnittstelle nach außen (Achtung: Das kann für Sie auch innerhalb Ihrer Firma sein!) die *Gallionsfigur*, der Repräsentant seiner Mannschaft.

Wenn *Mintzberg* schreibt, dass diese Rolle umso wahrscheinlicher wird, je höher die Hierarchie ist[140], dann teile ich seine Sichtweise diesmal nicht. Möglicherweise übersieht er, dass nur das *Außen* je nach Hierarchieebene anders definiert wird: Für den Vorstand mag es der Aufsichtsrat, die Aktionäre und die Öffentlichkeit sein. Für den Teamleiter im Innendienst ist dieses *Außen* vielleicht der Kollege auf derselben Ebene in der Konstruktion, der eigene Vorgesetzte und der komplette Vertriebsbereich. In beiden Fällen geht es eventuell um geschicktes Verhandeln, Repräsentieren, Knüpfen von Allianzen und Gestalten eines positiven Images.

Unsere 6. Kern-Aufgabe evolutionärer Führung hat das Überleben unserer Gemeinschaft oder Organisation also sicherer gemacht, indem sie uns auf unsere Lebenswelt wirksam eingestellt hat. Wir haben dabei festgestellt, dass uns an dieser Stelle unterschiedliche Verhaltensprogramme bzw. Strategie zur Verfügung stehen. Das ist mit ein Grund, warum ich diese Aufgabe in der 1. Auflage nicht aufgegriffen habe: Die evolutionspsychologischen Muster dürften hier schwerer aufzufinden sein.

Ich bin thematisch etwas mutiger und vielleicht auch experimenteller geworden, weil ich mittlerweile den Weg dieses Führungsansatzes als (Lern-)Prozess sehe. Lassen Sie uns gemeinsam schauen, wo uns dieser Gedanke hinführt. Spielen wir mit ihm herum, stellen wir ihn ernsthaft auf die Probe!

Eine Kern-Aufgabe bleibt aus meiner Sicht noch: Wir hatten bereits über die Rolle gesprochen, die ein veränderter Zeithorizont für uns Menschen gespielt hat (vgl. Zeitverständnis: Die Zukunft entsteht) Welchen Einfluss hat das auf die Führungsaufgabe?

---

[140] *Henry Mintzberg*, Managen, S. 179

7. Attraktion: Der Gemeinschaft zu einer guten Zukunft verhelfen

Dieses Kapitel hat für Sie „handwerklich" weniger Relevanz, wenn

- viele interessante und kompetente Menschen Interesse signalisieren, zu Ihrem Team zu gehören,
- die Mission Ihrer Mannschaft hohen gesellschaftlichen Wert hat,
- Zukunftssorgen in Ihrer Gemeinschaft unbegründet sind oder zumindest kaum das Team-Verhalten beeinflussen,
- Ihre Organisation ihren Mitgliedern Sicherheit bietet,
- Ihre Rolle unhinterfragt ist und man Sie immer wieder als Visionär und Inspirator erlebt.

Der anregende Autor *Marcus Buckingham* war 17 Jahre lang beim berühmten Gallup-Institut mit Studien rund um das Phänomen Führung befasst. Auf die Frage, was gute Führende von „normalen" Menschen mit Initiative, Kreativität, Stehvermögen und Integrität unterscheidet, sieht er nur eine einzige Antwort: **Sie führen Menschen in eine bessere Zukunft**[141]. Er geht sogar davon aus, dass sie mit jeder Faser ihres Seins daran glauben, die einzig richtige Person zu sein, die diese Zukunft herbeiführen wird.

Halten wir kurz einen Moment inne! Begonnen hatten wir unsere Übersicht mit der Herausforderung, für unsere Führungsrolle die Legitimation zu gewinnen (1. Kern-Aufgabe). Der *Evolutionäre Führungsansatz* geht nun davon aus, dass uns diese Rolle am ehesten erhalten bleibt, wenn wir die 2. bis 6. Kern-Aufgabe erfolgreich wahrnehmen. Können wir unsere Reise damit nicht einfach beenden? Führt das nicht quasi automatisch zu einer guten Zukunft für die Gruppe? Möglich! In der 1. Auflage tauchte die 7. Kern-Aufgabe nicht auf.

Andererseits zeigen uns gerade die Ereignisse der letzten Jahre, dass wir Menschen offenbar unseren Führenden rasch die Legitimation entziehen, wenn uns deren **Wirkungshorizont** kurz erscheint. Woran liegt das? Kommen wir hier möglicherweise einem weiteren Muster auf die Spur? Insbesondere vor dem Hintergrund, dass wir auch in der Problem-Welt des Managements Regelmäßigkeiten erkennen können

---

[141] *Buckingham, M.*, The One Thing. Worauf es ankommt, 2006, Wien: Linde, S. 63

(z.B. fehlende Nachhaltigkeit, geringer werdende Loyalität, sinkende Verweildauer der Manager in ihrer Funktion, häufigere Gefühle der Sinnlosigkeit), lohnt es sich meiner Ansicht nach, dieser Frage etwas nachzugehen.

Ich möchte an dieser Stelle einige Thesen aufstellen, die unsere Aufmerksamkeit bei der zukünftigen Arbeit an unserem Führungsansatz lenken können:

- Das Phänomen des *gegenseitigen Leistungsversprechens* setzt *Berechenbarkeit der Gemeinschaft* voraus. Wir investieren emotionale Energie – z.B. Zuneigung, Treue, leidenschaftliches Engagement, Unterstützung – in Beziehungen, deren Verfallsdatum nicht von vornherein als gering eingeschätzt wird. Ansonsten beugen wir lieber Enttäuschungen vor – und halten uns zurück.
- Die Mitglieder einer Gemeinschaft bevorzugen tendenziell eine Führung, die *„Einer von uns"* ist! Man vertraut dieser Person aus zwei Gründen leichter: Erstens ist man *vertraut mit ihr* und kann sie einschätzen, zweitens geht man unbewusst davon aus, dass sie einem auch *in Zukunft länger erhalten* bleibt. Sie gehört einfach selbstverständlich dazu, hat dieselben Interessen und Anliegen am großen Ganzen!
- Ein *fester Bestandteil einer stabilen Gemeinschaft* zu sein, beruhigt uns und gibt uns Mut für Experimente. Gemeinsame Abenteuer, die von einer sicheren Basis-Station aus ihren Anfang nehmen, sind eher erfolgreich, als der Absturz eines Einzelnen in ein Krisengebiet.
- Wir schätzen es, zu etwas Größerem beizutragen, sofern es uns zugutekommt (z.B. in Form von Ruhm, Anerkennung, Identität, Sicherheit). Wir werfen dabei unwillkürlich einen *Blick in die Zukunft*: Was wird mir dieser Beitrag innerhalb der Gemeinschaft bringen? Manchmal sogar über unsere eigene Existenz hinaus: Wird es meinen Kindern besser – oder zumindest gut – gehen? Wird man sich an mich positiv erinnern?

Da diese Gedanken durchaus in das bisher erarbeitete Bild passen, lassen Sie uns ihnen noch etwas weiter folgen. Im Grunde geht es dabei um die Frage: Welche Einfluss hat das Phänomen Zeit auf die Wirksamkeit der Führung und deren Anliegen, die eigene Legitimation zu bewahren?

Die längste Zeit unseres menschlichen Erdendaseins – wie bei unseren tierischen Verwandten – wird der Schwerpunkt unseres Bemühens auf den aktuellen Moment ausgerichtet gewesen sein: z.B. Ernähren, Geborgenheit, Lustgewinn, Verteidigung. Heute würden wir sagen: Wir waren (?) ganz schön aktionistisch! Bereits in Teil I unseres Buchs haben wir darüber gesprochen, dass die Verlängerung unseres Zeithorizontes die Spielregeln unserer Art veränderten (vgl. Zeitverständnis: Die Zukunft entsteht). Wenn Sie pragmatisch direkt in Teil II eingestiegen sind, um sich sofort mit den Kern-Aufgaben der Führung zu beschäftigen, wäre an dieser Stelle ein kleiner Sprung zurück nützlich...

Der zeitliche Horizont greift auf unterschiedliche Weise in unsere Führungsaufgaben ein:

- Zum einen spielt die ***Dauer der Aufgabe*** eine Rolle, deren Funktionieren die Führungskraft verantwortet. Stehe ich mit meiner Person dafür gerade, dass die nächsten Quartalsziele erreicht werden oder dafür, dass die mir Anvertrauten ein sicheres Überleben für die kommenden Jahre erwarten können? Geht es um ein *Projekt* (z.B. Jagderfolg), um einen *Prozess* (z.B. Energieversorgung sicherstellen) oder einfach gerade nur ums *aktuelle Überleben* (z.B. Sanierung)?

- Jede Aufgabe hat, wie ich es nenne, ihre ***Eigen-Zeit***, d.h., eine gewisse Regel-Dauer. Wenn ich davon ausgehe, dass die Führungskraft nicht die ganze Zeit da sein wird, nehme ich sie nicht ernst! Was ist von einem Trainer zu halten, der nach 27 Minuten Spielzeit den Verein wechselt? Ebenso kritisch ist zu sehen, wenn eine Führungskraft keine Ahnung von der Eigen-Zeit einer Aufgabe hat. Welches Vertrauen bringe ich einem Bauern entgegen, der sich 5 Tage nach der Einsaat heftig darüber aufregt, dass immer noch kein Grün auf der Erdoberfläche zu erkennen ist?

- Des Weiteren betrifft die Zeit-Thematik die ***Perspektive und Orientierung*** der Gemeinschaft. Lässt sich der Weg vorzeichnen, den man zusammen gehen wird? Kann die Führungskraft eine tragfähige Antwort auf die Frage geben, wohin man kommen wird, wenn man ihr folgt? Wie weit wirft sie dabei einen Schatten in die Zukunft? Was wird man zusammen aufbauen?

- Zudem lässt sich die Frage stellen, wie lange wohl von dieser Führungskraft und von dieser Gemeinschaft gesprochen werden wird. Welche bleibenden Spuren hinterlässt jemand in und mit seiner Organisation? Kann man gar von einem ***Erbe für die Nachwelt*** sprechen?

Es kann vermutet werden, dass die ***Verlängerung des menschlichen Zeithorizonts*** nicht spurlos an der Ur-Aufgabe der Führung (Dafür sorgen, dass es gemeinsam funktioniert!) vorübergegangen ist.

Vielleicht wollen wir nicht nur gemeinsam ein größeres Ganzes schaffen, sondern auch ein nachhaltigeres. Interessiert uns nur das aktuelle, persönliche Überleben oder gibt es wesentliche Beweggründe über unsere eigene Existenz hinaus?

> Verschwitzt und staubig, aber mit verzückter Faszination, hebt Julius Jordan, der Architekt aus Deutschland, die kleine Tonplatte aus der Erde. Fast 5.000 Jahre wartete sie hier auf ihn. Und er hält – ohne es zu wissen – die Aufzeichnung des jungen Ze-Elter in der Hand. Die Zeichen berichten von der unglaublichen Stadt mit Tausenden von Bewohnern, von dem großen Markt, zu dem die ganze Welt gekommen ist, und von Wundern eines Königs, der als „Herr der Felder" verehrt wird. Von Ze-Elter berichtet sie nicht.
>
> Und so ahnt Jordan nichts von der Nacht, in der die Händler vor Ur-Zeiten in das Lager von Ze-Elters Gruppe kamen. Wie alle mit offenen Mündern deren Geschichten lauschten, während das Leuchten der Flammen über die bewegten Gesichter zuckte. Die Getränke machten die Runde, die Bilder in den Köpfen wurden immer fantastischer. Die drei Freunde – angespornt vom jungen Ze-Elter – waren sich schnell einig: Das riesige Lager aus Stein, von dem die Geschichte berichtete, mussten sie selbst sehen!
>
> Alles Bitten und Betteln hatte damals nichts genützt. Erst das Versprechen, während der Reise die Jagd für alle zu übernehmen, hatten aus den Händlern und den Dreien Weggefährten gemacht. Noch wussten die Freunde nicht, dass nur einer von ihnen die Reise überleben und tatsächlich die Welt der 1.000-Horden, die Steine mit den Gesetzen und den Großen Herrscher mit eigenen Augen würde bezeugen können. Keiner sah seine Sippe, die er im Morgengrauen verließ, je wieder.
>
> Von all dem hat Julius Jordan nie etwas erfahren. Und im 1. Weltkrieg verschwand die Tafel von Ze-Elter spurlos, nicht aber der Ruhm von En-merkar, dem großen Herrscher einer der größten Städte der Vorzeit.

Wir wissen nicht, wann sich ein Führender erstmals Gedanken über die Zukunft seiner Gruppe machte und was Zukunft damals überhaupt bedeutete. Aber sicherlich machten diese Dinge im Wettstreit der Gemeinschaften einen Unterschied aus. Man kann nachweisen, dass Kinder, die heute auf eine Belohnung verzichten können, um morgen eine größere zu bekommen, durchschnittlich später erfolgreicher sind als ihre Kontrastgruppe. Immer nur auf den aktuellen Spaß, das aktuelle Wohlbefinden zu schauen, begrenzt unsere Erfolge. Das gilt auf individueller Ebene ebenso, wie auf Gruppenebene. Führende denen es gelang, diese Erkenntnis mit der Gruppe gemeinsam in konkretes Handeln zu übersetzen (z.B. Aufbau von Getreidelagern), erhöhten die Überlebenswahrscheinlichkeit. Umgekehrt kann ich mir nicht vorstellen, dass es gut für ihre Legitimation war, wenn die Gemeinschaft ständig Angst vor der Zukunft haben musste.

In dem Maße, in dem sich unser Zeithorizont erweiterte, und wir uns Fantasien über das Morgen machten, in dem Maße wurde das Bedürfnis nach Sicherheit über den aktuellen Moment hinaus bedeutsam.

Hatten Führende bislang nur dafür sorgen müssen, dass es jetzt gerade gemeinsam funktioniert, mussten sie ihre Aufgabe zunehmend in der **Welt der Fantasie** erfüllen: Wie vermeide ich schädliche Zukunftsangst in der Gemeinschaft? Wie erhalte ich die Hoffnung auf eine erfolgreiche gemeinsame Zukunft?

Fanden Führende auf diese Fragen funktionierende Antworten, stabilisierten sie ihre Rolle!

Vermutlich lassen sich zumindest 3 Wege finden, das zu erreichen:

- Der älteste Weg wird darin bestanden haben, über lange Zeit **Tag für Tag** das Überleben der Gemeinschaft gesichert zu haben. Auf diese Weise wird eine Art Ur-Vertrauen entstanden sein: *„Was schon Tausend mal gelungen ist, wird auch heute wieder gelingen!"*
- Mit zunehmender Erweiterung des Zeithorizonts werden Fragen aufgetaucht sein: Was tun wir im Winter, wenn die großen Herden ihre Routen nicht mehr durch unser Revier nehmen – und wir nicht genug Reserven angelegt haben? Konnten Führende gedankliche Lösungen und **Perspektiven** anbieten, blieb die Gruppe voller Zuversicht und handlungsfähig: *„An diese Lösung kann ich glauben. Legen wir los!"*
- Eine besondere Stärke entstand dadurch, die komplette Gemeinschaft in der immerwährenden **Geschichte der Menschheit** zu platzieren: *„Wir sind das Volk der xy! Uns gab es schon immer und wird es immer geben!"*

Obwohl auch die 7. Kern-Aufgabe strategischer Natur ist, gehört sie nicht unbedingt eins zu eins in das nächste Strategie-Meeting. Es geht bei dieser Aufgabe um Gefühle und Befindlichkeiten! Was löse ich aus, wenn ich vermittle: *„Ich habe an dieser Stelle keine Idee, deshalb brauchen wir einen Workshop."* Sie können sich ausmalen, dass ein verunsicherter Kapitän nicht unbedingt Zuversicht auf dem Schiff ausstrahlt. Wohl gemerkt, ich möchte hier nicht ein Bild des einsamen Helden zeichnen. Allerdings haben die Ihnen Anvertrauten das Recht darauf, dass Sie deren Angst reduzieren. Sorry! Wie viel Einsamkeit und Angst Sie aushalten müssen, interessiert dabei niemanden wirklich.

Tipp: Entwickeln Sie persönliche Strategien, mit der eigenen Unsicherheit nützlich umzugehen. Suchen Sie sich Vertraute außerhalb Ihres Verantwortunsbereiches, wenn Sie darüber sprechen. Konfrontieren Sie Ihre Mannschaft nur in sehr überlegten Fällen mit Ihre Sorgen und Nöten.

*Also: **Optimieren Sie Ihren Umgang mit Unsicherheit und Belastung!***

7.1 Sicherheit: Aktuelle Ängste nehmen

Das unausgesprochene evolutionäre Führungsversprechen, dass jemand für das gemeinsame Funktionieren Sorge trägt – also *für uns Sorge trägt* –, gibt uns eine gewisse Ruhe. Da ist jemand, und da sind noch andere. Wir sind im Kampf ums Überleben nicht auf uns allein gestellt. Wir brauchen keine Angst zu haben! In diesem Element des Erlebens der Geführten steckt ein existenzieller Kern des Führungsphänomens, ja, vielleicht gar unserer Psyche! Wir sind Angsthasen – und brauchen deshalb funktionierende Methoden, damit umzugehen: Wir finden Menschen attraktiv, die uns Angst nehmen können. Wir verdrängen reale Probleme und Fakten. Wir führen Misserfolg selbstwertschützend auf Ursachen zurück, die nichts mit uns zu tun haben, usw. „Die Generation, die so viel Frieden, Freiheit, Freizeit, Bildung, Medizin, Reisen, Filme, Mobiltelefone und Massagen genießt, wie keine Generation vor ihr, wittert bei jeder Gelegenheit den Untergang…"[142]

> Nehmen wir an, Sie wären in finanziellen Schwierigkeiten. Was würde es für Sie emotional bedeuten, wenn Ihre verarmte Familie sagen würde: „Du bist nicht alleine! Wir schaffen das!"? Lassen Sie alternativ die Reaktion „Du musst Hartz beantragen…" wirken. Wie würde sich nun Ihr Gefühl verändern, wenn Sie dagegen wüssten, dass jede Menge Geld im Kreis Ihrer Familie vorhanden ist?

Wir erwarten **Fürsorge, Solidarität und Unterstützung** von den Menschen, die uns nahe stehen. Werden sie uns dort verweigert, zerstört dies unser Vertrauen und unser Gemeinschaftsempfinden. Absurder Weise enthalten viele Manager ihren Mitarbeitern dieses Gefühle der Geborgenheit vor, wundern sich aber gleichzeitig über die vorhersehbaren Nebenwirkungen.

> Auch gesellschaftlich hat dieses Thema Relevanz: Die Hilfe von Versicherungen oder staatlichen Stellen bewegt sich nicht in derselben psychologischen Welt, wie sie menschliche Gemeinschaften darstellen. Wir erleben keine Solidarität mit dem Sachbearbeiter, der uns etwas überweist. Das berühmte Subsidiaritätsprinzip hat also Facetten, die weit über praktische Unterstützungskonzepte hinausgehen.

Vielleicht verspüren Sie den Drang, mich darauf hinzuweisen, dass der Einzelne sich in der heutigen Arbeitswelt schon deshalb nicht sicher fühlen kann, weil auch die Organisation nicht sicher ist. Sie haben selbstverständlich Recht! Natürlich bin ich mir bewusst, dass es (heute?) sehr schwer ist, den Menschen Sicherheit zu vermitteln. Gleichzeitig muss ich Sie aber vermutlich nicht überzeugen, dass wir in

---

[142] *Matt Ridley*, Wenn Ideen Sex haben, S. 381/385

einer der sichersten Zeiten der Menschheit überhaupt leben[143]. Ich kann mir eigentlich nicht vorstellen, dass unsere Ur-Ahnen einen höheren Anspruch bezüglich Sicherheit und Angstfreiheit an ihre Führenden stellten. Allerdings hatten sie das Ur-Vertrauen, in einer Schicksalsgemeinschaft zu leben, auf die sie dauerhaft zählen konnten, sofern sie selbst ihren Beitrag leisten.

Sie erlebten keine Stabilität und Berechenbarkeit in der Art, wie ihr Tag verlief. Ob sie hungern mussten, sich verletzten oder gar starben, wussten sie nicht. Ob ihre Gemeinschaft – für den Fall, dass sie noch lebten – sich um sie kümmern würde, war ihnen jedoch klar!

Tipp: Beweisen Sie, dass auf Sie auch in schwierigen Zeiten Verlass ist, solange jemand seinen Teil des gegenseitigen Leistungsversprechens einhält. Kümmern Sie sich – gegebenfalls auch über die Mitgliedschaft zu Ihrer Organisation hinaus – um die Ihnen Anvertrauten.

Also: Kündigen Sie auf keinen Fall leichtfertig Ihren eigenen Teil des gegenseitigen Leistungsversprechens!

Was unsere Ahnen als zusätzliche Form der Sicherheit erlebten, fing vielleicht beim Schlafplatz in den Bäumen an, ging über die Wohnhöhle und die Palisaden zu den Bewässerungssystemen bis zu Städten mit ihrer Infrastruktur und militärischen Heeren. Aus meiner Sicht gibt es schon immer nur drei Zugänge zu mehr persönlicher Sicherheit. Somit konnten auch noch nie seriös andere Versprechen gegeben werden. Unterscheiden sich die aus evolutionspsychologischer Sicht „üblichen Verdächtigen" von dem, was heute Gültigkeit hat?

- **Leistung und Beitrag** (heute würde man sagen: unser *Marktwert*)
- **Einbindung** in eine starke Leistungsgemeinschaft (heute: *Vernetzung*)
- **Schutzmaßnahmen**, die uns besser schlafen lassen (heute: *Staat, Versicherung etc.*)

Was hat es denn in diesem Zusammenhang mit der viel beschworenen *Veränderungs- und Innovationsfähigkeit* auf sich? Die soll doch nach allgemeinem Wissen – neben der umfassenden Bildung – das Allheilmittel für uns sein. Wir bekommen immer wieder erzählt, dass die Schnellen die Langsamen (Besonnenen?) und die Innovativen die Beständigen (Empirischen?) schlagen. Aber ist das wirklich so?

---

[143] falls doch: blättern Sie in dem beeindruckend recherchierten Werk „Gewalt. Eine neue Geschichte der Menschheit" von Steven Pinker (2011)

„Die Auffassung, Führungsstärke in einer »schnelllebigen Welt« erfordere grundsätzlich »schnelle Entscheidungen« und »schnelles Handeln« ... ist eine sichere Methode, um unterzugehen." haben die Management-Spezialisten *Collins* und *Hansen* in anspruchsvollen Studien gezeigt.[144]

> ***Tipp***: Sie können nur drei Sachen versprechen: 1.) dass Sie dazu beitragen, dass Leistung und Beitrag Ihres Teams wachsen, 2.) dass man sich auf Sie verlassen kann, wenn jemand sein Leistungsversprechen hält und 3.) dass Sie gemeinsam mit der Mannschaft darüber nachdenken, welche gemeinsamen Schutzmaßnahmen sinnvoll und möglich sind. Stellen Sie sicher, dass Ihre Mitarbeiter dies verstehen!
>
> ***Also: Steigern Sie den Marktwert Ihrer Mitarbeiter, schaffen Sie eine Mannschaft, die sich aufeinander verlassen kann, und machen Sie die Spielregeln transparent.***

Das informelle Vertrauen setzt eine gewisse **Stabilität und Berechenbarkeit** innerhalb einer Gemeinschaft voraus. Das Unstete und Nervöse führt zur Entfremdung untereinander. Und sicherlich ist es kein Zufall, dass die erfolgreichsten politischen Wahlkämpfe immer die waren, bei denen die Sehnsucht nach Selbstverständlichkeit und Stabilität bedient wurde.[145] In Organisationen, in denen eine Veränderungsmaßnahme die nächste ablöst, in denen Menschen immer nur für kurze Zeit zusammenarbeiten (Stichwort: *Virtuelle Organisation*) und Stabilität geradezu zum Un-Wort geworden ist, entsteht Vertrauen nur schwer. Wie erfolgreich werden Menschen in einem für kurze Zeit zusammengewürfelter Haufen von Söldnern sein, die schnell vertrauen? Ist diese Lage überhaupt zu lösen?

Die langlebigsten Wirtschaftsorganisationen bewahren ihre Identität nicht in Bezug auf z.B. Produkte, Leistungen und Standort. Sie bewahren ihre Identität als Leistungsgemeinschaft, die beweglich nach aktuellen Lösungen sucht, auch morgen noch zu überleben. Zwar werden ihre Erfolgsmodelle regelmäßig auf den Prüfstand gestellt, aber nicht mitten im Spiel mehrfach gewechselt. Wenn man Institutionen, Städte und andere „*Verfestigungen*" am Leben erhalten will, macht man im Grunde einen strategischen Fehler! Ich weiß nicht, ob es Regenwald-Indianern leidtut, wenn sie nach 3-5 Jahren ihre Baumhäuser aufgeben müssen, weil diese dann verrotten. Aber ich weiß, dass sie beim Neubau auf ihre Sippe setzen können. Es geht nicht zwangsläufig darum, Geschaffenes am Leben zu halten! Es geht um die Frage, wie man die Gemeinschaft am Leben hält!

---

[144] *Jim Collins & Morten T. Hansen*, Oben bleiben. Immer, 2012, S. 26
[145] *Gabor Steingart*, Das Ende der Normalität, S. 150

> *Tipp*: Ändern Sie das gemeinsame Erfolgsmodell nicht ständig oder gar aufgrund irgendwelcher Moden, sondern nur in nahezu öffentlichen Ritualen (z.B. jährliches *Erfolgsmodell-Konzil*). Bauen Sie routiniert die Frage ein, was vor der Weiterreise aufgegeben werden soll. Zeigen sie klar auf, was unverändert bleiben wird.
>
> *Also: Lassen Sie sich nicht davon ins Bockshorn jagen, dass Veränderung und Stabilität gleichzeitig gemanagt werden müssen. Es geht!*

Leistung, Beitrag und Gemeinschaft sind die primären Dinge, die im Hier und Jetzt das Überleben wahrscheinlicher machen und Sicherheit vermitteln können: „Wir sind gut und können uns aufeinander verlassen!"

Ein gesellschaftliches Problem: Durch den zunehmenden Rückgang des »*Lebensmodells Gemeinschaft*« und das immer weiter auch gesellschaftlich angegriffene Selbstvertrauen des Einzelnen („Reicht meine *Leistung* aus?") werden unsere primären Sicherheitsgeber angegriffen.

Die übriggebliebene Lösung Nr. 3 (*Schutzmaßnahmen*) – z.B. in Form von Versicherungen, Rücklagen bilden, Waffenkauf – funktioniert psychologisch offenbar nur oberflächlich.

Wenn Sie Kern-Aufgabe Nr. 5 gelöst haben (*Das Team wettkampffähig machen und halten*), haben Sie schon die Grundlage für die Sicherheit gelegt. Zusätzlich wirkungsvollen Schutz aufzubauen und zu nutzen, ist sinnvoll. Führende müssen jedoch sicherstellen, dass sich niemand zu lange in einem marode werdenden Baumhaus aufhält. Diese sind im Regenwald oft in 40 Metern Höhe!!!

Bislang ähnelt unser Führen allerdings einem *Flug auf Sicht*: stets darauf konzentriert, ob im nächsten Moment ein Berg auftaucht, nervös das Ruder in der Hand haltend, weil sofortige Reaktionen nötig sein können… Das ist kein liebsamer Dauerzustand! Erfolgreiche Piloten sehen zu, dass Sie stets „15 Minuten vor ihrem Flugzeug" sind.

7.2 Perspektive: Zukunftsängste reduzieren

Die Mitglieder einer Gemeinschaft scheinen geradezu zu erwarten, dass ihre Führenden die Zukunft vorhersagen können und wissen, warum was wann passieren wird. Kompetenz und Legitimation bedeuten in diesem Zusammenhang, *Vorhersage-Erfolge* zu haben![146] Das ist durchaus nachvollziehbar. Schließlich kann man zwar immer ein paar Glückstreffer haben, wenn man einen Bereich oder ein Phänomen nicht versteht, aber nur wahre Kenner kommen auf eine gute Quote!

> Hervorragende Schachspieler denken 5 Züge voraus, d.h., sie spielen in dieser Spanne ihre Entscheidungen und mögliche Antworten des Gegners darauf durch. Wetterprognose-Modelle bleiben im Rahmen von 3-4 Tagen recht treffsicher. Gute Trainer können verblüffend gut vorhersagen, welche Entwicklung ihre Schüler wann nehmen werden – und wie sich das verändert, wenn sie bestimmte Dinge anders machen.

Aber natürlich gab es nie wirkliche Wahrsager, die im mystischen Sinne die Zukunft voraussagen konnten. Gibt es – Zukunftsforschern zum Trotz – immer noch nicht. „Die besten Führungschefs ... verfügen nicht über visionäre Fähigkeiten, dank derer sie die Zukunft hätten vorhersehen können."[147] Trotzdem lösen sie die Aufgabe, die Zukunftsängste ihrer Organisation zu reduzieren. Sie beobachten, was funktioniert, finden heraus, *warum* es funktioniert, und stützen sich auf erwiesene Grundlagen. Sie sind nicht risikofreudiger, nicht mutiger, keine größeren Visionäre und auch nicht kreativer als ihre weniger erfolgreichen Kollegen. Sie sind disziplinierter und gehen empirischer und besonnener vor.

Wie kann es aber dann, dass hat *Berth*[148] in einer groß angelegten Studie zum Führungserfolg feststellt, dass Unternehmen mit einer visionären Orientierung über 200 Prozent erfolgreicher sind als solche ohne? Meine Vermutung lautet, dass es hierbei in erster Linie um die Wirkung einer *Perspektive* geht.

> Mit etwas Mut ließe sich sogar die Annahme wagen, dass wir über **Ur-Bilder attraktiver Zukünfte** (Archetypen) verfügen; das wären sozusagen die ersten unternehmerischen Visionen. Zukünfte von Geborgenheit, Sicherheit oder Lust sprechen uns zweifellos stärker an als von Einsamkeit, Hunger und Langeweile.

---

[146] Unterhaltsam in diesem Zusammenhang: *Annett Klingner*, Heimliche Regenten. Astrologen als Drahtzieher der Macht, 2012
[147] *Jim Collins & Morten T. Hansen*, Oben bleiben. Immer, 2012, S. 25
[148] *Berth, R.*, Erfolg, 1993, Düsseldorf: Econ

Im Grunde kann ich versuchen, Zukunft vorherzusehen – oder sie erschaffen. Das ähnelt ein wenig der strategischen Frage, an welcher Stelle ich mich meinem Lebensraum anpasse und wo ich ihn gestalte (vgl. 6. Kern-Aufgabe). Wenn ich mich sicherer fühlen möchte, leiste ich bei beiden Themen beides: Ich überlege, wohin ich diese Gegenwart entwickeln könnte, und liste auf, was dafür an Anpassung und Gestaltung nützlich ist. Kann die Gemeinschaft an das Ergebnis – und die damit verbundene Perspektive glauben – reduziert sich schädliche Angst. Die Energien werden frei für die Verwirklichung der gemeinsamen Pläne.

Sie merken vermutlich, dass ich aus Führungsperspektive am liebsten den Begriff der Vision aufgeben und ihn gegen den des *Zukunftsversprechens* eintauschen möchte. Zum einen benötigen wir keine Vision, um Ausrichtung und Energie sicherzustellen. Das kann auch ein wirksames gemeinsames Erfolgsmodell leisten. Zum anderen geht es nicht um Science Fiction und große Utopien, sondern um Orientierung. Und diese ist nicht einfach selbstverständlich und gegeben. Irgendetwas oder jemand muss sie schaffen.

Irgendwann wurde es möglich, sich über unterschiedliche Zukunftsangebote in den Konkurrenzkampf um die Führungsrolle zu begeben. Der Führungs-Aspirant muss eine Zukunftsmöglichkeit personifizieren, damit die Gruppenmitglieder sich für oder gegen ihn entscheiden können. Die so genannte *Chancenorientierung* eines Managers ist dabei die Fähigkeit, möglichst viele attraktive Zukünfte zu sehen. Eine Führungskraft, die unklar lässt, für welche Zukunft sie steht, ist für die Geführten ein Risiko.

> *Tipp*: Lassen Sie sich nicht derart vom Tagesgeschäft „auffressen", dass Sie die Befriedigung der Grundbedürfnisse Ihrer Mannschaft nach Sicherheit und Perspektive dem Zufall überlassen. Forcieren Sie keine Ängste, weil Sie denken, dass das motiviert.
>
> *Also: Erarbeiten Sie ein Zukunftsangebot und eine glaubwürdige, Zuversicht gebende Perspektive!*

Wie lässt sich dieser Tipp mit der Erfahrung in Einklang bringen, dass einige Menschen die Notwendigkeit von Veränderungen ignorieren, weil sie sich *zu* sicher fühlen? Dafür sehe ich unterschiedliche Möglichkeiten, mit denen im Einzelfall auch unterschiedlich umgegangen werden sollte:

- Es gibt tatsächlich Mitglieder der Gemeinschaft, die sicherer sind, als andere (z.B. schwer ersetzbare Spezialisten mit eigener Nische, gut vernetzte Menschen, gesetzlich geschützte Personen). *Tipp: Abhängigkeit von diesen Menschen gering halten!*

- Dann kann aber auch die Vergangenheit als dermaßen stabil erlebt worden sein, dass niemand sich anstehende Bedrohungen vorstellen kann (die berühmte „Insel der Glückseligen"). Tipp: *Aufrütteln erlaubt! Sich dabei nicht selbst zur Bedrohung entwickeln!*
- Heute viel häufiger: Es wurde schon so viel ohne eine erlebbare Verbesserung verändert, dass darin keine Perspektive mehr gesehen wird. Der Glaube an die Führung ist beschädigt. Man fühlt sich nicht sicher, sondern allein! Tipp: *Erfolgsmodell-Arbeit nötig! Eigenes Führungsverhalten reflektieren!*
- Selten: Wir haben es mit völlig ignoranten, selbstgefälligen Menschen zu tun. Tipp: *Sehr ernstes Gespräch nötig! Trennung in Erwägung ziehen!*

Letztlich ändert dies alles nichts an der Tatsache, dass die Menschen von ihrer Führung erwarten, dass diese eine Art *Puffer* zwischen der Bedrohung und ihnen bildet. Perspektive hat dabei mit **erlebter Handlungsfähigkeit** der Beteiligten zu tun. Offenbar brauchen wir dazu neben Klarheit, Konkretheit und Attraktivität des Zukunftsangebotes auch die Glaubwürdigkeit des Anbieters. Diese mag einerseits auf Vertrauen beruhen, das man dem Führenden entgegenbringt („er wird`s schon richten"), andererseits auf einem inneren Bild davon, wie diese Zukunft herstellbar wäre („das können wir schaffen"). Wenn uns ein Zukunftsangebot attraktiv erscheint, taucht unmittelbar die Frage in uns auf: Wie kommen wir dort hin? Wir erwarten von demjenigen, dem wir die Führungslegitimation erteilen sollen, dass er uns darauf eine glaubwürdige Antwort liefert. Damit benötigt die Perspektive eine Schnittstelle zum gemeinsamen Erfolgsmodell, um ihre Wirkung entfalten zu können.

Tipp: Lesen Sie noch mal „Erfolgsmodell-Klarheit: Wissen, wie man den gemeinsamen Erfolg herstellen kann".

Also: Verbinden Sie Ihr Zukunftsangebot mit dem gemeinsamen Erfolgsmodell!

Nehmen wir an, Sie haben mittlerweile gute Arbeit bei dieser Kern-Aufgabe evolutionärer Führung gemacht. Dann weiß Ihre Mannschaft nun, wie die Zukunft höchstwahrscheinlich aussieht, wenn man das gemeinsame Erfolgsmodell umsetzt und Ihnen folgt. Die Gruppe freut sich vielleicht nicht auf den beschwerlichen Weg, sie weiß um die Gefahren und Unwägbarkeiten, aber sie ist handlungsfähig.

Damit ist es gelungen, eine Zuversicht zu gewinnen, die über das kurzfristige Überleben hinausgeht: *„Ich werde es mit dieser Gemeinschaft zusammen auch bis in das kommende Jahr schaffen."* Noch mehr erlebte Sicherheit ergibt sich, wenn genau *diese* Gemeinschaft den *Ruf der Unbesiegbarkeit* hat, wenn man irgendwie weiß, dass man in dieser Mannschaft einfach nicht verlieren kann.

Die Kunst natürlicher Führung

7.3 Mythos: Der Gemeinschaft eine bleibende Bedeutung schaffen

Welcher Fußballverein führt die „Ewige Tabelle der 1. Bundesliga" an?[149] Welche Völker unserer Frühgeschichte fallen Ihnen – neben den Griechen – spontan ein? Welche deutschen Weltwirtschaftsunternehmen gehören zu den beliebtesten Arbeitgebern? Und welche beiden Firmen stehen weltweit ganz oben?[150] Vermutlich erwarten mich hier keine abenteuerlichen Antworten. Diese Organisationen und Gruppierungen haben eine *bleibende Bedeutung* erlangten. Weil sie und ihre Werke …

- unser Leben wesentlich beeinflussen (***Beitrag***),
- bei vielen Menschen positiv im Gespräch sind (***Image***),
- wir immer wieder attraktiven Kontakt mit ihnen haben (***Begegnung***) und
- sie ein Teil unserer Kultur geworden sind (***Geschichtsschreibung***).

Diese Prinzipien gelten für Gemeinschaften ebenso wie für Individuen: So ist der Held derjenige, der aufgrund einer Einzelleistung „Unsterblichkeit" erreicht, eines der höchsten Ziele antiker Figuren. In Situationen, in denen die Gemeinschaft nicht mehr weiterwusste, hat er sich erfolgreich für die Sache eingesetzt oder gar geopfert und ist in das Gedächtnis der Nachwelt eingegangen. Schon im Gilgamesch-Epos[151] versucht ein Einzelner nicht mehr, noch reicher zu werden. Es ist ihm stattdessen wichtig, seinen Namen in Form von Heldentaten ins Gedächtnis der Menschheit zu schreiben. Gilgamesch gelang es als Erstem, Unsterblichkeit in Form schriftlicher Aufzeichnungen zu finden. Sein Name ist bis heute unvergessen.

> Ich habe keine Ahnung, wer auf irgendeinem Fernsehsender bei Superstar-Talent-Wettbewerben in den letzten Jahren Platz 1 oder 2 belegt hat. Trotz zweifellos vorhandener Sichtbarkeit hat es hier in der Regel an bleibendem Erfolg und erst recht an *Bedeutsamkeit* gefehlt.
>
> Andererseits wird es Sie vermutlich nicht überraschen, dass der FC Bayern München über die meisten Vereinsmitglieder verfügt. Er ist schlichtweg *berühmt*! Wer weiß aber, dass der *sportspaß e.V.* (Hamburg) nahezu gleichauf mit Borussia Dortmund und dem HSV unter den TOP 5 der Vereins-Mitgliederzahlen liegt? Dieser Verein bietet etwas an, was anscheinend für viele Menschen *bedeutsam* ist.[152]

---

[149] FC Bayern München
[150] Deutschland: BMW, Siemens, DaimlerChrysler, Porsche, Audi, Bosch; weltweit: Google, Apple
[151] das älteste erhaltene literarische Werk der Menschheit, über 4.000 Jahre alt
[152] Die Besonderheit dieses Sportvereines liegt darin, die Hindernisse des Sportsystems in Deutschland - insbesondere bei Mannschaftssportarten - zu überbrücken. Sportspaß bietet seinen Mitgliedern die Möglichkeit, ohne Leistungsdruck (Mannschafts-)Sport zu treiben.

Nun werden Sie nicht unbedingt dadurch in die Geschichte eingehen wollen, dass Sie sich heldenhaft für eine Organisation aufopfern. Das ist hier jedoch auch gar nicht unser Thema. Unser Anliegen besteht vielmehr darin, Ihnen zu helfen, die 7. Kern-Aufgabe evolutionärer Führung erfolgreich zu bewältigen. Und bis zum jetzigen Zeitpunkt haben Sie bereits extrem viel erreicht. Jetzt geht es um drei letzte Punkte. Es geht um die Krönung Ihrer Arbeit!

- *Bedeutung*: Schaffen Sie mit Ihrer Organisation etwas, das in der Lage ist, das Leben vieler Menschen nachhaltig zu beeinflussen! Richten Sie Ihre Leistungen auf *Ewiges* (z.B. menschliche Grundanliegen) oder *Großes* (z.B. beeindruckende Gemeinschaftsprojekte) aus!
- *Begegnung*: Schaffen Sie gelungene Begegnungen zwischen Ihrer Organisation und anderen Menschen! Leben Sie mit Ihrer Mannschaft faszinierende Geschichten, an denen man ebenso gerne teilnimmt, wie man über sie spricht!
- *Unsterblichkeit*: Schaffen Sie etwas, was ohne Sie weiterlebt. Teammitglieder werden kommen und gehen, selbst Ihre Organisation – mag sie auch derzeit ein Imperium sein – wird irgendwann in ihrer heutigen Form verschwinden. Wie geht es nach Ihnen weiter? Und woran wird man sich erinnern?

Nun haben schon die frühen Herrscher „Geschichte schreiben" wortwörtlich genommen. Die Schulbücher sind gut gefüllt mit den Namen von Herrschern, die großen Aufwand betrieben haben, damit die Nachwelt von ihnen erfährt. Aber es gibt auch Beispiele für nahezu **unsterbliche Gemeinschaften** (z.B. die Spartaner, die Benediktiner, die Schweizer Garde, die Freimaurer) oder Familien-Clans (z.B. die Medici, die Fugger, die Habsburger). Einige von ihnen haben es bis in die heutige Zeit geschafft. Nämlich dann, wenn sie ihren Mehrwert und ihre Relevanz nie verloren haben, vielleicht sogar zur Tradition wurden. Die Mitgliedschaft zu einer solchen Gemeinschaft wird für manche Menschen zur Ehre.

Machen wir uns nichts vor! Wenn ich sage, dass es hier um die **Krönung Ihrer Arbeit** geht, dann meine ich es *absolut* ernst. Wir bewegen uns an dieser Stelle nicht im Arbeitsfeld von werteorientierter Nachhaltigkeit, Marken-Führung, exzellenter Kundenorientierung oder Employer-Branding. Ebenso, wie nur manche der vielen wirklich guten Handwerker eventuell zum Kunsthandwerker werden, und aus dieser eh schon kleinen Gruppe nur sehr wenige Künstler hervorgehen, bleibt der Weg zur Meisterschaft in der Führungsaufgabe lang!

Niemals werden Sie an eine Ziellinie kommen, das goldene Band zerreißen und wissen: Ich habe es geschafft! Nicht deshalb, weil Sie nicht gut genug sind, sondern weil es sie nicht gibt, diese Ziellinie!

Hatten Sie jemals das Glück, einer Führungskraft begegnet zu sein, die Ihr Leben in gelungenster Weise verändert hat? Kennen Sie eine Organisation, deren Mitgliedschaft für Sie eine Ehre wäre? Wird bei solchen Fragen irgendwann jemand an Sie und Ihr Unternehmen denken?

Tipp: Arbeiten Sie an Ihrer ganz persönlichen Antwort auf die Frage, welches Erbe Sie in Ihrer Organisation hinterlassen möchten. Spätestens, wenn Sie die Kern-Aufgaben der Führung bis zu diesem letzten Punkt gelöst haben: Denken Sie über sich und Ihre „Legislaturperiode" hinaus!

Also: Klären Sie für sich, wo Sie ihre Verantwortung enden lassen!

Ich höre förmlich die Stimmen: *„In welcher Welt lebt der denn? Ich habe schon genug damit zu tun, meine Quartalsziele zu erreichen."* Na klar! Und das ist völlig in Ordnung. Ich sage ja nur, dass sie diese wahrscheinlicher verwirklicht bekommen, wenn Sie sich auf jede einzelne der 7 Kern-Aufgaben natürlicher Führung besinnen.

Nehmen wir uns die Zeit für eine kurze Standortbestimmung. Wir sind von der einfachen Unterscheidung zwischen Aufgabe, Handelndem und Verhalten ausgegangen. Mittlerweile ist es uns gelungen, ersteres als *Führungsaufgabe* zu spezifizieren. Von nun an wird jedes Verhalten quasi automatisch zu *Führungsverhalten* und jeder, der sich der Aufgabe stellt, zur sogenannten *Führungspersönlichkeit*.

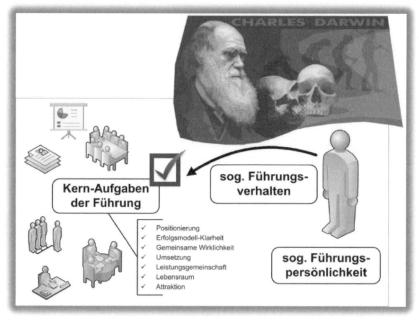

Abbildung 16: Grundmodell „Führungs-Handlung"

Nachdem wir nun das Spektrum der Führungsaufgaben gesichtet haben, werfen wir einen Blick auf die Welt, in der diese sich stellen. Es sind nicht zu jedem Zeitpunkt und in jeder Situation alle Kern-Aufgaben gleich bedeutsam. Machen wir uns daher auf die Suche nach den Prioritäten, die Sie bei Ihrer Arbeit setzen sollten. Versuchen wir, an Ihrem ganz persönlichen Aktionsplan zu arbeiten.

Die grauseligste Alternative zu diesem systematischen Weg besteht darin, das Tafelsilber der Organisation zu verkaufen, vorhandene Leistungsreserven einzudampfen und der Mannschaft die Daumenschrauben anzulegen. Das geht immer!

Und damit schließt sich ein Kreis: ***Wir können besser führen!***

Das Besondere der persönlichen Situation berücksichtigen

> *„Während also jeder Manager einerseits seinen Job gestalten muss, muss er ihn andererseits auch schlicht erledigen. Das ist der Grund, warum der Managementstil nicht unabhängig vom Kontext und dem Ort seiner Ausführung gesehen werden kann – wie es so häufig in der Literatur geschieht."*
>
> Henry Mintzberg, Management-Denker

In diesem Kapitel begeben wir uns auf ein Terrain, das verblüffend unbeleuchtet ist. Auf der *1. Open-Source-Managementtagung*[153] wurde erstmals der Gedanke aufgebracht, dass in diesem Thema mehr erreicht werden muss. Lassen Sie mich Ihnen erzählen, wie es dazu kam und wo wir auf diesem Weg stehen.

Vor 6 Jahren befanden wir uns mit einem anderen Thema an einem ganz ähnlichen Punkt: Die 1. Auflage war die konzeptionelle Geburtsstunde eines völlig innovativen Ansatzes der Management-Diagnostik, der auf den Grundüberlegungen der *Evolutionären Führung* basiert. Heute – nach 6 Jahren praktischer Umsetzung und Weiterentwicklung – dürfen wir mittlerweile auf eines der treffsichersten Instrumente der gesamten Szene[154] blicken. Im Teil III des Buches werden wir uns das genauer anschauen. Auf jeden Fall macht mich diese Erfahrung zuversichtlich, dass wir gemeinsam auch die Herausforderung der situativen Abhängigkeit der Führungsaufgabe in den nächsten Jahren praktisch meistern werden.

Der ganze Aufwand lohnt allerdings nicht, wenn wir es nur in der üblichen Form von *„natürlich-spielen-die-situativen-Faktoren-eine-Rolle"* angehen wollen. Ebenso wenig hilfreich ist die *„das-hängt-vom-Einzelfall-ab"*-Variante. So wahr diese beiden Aussagen sind, so trivial sind sie. Nein, wenn wir handwerklich einen Gewinn aus Überlegungen zur Situation ziehen wollen, müssen wir tiefer in die alltägliche Welt des Managers eindringen. Und vielleicht fragen wir uns zu Beginn, warum das bislang offenbar kaum jemand getan hat.

---

[153] vgl. Anhang
[154] Auf Wunsch stellen wir Ihnen gerne einen Artikel zur Validität des *Management-Profilings* zur Verfügung.

Nun gut, wir haben zumindest solche Dinge, wie den *Situativen Führungsansatz*[155], der uns darauf hinweist, dass beispielsweise der aufgabenbezogene Reifegrad der Mitarbeiter das Führungsverhalten beeinflussen soll. Aber zum einen ist diese Erkenntnis nicht sehr beeindruckend, zum anderen ist es kaum gelungen, den praktischen Erfolg dieses Modells – Tausenden von Führungsseminaren um Trotz – wissenschaftlich zu belegen. Und dann haben wir auch noch die *Soziologie* und die *Psychologie*, die sich mit (erlebten) situativen Handlungsimpulsen befassen. Aber mal ehrlich: Kennen Sie ein praxisnahes situationsdiagnostisches Verfahren?

Während wir unfassbar viel Forschung und Aufwand in die Persönlichkeits- und Management-Diagnostik investieren, fällt mir zu dieser Frage wenig ein. Diese Tatsache entspricht der Erkenntnis, dass wir sehr oft situative Faktoren übersehen, wenn wir uns mit menschlichem Verhalten beschäftigen. Nahezu automatisch suchen wir nach Motiven, Persönlichkeitseigenschaften oder Kindheitserlebnissen, um sie als Ursachen für das Verhalten eines Menschen zu sehen. Dabei gibt es doch zweifellos auch eine »*Logik der Situation*«, oder?

Die Rolle der Situation wird bislang in kaum einem Führungsansatz systematisch berücksichtigt.

Es fehlt dazu auch an Instrumenten der **Situationsdiagnostik**.

Jede Form von Diagnostik reduziert die Komplexität der Welt. Sie tut das mit der Absicht, uns **handlungsfähig** zu halten, was im Angesicht der überwältigenden Fülle von Einflussgrößen eine echte Aufgabe ist. Die Kriterien für die Qualität diagnostischer Leistung sind mit zwei Fragen verbunden:

1. Macht uns das Ergebnis *handlungsfähiger*?
2. Führt unser Handeln anschließend häufiger zum *Erfolg*?

Das erste Kriterium ist ein rein psychologisches, das zweite betrifft die real spürbare Praxis. So konnte es durchaus passieren, dass manche Ansätze Abertausenden von Menschen das gute Gefühl selbstbewusster Handlungsfähigkeit vermittelt haben, ohne ihre praktische Wirksamkeit nachweisen zu können (z.B. das Grid-Modell[156] oder NLP-Techniken). *Henry Mintzberg* geht sogar so weit, selbst die MBA-Ausbildung in einem ähnlichen Zusammenhang zu sehen.[157]

Ein fundierter Ansatz müsste demnach den *Handelnden*, sein *Anliegen* und die relevanten *Situationscharakteristika* beleuchten – und dann konkrete *Verhaltenstipps*

---

[155] *P. Hersey, K. Blanchard*: Management of Organizational Behavior, 1982
[156] *Robert R. Blake & Jane Mouton*: The Managerial Grid: The Key to Leadership Excellence, 1964
[157] in: Manager statt MBAs, 2005

geben, die belegbar den gelungenen Verlauf der Geschichte beeinflussen (*Erfolg*). Ich muss zugeben, dass ich durchaus davon träume, das Wissen über das Phänomen Führung bis zu diesem Punkt weiterzuentwickeln. Das ist eines der Anliegen des *Open-Source-Kreises: Management* (vgl. Anhang).

 Als Grundlage benötigten wir ein **transparentes Menschenbild** (um den Handelnden und die Beteiligten zu beschreiben), *eingegrenzte Anliegen* (Ziele) und für diese Konstellation die **relevanten Kriterien** für die Situationsbeschreibung.

Wow! Kein Wunder, dass sich niemand der Aufgabe stellen will, ergibt sich doch eine nahezu unendliche Kombinationsfülle schon alleine durch mögliche Ziele und Situationskriterien.

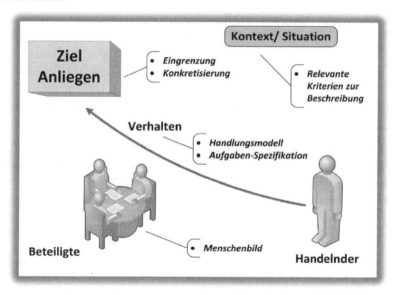

Abbildung 17: Der Handlungsrahmen

In der Wirtschaft finden wir meines Erachtens drei Zugänge, die situative Aspekte zumindest anschneiden:

- Konzept der **Management-Rollen** (z.B. der Integrator, der Sanierer, der Mentor): Alle bunt zusammengestellten Rollen-Konzepte der Führung beruhen auf dem nachvollziehbaren Grundgedanken, dass in spezifischen Situationen (z.B. einem Sanierungsfall) eine spezifisches Verhaltensbündel Sinn macht (in dem Fall: der »*Sanierer*«). Auf diese Weise beinhaltet eigentlich jede Rolle eine bestimmte Situation. Damit ließe sich das beschriebene Problem der Situationsdiagnostik entschärfen, sofern zugleich klare Kriterien mitgeliefert würden, wann welche Rolle zu aktivieren ist.

Wir können auf diese Weise nahezu unbegrenzt und willkürlich neue Rollen erfinden. Der Manager ist quasi ein *Breitband-Antibiotikum*, das für jede Situation die richtige Antwort, d.h. Rolle, parat hat. „Ein guter Manager ist jemand, der es versteht, aus einem breiten Repertoire diejenigen Rollen – und bei Bedarf mehrere in einer Situation! – samt entsprechender Maßnahmen auszufüllen, wie es in der jeweiligen Situation erfolgsförderlich ist." verlangen *Voelpel* und *Lanwehr* in ihrem überaus unterhaltsamen und auch inhaltlich anregenden Buch.[158] Erinnert das nicht an eine Neuauflage der (fast) überstandenen, endlosen Kompetenz- und Eigenschaftslisten, über die eine erfolgreiche Führungskraft verfügen soll? Jetzt muss er stattdessen tausend Rollen im Repertoire haben.

- *Typologien* von Mitarbeitern und Kunden (z.B. der Unmotivierte, der Überforderte, der Kritische, der Emotionale): Selbstverständlich sind alle Beteiligten Teil der Situation. Viele Handlungstipps beruhen deshalb auf dem Gedanken „Wenn Du Typ A vor Dir hast, musst Du immer xy machen, während bei Typ B Vorgehen z Erfolg verspricht." Dieser Ansatz hat tatsächlich etwas Hilfreiches, insbesondere, wenn *das Ziel klar herausgearbeitet* ist, z.B. Kundenbeschwerden entspannen oder zum Kauf motivieren.

  Typologien fördern bedauerlicherweise unvermeidlich unser Schubladen-Denken: „Das ist doch wieder ein typischer K3-ler." Ich persönlich glaube, dass dieser Zugang akzeptiert werden kann, wenn wir mit sehr großen Mengen von unbekannten Menschen zusammenkommen (z.B. im Massengeschäft). Bei kleineren und bekannten Gruppen (z.B. Mitarbeiter), sollten wir nicht die Mühe scheuen, uns mit jedem Menschen individuell zu beschäftigen, statt ihn in eine Schublade zu verfrachten.

- *Unternehmenskategorien* (z.B. Start-up, Konzern, Familienunternehmen oder Sanierungsfälle): Dieser Ansatz berücksichtigt, dass jedes Unternehmen quasi seine eigene Situation definiert. Die Tipps lauten dann in etwa „Wenn Dein Unternehmen aus der Start-up-Phase kommt, dann musst Du im nächsten Schritt xy machen." Dieser Ansatz gefällt mir von diesen Dreien deshalb am besten, weil er die sich dem Manager stellende Aufgabe betont. So reizt es mich durchaus, ein Projekt zu initiieren, in dem wir der Frage nachgehen, wie bestimmte Unternehmen spezifische Kern-Aufgaben *Evolutionärer Führung* mehr oder weniger dringlich machen. Auf der anderen Seite ist das natürlich eine Makro-Perspektive, die viele relevante Facetten und Detail-Ebenen unberücksichtigt lässt.

---

[158] Management für die Champions League, 2009, S. 123

Alle drei Ansätze reduzieren die Komplexität und geben uns das Gefühl größerer Handlungsfähigkeit. Zufriedengeben sollten wir uns mit ihnen nicht.

Mein persönlicher Zugang zu unserem Thema hat vielleicht auf den ersten Blick gar nichts mit Situationsdiagnostik zu tun: Der pragmatische Ausgangspunkt meiner Überlegungen war die immer wieder in unserer Beratungspraxis auftauchende Aussage: „Wenn ich doch nur mehr Zeit für Führung hätte…" Sicherlich brauche ich diese Problematik für Sie nicht weiter zu erläutern. Die meisten Menschen, die heute beruflich spürbare Verantwortung tragen, **müssen mit ihrer Zeit extrem haushalten**. Der sicherlich nett gemeinte Hinweis, dass man eben Prioritäten setzen muss, verringert dermaßen wenig die Grundproblematik, dass er mittlerweile zumeist schon als zynisch erlebt wird.

Das **Problem Zeit** ist dann am schwierigsten zu entschärfen, wenn wir uns auf der Ebene der anstehenden Tätigkeiten bewegen. Unsere Aktionsliste ist unendlich gefüllt, stetig notiert uns jemand etwas Neues darauf.

Wir verlieren den Blick dafür, *wozu* wir etwas tun, wenn wir ständig damit befasst sind, *dass* es getan werden *muss*.

Um unserem beruflichen Netzwerk an dieser Stelle etwas Nützliches anbieten zu können, fragte ich mich zunächst einmal, ob der Satz „…mehr Zeit für Führung" in dieser Form nicht das Problem sogar verschärft. Zum einen suggeriert er, Führung wäre etwas, was man neben dem „normalen Geschäft" macht (nach dem Motto: *Das jetzt auch noch!*). Zum anderen impliziert er, dass Führung etwas Geschlossenes ist, für das man entweder Zeit hat – oder eben nicht. Beides trifft aus Sicht des *Evolutionären Führungsansatzes* nicht zu!

Insofern ist vielleicht die **pragmatischere Frage**: Welche Kern-Aufgaben der Führung kann ich in meiner konkreten Situation vernachlässigen – und welche auf keinen Fall?

Und schon hatte sich die *Situationsdiagnostik* in meine Gedanken eingeklinkt: Denn um diese Frage beantworten zu können, muss man die persönliche Situation des Managers greifbar machen. In Bezug auf unsere hochkomplexe Ausgangsdiskussion können wir dabei mit unserem *Evolutionären Führungsansatz* durchaus schon etwas vorweisen.

Zunächst haben wir es erfreulicher Weise mit einem eingegrenzten, klar definierten *Ziel* zu tun: Wir wollen erfolgreich führen (d.h., dafür sorgen, dass es gemeinsam funktioniert). Unsere *Situation* ist als Führungssituation definiert und lässt sich anhand unserer *7 Kern-Aufgaben* beschreiben. Auch den *Handelnden* können wir charakterisieren. Lassen Sie uns diesen Gedanken im nächsten Teil unseres Buches (

Teil III: Persönlichkeit und Führung) weiterverfolgen.

Nur in Bezug auf das *Verhalten* lassen sich zum heutigen Stand der Entwicklung nicht nahezu automatisch Ableitungen vornehmen. Wobei genau das auch wieder beruhigen sollte, weist es doch darauf hin, dass unsere Kern-Aufgaben auf verschiedenen Wegen erfolgreich erfüllt werden können, und nicht zwingend das berühmte „Verbiegen der eigenen Persönlichkeit" erforderlich wird.

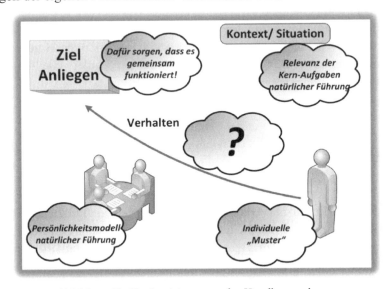

Abbildung 18: Konkretisierungen des Handlungsrahmens

Um wirklich zu einem diagnostischen Werkzeug zu kommen, brauchen wir Kriterien, anhand derer wir die Situationen unterscheiden wollen. Mir erscheinen derzeit folgende als nützlich:

1. **Risikograd**: Je riskanter eine Situation ist (z.B. weil aufgrund geringer Liquidität jeder Fehler das Aus für das Unternehmen bedeuten kann), desto entscheidender ist die Konzentration auf das "hier & jetzt".

2. **Erleichterungsgrad**: Es macht einen großen Unterschied aus, ob man sein Ziel mit „Rückenwind" (z.B. gute Wirtschaftslage) verfolgt - oder „gegen die Strömung" (z.B. heftige politische Widerstände).

3. **Erfüllungsgrad** der Kern-Aufgaben: Jede Situation lässt sich in Bezug auf unsere Kern-Aufgaben natürlicher Führung durch eine Art „Dringlichkeitsrangliste" charakterisieren (d.h., welche Aufgaben sind aktuell wie bedeutsam für den Geamterfolg?).

4. **Belastungsgrad**: Einschätzung von Ressourcen, die zur Bewältigung der aktuellen Lage einzusetzen sind (z.B. Welcher zeitliche Aufwand muss aktuell in Führungsaufgaben investiert werden?).

Auf dieser Grundlage haben wir mittlerweile einen Protoptypen zur Situationsdiagnose (»*FührungsCockpit*«) entwickelt, der sich rasch als nützlich erwies. Aus der Verbindung von Situationserfordernissen, Rahmenbedingungen und Persönlichkeit des Führenden werden im Einzelfall dann die **konkreten Verhaltenstipps** ableitbar. Dies kann bis zu strategischen Kompensationsmaßnahmen gehen, die z.B. den Aufwand der Führungskraft minimieren.

 Eine Situationsdiagnostik für die Führungsaufgabe ist in dem Moment möglich, in dem ein prüfbares Theorie-Gebäude zur Verfügung steht. Dieses ist mit dem *Evolutionären Führungsansatz* gegeben.

An dieser Stelle fragen wir also nicht mehr „Wo soll ich denn noch die Zeit für Führung hernehmen?", sondern „Welche Führungsaufgabe muss ich zuerst anpacken, um den größten Fortschritt zu erzielen – und welche kann ich momentan »straffrei« vernachlässigen?". Die lapidare Empfehlung, doch Prioritäten zu setzen, ist plötzlich sachlich und zügig umsetzbar. ***Das Zeitproblem ist entschärft.***

Dass wir – quasi als Nebenwirkung – auch die Greifbarkeit der individuellen Situation des Managers erhöht haben, ***erdet den Evolutionären Führungsansatz*** erfreulich handfest im realen Leben! Womit wir in der Erarbeitung unseres Ansatzes so weit gekommen wären, dass wir uns fragen können: Was bedeutet diese Perspektive nun für die Management-Diagnostik und -Entwicklung? Oder grundlegender: Was hat es eigentlich mit der sogenannten »*Führungspersönlichkeit*« auf sich?

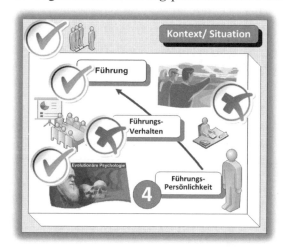

Abbildung 19: Persönlichkeit und Führung

Teil III: Persönlichkeit und Führung

Führungspersönlichkeit: Mythos oder Realität?

> *„Die Neigung der Natur, sich selbst treu zu bleiben, kann uns viel lehren. Unter diesem Aspekt lassen sich heutige Managementmethoden leichter beurteilen, Modeerscheinungen und oberflächliche Vorschläge als solche erkennen, und wir können uns stattdessen auf das konzentrieren, was sich auch grundsätzlich bewährt hat."*
>
> Margaret J. Wheatley, Managementprofessorin

Kennen Sie Kinderrätsel dieser Art? Haben Sie ihn schon gefunden, unseren Top-Manager? Ich persönlich kann dem Reiz oft nur schwer widerstehen, wenn ich ein solches Bildchen sehe. In irgendeinem Alter bekommen Kinder den kleinen Trick heraus, dass sie hinten anfangen müssen, um sich vergebliche Versuche zu ersparen. Ein wenig erinnern mich solche Rätsel – und das Vorgehen – immer an uns Management-Diagnostiker. Wir glauben nämlich, dass es eine klare Verbindung zwischen dem Erfolg und einer bestimmten Persönlichkeit gibt.

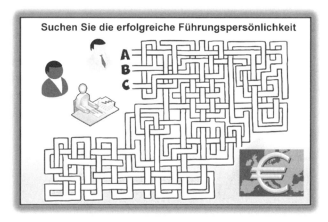

Abbildung 20: Das einfache Management-Diagnostik-Rätsel

Wir denken: Lass uns hinten anfangen, der Spur des Erfolges folgen, und dann kommen wir zwangsläufig bei der Erfolgspersönlichkeit aus. Wenn das misslingt, müssen wir uns mehr konzentrieren, genauer hinschauen, es noch einmal machen.

Führungspersönlichkeit: Mythos oder Realität?

Wenn derzeit die meisten führenden Management-Experten (vgl. Kapitel: Das verflixte Problem Führung) bislang nicht einmal einen wissenschaftlich belegbaren Zusammenhang zwischen Führungsverhalten und Unternehmenserfolg finden: Wonach sucht man dann eigentlich, wenn man die Persönlichkeit des »*guten Führenden*« im Fokus hat?

 Erfolgreiche Manager unterscheiden sich offenbar *genau so deutlich* voneinander, wie andere Menschen auch.[159]

Wenn irgendeine Studie wieder einmal Intelligenz, Energie, Entschlossenheit, verbale Geschicklichkeit usw. als wesentlich für den Führungserfolg[160] identifiziert, dann wird es schon fast langweilig. Mal ehrlich: Wer hat Erfolg in irgendetwas, wenn er dumm, träge und zögerlich ist? Schon einige Grundannahmen der Führungsforschung sind aus meiner Sicht problematisch:

- Wird das Denken in **Stärken und Schwächen** der Realität überhaupt gerecht? Unsere Eigenarten sind doch zumeist in der einen Situation nützlich, in der anderen störend.
- Macht es Sinn, unterschiedliche Menschen anhand **derselben Kriterien** zu beurteilen? Wir haben doch unsere persönliche Strategie, und viele Schwächen lassen sich auch gut kompensieren und bedeutungslos machen.
- Ist es nicht unlauter, eine groß angelegte Sammlung individueller **Stärken verschiedenster Menschen** zu einer Anforderungsliste für Einzelne zu machen? Wir gehen doch auch nicht hin und stellen die besten Eigenschaften jeder Säugetierart zusammen, um damit einen „Ideal-Säuger" zu definieren.

Wenn wir Menschen über Eigenschaften verfügen, die in der Lage sind, die Ur-Aufgabe der Führung erfolgreich zu erfüllen, werden wir diese selbstverständlich einsetzen. Schließlich bringen wir in die Konfrontation mit den Herausforderungen der Umwelt unsere ganze Persönlichkeit ein. Wir können mittlerweile aus dem evolutionären Führungsansatz die grundlegende These ableiten, dass alle Versuche, *spezifisches* Führungsverhalten zu finden, scheitern müssen.

---

[159] Der Ur-Vater der Managementberater, *Peter F. Drucker*, weist darauf hin, dass eine ideale Führungskraft nicht notwendigerweise eine Führernatur sein muss. Die vielen erfolgreichen Führungskräfte, die er in seinem Leben getroffen hat, „waren sehr unterschiedliche Persönlichkeiten, sie vertraten sehr unterschiedliche Werte und Meinungen und hatten sehr unterschiedliche Stärken und Schwächen" (in *Drucker, P. F. & Paschek, P.*, Kardinaltugenden effektiver Führung, 2004, S. 9, S. 229)

[160] vgl. *Stogdill, R.M.*, Handbook of Leadership, 1974 und *Neuberger, O.*, Führen und führen lassen, 2002, S.251

Es gibt bei komplexen Aufgabenstellungen *verschiedene Wege zum Erfolg!*

Es ist zu erwarten, dass die Suche nach Führungseigenschaften letztlich einfach nur das *komplette Repertoire* menschlicher Fähigkeiten abbilden wird, sonst nichts.

Unser Kinderrätsel verändert sich signifikant, wenn es keine eindeutige Verbindung zwischen Persönlichkeit und Erfolg gibt. Natürlich könnten wir jetzt die beiden „Erfolgspersönlichkeiten" mitteln oder deren kleinsten gemeinsamen Nenner suchen, aber damit machen wir unser Ergebnis *unbrauchbar*!

Abbildung 21: Das etwas realere Management-Diagnostik-Rätsel

In einer Studie mit 80.000(!) Führungskräften (Auswertungen von 5 Millionen Interview-Protokollseiten) wurde nach Charakteristika gesucht, was die Besten und Erfolgreichsten gemeinsam hatten. Wollen Sie wissen, welche konkrete Empfehlung letztlich abgegeben werden konnte? „Gute Manager haben begriffen, dass jeder Mensch seine eigene Motivationsstruktur besitzt, seine eigene Denkweise, seinen eigenen Umgangsstil. Sie wissen auch, dass sich Menschen nur bedingt ändern lassen. Doch sie beklagen diesen Sachverhalt nicht. Sie versuchen nicht, die Differenzen abzuschleifen. Stattdessen setzen sie alles daran, die Unterschiede zu *nutzen*."[161] Das war´s! Ist das nicht ein unglaubliches Kosten-Nutzen-Verhältnis?

An dieser Stelle kommt der Verdacht auf, dass es vielleicht gar keinen Sinn macht, weiter nach Besonderheiten von Führungskräften zu suchen. Forschen wir einem Mythos hinterher? Ich befürchte: Ja!

---

[161] *Buckingham, M./ Coffman, C.*, Erfolgreiche Führung gegen alle Regeln, 2001

Führende sind im wahrsten Sinne des Wortes aus **demselben Holz geschnitzt** wie die Geführten. Ihre Funktionsweise ist gleich.

Dieser Wechsel der Perspektive wird zu neuen Untersuchungen führen. Wir werden anfangen müssen, uns differenzierter mit dem »*Einzelfall Mensch*« zu befassen. Wir werden uns fragen müssen, ob es Muster in den unterschiedlichen Wegen zum Erfolg gibt.

> Wir sind auf der Suche nach Know-how, das folgende Aussagen ermöglicht: „Menschen mit **Muster m** werden unter den speziellen **Bedingungen b** mit **Wahrscheinlichkeit w** das **Verhalten v** zeigen, wenn sie mit der **Aufgabe a** konfrontiert werden."
>
> Ich bin überzeugt, dass wir – zumeist unbewusst – alle im Umgang miteinander ständig solche Annahmen über unsere Mitmenschen machen. Treffen unsere Vorhersagen zu, erleben wir unser Gegenüber als berechenbar. Allerdings sind unsere Alltags-Einschätzungen zumeist durch emotionale Anteile, persönliche Filter und nichtrepräsentatives Datenmaterial eingeschränkt. Wir sagen: Wir sind subjektiv!

Computer einzusetzen, bewirkt nicht automatisch eine substanzielle Verbesserung der Lage. Um es auf den Punkt zu bringen: Wenn ein Grundkonzept nicht funktioniert, wird es nicht durch Elektronik erfolgreicher. Leider stellen viele IT-gestützte Diagnosesysteme nichts weiter dar, als die technisch anspruchsvolle Aufbereitung irrelevanter Daten.

> Wenn ich Manager mit einem völlig bedeutungslosen Instrument „messe" und die Ergebnisse dann als Sollprofil definiere, mit dem ich Nachwuchskräfte vergleiche, nützen die professionellsten Programmierungen nichts. Stellen Sie einer beliebigen Anzahl von Führungskräften folgende Frage: „Waren Sie in Ihrem letzten Sommerurlaub glücklich?" Lassen Sie nun auf einer Skala von 1 bis 10 ankreuzen. Natürlich können Sie anschließend einen Mittelwert und eine Standardabweichung errechnen. Aber was bedeuten die? Eine ganze Reihe von Verfahren geht nun hin, legt diese Frage anderen Menschen vor und vergleicht die Antwort mit der „Normgruppe". Passt die Antwort, wird im schlimmsten Fall nun Führungspotenzial unterstellt. Stehen Ihnen die Haare zu Berge? Dann schauen Sie sich auf dem Markt der Management-Diagnostik einmal um.

Andererseits bieten Computer natürlich Möglichkeiten, die wirklich spannend sein können. Sie brauchen dann allerdings erst einmal – neben **stimmiger Theorie** und pfiffiger Programmierung – **wertvolle Daten**. Auch an dieser Stelle wird viel Unsinn gemacht.

Wildes Sammeln bringt wenig! Schließlich sind wir kein Sammelsurium von unterschiedlich ausgeprägten Anforderungskriterien.

Abbildung 22: Der Anforderungslisten-Mensch

Seit langem wird der Traum verfolgt, für jeden Beruf ein besonderes Anforderungsprofil zur Hand zu haben, das man mit dem Profil potenzieller Kandidaten vergleichen kann[162]. Diesem Bemühen liegt die Annahme zu Grunde, dass in einem eindeutig definierbaren Umfeld messbare Leistungen produziert werden, die einer vorgegebenen Aufgabe genau entsprechen.

> Der Grundgedanke ähnelt einer technischen Spezifikation, die beispielsweise bei Erteilung eines Auftrags für die Automobilzulieferindustrie erstellt wird. Je exakter die Anforderungen definiert werden, desto unmissverständlicher ist die Erwartung und desto besser lassen sich Qualitätsmängel erkennen. Es gibt ein klares Sollprofil und eine exakt darauf ausgerichtete Qualitätsprüfung. Ein sehr bewährtes Vorgehen.

Das halbe Personalwesen lebt nahezu vom Sollprofil. Hier herrscht das Motto: je differenzierter, desto besser. Es werden bergeweise Anforderungsprofile erarbeitet. Wenn diese nicht den erhofften großen Durchbruch bringen, handelt man nach dem altbekannten Problemlöse-Prinzip: mehr desselben! Es wird noch differenzierter, noch umfangreicher, noch analytischer… Natürlich ist es immer leicht, beherzte und engagierte Lösungsversuche niederzumachen. Wir sollten uns bewusst machen, wie viel Zeit und oft auch Leidenschaft viele Menschen dahinein investieren, unser Grundproblem zu lösen. Daher: Entschuldigung! Es geht nur leider auf dem gerade skizzierten Weg nicht. Das was wir Persönlichkeit nennen, funktioniert anders!

---

[162] *Jüttemann, G.*, Eignung als Prozess, in: Sarges, M. (Hg.), Management-Diagnostik, 1995, S. 67

1. Das Phänomen Persönlichkeit in den Griff bekommen

Ein wesentliches Element unserer evolutionspsychologischen Überlegungen ist in diesem Zusammenhang das *Konzept des Musters* und das der *Wahrscheinlichkeiten*. Wir haben zum einen unterstellt, dass es (a) archaische Muster gibt. Gleichzeitig hat uns die Natur zum anderen darauf programmiert, (b) individuelle Muster bilden zu können. Zusammen bilden diese beiden Mechanismen unseren *Autopiloten*. Wir werden vermutlich niemals genau herausfinden können, wie hoch der Anteil archaischer Aspekte an den Verhaltenswahrscheinlichkeiten ist. Für die Praxis ist dies jedoch auch gar nicht notwendig.

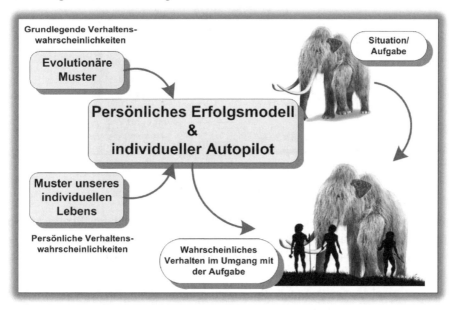

Abbildung 23: Verhaltens-Vorhersage

Für uns wäre es ein riesiger Erfolg, wenn wir wirklich brauchbare Vorhersagen machen könnten: Wie wird sich ein bestimmter Mensch vermutlich verhalten, wenn wir ihn mit der Führungsaufgabe konfrontieren, und wie hoch ist dabei die Wahrscheinlichkeit seines Erfolges?

Ganz grundlegend müssen wir uns bewusst machen, dass Eigenschaften nicht als einzelne unverbunden nebeneinander stehende Facetten der Persönlichkeit betrachtet werden dürfen.

Was, wenn unsere Persönlichkeit ein **komplex verknüpftes Netzwerk** wäre? Steht Leichtsinn nicht irgendwie auch mit Selbstsicherheit, Neugier und eigenen Fähigkeiten in Beziehung? Sind all die vielen Kriterien beliebig frei variierbar?

Nein! Denn die Evolution sah nie die einzelne Eigenschaft, sondern immer den **Gesamt-Organismus**, der sich in den Aufgaben des Lebens bewähren musste.

Wenn Persönlichkeit als Art *Mobilé* zu verstehen ist[163], müssen wir unsere Diagnostik ebenfalls darauf ausrichten. Es ist weit entscheidender, **wesentliche Grundmuster** zu identifizieren, als unendlich viele, ungeordnete Details und deren Ausprägung.

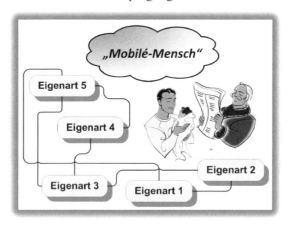

Abbildung 24: Der Mobilé-Mensch

Ähnlich, wie wir auch ein Gesicht auf einem Foto mit wenigen Pixeln erkennen, kommt es auf die Beziehung der Pixel untereinander an, auf das *Muster*. Zu wissen, dass wir es mit 1.67.445 roten, 2.532.009 blauen usw. Pixeln zu tun haben, nützt uns dagegen gar nichts.

Zur Prognose von zu erwartendem Führungsverhalten genügen also keinesfalls Ausprägungen von Eigenschaften oder Fähigkeiten, es müssen **Modelle und Profile** erstellt werden.

„Das Wetter kann man auch nicht verstehen, wenn man nur Temperatur, Luftfeuchtigkeit und Luftdruck ... misst: Meteorologen brauchen schon Theorien, was sich ... abspielt und wie das zum Geschehen hier unten in Beziehung steht."[164] Erwarten wir, dass Menschen weniger komplex sind als das Wetter?

---

163 Allerdings im Gegensatz zum Mobilé auch noch dynamisch bzw. lebendig, doch dazu später mehr.
164 *Caspar, F.*, Beziehungen und Probleme verstehen, 1996, S. 119

Führungspersönlichkeit: Mythos oder Realität?

Was müssen wir also tun, um unsere Aufgabenstellung zu bewältigen?
1. Zunächst brauchen wir ein **Persönlichkeitsmodell**, das die Idee der Verhaltenswahrscheinlichkeit beinhaltet und uns sagt, auf welche Daten es für uns ankommt.
2. Auf dieser Basis bauen wir eine repräsentative **Datenbank** auf, die die statistische Auswertung von Mustern ermöglicht.
3. Diese Muster bringen wir mit den **Kern-Aufgaben evolutionärer Führung** in Verbindung und erforschen auch hier Wahrscheinlichkeitszusammenhänge.
4. Nun können wir den **Einzelfall** vor dem Hintergrund unserer Erkenntnisse bewerten und individuelle Wahrscheinlichkeitsaussagen zum Führungserfolg machen.

Wir haben das getan! *Es funktioniert!* [165] Und unterwegs haben wir dabei die Erfahrungen einer „benachbarten" Profession nutzen können. Ich spreche dabei von den Kriminal-Profilern.

In der 1. Auflage[166] habe ich ausführlich geschildert, warum Management-Diagnostiker etwas von den Kollegen aus dem kriminalistischen Bereich lernen können – und warum sie dies auch tun sollten. In den letzten Jahren haben wir durch die praktische Anwendung der innovativen Methode des Management-Profilings belegen können, dass diese Argumente stichhaltig waren. Lassen Sie mich dazu einige Gedanken zusammenfassen.

2. Von den Kriminal-Profilern abgeguckt

Profiler gehen mit uns davon aus, dass menschliches Verhalten einerseits zu komplex ist, um es katalogisieren zu können, andererseits aber Vorhersagen erlaubt[167]. Sie erarbeiten *Wahrscheinlichkeitsaussagen* und grenzen den Kreis möglicher Täter dadurch ein. Als ich mich 2005 erstmals mit diesen Ansätzen beschäftigte, entstand in meinem Kopf ein faszinierendes Bild: Ich sah mich jemandem sagen, dass er mit 30-prozentiger Wahrscheinlichkeit der Richtige für die Führungsaufgabe sei, seine Kollegin dabei allerdings auf 83 Prozent käme.

---

[165] Einen großen Dank an dieser Stelle an das Change-Support-Team in Bonn.
[166] Das Thema Management-Diagnostik hatte dort einen deutlich größeren Raum. Sollten Sie an dieser Stelle ein Spezialinteresse haben, lohnt sich vielleicht ein Blick in „*Evolutionäre Führung*" (2006).
[167] *Müller, Th.*, Bestie Mensch: Tarnung – Lüge – Strategie, 2004, S. 44 f.

Was wäre dies für ein Meilenstein in der Auswahl von Managern! Wir würden den Einzelnen nicht mehr mit irgendwelchen Idealprofilen vergleichen und seinem ganz **persönlichen Erfolgsmuster** gerecht. Diesem Ziel konnten wir in der Zwischenzeit erfreulich nahe kommen.

Schauen wir den Kriminal-Profilern etwas über die Schulter: Vor allem in ihrer **Startzeit** waren sie – auch aus eigenen Reihen – deutlicher Kritik ausgesetzt. Die verwendeten Methoden waren nebulös und das Vorgehen in der Regel unsystematisch. Es wurde mit viel Geheimniskrämerei und kaum empirischem Wissen Profile erstellt. In dieser Phase entstand der Mythos des kauzigen, leicht verrückten Profilers, der dem Täter in seine Schreckenswelt folgt.

Mit zunehmender **Professionalisierung** hat sich die Akzeptanz in den letzten Jahren allerdings stark ins Positive gewandelt. Wiederholte Prüfungen beim US-amerikanischen FBI und in Großbritannien belegen, dass sich die **Genauigkeit der Voraussagen** in der Zwischenzeit verbessert hat und mittlerweile im Durchschnitt zwischen 70 und 80 Prozent liegt. Auch das Bundeskriminalamt stellt in seinen eigenen Erhebungen dar, dass es bei der Tat-Hergangsanalyse eine Trefferquote von 90,3 bis 92,8 Prozent, bei Täterprofilen zwischen 81,0 und 88,1 Prozent erreicht.[168] Mit vermehrter Forschung und Verbreitung computergestützter Programme nimmt die Effektivität der Profiler weiter zu[169].

Grundsätzlich ist nicht mehr der tief in die Abgründe der Seele blickende *Seher* das Leitbild des Profilers, sondern der *gut ausgebildete Experte*. „Dabei beinhaltet aber gerade der letzte Schritt zum Täterprofil oft eine nur schwer auflösbare Mischung aus Fachwissen, Common Sense, gründlicher Fallbearbeitung, psychologisch geschulter Menschenkenntnis und Erfahrung."[170] Eine Erfahrung, die ich auch aus Management-Perspektive nur teilen kann.

Die Profiler unterscheiden a) individuelle Analysen, b) statistische Ansätze und c) rein intuitive Methoden. Letztere, die nur auf persönlichen Erfahrungen des Spezialisten beruhen, werden mehrheitlich kritisiert. Auch hier ist die Parallele zum Personaler-Alltag erkennbar.

---

[168] *Musolff, C.*, Täterprofile und Fallanalyse. Eine Bestandsaufnahme, in: Musolff, C. & Hoffmann, J. (Hrsg.), Täterprofile bei Gewaltverbrechen. Mythos, Theorie und Praxis des Profilings, 2002, S. 1-33

[169] *Föhl, M.*, Täterprofilerstellung: ein methodenkritischer Vergleich aus rechtspsychologischer Perspektive, 2001, Frankfurt/ M.: Verlag für Polizeiwissenschaft, S. 172

[170] *Reichertz, J*, „Meine Mutter war eine Holmes". Über Mythenbildung und die tägliche Arbeit des Crime-Profilers", in: Musolff, C. & Hoffmann, J. (Hrsg.), Täterprofile bei Gewaltverbrechen, 2002, S. 37-69

Abbildung 25: Die Ansätze der Profiler

Im praktischen Einsatz hat sich gezeigt, dass sich die drei Profiler-Wege (individuell, statistisch, intuitiv) gut ergänzen und zu einer vielfachen Qualitätssteigerung in der Arbeit und Datensammlung führen können[171]. Das Grundproblem dieser Methoden liegt letztlich darin, dass die absolute *Einzelfallbetrachtung* einen enormen Aufwand darstellt, der *intuitive Ansatz* kaum überprüfbar ist und die *nackte Zahlenwelt der Statistiken* noch lange keine Erklärung liefert. Ihren Nutzen bekommen Daten erst, wenn es eine **gute Theorie** dazu gibt.

> Was würde beispielsweise die Erkenntnis nützen, dass 76,3 Prozent aller Fahrerflüchtigen im Alter von 10 Jahren an den Fingernägeln kauten und 82,7 Prozent ein Paar braune Schuhe besitzen? Wir hätten hier einfach nur Zusammenhänge, von denen niemand weiß, was sie bedeuten – im schlechtesten Fall nämlich nichts. Wir könnten ja herausfinden, dass bei allen anderen Menschen in unserem Land die Werte genau die gleichen sind, auch bei Fahrradfahrern, Stelzenläufern und Fußgängern.

Im Vergleich mit den Kriminal-Profilern haben wir ein paar Vorteile: Zunächst gibt es dankbarer Weise sehr viel mehr erfolgreiche Manager als Serientäter. Wir haben also eine *größere Datenbasis*. Dann verfügen wir mit dem *Evolutionären Führungsansatz* über eine *praktische Theorie*, die Daten sinnvoll zu interpretieren.

Übertragen wollen wir die Methodik der *computerunterstützten Wahrscheinlichkeitsaussagen* und die Gesamt-Profil-Erstellung durch *Spezialisten*. Auf dieser Basis können wir Thesen aufstellen und sogar mit Wahrscheinlichkeiten belegen.

---

[171] *Musolff, C.*, Täterprofile und Fallanalyse. Eine Bestandsaufnahme, in: Musolff, C. & Hoffmann, J. (Hrsg.), Täterprofile bei Gewaltverbrechen. Mythos, Theorie und Praxis des Profilings, 2002, S. 1-33

Ein Beispiel? Nehmen wir an, wir wüssten von einem Menschen, dass er in seiner Führungsrolle *Akzeptanz* findet und sich *gut auf andere einstellt*. Dann könnten wir aufgrund unserer Datenbanken heute die These aufstellen, dass er auch einen *hohen Anspruch* an sich selbst hat. Die Wahrscheinlichkeit dafür liegt bei etwa 80 Prozent.[172] Kann man das auch umkehren? Findet man Führungsakzeptanz, wenn man hohe Ansprüche an sich stellt und auf andere eingeht? Das würde so manchen werteorientierten Managementtrainer sehr freuen – und unser evolutionärer Führungsansatz hätte ein Problem, denn er unterstellt viel komplexere Zusammenhänge. Was sagen unsere Datenbanken dazu?

Von den Menschen, die hohe Ansprüche an sich stellen und sich gut auf andere einstellen, werden 35 Prozent in Führung akzeptiert. Hört sich doch prima an, nicht wahr? Nur leider sind es in der Gesamt-Stichprobe 37%, d.h., diese **Eigenschaften an sich sind völlig gleichgültig**.

Zunächst müssen sich also statistische Ansätze (hier empfehlen sich die Datenbank-Methoden der Kriminal-Profiler) und die theoriegeleitete Suche nach Mustern ergänzen. In Verbindung mit diagnostischen Informationen zur Persönlichkeit (Muster und Strategien) lassen sich dann Wahrscheinlichkeitsaussagen zum Umgang mit den Kern-Aufgaben der Führung machen.

Auf dieser Basis ist eine Management-Diagnostik möglich, deren Trefferquote nachweislich deutlich über derjenigen von heute üblichen Verfahren liegt (z.B. Interview, Assessment-Center, Testverfahren).

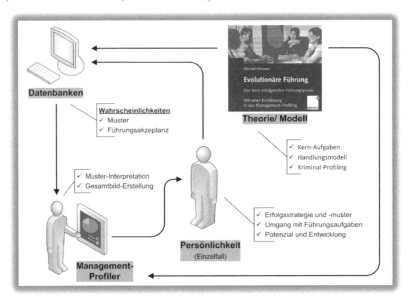

Abbildung 26: Management-Profiling-Ansatz

---

[172] Quelle: CST-Profiling-Datenbanken (über 300.000 Einzeldaten)

Das alles erscheint Ihnen arg aufwändig? Ich bemühe jetzt nicht das Argument der Kosten von personellen Fehlentscheidungen. Auch den Hinweis, dass Ihre Personalabteilung Ihnen sicherlich einiges darüber erzählen kann, wie viel Aufwand bei solchen Aufgabenstellungen auch heute schon betrieben wird, vertiefe ich nicht.

Ich möchte Ihnen nur *zwei Fragen* stellen: Sehen Sie einen besseren Weg? Welche Bedeutung hat für Sie die bestmögliche Besetzung von Führungspositionen?

Letztlich gilt für unser Thema das Gleiche, wie für viele andere Entscheidungen auch: Was will ich erreichen? Welchen Anspruch definiere ich? Stehen Aufwand und Nutzen im sinnvollen Verhältnis? Die tragischste Variante ist stets die, – Sie werden den alten Witz kennen – dort zu suchen, wo die Beleuchtung gut ist, statt an der Stelle, wo etwas gefunden werden kann. Also: Ein einfaches diagnostisches Vorgehen zu wählen, ist dann alarmierend, wenn es am Thema vorbeigeht.

Lassen Sie uns, dieses Kapitel abschließend, einige **Praxistipps** aus den bisherigen Überlegungen ableiten, wie Sie in Ihrem Haus mit diesem Wissen umgehen können.

3. Praxis-Tipps für Ihr Unternehmen

I. Überprüfen Sie, welches *Führungsmodell* und welches *Menschenbild* Ihren managementdiagnostischen Instrumenten zugrunde liegen.

Lassen Sie sich nicht von moderner Technik, beeindruckenden Grafiken und Statistiken, ergreifenden Selbsterfahrungen oder einfach nur Gewohnheiten fesseln. Schaffen Sie Transparenz! Wie definiert das jeweilige Instrument Führungserfolg? Auf welcher Vorstellung vom Menschen basiert es? Ist Beides Ihrer Meinung nach tragfähig?

Situation: Das Unternehmen bekommt einen Online-Computertest zur Potenzialanalyse vorgestellt. In der Präsentation wird davon berichtet, dass dieses Verfahren weltweit bislang mehrere Tausend Mal durchgeführt wurde und es empirische Soll-Profile für verschiedene Berufsfelder gibt. Im Selbsttest ist der Personaler überrascht, wie gut seine persönlichen Eigenarten getroffen werden. Auf die Frage nach dem zugrunde liegenden Führungsmodell und dem Menschenbild wird vom Verkäufer auf die wissenschaftliche Begleitung durch Professoren verwiesen.

Kommentar: Es gibt eine ganze Reihe von Verfahren, die zur Selbstreflexion, z.B. im Coaching oder in der Seminararbeit, nützliche Ergebnisse liefern. Der vorgestellte Online-Test scheint dazu zu gehören. Was er letztlich tatsächlich „misst" – und wie dies mit Führungserfolg in Verbindung stehen soll – bleibt eher unklar. Unseriös erscheint uns der Ansatz, Test-Ergebnisse erfolgreicher Menschen zu mitteln und als Soll-Profil zu definieren. Wir wären vorsichtig, den Test als Auswahl- oder Potenzialinstrument zu nutzen. Teilweise hören wir an der Stelle die Argumentation: „Er wird ja nur als ein Baustein unter mehreren eingesetzt." In Ordnung - aber sind die anderen transparenter?

II. **Betrauen Sie *diagnostisch erfahrene Führungsspezialisten* mit der Auswahl von (Nachwuchs-) Führungskräften.**

Nur, wer das Phänomen Führung tatsächlich tiefgehend versteht, ist in der Lage, gedanklich den jeweiligen Kandidaten mit der anstehenden Management-Position in Bezug zu setzen. Unglücklich erscheint mir die verbreitete Praxis, diese Aufgabe an Fachpersonal zu delegieren, das keine Führungserfahrung hat und es gewohnt ist, auf der Basis von Anforderungs- und Sollprofilen auszuwählen.

Situation: Das Recruiting der AG ist sehr erfahren im Umgang mit Stellenausschreibungen, der Analyse von Bewerbungsunterlagen und der professionellen Durchführung unterschiedlicher Auswahl-Instrumente. Als es darum geht, im Hause ein Management-Development-Programm aufzubauen, engagiert sich die Leiterin des Teams stark, dafür die Verantwortung übertragen zu bekommen. Einzige Alternative wäre das Team Personalentwicklung, da alle anderen Bereiche froh sind, damit nicht zusätzlich belastet zu werden.

Kommentar: In vielen Unternehmen existiert ein separater Verantwortungsbereich Management-Development. Für diese Variante plädieren auch wir, da das Phänomen Führung ein eigenes Spezialgebiet definiert. In der Praxis wird dieser Bereich dann jedoch nicht entsprechend besetzt – und damit ist eine Separierung eigentlich überflüssig geworden. Die AG sollte einen Führungsspezialisten, der sich gezielt bestimmte MitarbeiterInnen aus dem Recruiting und der Personalentwicklung zusammenstellt, mit dem Aufbau und der Leitung eines neuen Teams Management-Development betrauen.

III. **Nehmen Sie in der Führungsdiagnostik Abstand von sogenannten *Profil-Vergleichen*.**

Solche sind nur bei Aufgaben sinnvoll, für die im Prinzip Musterlösungen formulierbar sind. Dies ist für komplexe Herausforderungen, wie Führung eine darstellt, nicht der Fall. Halten Sie sich immer vor Augen, dass Soll-Profile aus der Mittelung von individuellen „Mobilés" entstehen – und damit das Wesentliche unvermeidlich völlig verwischen.

Situation: Bei der Ausschreibung der neuen Position LeiterIn Marketing wird viel Wert auf die Erarbeitung eines Anforderungsprofils gelegt. In mühevoller Arbeit wird in mehreren Durchgängen mit den Verantwortlichen ein differenziertes und gewichtetes Soll-Profil erstellt. In der späteren Anwendung stellt man fest, dass sich die interessantesten KandidatInnen in ihren Mustern deutlich unterscheiden und niemand dem „gestrickten Soll" entspricht. Die Entscheidung wird schließlich danach getroffen, wer am frühesten zur Verfügung stehen kann.

Kommentar: Selbstverständlich sollte man sich ein klares Bild davon machen, welche Aufgaben sich jemandem in einer speziellen Position stellen werden. Viele fachliche Dinge lassen sich dabei auch direkt in erforderliche Kompetenzen „übersetzen". Bei überfachlichen Aufgaben (z.B. Führung) ist die individuelle Vielfalt sinnvoller Lösungen jedoch groß. Hier macht es mehr Sinn, im Bewerbungsverfahren herauszuarbeiten, wie die persönlichen Lösungsmuster aussehen – und dann zu entscheiden, welcher Stil zum Haus und zum Kontext am ehesten passt.

IV. Lassen Sie sich weniger vom Auftritt und den Kompetenzen einer Person beeindrucken, und suchen Sie stattdessen nach seinen *Mustern, Strategien und Gewohnheiten.*

Stellen Sie dazu individuelle Charakteristika eines Kandidaten zu einem Bild zusammen und spüren Sie dem sich ergebenden Gesamtmuster nach. Tun Sie dies im Sinne reflektierter Praxis schriftlich. Beschränken Sie sich dabei keinesfalls nur auf die möglicherweise von einem Bewertungsinstrument vorgegebenen Begrifflichkeiten und Kriterien. Dann verlieren Sie das Individuelle der Person aus dem Blick.

Situation: Die Ergebnisse im Assessment-Center entsprechen dem überzeugenden Lebenslauf. Der Kandidat „verkauft" sich beeindruckend, präsentiert sich ziel- und ergebnisorientiert, gewinnt die anderen TeilnehmerInnen für sich, und verliert dabei nicht einmal an Authentizität. Alle BeobachterInnen sind glücklich, endlich einmal einen solchen „High-Potential" für das Projektmanagement gewinnen zu können. In der Probezeit baut sich der Kandidat rasch ein Sympathisanten-Netzwerk auf. Als er sich 2 Jahre später wegbewirbt, ist man im Grunde froh darüber, denn wirklich bewegt hat er wenig.

Kommentar: Es hat den Anschein, als bestünde das Erfolgsmuster des Kandidaten darin, andere für sich einzunehmen. Er setzt seine Fähigkeiten dazu ein, sich sozial zu verankern, um Sicherheit zu gewinnen. Ist dieses Ziel erreicht, scheint seine Hauptmotivation befriedigt. Es würde uns nicht wundern, wenn dieses Muster bereits in seiner Kindheit in der Ursprungsfamilie bedeutsam war. Unglücklich ist, dass es für die erfolgreiche Projektarbeit zwar nützlich, aber bei weitem nicht ausreichend ist.

V. Achten Sie nicht nur auf Leistungen und Fähigkeiten. Richten Sie Ihre Aufmerksamkeit auch auf mögliche *Misserfolgsmuster*.

Schon eine negative Persönlichkeitsfacette (z.B. Hochmut, Zynismus oder fehlendes Unrechtsbewusstsein) kann eine ganze Sammlung von Stärken irrelevant machen. Anforderungsprofile oder Bewertungssysteme sind jedoch in der Regel auf die Beobachtung von Kompetenzen fokussiert. Negativ ist hier dann nur, diese Kompetenzen nicht oder gering ausgeprägt zu haben. Korrigieren Sie das: Erstellen Sie eine Liste der in Ihrem Hause bislang aufgefallenen Ursachen für persönliches Scheitern.

Situation: Die Kandidatin bringt alle erforderlichen Kompetenzen in erfreulichem Ausmaß mit und ist ebenso glücklich über die Zusage, wie das Unternehmen selbst. Erst nach der Probezeit wächst der Unmut innerhalb des Teams – und letztlich erfolgt sogar eine Versetzung. Zu spät wird deutlich, dass ihr Humor stets eine kränkende Seite hat. Auch im neuen Umfeld „vergiftet" sie die Atmosphäre nahezu unmerklich mit jedem Tag etwas mehr. Das Team geht damit in einer Weise um, die unsere Kandidatin als Mobbing erlebt. Sie beschwert sich beim Betriebsrat. Die Trennung wird „teuer".

Kommentar: Oft sind es nur kleine sprachliche Gewohnheiten, in der Bewerbungs- und Probephase unbemerkt oder in ihrer Bedeutsamkeit unterschätzt, die Hinweise auf entscheidende Misserfolgsmuster geben. Wenn Sie Glück haben, reagiert Ihr Unterbewusstsein früh genug darauf und vermittelt Ihnen das Gefühl, dass hier etwas nicht stimmt. Unserem Bauchgefühl ist in Bezug auf Risiken durchaus zu trauen. Haben Sie den Mut, die richtigen Entscheidungen zu treffen: Keine Einstellung – oder zumindest konsequente, Hypothesen prüfende Nutzung der Probezeit.

VI. Leiten Sie aus dem sich ergebenden Bild *schriftliche Hypothesen* ab, die Sie dann systematisch (z.B. mit speziellen Tests, Interview-Fragen oder Referenzen) prüfen.

Sie können Ihrer Intuition und Ihrem Bauchgefühl trauen, solange Sie deren Impulse als Hypothesen betrachten – und nicht als Wahrheit. Zur Objektivierung sollten Sie diese schriftlich formulieren. Ihre Ableitungen sollten für Dritte inhaltlich nachvollziehbar und damit grundsätzlich überprüfbar sein. Damit entsprechen Sie einem Aspekt von Wissenschaftlichkeit. Weisen Sie in Ihrer Stellungnahme zum Kandidaten aus, was objektivierte Ergebnisse sind und was begründete Hypothesen.

Situation: Eine Beobachterin im Assessment-Center hat die Erfahrung gemacht, dass eine Kombination von hohem Engagement, Ergebnisorientierung und Überzeugungskraft bei vielen Menschen mit geringer Achtsamkeit für Andere einhergeht. Da ein entsprechender Teilnehmer allerdings im Team- und Konfliktverhalten ebenfalls gute Beurteilungen erhält, geht ihre Stimme in der Auswertekonferenz unter. Man unterstellt ihr sogar, persönliche Vorurteile in die Bewertung mit einzubringen und die Methodik mit ihrer Ablehnung des Kandidaten zu konterkarieren.

Kommentar: Da Achtsamkeit zu den Eigenschaften zählt, die oft bedeutsam und nicht gut zu lernen sind, sollte dem Gespür der Beobachterin mehr Aufmerksamkeit geschenkt werden. Sofern sie nicht nur von einem „unguten Gefühl" spricht, sondern ihre Einschätzung mit den beschriebenen Zusammenhängen sachlich begründet, wird man ihr auch eher folgen. Ihre Aussagen sollten nicht in die Richtung gehen, „Der Teilnehmer ist unachtsam.", sondern die Problematik betonen, die im Falle des Zutreffens ihrer Hypothese entstehen kann. Dann sollte sie ein gezieltes Testen dieser Annahme empfehlen.

VII.   Systematisieren Sie die *Sammlung* Ihrer Erfahrungen und Daten.

Wenn Sie diesen Aufwand auf sich nehmen, wandeln Sie Schritt für Schritt Ihre subjektiven Theorien und Hypothesen in statistisch begründete Annahmen um. Ihre Sammlung könnte beispielsweise damit beginnen, häufig gemeinsam auftretende Charakteristika festzuhalten. So begannen in den 70er Jahren auch die ersten Profiler des FBI. Gehen Sie dann dazu über, den Zusammenhang bestimmter Stärken mit Misserfolgsmustern zu beleuchten.

Situation: Nachdem die Beobachterin aus unserer vorherigen Situation feststellen musste, dass ihre Intervention in der Auswertekonferenz nichts bewirkte, begann sie, Ergebnisse der Assessment-Center zu sammeln und mit späteren Beobachtungen zu ergänzen. Ein Jahr später argumentierte sie in einer vergleichbaren Situation bereits folgendermaßen: „Von den 11 Teilnehmern, die in den letzten zwölf Monaten ein vergleichbares Stärkenmuster hatten, fielen knapp 73 % später in der Praxis durch mangelndes Fingerspitzengefühl auf. Das dürfen wir nicht ignorieren."

Kommentar: Ich bin beeindruckt.

VIII.   Vorhersagen über den zu erwartenden Erfolg eines Menschen müssen den *situativen Kontext* mit einbeziehen.

Wenn es Ihnen gelungen ist, die Muster und Gewohnheiten eines Menschen zu identifizieren, können Sie einerseits Hypothesen ableiten, wie er sich unter bestimmten Bedingungen wahrscheinlich verhalten wird. Andererseits können Sie Aussagen dazu machen, welche speziellen Rahmenbedingungen dem individuellen Erfolg hinderlich oder förderlich sein werden. Damit sind Sie einen deutlichen Schritt über das übliche „Welches Seminar sollen wir dem Kandidaten gönnen?" hinaus.

Situation: In mehreren bereichsübergreifenden Projekten hat eine junge Mitarbeiterin die Chance genutzt, sich eine Bühne zu schaffen und die eigenen Fähigkeiten zu demonstrieren. Sie ist dadurch „ganz oben" aufgefallen, und man denkt darüber nach, „etwas für sie zu tun". In einem Management-Profiling wird u.a. herausgearbeitet, dass sich ihre Motivation ganz wesentlich aus öffentlichkeitswirksamen Auftritten speist und die „Führungsaufgabe: Erfolgsmodell-Klarheit" von den Kern-Aufgaben am wenigsten ihren Mustern entspricht. Ihr Mentor fragt, welche Seminare zu empfehlen wären, um ihr eine erste Führungsposition anvertrauen zu können.

Kommentar: Wenn man wirklich etwas für die Mitarbeiterin tun möchte, sollte man sehr gut überlegen, ob man sie derzeit überhaupt mit einer Leitungsfunktion betraut. Es gibt nicht viele Positionen, die erste Führungsaufgaben mit öffentlicher Wirksamkeit verbinden. Es gibt Hinweise darauf, dass ihre Motivation spürbar gedämpft werden könnte, wenn sie einen kleinen Routinebereich verantworten soll. Für eine selbständige Gestaltung unternehmerischer Aufgaben fehlt ihr aber noch die Erfahrung. Optimal wäre wohl ein Kontext, in dem sie diese an der Seite eines bewährten Managers entwickeln kann, eventuell in Assistenzfunktion. Er sollte ihr Verantwortung, Freiraum und fordernde Führung schenken. Wir würden ihren Mentor in die Verfolgung der Entwicklungsziele einbeziehen. Begleitende Führungsseminare, z.B. auf der Basis des Evolutionären Führungsansatzes, wären sinnvoll.

IX. Unterscheiden Sie die Leistung eines Kandidaten von seinem *Potenzial* und der Wahrscheinlichkeit, dass er dieses auch verwirklicht.

Wir lassen uns oft von Kompetenzen und vermuteten Potenzialen blenden. Halten Sie sich immer vor Augen: Leistung ist bereits verwirklichtes Potenzial! Zudem geht es nicht darum, was jemand eventuell könnte – es geht darum, was jemand dann auch tatsächlich mit seinen Möglichkeiten tut. Auch hierbei sind Muster und Gewohnheiten bedeutsam. Ein Vergleich aus dem Sport: Wer Muskelkater immer vermieden hat, wird selbst bei größtem Potenzial oft „ewiges Talent" bleiben.

Situation: Verbunden mit der Sorge, damit einen ihrer besten Leute bald zu verlieren, meldet die Bereichsleiterin bei der jährlichen Abfrage der Konzernleitung einen Mitarbeiter als Kandidaten mit Führungspotenzial. Er schafft ihr seit Jahren belastende Aufgaben vom Hals, ist weit über das übliche Maß hinaus einsatzbereit und fällt nie durch irgendwelche Eskapaden auf. Sie weiß, dass er gerne mehr verdienen würde. Als sie ihm von der beabsichtigten Meldung im Gespräch berichtete, ist er stolz und dankbar für die Chance.

Kommentar: Nahezu eine Standardsituation. Aus der Tatsache, dass jemand seine Rolle mit Bravour ausfüllt, wird Führungspotenzial abgeleitet. Führung und der damit zumeist verbundene Verdienstzuwachs wird als „Belohnung für geleistete

Dienste" vergeben. Wir würden stattdessen dem Mitarbeiter von unseren Überlegungen erzählen und ihm in seiner aktuellen Position systematisch die Chance eröffnen, sich wiederholt den Kern-Aufgaben der Führung zu stellen. Für den Erfolgsfall versprechen wir ihm eine Potenzialmeldung im kommenden Jahr.

Beenden wir unseren Ausflug in die Welt der Management-Diagnostik mit der Feststellung, dass wir an dieser Stelle solange eine sichtbare Baustelle haben, wie wir kein tragfähiges Führungsmodell aufweisen können. Ich möchte auch für dieses Thema den *Evolutionären Führungsansatz* hier öffentlich zur Diskussion stellen.

Wenn wir einen Blick auf unsere Übersicht werfen, stellen wir fest, bereits einen ordentlichen Weg zurückgelegt zu haben. Den vorletzten Scheinwerfer richten wir auf das, was allgemein als »**Führungsverhalten**« bezeichnet wird. Hier sehen wir mittlerweile klarer: Alles, was die definierten Kern-Aufgaben löst, ist Führungsverhalten! Nichts ist *spezifisch* für diese Rolle reserviert.

Genau aus diesem Grund fragen wir uns im nächsten Kapitel auch pragmatisch: Wie lässt sich die Wahrscheinlichkeit des Erfolgs in der Führungsaufgabe gezielt erhöhen? Kann man lernen, ein guter Führender zu sein? Was lässt sich aus dem *Evolutionären Führungsansatz* dazu ableiten?

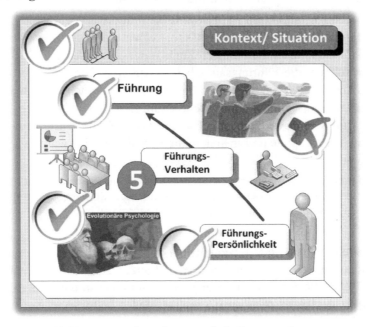

Abbildung 27: In die Führungsaufgabe hineinwachsen

In die Führungsaufgabe hineinwachsen

> *„Manager auf der ganzen Welt haben das letzte Jahrzehnt damit zugebracht, das letzte Bisschen Ineffizienz aus ihren Betriebsabläufen herauszupressen. Nun müssen sie sich der Tatsache stellen, dass das Management selbst ein Sumpf der Ineffizienz ist."*
>
> Gary Hamel, Wirtschaftsvordenker

Ich möchte nicht nur einfach behaupten, es gäbe eine Landkarte für den Weg zur wirksamen Führungskraft. Ich werde diese sogar skizzieren, um Ihnen Ihr eigenes Abenteuer Führung leichter zu machen. Wie wird man besser, wenn man die erste Führungsaufgabe übertragen bekommen hat? Was ist zu tun, um zum Führungsspezialisten, vielleicht sogar zum Künstler in diesem Betätigungsfeld zu werden? Ich werde Ihnen genau das im aktuellen Kapitel verraten.

Sie kennen den *Evolutionären Führungsansatz* mittlerweile gut genug, dass es hierbei nicht darum geht, Charisma zu entfalten, einen umfangreichen Werkzeugkasten zu füllen oder die „geheimen" Karriere- und Assessment-Center-Tricks zu befolgen. Sie müssen schlicht die Führungsaufgaben akzeptieren, verstehen und erfüllen! Dafür brauchen Sie weder die neuesten Führungstheorien, noch die aktuellste Berater-Mode. Auch die einschlägigen Veröffentlichungen sind von sehr begrenztem Wert. Allerdings ist es ebenso risikoreich, sich unvorbereitet auf die Bühne der Führung zu begeben, wie es der spontane Einstieg in die Box-Bundesliga wäre.

> Natürlich können Sie einfach loslegen und *Erfahrungen* sammeln. So bezeichnen Manager in Befragungen so gut wie nie ein Führungsseminar als entscheidend für ihr Leben. Allerdings waren sie dennoch nicht auf sich alleingestellt. In dieser Studie z.B. fühlten sich fast alle einem Vorgesetzten verpflichtet, der sich die Zeit genommen hat, ihnen bei realen und akuten Problemen zu helfen[173].

Wir entwickeln uns am besten, wenn es um das **wahre Leben** geht. Auch für unsere Vorfahren kam es schlicht darauf an, hier und jetzt erfolgreich zu handeln. Sie lernten dabei unter sehr turbulenten Bedingungen und nicht in einem Seminarraum, mit dem Buch in der Hand oder am Computer. Jeder hatte seine eigenen Probleme,

---

[173] McCall, M. W./ Lomardo, M. M. / Morrison, A. M., Erfolg aus Erfahrung, 1995

lernte prinzipiell eher für sich allein und mit einem hohen Maß an Selbststeuerung. Der Lernprozess war der eines *Abenteurers*: entdeckend, erfindungsreich und ohne Wissen, wohin die Reise letztlich geht. Er verlief völlig natürlich im Alltag und bedurfte keiner weiteren Motivation.

Daher haben auch wir eine grundsätzliche Vorliebe für die Erfahrungswelt (die so genannte *Praxis*). In der abstrakten Welt (*Theorie*) halten sich die meisten Menschen nur zeitweise und mit erlebter Anstrengung auf. Wenn Sie also bis zu dieser Stelle des Buches gekommen sind, haben Sie bereits eine **beeindruckende Kulturleistung** vollbracht, die eine Energie erfordert, die nicht jeder mitbringt.

Die Sache mit der Erfahrung hat allerdings auch seine Haken: Verwechseln Sie diese nicht mit der schlichten *Anzahl* von Berufs- oder Lebensjahren. Man kann sich durchaus darauf beschränken, wenige Erfahrungen zu sammeln und diese dann 30 Jahre einfach nur nutzen.

Das Leben vieler Menschen ist eher durch Wiederholung als durch Wachstum gekennzeichnet.

Damit Ihnen dies nicht passiert, werde ich im aktuellen Kapitel sinnvolle Wege des Erfahrungsaufbaus zeigen. Ein anderes Problem besteht darin, dass wir nicht ewig den Spruch hören wollen: „Warte, bis du deine Erfahrungen gesammelt hast. Du bist noch *zu jung*." Gibt es für uns keine Abkürzung? Das vielleicht nicht, aber es gibt zumindest einen **Turbogang**.

Und schließlich kommt noch dazu, dass die meisten von uns keine kreativen, aufregenden Lernprozesse durchlaufen möchten, sondern sich nach einem *festen Handlungsplan* sehnen, der ihre Unsicherheit vertreibt. Die eigene Lernvergangenheit (Schule, Ausbildung etc.) hat uns an dieser Stelle auf eine unglückliche Spur gelenkt: Wir wollen möglichst sofort und ohne innere Betroffenheit wissen, „wie man es macht". Her mit dem Trick für die Lösung! Jetzt, schnell, und ohne an mir selbst arbeiten zu müssen! „Es scheint, dass wir genau das zu vermeiden versuchen, was Kinder sich wünschen, Un-Gleichgewicht, neue Erfahrungen, Kontrollverlust und Überraschung."[174]

Wirkliches Lernen erfordert aber das **Aushalten von Unsicherheit**! Und an dieser Stelle muss ich passen. Das Gefühl von Unsicherheit kann ich Ihnen nur ansatzweise nehmen – indem ich Ihnen in Form der Landkarte eine Orientierungshilfe zur Verfügung stelle. Diese ist seit Anbeginn unserer Zeit durch vier wesentliche Dimensionen charakterisiert.

---

[174] *Wheatley, M. J.*, Quantensprung der Führungskunst, 1997, Reinbek: Rowohlt, S. 99

- *Abenteuer*: Entwicklung findet auf Neuland statt und ist auf Entdecken ausgerichtet. Es ist überraschend, irritierend und mit intensivem Erleben verbunden. Die Themen und Aufgaben sind bedeutsam und lassen uns nicht „kalt". Wenn Sie Ihre Komfortzone nicht verlassen, werden Sie nie feststellen, was in Ihnen steckt.
- *Natürlichkeit*: Lernen folgt seinem eigenen Rhythmus. Wir können uns einerseits nur schwer dazu zwingen, etwas zu lernen, wenn wir *noch nicht so weit* sind. Und wir können es andererseits nicht beliebig abkürzen oder beschleunigen. Akzeptieren Sie die *Eigen-Zeit* von Reifungs- und Wachstumsprozessen.
- *Individualität*: Entwicklung ist stets etwas ganz Persönliches. Sie baut auf vorhandenen Mustern auf und erfolgt im Spannungsfeld von Erleben und Reflexion. Jeder Fahrplan, jeder Coach und Trainer kann Ihnen nur dabei helfen, sich auf Ihrem ganz eigenen Weg nicht zu verirren.
- *Handlungsorientierung*: Wissen ist nicht Können! Und Können ist nicht Beherrschen! Die Ansammlung von Wissen vermittelt vielleicht ein befriedigendes Gefühl. Fallstudien mögen reizvoll sein und den Intellekt schulen. Wirkliches Wachstum findet aber in der praktischen Auseinandersetzung mit dem Leben statt.

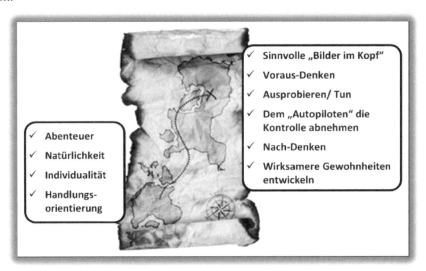

Abbildung 28: Persönliches Wachstum

Werfen wir an dieser Stelle einen kurzen Blick auf übliche Maßnahmen, die Ihnen auf dem Weg zur Führungspersönlichkeit helfen sollen: Seminare, Management-Schulen und (Nachwuchs-)Förderprogramme.

Ich wage zu behaupten, in den meisten derzeitigen Entwicklungsmaßnahmen wird – völlig marktgerecht – genau das angeboten, was die Teilnehmer sich wünschen: die Reduzierung der eigenen Unsicherheit[175]. Gefragt sind schnelle Antworten, möglichst in wenigen Stunden oder Tagen, auf folgende Kernfragen:
- Wie finde ich mein **Selbstverständnis** als Führungskraft? (Schlagworte: Selbstvertrauen, Orientierung, Rollenklarheit.)
- Wie bekomme ich **Respekt und Akzeptanz** in meiner Rolle? (Schlagworte: Konfliktmanagement, Durch- und Umsetzung.)
- Wie bekomme ich die Leute dazu, das zu **machen, was ich will**? (Schlagworte: Ziele, Rhetorik, Motivation und Manipulation.)
- Wie **vermeide ich Niederlagen** und peinliche Momente? (Schlagworte: soziales Geschick, Gesprächs- und Verhandlungsführung, Präsentation.)

Aus meiner Sicht sind diese Anliegen absolut verständlich. Und es ist daher auch in Ordnung, dass die Mehrzahl der **Trainingsinstitute** sich einfach daran orientiert. Kunden definieren Wünsche und der Markt richtet sich darauf aus. Viele Seminarinhalte sind dabei zu einer unterhaltsamen Dramaturgie zusammengestellt. Also: Wo ist das Problem? Nun, die Bedürfnisse und Angebote haben nicht automatisch etwas mit **Managementqualität** zu tun!

Die Angebote richten sich selten an Manager, die nicht zumindest ein wenig „leiden". Warum sollte ein Tennisspieler weiter hart trainieren, wenn er in einer interessanten Mannschaft spielt, mit seiner Leistung eine ganze Menge Geld verdient – und nicht Gefahr läuft, seinen Platz in der Mannschaft zu verlieren? Das persönliche Besserwerden an sich ist für wenige Manager ein Ziel. Für diesen Luxus haben sie aus ihrer Sicht keine Zeit.

Business-Schools verkaufen eigentlich etwas ganz anderes: Sie verkaufen ein Karriere-Versprechen! Die meisten ihrer Studenten verlassen sie mit der Vorstellung, dass Management und Analyse gleichzusetzen seien, insbesondere bei der Erarbeitung systematischer Entscheidungen und der Formulierung durchdachter Strategien. Aus meiner Sicht tut man aber niemandem einen Gefallen, wenn man ihn im Glauben lässt, dass Manager vor allem Probleme rational lösen und Führungstools auf Menschen anwenden. *Mintzberg* ist der Ansicht, dass MBA-Programme schon aufgrund ihrer typischen Eigenheiten von Anfang an die falschen Leute anlocken: Menschen, die zu ungeduldig, zu analytisch und zu kontrollsüchtig sind. „In einer Welt, die von Erfahrungen lebt und in der es auf Bilder, Geräusche und Gerüche an-

---

[175] Wobei schon die Vorstellung paradox ist, man könne *Führende* ausbilden, indem man die Teilnehmer in einem passiven, abhängigen Zustand hält.

kommt, achten Business-Schools nur darauf, dass ihre Studenten reden, analysieren und Entscheidungen treffen. Wo Handeln, Sehen, Fühlen und Zuhören gefragt ist, entwickeln sie unsere künftigen Führungspersönlichkeiten durch reines Denken … Während 24 Prozent der amtierenden Spitzenmanager *Fähigkeit zur Anteilnahme* als das wichtigste Charakteristikum künftiger Führungskräfte nannten, taten dies nur 4 Prozent der MBA-Studenten."

Abbildung 29: Analytisches Verständnis von Führung

Mintzbergs formuliert ganz in unserem Geiste: „Führung ist ein uraltes Phänomen, während das Managertum, das der MBA befördert, erst seit relativ kurzer Zeit existiert."[176] Er weist darauf hin, dass die **großen Bildungsstätten der Geschichte** immer räumlich eng begrenzte Gemeinschaften engagierter Denker waren, in denen Studenten und Dozenten quasi zusammen auf einem Baumstamm saßen. Offensichtlich muss der pädagogische Stil *verbindlich*, *persönlich* und insbesondere auf die jeweiligen Teilnehmer *maßgeschneidert* sein. Gehen die Programme, die Unternehmen selbst entwickeln und durchführen, einen praxisnäheren Weg?

Mir persönlich erscheinen auch **Nachwuchs-Förderprogramme** nicht risikofrei. Sie stellen im Grunde eine Art Abkürzung zur Führungsverantwortung dar. Auf der einen Seite ist es wirklich schön, dass Unternehmen Geld und Aufmerksamkeit in gute Führung investieren. Und ich kenne eine ganze Reihe von Fachleuten, die wirklich eine hervorragende Arbeit darin leisten, den Hoffnungsträgern beste Möglichkeiten zu bieten. Auf der anderen Seite vermitteln diese Ansätze – oft indirekt und quasi versehentlich – ein **unglückliches Führungsverständnis**. Die meisten Teilnehmer solcher Programme halten sich von Beginn an für *Auserwählte*, was sie ja auch sind. Sie wurden von Entscheidern für die Teilnahme ausgewählt. Tragischer

---

[176] *Mintzberg, H.*, Manager statt MBAs. Eine kritische Analyse, 2005, S. 81 ff.

Weise hat ihnen nie jemand gesagt, dass es mehr darauf ankommt, später von *den Gefolgsleuten* auserwählt zu werden.

Und wenn sie das ahnen, sagt ihnen niemand, was sie dafür tun müssen. Und wenn ihnen jemand dazu etwas sagt, ist es zumeist das Falsche! Also müssen sie letztlich doch in der Praxis ihre Erfahrungen selbst sammeln.

Halten wir fest: Wenn Sie einen der üblichen Zugänge genutzt haben, besteht Ihr größtes Risiko darin, ein *falsches Führungsverständnis* entwickelt zu haben.

Meiner Erfahrung nach gibt es von hier aus nur zwei Wege:

a) Sie wollen dieses Bild bewahren und verheddern sich in Ihrem Verhalten immer weiter in der Realität. Ihre Wirksamkeit als Führungskraft nimmt Tag für Tag ab. Sie leiden!

b) Sie begreifen auf der Basis von (kleinen) Misserfolgen, dass Ihr Bild im Kopf nicht angemessen ist und finden einen tragfähigen Weg, es sinnvoll umzuarbeiten.

Erfreulicherweise muss ich das nicht beweisen. Sie werden es spüren und wissen.

Eines der derzeit am weitesten ausgearbeiteten Führungsbilder haben Sie in diesem Augenblick in der Hand. Setzen Sie sich damit auseinander, ringen Sie mit ihm, konfrontieren Sie es mit anderen Führungsansätzen und stellen Sie es in Frage. Auf diesem Weg gewinnen Sie ein wirksames Führungsverständnis und schaffen sich einen guten, sicheren Ausgangspunkt für Ihr Abenteuer Führung. Fassen wir dafür noch einmal ein paar Eckpunkte zusammen.

1. Das richtige Führungsverständnis als Ausgangspunkt

Es sind nicht unsere Kompetenzen, die unser Verhalten bestimmen! Sie und ich, wir *können* sehr viele Dinge, die wir niemals tun. Nein, es sind ganz entscheidend die *»Bilder im Kopf«*, die unsere Wahrnehmung und unser Handeln steuern. Halte ich die Erde für eine Scheibe, fahre ich nicht weit aufs Meer hinaus. Glaube ich an Zauberei, schütze ich mich vor dem »Bösen Blick«. Betrachte ich Führung als Kompetenz, rüste ich mich verhaltenstechnisch maximal auf...

Sind die Bilder im Kopf unsinnig, agieren wir unsinnig! Aus einer falschen Haltung heraus zu handeln, kann nur zufällig zu richtigen Aktionen führen.

> Wenn ich überzeugt bin, Torwart in einem Handballspiel zu sein, während tatsächlich ein Basketballspiel stattfindet, habe ich ein Problem! Und dieses Problem hat nicht das Geringste damit zu tun, über welche Basketball- und Handballfähigkeiten ich verfüge. In dieser Situation wäre es auch erstaunlich, wenn meine Mitspieler glücklich über meine Teilnahme wären.
>
> Diese Tatsache wird in erschreckender Form in der Entwicklung und dem Training von Führungskräften vernachlässigt.

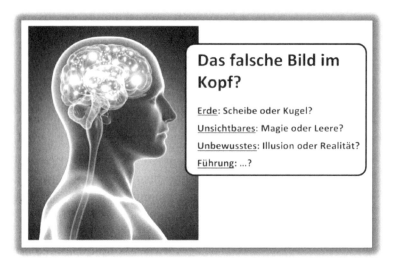

Abbildung 30: Vorstellung lenken unser Handeln

Solange der Schwerpunkt in der Managemententwicklung in erster Linie auf das *Verhalten* von Führungskräften gelegt wird, auf Techniken und Werkzeuge, bewegen wir uns in eine unglückliche Richtung.

Aus eigener Erfahrung ist mir klar, dass „der Markt" diese Entwicklung fördert: Die Teilnehmer von Managementtrainings möchten zumeist in aller Eile einige Tricks, wie sie Mitarbeiter wirkungsvoller dazu bekommen, das von ihnen Erwünschte zu tun. Dramatischerweise transportieren aber *alle* Maßnahmen rund um die Führungskräfteentwicklung immer gleichzeitig auch ein Managementbild, hier also: Mitarbeiter sind Wesen, die man mit Tricks dazu bewegen muss, das zu tun, was Manager wollen. Gerade auch klassische Studiengänge, „Goldfischteich-Konzepte" oder MBA-Programme liegen hier aus meiner Sicht gefährlich falsch. Sie vermitteln ein Führungsverständnis, das die Teilnehmer in eine Sackgasse lenkt.

Noch schwerwiegender wird diese Tatsache dadurch, dass alle diese Maßnahmen das Grundbild nicht transparent machen, auf dem sie aufgebaut sind. Sie vermitteln quasi „unter der Hand" eine Haltung, die nicht diskutiert und reflektiert wird.

Damit pflanzen sie im Prinzip etwas in das Unbewusste des Teilnehmers, das von dort aus sein Denken und Handeln rund um die Führungsaufgabe beeinflusst. Was wollen wir davon halten?

Aus unserer Perspektive ist es sowohl für Manager wie auch für Mitarbeiter entscheidend, zum Thema Führung **das richtige „Bild im Kopf"** zu haben.

Ein Manager, der unzureichend versteht, worin seine Aufgabe besteht und wie wir Menschen rund um das Phänomen Führung „funktionieren", hat ebenso ein ernst zu nehmendes Problem, wie der Mitarbeiter, der die Funktion der Führung falsch bewertet!

Testen Sie Ihr Führungsbild (und vielleicht auch das Ihrer Mitarbeiter) anhand folgender vier Fragen:

- Wozu ist Führung gut?
- Wer soll die Führung übernehmen?
- Was ist gutes Führungsverhalten?
- Wer ist eigentlich wofür verantwortlich?

Ich werde das an dieser Stelle gerne auch noch einmal kurz aus Sicht des *Evolutionären Führungsansatzes* tun.

1.1 Wozu ist Führung gut?

Der **evolutionäre Sinn** der Führung besteht darin, dass die Gruppe mit einem Führenden erfolgreicher ein Problem löst als ohne ihn. Dies wiederum setzt voraus, dass die anstehende Aufgabe über die Möglichkeiten des Einzelnen hinausgeht, also Zusammenarbeit erfordert. Wer sehr gut ohne andere ein Problem lösen kann, hat keinen Bedarf an Führung.

> Tiere, die erfolgreich alleine ihr Überleben sichern können, kommen zumeist nur zur Paarung zusammen und verschwinden dann wieder in ihre individuelle Welt. Für sie gibt es das Phänomen Führung nicht. Können Sie sich Ihre Irritation vorstellen, wenn Sie mit Ihrem Aquarellmalblock, einer Staffelei und Farben einen schönen Platz in Paris finden, sich unter die dort bereits versunken arbeitenden Künstler mischen, und plötzlich ruft einer davon: „Ich bin hier der Chef!"? Wahrscheinlich würden Sie eher an die bekannte Nähe von Künstlertum und Wahnsinn denken als daran, nun endlich ein geführter Aquarellmaler zu sein.

Aus dem Spagat, für größere Aufgaben andere zu brauchen und sich gleichzeitig dadurch organisatorische, soziale und emotionale Probleme einzuhandeln, ergibt sich die **Spezialaufgabe Führung**. Diese lautet: Dafür sorgen, dass „es" gemeinsam funktioniert! Aus unserer Warte wird das Phänomen Führung von den Beteiligten als wertvoll erlebt, wenn

1. es eine Aufgabe zu lösen gilt, die keiner alleine so gut bewältigen könnte, wie mit anderen gemeinsam,
2. jemand dafür sorgen kann, dass es mit ihm innerhalb dieser Gruppe *gesamtheitlich* besser funktioniert als ohne ihn,
3. der erlebte Nutzen für die Beteiligten größer ist als deren Zusatzbelastungen und Einschränkungen.

Management ist einer der wesentlichsten **Differenzierungsfaktoren**, die die Natur im Wettbewerb zwischen menschlichen Gruppen vorgesehen hat! Weil gut geführte Gemeinschaften erfolgreicher überlebten, hat sich das Phänomen Führung erhalten und weiter entwickeln können.

1.2 Wer soll die Führung übernehmen?

Die Besetzung einer Führungsposition beruht von Natur aus stets auf Vergleichen; es handelt sich um eine **Konkurrenzsituation**. Wer in einer Situation als Führungskraft einen wertvollen Beitrag für eine Gemeinschaft zu leisten vermag, kann eventuell in einer anderen Situation nicht den Bruchteil des Nutzens bieten. Folglich sollte die Person die Führung übernehmen, die

1. innerhalb der Gruppe von ihren Kompetenzen und ihrem Wissen am ehesten dafür *sorgen* kann, dass die gemeinsame Aufgabe funktioniert und
2. die Legitimation für ihre Führung *aufbauen und bewahren* kann.

Im ersten Fall geht es um die **Relevanz** einer Führungskraft für die Gruppe, im zweiten um die **Akzeptanz**! Hierbei reicht es nicht aus, einmal diese Position errungen zu haben.

> Fragen Sie sich: *„Warum sollte mir jemand folgen?"* Finden Sie Ihre Antwort überzeugend und motivierend?

Die Überlebensfähigkeit der Gruppe wird davon profitieren, dass Führende – durchaus im Wettbewerb – stets nach noch besseren Lösungen suchen. Tun sie dies nicht, lassen sie sich beispielsweise vom so genannten Alltagsgeschäft auslasten, verlieren sie leicht die Legitimation. Nie darf vergessen werden, dass es für die Natur Sinn macht, **Erfolgsmodelle in Konkurrenz** zueinander zu prüfen.

1.3 Was ist gutes Führungsverhalten?

Spezielle Verhaltensweisen *nur* für Führende gibt es nicht! Führungsverhalten ist schlicht das Verhalten eines Führenden – mehr nicht! Dabei löst man Führungsaufgaben ebenso wenig durch einzelne Aktionen (z.B. ein gut geführtes Zielvereinbarungsgespräch), wie man durch das Mitbringen eines Blumenstraußes eine gute Beziehung schafft. *Gutes* Führungsverhalten ist das Verhalten, das

1. die Ur-Aufgabe der Führung (bzw. ihre Kern-Aufgaben) erfüllt und
2. die Legitimation durch die Gruppe nicht nachhaltig gefährdet.

Die Praxis zeigt, dass erfolgreiche Führungskräfte kaum das tun, was in der Managementliteratur zu ihren Hauptaufgaben gezählt wird: planen, organisieren, koordinieren und kontrollieren. Es war *Henry Mintzberg*[177], der dies recht systematisch belegte. Er sammelte und analysierte Forschungsmaterial darüber, wie der Alltag von Führungskräften aussieht und betont, dass es zwischen den von ihm beobachteten Topmanagern und ihren Vorgängern von vor 1.000 Jahren seiner Ansicht nach keine fundamentalen Unterschiede gibt.

Kann nun ein Manager zur Aufgabenerfüllung völlig willkürlich agieren? Nein! Wir haben bereits herausgearbeitet, dass sich auf unserem evolutionären Weg **Erwartungen** rund um das Phänomen Führung gebildet haben. Diese sind wohl so in uns verankert, dass sie das Spektrum akzeptierten Verhaltens einschränken.

Mit unserem Verhalten ist es wie mit Medikamenten: Wenn es Wirkung erzielt, hat es auch **Nebenwirkungen**. Es wird gefährlich, wenn die Nebenwirkungen unbedacht bleiben und gar schädlich für das Gesamtziel sind. Dieses Prinzip gilt unausweichlich auch für Führungsverhalten. *Es ist nicht alles gleich sinn- und wertvoll, um die Ur-Aufgabe der Führung zu erfüllen.*

> Wer überzeugt ist, **der Zweck heilige die Mittel**, kennt nur keine besseren Mittel. Er beweist seine persönlichen Grenzen, die eigene Unwissenheit und Hilflosigkeit. Die Auswirkungen dieser Fehleinschätzung wird er zwangsläufig erfahren.

Wenn wir Führung nicht an spezifischen Verhaltensweisen festmachen, sondern es als Aufgabe definieren, müssen wir genauer klären, wer dabei wofür verantwortlich ist. Welche Aufgaben innerhalb des Teams sind gemeinsame Aufgaben, welche die des Führenden?

---

[177] *Mintzberg, H.*, Der Managerberuf: Dichtung und Wahrheit, in *Harvard Businessmanager/ Seeger, Ch.* (Hrsg.), Köpfe, Konzepte, Klassiker, 2005, S. 76-103

1.4 Wer ist eigentlich wofür verantwortlich?

Unsere Gattung hat sich vor vielen Jahrtausenden ein **gegenseitiges Leistungsversprechen** gegeben, um besser zu überleben. Wenn wir es nicht einhalten, gefährden wir uns und sterben (aus). Diese Erkenntnis mussten sich unsere Vorfahren nicht mühsam in philosophischen Gesprächen und Vertragsverhandlungen erarbeiten, denn es begründete ihren Ursprung: Ohne Leistungsversprechen der Eltern an ihr Neugeborenes keine Menschheit. Ohne gegenseitiges Leistungsversprechen der Mitglieder einer Ur-Horde kein Überleben. Ende!

Unsere Vorfahren hätten sich dabei niemals erfolgreich zusammentun können, ohne die Fähigkeiten zu gegenseitigem **Zutrauen** (gemeinsam können wir es schaffen) und **Vertrauen** (jeder tut das Nötige und nichts Schädigendes).

Verantwortungsbewusstsein ist keine Anforderung, die Führung besonders auszeichnet. Sich ver-antworten (Antwort geben) muss jeder, der innerhalb einer Gemeinschaft eine Aufgabe übernimmt. Dies gilt für Führende ebenso wie für Gruppenmitglieder.

Der Unterschied zwischen Führenden und Geführten ergibt sich daraus, wofür sich jemand zu verantworten hat.

Führungskräfte haben die Aufgabe übernommen, das **große Ganze** zum Erfolg zu bringen. Es wäre ein folgenschwerer Irrtum anzunehmen, man müsse sich daher ausschließlich um die *großen Dinge* kümmern. Viele Menschen möchten Führung übernehmen, weil sie die Beschäftigung mit Details langweilig finden. Bei Misserfolg hört man diese Manager dann sagen: „Ich kann mich doch nicht um jeden Mist kümmern." Dabei geht es weder um groß noch um klein. Es geht um das, was für den gemeinsamen Erfolg notwendig ist!

An dieser Stelle möchte ich Sie mit einer Autorin bekanntmachen, die wohl aus einer inneren Unzufriedenheit mit dem populären Führungsverständnis heraus, provokante Aussagen macht. Ein Buch zu veröffentlichen, das dem Zeitgeist widerspricht, ist mutig und – wenn der Leser Glück hat – auch anregend. *Judith Mair* ist eine solche Veröffentlichung gelungen. Sie meint, „Es ist absurd, Arbeit als Ersatzheimat und Statussymbol anzupreisen, die Selbstverwirklichung und Spaß verspricht. Arbeit ist zunächst einmal einfach nur Arbeit."[178]

---

[178] *Mair, J.,* Schluss mit lustig! Warum Leistung und Disziplin mehr bringen als emotionale Intelligenz, Teamgeist und Soft Skills, 2002, S. 9

Die neue Freiheit der Geführten (z. B. die so genannte Vertrauensarbeitszeit oder Zielvereinbarungen) definiert sie als unlauteres „Drücken" vor der Führungsaufgabe und Frustrierung akzeptabler Erwartungen auf Seiten der Geführten. Der in solcher Führungslosigkeit angelegten Überforderung der MitarbeiterInnen stehe auf Seiten des Führenden die völlige Entspannung gegenüber: Er könne sich moralisch hinter Begriffen wie Vertrauen, Verantwortung und Selbstbestimmung verstecken.

Mair fordert u.a. ein klar umrissenes Tätigkeitsfeld, wohl portionierte Aufgaben und überschaubare Verantwortlichkeiten für die Geführten ein. Gerade wenn die Arbeitsinhalte immer komplexer werden, sei es wichtig, den Prozess der Arbeit selbst klar zu strukturieren. Ziel und Pflicht des Führenden sei es, die Mitarbeiter so gut es geht vor Stress und unnötigen Strapazen zu bewahren, statt sie darauf abzurichten. Er fungiere als *eine Art Dolmetscher*, der die Unsicherheit und Komplexität des Marktes für den Mitarbeiter in Anleitungen und Anweisungen übersetze.

Die moderne *Forderung nach steter Veränderung kritisiert sie* in diesem Zusammenhang, da den meisten Unternehmen das abhandenkomme, was man als *Substanz* oder Zentrum bezeichnen könne. Sie weist sogar mit eigenen Worten darauf hin, dass hochflexible Organisationen *nicht unseren Ur-Bedürfnissen* nach Geborgenheit und Sicherheit entsprechen. Sie vermutet, dass diese Art der Arbeit vielen von uns „nicht liegen" wird. Ihre Haltung gipfelt in dem unmodernen Satz: „Mitarbeiterführung ohne verbindliche Absprachen, Regeln und Forderungen funktioniert nicht, denn Führen bedeutet immer auch einzuschränken, zu kontrollieren und Vorgaben zu machen."[179]

Abbildung 31: Gegenseitiges Leistungsversprechen

---

[179] *Mair, J.,* Schluss mit lustig!, 2002, S. 68

Aus unserer Perspektive beweist die Autorin ein gutes (intuitives?) Gespür sowohl für die Ur-Aufgabe der Führung wie auch für die Charakteristika unseres „*Archetyp: Unternehmen*". Wenn Führungskräfte ihre eigene Ohnmacht und Verunsicherung dadurch zu bewältigen versuchen, dass sie ihren eigenen Teil des Leistungsversprechens nicht mehr wahrnehmen, wozu werden sie dann benötigt?

Wir stellen also fest, dass auch etwas unpopuläre Ansichten zum Phänomen Führung durchaus einer evolutionspsychologischen Sichtung unterzogen werden können. Es geht eben bei unserem Thema nicht vorrangig um das Kriterium der Popularität, es geht um ein reales, existenzielles Phänomen mit einem zeitlosen Kern!

Die Sachlage ist allerdings komplizierter! Das exakte Festschreiben von Verantwortlichkeiten hat nicht nur Vorteile. So fördert es beispielsweise auch den »Di*enst nach Vorschrift*«, reduziert die Flexibilität, schwächt die Kreativität und Selbständigkeit. Setzt man dagegen auf das Verantwortungsbewusstsein des Einzelnen, auf die eigenverantwortliche und selbständige Arbeit, fördert man zugleich oft Ängste, Chaos, Wildwuchs und Fehlerquellen.

Ein »evolutionär geführtes Team« hat ein grundlegendes und gemeinsam getragenes ***Verständnis für Verantwortlichkeiten***.

Kann unser evolutionäres Führungsverständnis eine tragfähige Orientierung für diese schwierige Situation geben? Ich denke schon!

- Die ***übergeordneten Ziele*** liegen in der Organisation selbst definiert! Um diese Ziele herum treffen sich die Mitglieder der Organisation. Sie können nur vom ***Topmanagement*** geändert werden. Wer diese Ziele nicht teilen kann, verlässt früher oder später die Gruppe – zumindest mental („Innere Kündigung"). Einer professionellen Jagdgruppe gehören die an, die jagen können und wollen! Ein Tourist sollte nicht dabei sein.

- Das ***Vorgehen zur Zielerreichung*** leitet sich aus dem Verständnis der ***Führungskraft*** ab, wie Erfolg entsteht. Ich nenne das ihr *Erfolgsmodell*. Sie ist damit das personifizierte Erfolgsversprechen für die Gruppe. Es ist in ihrem eigenen Interesse, dafür zu sorgen, dass alle wesentlichen Erfahrungen und Kenntnisse (u. a. der Gruppenmitglieder) in dieses Modell eingeflossen sind. Der erfahrene Jagdleiter sagt in letzter Instanz, was getan wird. Führt sein Vorgehen nicht zum Erfolg, entzieht die Gruppe ihm „Legitimationspunkte".

- Die ***Suche nach Verbesserungsmöglichkeiten*** liegt – wiederum in eigenem Interesse – in der ***Verantwortung aller Beteiligten***. Es macht für das gemeinsame Ziel nicht den geringsten Sinn, der Gruppe Erkenntnisse vorzuenthalten, und Machtkämpfe innerhalb der Gruppe haben einen hohen Preis. Wer während der

In die Führungsaufgabe hineinwachsen

Jagd das gemeinsame Ziel aus den Augen verliert, weil er gegen ein anderes Gruppenmitglied „gewinnen" will, verscheucht schnell auch das Wild – und jeder hungert.

- Die letztendliche Bewertung vorhandener Alternativen nimmt die **Führung** vor. Sie trifft damit die **Entscheidungen**, die nicht selbstverständlich sind, und lässt dabei wiederum ihr Erfolgsmodell erkennen. Von welcher Seite man sich dem Wild nähert, entscheidet der Jagdleiter. Führt seine Entscheidung nicht zum Erfolg, entzieht die Gruppe ihm weitere „Legitimationspunkte".
- Die Verantwortung für die **Umsetzung der Entscheidungen** bzw. die **Maßnahmen zur Zielerreichung** liegt in den Händen des speziell dafür *fähigsten Gruppenmitglieds*. Die schnellsten Läufer verfolgen das Wild, die treffsichersten Schützen schleudern die Speere.
- Der **Gesamtverantwortung** entkommt die Führung nicht! Sie hat dafür zu sorgen, dass es funktioniert, und dazu die Möglichkeit, sich jederzeit überall einzuschalten. Jedes Einschalten führt zu einer Belastung des „Kontos: Legitimation" (bei Misserfolg) oder zu einer Einzahlung (bei Erfolg). War die Jagd wiederholt erfolglos, wird die Ursache immer unwichtiger: Die Unzufriedenheit der Gruppe wächst und alternative „Jagdleiter-Anwärter" treten auf.

Die Antworten auf die von mir hier definierten vier Schlüsselfragen eines jeden Führungsverständnisses sollten mit allen Beteiligten diskutiert werden und in der Organisation Fundament der gemeinsamen Arbeit sein. Besteht an dieser Stelle keine gemeinsame Wirklichkeit, werden sich Grundsatzprobleme häufen.

Es erscheint mir völlig unverständlich, auf Fachkompetenzen, Lebensläufe und Titel so viel Wert zu legen, während die **Grundhaltung der Beteiligten** als unwichtige Randfacette betrachtet wird. Ebenso merkwürdig ist es, dass Unternehmen immer wieder in z. T. aufwändigen Prozessen **Führungsgrundsätze** erarbeiten. Wenn man mal davon absieht, dass letztlich sowieso zumeist inhaltlich das Gleiche dabei herauskommt, wird zugleich übersehen, dass es natürliche und unumstößliche Führungsgrundsätze *gibt*!

Ich möchte nahe legen, die Grundsätze der *Evolutionären Führung* in Unternehmen ausführlich und mit allen Beteiligten (nicht nur Führungskräften) zu diskutieren, statt das Rad immer wieder neu zu erfinden. Anstatt für die *Entwicklung von Führungsgrundsätzen* Geld auszugeben, sollte viel eher in die Gestaltung einer gemeinsamen Wirklichkeit bezüglich der hier dargestellten Facetten des Phänomens Führung investiert werden.

Verschenkt eine Organisation damit die Chance zur Entwicklung einer eigenen Identität? Unsinn! Wenn ein Sportler sich an die biophysikalischen Grundprinzipien der menschlichen Natur hält, wird er auch nicht eingeschränkt, sondern erfolgreicher. Der Charakter, der Stil, die Einzigartigkeit einer Organisation müssen auf diesem Weg nicht gefährdet werden. Es gilt also zu unterscheiden:

- ***Grundprinzipien*** der Führung (stabile Gesetzmäßigkeiten)
- ***Wertewelt*** des Unternehmens („Spielregeln" und Identität)

In Ordnung! An dieser Stelle sollten Sie nun für sich ein klares Führungsbild im Kopf haben, das Ihr Handeln sinnvoll und wirksam orientiert. Im Idealfall gibt es in Ihrer Gruppe und Organisation ein gemeinsam geteiltes Führungsverständnis.

Für die weitere Entwicklung in der Führungsrolle müssen wir jetzt „ran ans Leben"!

2. Erfahrung: Erfolgreich zum Führenden werden

Lassen Sie uns zwei Varianten eines „normalen Lebenslaufs" einer Führungskraft betrachten, um unsere »Landkarte der Entwicklung« weiter zu detaillieren.

Die Person, die mit einer Führungsaufgabe betraut wird, hat in aller Regel zunächst weder ein treffendes Selbstverständnis in Bezug auf ihre neue Rolle noch die entsprechenden Fähigkeiten. Daneben kennt sie auch die jeweilige Gruppe oft nicht. Der Anfänger fragt sich, ob die Aufgabe überhaupt für ihn zu schaffen ist, und macht anfangs nicht selten einen schmerzhaften Lernprozess durch. Die Mitarbeiter warten zunächst ab und fühlen dem neuen Chef „auf den Zahn". Sie testen, welchen *Nutzen* er für die Gemeinschaft bietet, wie sein *Führungsverständnis* und das *Zukunftsversprechen* aussehen, und wie sie gelebt werden. Oft prüft jedes Gruppenmitglied, in welchen Punkten der neue Chef (k)einen *Vorsprung* hat. Die neue Führungsaufgabe zerrt an den Nerven. Unentwegt ist man Kommentaren, Kritik und (Fehl-)Interpretationen ausgesetzt.

Kann die neue Führungskraft einen Vorsprung spürbar machen und ihre Ur-Aufgabe für die Gruppe erfolgreich wahrnehmen, erhält sie für ihre Rolle zunehmend *Legitimation*. Der neue Chef wird jetzt mit Aufgaben und Problemen überhäuft, viele sind dabei quasi vom Vorgänger geerbt. Arbeit ohne Ende! Es gilt, die eigene Zeit auf die wirklich ***wesentlichen Aufgaben*** zu konzentrieren. Auf dem noch unbekannten Terrain ist zumeist umsichtiges und ***besonnenes Verhalten*** gefragt. Alle Beteiligten erleben dann zunehmend ein Zusammenwachsen der Gruppe und eine immer wirkungsvollere Ausrichtung auf den Erfolg der Gemeinschaft. Erfahrene Mitarbeiter beginnen, der neuen Führung den Rücken zu decken.

In die Führungsaufgabe hineinwachsen

Gelingt der Start weniger klar und gut, beginnt rasch ein mehr oder minder subtiler Machtkampf. Oft versucht die neue Führungskraft auf ihre ganz persönliche Weise die Mitarbeiter für sich zu gewinnen: Sie ist z. B. nett oder setzt ihre Macht ein, baut Netzwerke auf, manipuliert, kontrolliert und versucht alles, um die Geschehnisse in den Griff zu bekommen. Sie erlebt zunehmend eine Kluft zwischen sich und der Gruppe. Der Druck „von oben" steigt zudem, da allmählich konkrete Ergebnisse eingefordert werden. Von nun an muss sich der neue Chef immer häufiger mit selbst produzierten Nebenwirkungen seines Verhaltens auseinandersetzen. Es entstehen erkennbare Sympathien und Antipathien, Verbrüderungen, Konflikte usw. Statt Freude am Erfolg und positivem Gemeinschaftsgefühl tauchen zunehmend Frustration und Kräfteverlust bei allen Beteiligten auf. Die Gemeinschaft verliert ihre eigentlichen Ziele mehr und mehr aus den Augen und wird immer erfolgloser. Die Fluktuation nimmt – sofern es der Arbeitsmarkt erlaubt – zu. Dies gilt auch für die Wechselmotivation des Chefs. Er holt vielleicht kurzfristig noch einmal alles aus der Gruppe heraus – und wechselt dann (oft nach etwa 2 Jahren, denn so lange dauert der hier beschriebene Prozess zumeist) auf eine andere Position.

Wie auch immer: Es entsteht letztlich ein ganz ***individuelles Führungs-Geführten-System***, das sich automatisch seine eigenen Regeln, Tabus und Sachzwänge schafft. Mit der Zeit gewöhnen sich alle Verbliebenen an die Lage und der Chef an seine Rolle. Da er mittlerweile erfahrener und oft im Machtnetzwerk etabliert genug ist, bewahrt er seine Position. Die Gesamtlage ist recht stabil. Es funktioniert solange, wie es der Führung gelingt, ihr Legitimationskonto im Kreditrahmen zu halten. Dieser Prozess des Etablierens dauert nicht selten 2 bis 3 Jahre.

Wie lange braucht es eigentlich, um auf anderen Gebieten erstklassige Leistungen zu erbringen? In einer Studie mit dem Titel „Development of Talent Project" wurde u.a. der Entwicklung hervorragender Künstler, Schachspieler, Sportler und Neurologen nachgegangen. Dabei stellte man fest, dass es unabhängig von der Branche 10 bis 18 Jahre dauerte, um auf einem Gebiet Topleistungen zu erbringen und Meisterschaft zu erreichen[180]. Für den Managementbereich berichten Quellen von 10 bis 20 Jahren, bis man eine Führungskraft „großgezogen" hat[181]. Das muss für ehrgeizige Menschen, die schon bereit waren, für ihr Ziel viele zusätzliche Jahre in die Ausbildung zu investieren, eine erschreckende Nachricht sein!

> Ich stelle mir vor, wie ich nach einem Studium (natürlich mit Auslandsaufenthalt) – in Deutschland bin ich mittlerweile wohl Anfang oder Mitte Zwanzig – noch ein Traineeprogramm absolviere, promoviere oder ein MBA-Studium anhänge und schließlich meine erste Sachaufgabe im Unternehmen antrete. Ich beginne, wirklich an der Lösung realer Probleme in einer realen Welt mit-

---

180 *Buckingham, M./ Coffman, C.*, Erfolgreiche Führung gegen alle Regeln, 2001
181 *McCall, M. W./ Lomardo, M. M. / Morrison, A. M.*, Erfolg aus Erfahrung, 1995

> zuwirken. Ich habe einen beeindruckenden Werkzeugkasten, aber diese konkrete Welt kenne ich verständlicherweise wenig.
>
> Erfreulicherweise bin ich nach fünf Jahren noch dabei, habe gerade meinen 33-jährigen Geburtstag gefeiert, einige Seminare besucht und an einem Assessment-Center teilgenommen. Mir wurde Führungspotenzial bescheinigt, weil ich selbstbewusst rangegangen und sprachlich ziemlich gut drauf bin. Empfohlen hat man mir, meine soziale Kompetenz noch auszubauen. Ein entsprechendes Seminar wurde angeregt. Mache ich gerne, denn dann geht es hoffentlich endlich los mit der Karriere. Ich habe gelesen, dass man richtig gut ist nach 10 bis 20 Jahren. Wenn die Forschungsergebnisse stimmen, wäre ich Ende 40, bevor ich in der Aufgabe einer Führungskraft ein Kenner wäre. Vorausgesetzt, ich nutze die Zeit wirklich gut. Das kann doch nicht wahr sein! Gibt es denn keinen schnelleren Weg?

3. Systematik: Die Abkürzung zum „Alten Hasen"

Auch wenn klar ist, dass Lernen durch Erfahrung ein sehr langwieriges Unterfangen sein kann: Die entscheidenden Entwicklungen machen wir nun mal in der Praxis, d.h., wenn wir uns mit tatsächlichen Problemen und Konsequenzen auseinandersetzen. Dabei liegt der Unterschied zwischen einer unerbittlichen Survival-of-the-Fittest-Ideologie („einfach ins kalte Wasser werfen") und einem *fürsorglichen Entwicklungsansatz* in der angebotenen Unterstützung und in der Reaktion auf unvermeidliche Fehler. An dieser Stelle sind Fachleute wertvoll, die wissen, welches Entwicklungspotenzial in welchen Tätigkeiten steckt, die Selbstreflexion fördern und Wegbegleiter auf diesem unbekannten Terrain sind. Gleichzeitig gilt es, günstige Gelegenheiten zu nutzen und zur Improvisation bereit zu sein.

In einer interessanten Studie[182] wurden wertvolle Erfahrungen auf dem Weg zur erfolgreichen Führungskraft systematisch herausgearbeitet, die ich ein wenig näher beleuchten möchte.

- Es soll demnach Vorteile bieten, mit unbekannten Menschen umgehen zu müssen, um erfolgreich sein zu können. Ich vermute, dass dabei die Betonung auf dem *„erfolgreich sein"* liegen muss. Wenn unsere Überlegungen stimmen, dann ist es nicht der Umgang mit unterschiedlichen Menschen, der den Kern der Führung ausmacht. Mit verschiedensten Persönlichkeiten müssen wir heute alle irgendwie auskommen. Etwas zum Erfolg bringen, was nicht nur von den eigenen Sachkompetenzen abhängt, darauf kommt es wohl an. Vor diesem Hintergrund

---

[182] *McCall, M. W./ Lomardo, M. M. / Morrison, A. M.*, Erfolg aus Erfahrung, 1995

gilt es, *früh von Menschen zu verlangen, mit anderen gemeinsam Erfolg herzustellen*.

- Verschiedenartigsten Vorgesetzten ausgesetzt sein, ist anscheinend auch nützlich. Offenbar ist es bedeutsam, sich auch bewusst als Geführter zu erleben und die eigenen Reaktionen zu erfahren. *Unterschiedliche Vorgesetzte* sind deshalb wichtig, um nicht einfach dem Impuls zu folgen, es später auch so – oder gerade genau anders – als eine bestimmte Person machen zu wollen.

- Es wird auch empfohlen, *Hilfe bei kritischen Übergängen* zu haben. Gerade in extrem schwierigen Momenten sollte man niemanden allein und ohne Sicherung auf seinem Weg lassen. Man benötigt in seiner Entwicklung nicht nur den geistigen Sparringspartner, sondern durchaus auch mal denjenigen, der einen fallenden Felsbrocken abzulenken versteht. Überlegen Sie einmal, wie sorgfältig man mit viel versprechenden Sportlern umgeht – ohne sie auch nur eine Spur zu schonen.

- Nahezu selbstverständlich erscheint der Tipp, Mitarbeiter zu haben. Ich könnte mir allerdings vorstellen, dass es nicht einmal zwingend die berufliche Führungsposition sein muss, die wachsende Führungserfahrung ermöglicht. Entscheidender ist es, die *Ur-Aufgabe der Führung zu übernehmen*! Es gilt – wie Paul Watzlawick formuliert –, „einen Unterschied zu machen, der einen Unterschied macht". Das ist auch im Hobbybereich möglich.

- *Verantwortung sollte wachsen*, aber dabei keinesfalls einfach mit größerer Mitarbeiteranzahl gleichgesetzt werden. Reife Führung hat nicht nur etwas damit zu tun, sich für Ergebnisse verantworten zu müssen. Es geht im Wesentlichen darum, sich einerseits selbst als Ursache für sachliche Ergebnisse und die Befindlichkeiten anderer Menschen zu erkennen. Überzogen wird dieser Prozess, wenn man beginnt, sich nahezu für alles verantwortlich zu fühlen. Hier könnten wir eher von »Größenwahn« als von Verantwortungsgefühl sprechen.

- *Schwierige Situationen mit Risiko* bieten offenbar besondere Entwicklungschancen. Die Führung einer eingespielten, erfahrenen und harmonischen Gruppe in einem stabilen Umfeld mag noch relativ einfach sein. Um aber zu vermeiden, in Krisen die Legitimation einzubüßen, muss man solche Momente schon überstanden haben. Schwierige Situationen wird man verständlicherweise aus ethischen Gesichtspunkten nicht aktiv herstellen, aber seien wir realistisch: Das Leben bietet uns an dieser Stelle zweifellos früher oder später Gelegenheiten.

- Ohne *(Selbst-)Reflexion und Korrekturen* geht es nicht. Wertvolle Erfahrungen entstehen bei uns Menschen nicht automatisch. Es gibt keine Garantie dafür, dass eine Person aus bestimmten Erlebnissen das lernt, was sie lernen könnte. Unreflektiert wird das Geschehen einfach Teil unseres Autopiloten, der nach anderen Kriterien funktioniert als denen der Professionalität. Das ist einer der wesentlichen Gründe, warum es nicht einfach ausreicht, unterschiedliche Menschen durch ähnliche Aufgaben und Situationen laufen zu lassen. Was für den einen ein traumatisches Erlebnis ist, von dem er sich nie zu befreien versteht, ist für den anderen eine wertvolle Erfahrung. Die Unfähigkeit, Erlebnisse in einen Bezug zum eigenen Innern zu setzen, schränkt die Lernfähigkeit drastisch ein.

Gerade diesem letzten Punkt kommt aus meiner Erfahrung ein ganz besonderer Stellenwert zu. Sehen wir ihn uns daher noch etwas näher an.

3.1   Selbstreflexion: Der erste Schritt zur Freiheit

Wir kommen nicht *aus unserer Haut*! Unser Autopilot ist mächtig! So überlegen, frei und erwachsen, wie wir es uns vorstellen, sind wir einfach nicht. Und das setzt uns spürbare Grenzen für Entwicklung, Veränderung und persönliches Wachstum.

> Eine unserer Gehirnstrukturen hat seit Urzeiten eine emotionale Bewertungsaufgabe, die uns das Überleben sichert. Sie urteilt unmittelbar, inwieweit eine Situation oder ein Ereignis gefährlich oder attraktiv für uns sein könnte. Aus dieser Bewertung erwachsen sofort Handlungsimpulse, die wesentlich schneller sind als unser Großhirn es mit seinen analytischen Möglichkeiten je sein kann. Auf dieser Basis bewegen sich 99,9 Prozent aller Tiere durch ihr Dasein; sie leben im Hier und Jetzt, ihr Alltag beruht im Wesentlichen auf Fressen, Schlafen, Fortpflanzen, Kämpfen. Die restlichen 0,1 Prozent sind vermutlich nur Menschenaffen und Menschen, die ausreichend freie Hirnkapazität haben, um in die Vergangenheit schauen und über die Zukunft nachdenken zu können[183].

Erst wenn wir einen Weg finden, nicht unmittelbar zu reagieren, können wir unseren Autopiloten auf seine Qualität prüfen. Dazu brauchen wir eine „Lücke" zwischen Handlungsimpuls und Reaktion. Wir müssen uns Raum zum Überlegen schaffen. Was lässt sich in diesem Zusammenhang tun?

---

[183] *Weber, P. F.*, Der domestizierte Affe. Die Evolution des menschlichen Gehirns, 2005

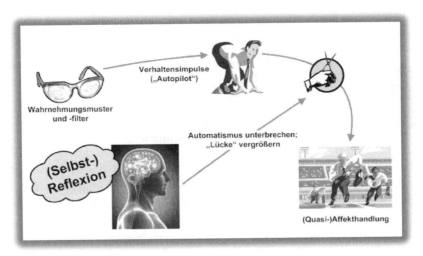

Abbildung 32: (Selbst-)Reflexion als Fundament des Wachstums

- Zum einen können Sie Ihre Handlungsimpulse *ignorieren oder verdrängen*. Dies entspricht in etwa der Strategie von Kleinkindern, die sich die Augen zuhalten, um nicht gesehen zu werden. Psychisch hilft Ihnen dieser Ansatz, real nicht. Sie sind nun erst recht Opfer Ihrer Impulse und verwechseln Freiheit und Spontaneität mit Gedankenlosigkeit, (schlechten) Gewohnheiten und Willkür. Sie bleiben in Ihrer Entwicklung stecken[184].

- Dann können Sie sich das sichtbare ***Ausleben Ihrer Impulse verbieten***. Diese Strategie erfordert Kraft, Disziplin und Selbstkontrolle – manchmal bis hin zur Selbstverleugnung. Meiner Erfahrung nach ist das der Lieblingsansatz vieler erfolgreicher Menschen. Je nach Erschöpfungsgrad und Widerstandskraft, je nach Übung in Disziplin sind sie hierbei im Kampf gegen ihre Handlungsimpulse mal erfolgreicher und mal weniger. Gleichzeitig erwächst daraus oftmals ein Frustrationspotenzial, das zu Kurzschlussreaktionen und Krankheiten führen kann.

- Sie können Ihre Impulse allerdings auch einfach zulassen, ihnen zuschauen und sie *vergehen lassen*. Diese Strategie wird beispielsweise in Meditationsübungen gepflegt und beruht darauf, den Abstand zwischen emotionalem Impuls und Handlung ruhig und stetig zu vergrößern. Auch hierzu wird Übung und Disziplin benötigt, aber es staut sich viel weniger auf. Diese Strategie irritierte im Manage-

---

[184] Es sind übrigens nicht vor allem die nicht so erfolgreichen Führungskräfte oder die besonders guten, die Managementtrainings oder Coachings vermeiden. Es sind diejenigen, die der Selbstreflexion ausweichen wollen.

ment zu Zeiten der 1. Auflage noch. Jetzt lese ich, dass beim jüngsten Treffen in Davos Donnerstag- und Samstagmorgen Meditation angeboten wird.[185]

 Der Weg zur erfolgreichen Führungspersönlichkeit verlangt **Selbstreflexion**: Was sind meine persönlichen Impulse, was ist mein eigener Anteil, und was verlangt die Situation?

Und Selbstreflexion benötigt (innere) Ruhe, Wahrhaftigkeit und die Kenntnis eigener **Wahrnehmungsmuster**.

Ich bin ziemlich sicher, dass Sie Ihre Fähigkeit zum Weitsprung, Tennis oder Golfspielen treffsicherer bewerten können als Ihre Führungskompetenz. Wir sind realistischer in den Bereichen, in denen Dinge direkt in ihrer Auswirkung beobachtbar sind. Der schwierige Entwicklungsprozess zur Führungspersönlichkeit ist daher mit **guten Lehrern** und **wertvollen Rückmeldungen** erfolgreicher zu bewältigen.

Fassen wir zusammen: Sie benötigen zu Beginn Ihrer Entwicklung zumindest ein realistisches Bild über Führung und deren Aufgaben. Die dann zwingend notwendigen praktischen Erlebnisse müssen reflektiert und zu Erfahrungen gemacht werden. Dabei können Sie von guten Lehrern profitieren. Wollen Sie Ihr eigenes Wachstum noch darüber hinaus weiter vorantreiben? Dann brauchen Sie den Mut, immer wieder aufs Neue einen Schritt über sich selbst hinauszugehen. Das ist deshalb so schwer, weil Sie wohl erst einmal froh sind, die Unsicherheit der Startphase endlich überwunden zu haben.

3.2 Wandel: Der Schritt über uns hinaus

Auf dem Weg des praktischen Lernens entstehen Muster, Strategien und Prinzipien, die oft plötzlich ein Hindernis für die weitere Entwicklung sind. Genau die Dinge, denen Sie vielleicht Ihre derzeitige herausragende Position verdanken, blockieren plötzlich Ihren nächsten Schritt. Systematische **Erfolgsmodell-Reflexionen** sind daher wesentlich für Ihr Wachstum. Dazu ist es enorm wichtig, die Gründe und Muster zu kennen, die für die bisherigen eigenen Erfolge verantwortlich sind.

---

[185] *Jörg Eigendorf*, Wie Manager Abschalten lernen, WELT, 26. Januar 2013

Nicht wir haben unser Erfolgsmodell geprägt. Es prägt uns! Es beeinflusst maßgeblich die Art, wie wir unsere Wirklichkeit wahrnehmen, die Weise wie wir denken und fühlen, unsere Handlungsimpulse und Entscheidungen.

Unser persönliches Erfolgsmodell ist uns in aller Regel nur ansatzweise bewusst, da wir es als *völlig normal* empfinden – so wie kein Fisch weiß, dass er im Wasser schwimmt. Erst wenn etwas nicht wie gewohnt funktioniert, wir an unsere Grenzen stoßen, fällt es uns auf. In solchen Situationen haben Sie drei Möglichkeiten:

1. Sie **verdrängen das Problem**, indem Sie die Schwierigkeiten leugnen, eigene Schwächen kompensieren oder vergleichbaren Situationen von nun an ausweichen. Dieser Weg zehrt jedoch immer mehr von Ihren Energien und Kräften auf. Oft denken Sie dann vielleicht, das äußere Umfeld würde Sie auslaugen. Doch im Kern zahlen Sie schlicht den Preis dafür, nicht von Ihrem alten Erfolgsmodell loszukommen.

2. Möglicherweise neigen Sie aber auch mehr zur **Methode „Mehr-des-Selben"**: Dies entspricht dem Ansatz, einfach mehr Anlauf zu nehmen, wenn man gegen ein Hindernis gerannt ist. Unser Erfolgsmodell ist dermaßen massiv unsere Wahrheit, dass wir der festen Überzeugung sind, man könne gar nicht auf eine andere Art erfolgreich sein. Sie haben möglicherweise in diesem Zusammenhang den Eindruck, dass das Leben immer härter wird.

3. Mein Tipp ist diese Variante: **Nutzen Sie die Chance** und machen Sie sich Ihr Erfolgsmodell bewusst (so wie Sauerstoff in der Luft dann am ehesten registriert wird, wenn er weniger wird): Über Ihr eigenes Modell hinauszugehen heißt dabei nicht, es aufzugeben. Das ist auch gar nicht möglich. Aber es kann gelingen, eine offenere Beziehung zu ihm zu entwickeln. In Ordnung: Der erste Moment, in dem Sie anerkennen, dass irgendetwas grundlegend nicht mehr stimmt, ist unangenehm. Sie verlieren vielleicht die Überzeugung, Ihr Leben unter Kontrolle zu haben, und gefährden Ihre Identität. Aber wollten Sie nicht über sich hinauswachsen? Dieses Gefährden des Selbstverständnisses ist wichtig, denn auf dem eigenen Entwicklungsweg dürfen Sie an Ihrer alten Identität nicht festkleben.

> Wir können die Situation z.B. mit unserer Pubertät vergleichen. Die Veränderung vom Kind zum Erwachsenen vollzieht sich voller Dramatik und Unsicherheiten. Wir verabschieden uns von etwas, was wir nicht mehr länger sind, und finden uns in einer unbekannten, faszinierenden und verschreckenden Welt wieder. Ein Festhalten am Vergangenen ist praktisch nicht möglich.

Es bedarf schon einer Änderung im Selbstverständnis eines Menschen, wenn er eine Führungsaufgabe übernimmt. Aber erst der Weg des ständigen Wandels verdient den Begriff des Reifens. Hier finden wir den Weg des Künstlers.

4. Künstlertum: Zur Führungspersönlichkeit reifen

Führungsreife entsteht ebenso wenig automatisch mit einer definierten Anzahl von Managerjahren oder einer bestimmten Hierarchieebene wie Persönlichkeitsreife durch Alterwerden. Spätestens an dieser Stelle wird deutlich, ob Management als Karriereweg betrachtet wird, als persönliche Verantwortung oder als Auftrag zur eigenen, stetigen Entwicklung. Wenn der Reiz der Führungsaufgabe Sie wirklich gefangen genommen hat, finden Sie sich früher oder später vor der Frage: Wie kann ich meine Persönlichkeit noch wertvoller für die Gemeinschaft machen?

Persönliches Wachstum hat etwas damit zu tun, die Potenziale und Möglichkeiten, die uns unsere evolutionäre Natur erlaubt, auch tatsächlich zu verwirklichen. Wie Erfahrungen mit so genannten „Wilden Kindern" belegen, ist das eindeutig nicht für unsere individuelle Entwicklung genetisch automatisiert[186]. Einige Aspekte des Menschseins scheinen sich wie selbstverständlich zu entfalten, andere nicht. Weisheit, Neugier, Mitgefühl, Freundlichkeit, Humor und Liebe müssen offenbar in einem kulturellen Prozess erworben werden.

> Es erschiene mir übrigens in diesem Zusammenhang überheblich, davon auszugehen, dass ein so genannter höherer *Kulturstand* zwangsläufig die Führung „niedrigerer Wesen" notwendig mache. Ich persönlich würde mich in der Wildnis lieber an dem Verhalten und dem Erfolgsmodell wilder Kinder orientieren, als zu versuchen, sie unter meine Führung zu bekommen. Wenn Sie nun einwenden würden, gerade dies wäre ja ein Zeichen für Weisheit und damit entfaltete Menschlichkeit, würden Sie mich allerdings ins Grübeln bringen. Weisheit würde dann offenbar auch Geführten wertvolle Dienste leisten.

Unsere Natur hat uns die Möglichkeit mitgegeben, unterschiedliche Dinge zur Meisterschaft zu bringen. Und da es Autoren gibt, die Management im Zusammenhang mit Künstlertum nennen[187], möchte ich dieses Kapitel damit beenden, ein wenig karikierend den Weg zum **Meister der Führung** zu skizzieren. Gönnen Sie sich den Spaß und „übersetzen" Sie ihn doch einmal auf Ihren persönlichen Entwicklungsprozess:

1. Der naive Anfänger startet aus einer Lage der **Unwissenheit und Willkür** und ist überzeugt, die Aufgabe besser als die meisten anderen erfüllen zu können – oder zumindest ebenso gut. („Diese Kinderzeichnungen kann doch jeder. Wer ist überhaupt Picasso?") Wir fühlen uns in dieser Lage authentisch und wirksam. Einen Lehrer benötigen wir unserer Ansicht nach nicht wirklich. Haben wir Kon-

---

[186] *Newton, M.*, Wilde Kinder. Schicksale jenseits der Zivilisation, 2004
[187] *Schircks, A. D.*, Management Development und Führung, 1994, S. 64

takt mit ihm, wollen wir beweisen, dass er viel mehr Fehler hat, als er selbst glaubt, und der Unterschied zwischen ihm und uns nur gering ist.

2. Wir lernen bald *einfache Standards* (Grundtechniken), wenden diese an und begreifen allmählich die Zusammenhänge zwischen Handeln und Ziel. Unser Verhalten fühlt sich für uns noch fremd und ungewohnt an. Wir glauben, viele Dinge, die uns der Lehrer aufträgt, wären überflüssig. („Diese doofe Übung haben wir doch schon mal gemacht. Die bringt im realen Alltag sowieso nichts.") Wir haben bei der Ausführung oft das Gefühl, nicht wir selbst zu sein. Von außen wirkt unser Vorgehen gelernt, widersprüchlich und „aufgesetzt". Unseren Lehrer halten wir einerseits für den Größten, andererseits für zu zwanghaft und nicht auf das wahre Leben bezogen. Er geht aus unserer Sicht nicht genügend auf unsere Individualität ein, gängelt und unterdrückt uns. („Ich mache das nicht mehr lange mit.")

3. Die *Übung und Professionalisierung* im Umgang mit den Standards bringt uns auf den Weg der Perfektion. Allmählich entsteht bei uns das Gefühl, dass wir die Standards beherrschen und nicht sie uns. Wir fühlen uns zunehmend authentischer und beginnen, unser Vorgehen geschickter und situativer zu steuern. Es wirkt nun nicht mehr „aufgesetzt". Unseren Lehrer halten wir zunehmend für überflüssig. Er gehört aus unserer Sicht zur „alten Schule" und begreift nicht, dass mittlerweile alles ganz anders geworden ist. In manchen Punkten sind wir offensichtlich erfolgreicher. („Es wird Zeit, dass ich aus dieser Sache hier rauskomme. Hier lerne ich nichts mehr.")

4. Entweder werden wir an dieser Stelle zunehmend starr und unflexibel, *perfektionieren* die Standards isoliert von den situativen Feinheiten immer weiter, oder wir füllen diese mit unserer Persönlichkeit und entwickeln einen *eigenen Stil*. Im ersten Fall werden wir ein „Abziehbild solider Arbeit". („Ich mache halt meinen Job. Und das verdammt gut.") Im zweiten Fall bewegen wir uns auf das Künstlertum zu. Mittlerweile hält man uns für außergewöhnlich und unterstellt uns Talent und Begabung, vielleicht auch Charisma und Führungspersönlichkeit. Unseren Lehrer verstehen wir mittlerweile wieder viel besser. Unser Respekt ist gewachsen und wir begegnen ihm mit wachen Sinnen, immer bereit, weitere Feinheiten aufzunehmen. Die Frage „Ist er besser oder schlechter als ich?" bewegt uns nicht mehr. („Das kann man schlecht erklären, aber er ist schon was Besonderes.")

5. Unsere Leistungen heben sich mittlerweile sehr vom Durchschnitt ab und wir stehen vor einer weiteren Weiche: Entwickeln wir nun *Künstlertum und Meisterschaft* oder *Überheblichkeit und Hochmut*? Wenn es uns gelingen soll, Führung wirklich zu einer Kunstform zu entwickeln, benötigen wir Disziplin, Achtsamkeit und die Bereitschaft, die Aufgabe nahezu losgelöst von unserer Persön-

lichkeit zu leben. Die „*Führungs-Primadonna*" überbewertet sich selbst zunehmend als Ursache ihres Erfolgs. Sie beginnt, die wirklichen entscheidenden Dinge zu vernachlässigen. Hochmut kommt bekanntlich vor dem Fall. Der „*Führungs-Meister*" vergisst nicht, was das Wesentliche ist, und hört nie auf, sich in Bezug auf diese Punkte weiter zu entwickeln. Er gestaltet sich selbst zum Führungsinstrument. („Ich erkenne heute erst, wie unendlich viel es noch zu lernen gibt.")

6. An dieser Stelle bewegen wir uns bereits an der Grenze des Bekannten. Wir beginnen Neuland zu erforschen und gewinnen eine **Unschuld und Freiheit** in unserer Kunst, die oft nicht mehr verstanden wird und für die meisten Menschen nicht zur Nachahmung geeignet ist. Wenn wir nun nicht in **Kontakt mit dem wahren Leben** bleiben, werden wir exzentrisch. („Weißt du, Führung ist eine Welt, die niemand je verstehen wird.") Noch immer besteht die Gefahr, die Ur-Aufgabe der Führung aus den Augen zu verlieren – und das Entwickelte zu verlieren. Wenn wir nicht mehr von der realen Welt herausgefordert werden, wenn das Leben uns keine Rückmeldungen mehr geben kann (z. B. weil sich niemand mehr traut, an unserem Denkmal zu kratzen oder wir in einem geschützten Elfenbeinturm leben), werden wir schwach und beginnen, die Natur der Dinge misszuverstehen. Wir werden wie ein Spitzensportler ohne (Wettkampf-)Praxis.

7. Mittlerweile sind wir wohl selbst zum **Vorbild und Lehrer** geworden. Der Unterschied besteht darin, ob wir unseren Weg durchschaut haben und über eine Landkarte durch das Gelände des Wachstums verfügen – oder nicht. Im ersten Fall können wir zum umfassenden Wegführer werden, wir können lehren. („Schau, in deiner Phase ist Folgendes wertvoll ..."). Im zweiten kann man bestenfalls durch Zusehen von uns lernen. („Was soll ich sagen? So schwer ist es doch nicht. Schau halt genauer hin.") Der wahre Künstler beginnt, ein Werk und Erbe zu hinterlassen.

Ob wir uns den Weg von Malern (z. B. Picasso, Dali), Spitzensportlern (z. B. McEnroe) oder asiatischen Kampfkunst-Meistern anschauen: Wir finden sehr oft diese Muster in ihrer Biografie wieder. Und es gibt hier keine Ziellinie, kein Ende, kein „Fertigsein"!

Zugegeben, ich kenne kaum Manager, die Ihre eigene Entwicklung mit der eines Kampfkunstmeisters oder Künstlers vergleichen – geschweige denn diese so betreiben. Allerdings bin ich überzeugt, dass es sie gibt. Und ich würde sie gerne kennenlernen! Vielleicht kommt Ihnen dieser Bezug sogar zynisch vor, wenn Sie an die eine oder andere Führungskraft denken, die Sie (aus den Medien) kennen. Ja, die Ur-Aufgabe der Führung kann auch von unangenehmen oder gar kriminellen Persönlichkeiten wahrgenommen werden. Ja, die Führungsrolle kann man auch „besetzen", wie man illegal ein Haus besetzt. Aber, was bedeutet das?

Neben der funktionalen Seite der Aufgabenerfüllung gibt es noch die Seite der **Werte**. Erinnern wir uns an die „Deal-Dimension" und die „Emotionale Dimension" jeder Beziehung – also auch der zwischen Führendem und Geführten.

Wann thematisieren wir in der Entwicklung unserer Manager die **Gesinnung**, aus der heraus die Führungsaufgabe wahrgenommen wird?

Haben Sie schon einmal überlegt, welche Grundhaltung unsere Wirtschaftsschulen ihren Studenten vermitteln? Gehen Sie einmal auf die Website der renommierten St. Galler Business School[188] und geben Sie »Werte« in das Suchfeld ein. Ich habe das spontan getan, als ich gerade schrieb – und war ebenso erschrocken, wie in meinen Befürchtungen bestätigt.

Die 1. Nennung dort besteht in einer Veranstaltung für Geschäftsführer (Wertoptimierung: Wie monetäre Werte entstehen), erst in der 4. Nennung tauchen Werte im Zusammenhang mit Verhalten auf. Eine Veranstaltung wird angezeigt, die sich an oberste Führungskräfte richtet. Konzept: „*Im Diskurs mit den Teilnehmenden bringen die erfahrenen Dozenten bewährtes wie neues Führungswissen auf den Punkt und zeigen, wo aus Ihrer Sicht die wirklichen Hebel zur Steigerung Ihrer persönlichen Management-Kraft liegen.*" Das Ziel wird so definiert: „*Werte und Verhaltensweisen, welche meinen Führungsanspruch unterstützen*".

Produzieren wir tatsächlich systematisch die Manager, über die wir uns hinterher beschweren? Hier schließt sich für mich fast ein Kreis:

Wir können besser führen – und müssen das auch!

---

[188] Das sieht aktuell (Feb. 2013) bei anderen Business Schools nicht viel anders aus.

Teil IV: Die Zukunft der Führung

Führung über das Unternehmen hinaus

> *"Wie das Genom der Code für die biologische Lebensfähigkeit von Menschen ist, ist richtiges Management der Code für ihre Lebenstüchtigkeit, also ihre gesellschaftliche Lebensfähigkeit – und gleichzeitig für die Funktionstüchtigkeit der Institutionen einer Gesellschaft."*
>
> Fredmund Malik, Management-Kenner[189]

Haben Sie schon einmal etwas von Rosi Gollmann gehört? Für mich war sie bis vor wenigen Wochen unbekannt, obwohl sie aus meiner Heimatstadt stammt. Offenbar liegt die Betonung dabei auf *„für mich* unbekannt", denn *Käthe Rosalie Gollmann* (geb. 1927) gehört mit ihrem Andheri-Hilfe Bonn e.V. zu den ganz großen Frauen Deutschlands. Ihr Buch *„Einfach Mensch"* hat mich berührt. Sie berichtet darin u.a. von der aussichtslosen Situation in einem indischen Dorf (Shantipura), die sie selbst vor einiger Zeit mit „Hier ist nichts mehr zu retten." kommentierte: Dürre, zerstörte Felder, weggeschwemmte Böden, massive soziale Kluften zwischen den Bewohnern…

Ihr war rasch klar, dass – wenn überhaupt – nur die extrem enge Zusammenarbeit zwischen den armen Bauern der Hänge mit den Reichen des Tals den Teufelskreis von Dürre und Monsun-Gewalt durchbrechen könnte. Wer indische Verhältnisse kennt, weiß, wie unwahrscheinlich so ein Schulterschluss ist. Lassen Sie mich direkt zum Happy-End springen: In Shantipura wurden innerhalb weniger Jahre nicht nur Analphabeten zu Wassermanagern. Weil die Vorteile des Miteinanders dabei so deutlich hervortraten, gründete man gemeinsam Einkaufs- und Absatzgenossenschaften, und die reichen Landbesitzer zahlen ihren Arbeitern bessere Löhne, treten ihnen sogar Parzellen ab. „Die Menschen haben hautnah erfahren, welcher Schaden entsteht, wenn jeder ausschließlich auf seine eigenen Interessen aus ist…"[190] In gemeinsamen Gesprächen erinnerten sich die ältesten Dorfbewohner mit einem Mal wieder an längst vergessen geglaubtes Wissen, wie das Wasser im Abfluss von den Hügeln gebremst und im Tal gespeichert werden konnte. So etwas war nur möglich,

---

[189] *Malik, F.*, Management: Das A und O des Handwerks, 2005, S. 7
[190] *Rosi Gollmann, Beate Rygiert*, Einfach Mensch, 2012, S. 352

weil Kastengrenzen überwunden und die notwendigen Aktionen gemeinsam organisiert wurden. In Ordnung, sagen Sie vielleicht, aber was hat das mit entwickelten Ländern zu tun?

Nun ja, die haben einfach nur andere Probleme. Szenenwechsel: Strukturwandel, Überalterung, Abwanderung in die Städte, nichts von Postkartenidyll. So sieht heute die Realität der meisten Dörfer und kleinen Gemeinden dieser Art in Deutschland aus. Nicht so im inzwischen mit Preisen überhäuften Wiesenburg[191] (ca. 1.300 Einwohner, rund 100 Kilometer südwestlich von Berlin). In enger Gemeinschaft – auch hier spielen interessanterweise Genossenschaften eine Rolle – wurde die Infrastruktur erhalten und ausgebaut, das Dorfzentrum ist wirklich Zentrum geblieben, rund 500 (!) Arbeitsplätze gibt es mittlerweile im Dorf, rund 25 Prozent der Einwohner sind zugezogen, der Kontakt zu ehemaligen Jugendlichen des Dorfes wird systematisch gepflegt...

> Hoffentlich sind Sie nicht der Meinung, diese Berichte wären eher ein Beispiel für gute Gemeinschaft und Kooperation, statt für unser Phänomen Führung. Dann wäre es mir nach weit über 200 Seiten nicht gelungen, Ihnen die enge Verzahnung dieser Aspekte menschlichen Überlebens zu verdeutlichen.

Erinnern Sie sich an einen meiner ersten Sätze in diesem Buch? Ich wies darauf hin, dass die Evolution nicht abgeschlossen ist und dass der Beweis noch aussteht, ob wir Hominiden erfolgreicher sind als andere Lebensformen. Ich habe seitenlang dafür argumentiert, dass unsere Existenz sehr wesentlich auf erfolgreicher Führung beruht. Jetzt möchte ich diesen Gedanken erweitern: ***Auf ihr beruht – wie in Shantipura und Wiesenburg – auch unsere Zukunft!***

Mir erscheint es kaum überzogen, viele der gesellschaftlichen Probleme, die uns weltweit massiv beschäftigen, auf zwei entscheidende Herausforderungen – und damit zwei Schlüsselaufgaben – zu reduzieren:

- Wir brauchen *Erfolgsmodelle*, die deutlicher auf ein gelungenes, gemeinsames Leben ausgerichtet sind, und
- wir müssen wirksamer, d.h. *»natürlicher« führen*!

Ich bin überzeugt, dass der *Evolutionäre Ansatz* derzeit das solideste Fundament darstellt, um unser Wissen und Können rund um das Phänomen Führung zu erweitern. Und unsere Beispiele aus Shantipura und Wiesenburg haben verdeutlicht, welches Potenzial insbesondere die 7. Kern-Aufgabe (»Attraktion: Der Gemeinschaft zu einer guten Zukunft verhelfen«) für unsere weitere Entwicklung hat. Unsere Gesellschaft und die Zukunft der Führung gehen weiterhin Hand in Hand!

---

[191] http://www.wiesenburgmark.de

Erfolgreiches Wirtschaften und die Weiterentwicklung menschlicher Gemeinschaften müssen **nicht im Widerspruch** zueinander stehen und profitieren massiv von wirksamer Führung!

Gleichzeitig müssen wir aber wohl akzeptieren, dass der **Ruf unserer Führenden** „*angeschlagen*" ist! Bei einer Bürgerbefragung der *forsa* zum Ansehen unterschiedlichster Berufsgruppen tauchen Manager im Oktober 2011 auf Rang 25 auf, Politiker finden sich noch 2 Ränge darunter wieder.

Hier einige Bewertungsanker für Sie: Lebensmittelkontrolleure finden sich auf Rang 15, Steuerberater auf Rang 24 und Unternehmer auf Rang 16. Die Liste wird angeführt von Feuerwehrleuten und Kranken- bzw. Altenpflegern.

Andere Umfragen[192] verstärken diesen Eindruck. Der *GfK-Vertrauensindex*[193] zeigt, dass in Westeuropa lediglich 15 Prozent der Befragten unseren Konzern-Lenkern trauen. Politiker halten in der GfK-Studie sogar das Schlusslicht (nur 14 Prozent hielten sie für vertrauenswürdig).

Und der Ruf wird auch noch *zunehmend schlechter*.

Abbildung 33: Ansehen unserer Führenden (nach DIE WELT, 20.10.2011)

---

[192] z.B. Allensbacher Berufsprestige-Skala (2011)
[193] Quelle: Pressemitteilung GfK Custom Research vom 8. August 2008

Es steht zu befürchten, dass – all unserer Lobpreisung des Phänomens zum Trotz – Führung seine Rolle im Rahmen der gesellschaftlichen Weiterentwicklung nicht ohne weiteres wahrnehmen kann.

Die Legitimation unserer Top-Führenden scheint sehr begrenzt, das gesellschaftliche Vertrauen in sie bedeutsam gestört.

Jetzt könnte man sarkastisch sagen, unsere Gesellschaft hätte derzeit zwar ihre Positionen besetzt, allerdings keine Führenden. Als Gedanke auch gerne – zumeist etwas scheinheilig – eingebracht: „Unsere Manager und Politiker agieren nicht wertebewusst genug!". Ja, so *könnten* wir argumentieren! *Sollten* wir aber nicht!

Lassen Sie uns – im Sinne unseres Modells – fragen, von wem diese Menschen für welche Aufgabe legitimiert wurden. Welche Gemeinschaften führen sie, und zu welchem Zweck kamen diese zusammen?

Ich durfte in den letzten zwei Jahrzehnten sehr viele Führungskräfte kennenlernen. Nahezu alle sind hochgradig verantwortungsbewusste, kompetente, fleißige und sympathische Menschen. Einigen bin ich mittlerweile freundschaftlich verbunden. Welchen Vorwurf machen wir diesen Persönlichkeiten eigentlich?

Im Grunde können Führende stets nur von den *Mitgliedern ihrer eigenen Gemeinschaft* (Organisation) bzw. der Erreichung der dort *definierten Ziele* beurteilt werden: Sorgen Sie dafür, dass es gemeinsam funktioniert?

Das Urteil anderer (z.B. der Bürger, der Presse oder ihrer Familie) bleibt logischerweise Privatsache und gegebenenfalls zweitrangig.

Wirtschaftsgemeinschaften haben ihr Funktionieren öffentlich klar definiert und damit auch die Führungsaufgabe! Beides wird de facto am finanziellen Erfolg gemessen und – je nach Unternehmensform – mit zusätzlichen Zielen versehen: in Familienunternehmen z.B. mit der Forderung nach Sicherheit für folgende Generationen, in Aktiengesellschaften mit der Erwartung kurzfristiger Erfolge und hoher Börsendotierung, in der Genossenschaft mit dem Bedürfnis nach Gleichheit… Gesellschaftliche Themen und Perspektiven spielen nur insofern eine Rolle, als sie in diesem Zusammenhang nützlich oder schädlich sind.

Auch in der ***politischen Landschaft*** suchen wir recht vergeblich nach attraktiven Zukunftsversprechen. Im Grunde kann man sich schwerlich dem Eindruck entziehen, dass Ausblicke hier zunehmend etwas Bedrohliches bekommen, statt Freude und Zuversicht zu vermitteln. Den letzten Halt sucht man dort, indem konsequent von *Krise* statt von *Umbruch* gesprochen wird – und so von etwas zeitlich Begrenztem. Leider ist damit der unglückliche Fehler verbunden, die falschen Maßnahmen zu ergreifen. Plakativ gesagt: ***In der Krise sucht man das alte Gleichgewicht zurück, im Umbruch nach neuen Erfolgsmodellen!***

Vor diesem Hintergrund scheinen unsere **gesellschaftlichen Anliegen** zunehmend an lauter kleine Organisationen ge- und zerfallen zu sein. Vieles regeln wir privat im Familien- und Freundeskreis, um einiges kümmert sich der Staat. Für den Rest engagieren sich von Amnesty über den Kinderschutzbund bis zu Greenpeace unterschiedlichste Vereinigungen. Fruchtbare Diskussionen und Reflexionen darüber, wie wir *in Zukunft zusammenleben* wollen, fehlen im Grunde.

 Es gibt derzeit keine Gemeinschaften, die sich einer übergreifenden gesellschaftlichen Entwicklungsaufgabe widmen.
Damit fällt diese Aufgabe an uns alle zurück!

Wir können uns darüber entsetzen, es ignorieren oder weiterhin von unseren Politikern erwarten, dass sie etwas tun, was sie (derzeit?) nicht leisten können. Dann überlassen wir die Entwicklung mehr oder minder zufälligen Machtverhältnissen, Dynamiken und Nebenwirkungen.

Es wäre allerdings auch möglich, aus dieser Lage eine neue, gemeinschaftlich anzugehende Aufgabe abzuleiten. Wir wissen ja mittlerweile, dass ein solches »*Mammut*« den großen Vorteil bieten kann, verschiedenste Kräfte zu bündeln.

In einem – vielleicht sentimentalen Moment – hat sogar *Darwin* gehofft, die Menschheit würde einmal zusammenwachsen. „Wenn der Mensch in der Kultur fortschreitet und kleinere Stämme zu größeren Gemeinschaften vereinigt werden, so wird das einfachste Nachdenken jedem Individuum sagen, dass es seine sozialen Instinkte und Sympathien auf alle Glieder der Nation auszudehnen hat, selbst wenn sie ihm persönlich unbekannt sind. Ist dieser Punkt einmal erreicht, so besteht dann nur noch eine künstliche Grenze, welche ihn abhält, seine Sympathien auf alle Menschen aller Nationen und Kulturen auszudehnen."[194] Interessanterweise möchte der berühmte Naturwissenschaftler hier „*das einfachste Nachdenken*" gegen die „*sozialen Instinkte*" einsetzen.

Dieser Weg erscheint mir – auf die gigantische Anzahl unterschiedlichster Menschen bezogen – leider unrealistisch. Aus unseren bisherigen Überlegungen zur »*natürlichen Führung*« lassen sich aber drei strategische Alternativen ableiten:

1. »*Mammut*«: Gibt es ein Ziel, an dem so viele Menschen Interesse haben, dass sie um dieses Anliegen herum zusammenkommen? (Attraktion)
2. »*Gemeinschaft*«: Lassen sich Gruppen finden, die gerne etwas zusammen bewegen möchten, und sich dazu dieses Anliegen auswählen? (gewachsene Beziehungen)

---

[194] *Charles Darwin*, Die Abstammung des Menschen, 1966, S. 135

Führung über das Unternehmen hinaus

3. **»Geteiltes Leid«**: Welchen Menschen gefallen die Umstände und Entwicklungen so wenig, dass sie gemeinsam Energie dagegen mobilisieren? (Schicksalsgemeinschaften)

Vermutlich sind wir Menschen **noch längere Zeit nicht so weit**, uns auf ein gemeinsames Vorgehen zu einigen.

In unserem Vokabular: Es ist viel leichter, sich auf ein *Mammut* zu verständigen als auf ein *gemeinsames Erfolgsmodell*!

Lassen wir uns diese Tatsache noch einmal kurz auf der Zunge zergehen: Es ist einfacher, sich auf das allgemeine Ziel zu verständigen als auf eine gemeinsame Vorgehensweise! Unser *Evolutionärer Führungsansatz* legt in solchen Situationen nahe, sich schwerpunktmäßig um die 2. und 3. Kern-Aufgabe zu kümmern. Was tun wir stattdessen? Wir arbeiten viel zu direkt an der 4. (*Umsetzung: Für die Verwirklichung des Erfolgsmodells sorgen*). Muss ich darauf hinweisen, welche Verschwendung von Ressourcen, gemeinsamer Arbeit und vorhandener Motivation damit verbunden ist?

> *»Die Zukunft, die wir wollen«*, so lautete das Motto der 2. UN-Klimakonferenz 2012 in Rio. Zum 20. Mal jährte sich dort der sogenannte *Weltgipfel*. Die Staats- und Regierungschefs der Welt wollten auf höchster politischer Ebene der nachhaltigen Entwicklung neuen Schwung verleihen. Dazu wurden rund 15.000 Politiker, Klimaexperten und Diplomaten eingeflogen (durchschnittliche Flugkilometer pro Teilnehmer: 20.000; CO_2-Ausstoß pro Teilnehmer: 7,6 Tonnen). Am Ende gab es weder ein Abkommen noch konkrete Maßnahmenbeschlüsse für mehr Klimaschutz.

Abbildung 34: Arbeiten ohne gemeinsames Erfolgsmodell

Wirtschaftsorganisationen, Vereinigungen und Verbänden haben ihre Ziele und Führungsstrukturen in der Regel klar definiert. Bei gesellschaftlichen Herausforderungen ist dies – wie wir festgestellt haben – anders! Hier muss erst (a) ein Einigungsprozess in Bezug auf die zu verfolgenden Anliegen stattfinden und (b) ein gemeinsames Erfolgsmodell gefunden werden. Der gesamte Prozess würde von einer wirksamen, legitimierten Führung zweifellos profitieren.

Da wir diese derzeit nicht ausmachen können, müssen wir uns **gemeinsam um die anstehenden Aufgaben kümmern**. Spielen wir das doch einmal mit unseren bisherigen Erkenntnissen durch:

1. **Besonnenheit**: Vergeuden wir weder Ressourcen noch Motivation in Umsetzungspläne, an die wir nicht gemeinsam glauben können.
2. **Attraktivität**: Definieren wir ein Ziel, um das sich Menschen gerne treffen und zusammentun.
3. **Empirie**: Konzentrieren wir uns dann darauf, die emotionsgeladene Diskussion rund um das sinnvollste Vorgehen zu objektivieren. Initiieren wir gemeinsam eine Vielzahl unterschiedlicher Experimente im „*Wahren Leben*", die wir dann systematisch auswerten.
4. **Analyse**: Lassen wir uns von den überzeugendsten Ergebnissen leiten. Erarbeiten wir aus den gesammelten Erfahrungen ein tragfähiges gemeinsames Erfolgsmodell.
5. **Kommunikation und Umsetzung**: Schaffen wir nun eine gemeinsame Wirklichkeit (*3. Kern-Aufgabe*) und gehen wir dann in die Umsetzung (*4. Kern-Aufgabe*).

Unser »Mammut«: Wir stehen gemeinsam vor der Herausforderung, zunächst für eine gezielte Vielfalt von »Erfolgsmodell-Experimenten« zu sorgen, um dann deren unterschiedliche Wirksamkeit systematisch zu erforschen!

Wettbewerb der Erfolgsmodelle

„Laut Karl Popper... ist eine Theorie nur insoweit wissenschaftlich, als sie falsifizierbar ist, und sollte, falls sie falsifiziert wird, sofort aufgegeben werden. Wenn man diesen Maßstab anlegt, hätten die Theorien von Darwin und Einstein nie Bedeutung erlangen dürfen."

John Gray, emeritierter Prof. für Ideengeschichte

Unser **Grund-Erfolgsmodell** ist schon lange bewiesen: Das Miteinander ist der Ausgangspunkt unserer Existenz und hat sich seinem Wesen nach bis heute bewährt! Dennoch haben wir offenbar noch keinen systematischen Weg gefunden, unseren Fortschritt ganzheitlicher in die Hand zu nehmen. In einigen Lebensbereichen (z.B. Leistungssport, Medizin, Technik) agieren wir sehr professionell und konnten die Entwicklung beeindruckend dynamisieren.

In anderen Bereichen (z.B. in der Weiterentwicklung erfolgreichen Miteinanders oder wirksamer Führung) lassen wir es an dieser Systematik fehlen. Es gab für solche »zwischenmenschlichen Leistungsfelder« nie eine Gilde oder Zunft, keine Profession oder weltweite Struktur, die es auch nur annähernd mit z.B. der technischen Parallelwelt aufnehmen kann. Ist das vor dem Hintergrund der Bedeutsamkeit nicht verblüffend?

Die Evolution selbst interessiert sich nicht für unsere Weiterentwicklung. Sie wartet und sortiert aus, schickt zufallsgesteuert neue Erfolgsmodelle in den Wettbewerb, erlebt kein Problem! Sie hat mit uns nichts Besonderes vor!

Dabei haben wir unser Schicksal spürbarer in der Hand als andere Lebewesen. Warum setzen wir diese Möglichkeit nicht systematisch überall dort ein, wo es für unsere gemeinsame Zukunft nützlich ist?

Worin besteht **unsere besondere Chance**? Wir können Erfolgsmodelle entwerfen, diskutieren, testen, überarbeiten oder wieder verwerfen.

Das alles ist zumeist sogar machbar, ohne unsere Existenz dabei ernsthaft zu gefährden.

Im Wirtschaftsumfeld tun wir dies in gewisser Weise. Im Grunde ist jedes Unternehmen (nicht nur Start-ups) ein Erfolgsmodell-Experiment. Allerdings sind wir *selbst hier* nicht so professionell, wie es wertvoll wäre. Sehr gelungen zeigen uns *Collins und Hansen* [195], welches Potenzial in dieser Strategie für uns Manager noch zu bergen ist. Nachdem unsere Unternehmen nun controlled, schlank, zertifiziert, auf ihr Kerngeschäft konzentriert, prozessorientiert, qualitäts- und kundenorientiert sind, müssen sie…

Ja, was eigentlich? Ihre Marke auf- und ausbauen? Den War-for-Talents gewinnen? Innovativere Produkte und Services entwickeln? Wirksamere Vergütungsmethoden anbieten? Meine Antwort kennen Sie bereits: Die »**Gewinner-Unternehmen von morgen**« müssen zum einen *innovative Erfolgsmodelle* anbieten, die deutlicher auf ein gelungenes, gemeinsames Leben ausgerichtet sind. Zum anderen müssen genau diese dann *besser geführt* werden!

Wenn tatsächlich einmal beides zusammenkommt, entsteht eine besondere Organisation! Fallen Ihnen dazu viele Namen von Firmen ein? Selbst aus den großen und bekannten Unternehmen hören wir doch eher selten, dass die Mitarbeiter begeistert von der Führungskultur ihres Hauses erzählen. Warum ist das so? Haben wir uns innerlich damit arrangiert, dass wirtschaftlicher Erfolg und gutes menschliches Miteinander (und da zähle ich uns Führenden mit) nicht zusammen zu finden sind?

Der *wirtschaftliche Ertrag* von Organisationen ist durch Führungsverhalten beeinflussbar.

Da selbst das allerdings nur unter bestimmten Bedingungen zu belegen ist[196], sammeln sich Mitarbeiter eher um berühmte Unternehmen als um berühmte Führungskräfte.

Wir kennen das: Ein Manager wechselt seinen Arbeitgeber – und kurze Zeit später folgt ihm der eine oder andere seiner ehemaligen Mitarbeiter in die neue Organisation. Dass im Leistungssport oft der neue Star-Trainer weitere Topspieler anzieht, ist ebenfalls bekannt. Auch das ist nicht neu: Die Absolventen der weltbekannten Business-Schools brauchen sich keine Sorgen über ihre berufliche Zukunft machen.

Warum hören wir dagegen so selten von Unternehmen, dass es ein sicheres Qualitätsmerkmal ist, dort in die Führungsrolle hineingewachsen zu sein? Wann beginnen Banken, die Führungsqualität des Managements systematisch zu beleuchten, bevor

---

[195] vgl. *Jim Collins, Morten T. Hansen*, Oben bleiben. Immer., 2012
[196] Wir können den Zusammenhang zwischen konkretem Führungsverhalten und wirtschaftlichem Erfolg mittlerweile **mit einer eigenen Studie belegen** (*Michael Alznauer, Roland Keppler*, Die GreenStar-Erfolgsformel: Zum wirtschaftlichen Erfolg führen, Veröffentlichung in Vorbereitung).

sie Kredit-Entscheidungen treffen? Kommt der Moment, in dem ein Unternehmen aufgekauft wird, nicht wegen seiner F&E-Abteilung oder seiner Vertriebswege, sondern weil sich die Chance auftut, auf einen Schlag 107 faszinierende Führungskräfte zu gewinnen? Wann lesen wir erstmals in den Foren, dass man zur Firma xy wechseln sollte, weil das Top-Management sein Erfolgsversprechen an die Belegschaft hält?

> Sie können als nächstes mit der Ankündigung in den Markt gehen, dem Kunden eine vergünstigte Hot-Line anzubieten. Welche Wirkung hätte es wohl, wenn Ihr Konkurrent darauf mit der öffentlichen Meldung reagiert, ein breites soziales Experiment zu starten: »*Natürlich führen*«.[197]
> Was denken Sie, wird mehr Aufmerksamkeit bekommen?

In den über 20 Jahren, in denen ich mit Führenden und Geführten zusammenarbeite, habe ich viele Erfolgsmodelle im Wettbewerb erlebt, an die ich nicht glauben konnte. Die meisten sind gescheitert. Manche nicht. Was zum Erfolg wird, beweist in letzter Instanz immer das wahre Leben. Es sortiert Untaugliches aus. Mit dieser Haltung und dem *Evolutionären Führungsansatz* möchte ich nun ein alternatives Erfolgsmodell in den Wettbewerb senden.

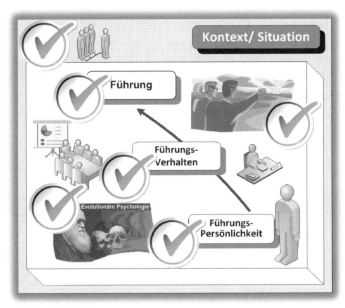

Abbildung 35: Das Puzzle der Führung ist gelöst

---

[197] Die Formulierung ist nicht geschützt – und lässt sich auch nicht schützen.

Lassen Sie uns auf *keinen Fall* damit aufhören, nach besseren Lösungen für das gemeinschaftliche Überleben zu suchen.

Und an dieser Stelle möchte ich nun unseren Ausflug beenden. Es hat mir Spaß gemacht, mit Ihnen unterwegs gewesen zu sein. Wenn Sie eigene praktische Erfahrungen rund um die *Evolutionäre Führung* planen oder umsetzen: Würden Sie mich auf dem Laufenden halten? Vielleicht lernen wir uns ja sogar irgendwann einmal auf dem großen gemeinsamen Weg kennen. Es würde mich freuen!

Bis dahin: Machen Sie es gut!
Ihr

Anhang

Open-Source-Kreis: Management

> *„Anstatt eine Idee nur anzunehmen oder abzulehnen, kann man die Idee betrachten, um zu »sehen, wohin man damit kommt«. Dies verleiht Ideen einen völlig anderen Nutzwert. Wir müssen viel mehr Gewicht auf Gestaltung legen…"*
>
> Edward de Bono, weltbekannter Kreativitätsforscher

Der renommierte Management-Denker *Gary Hamel* kritisiert uns Führende in seinem neuesten Buch[198] sehr provokant. In diesem Zusammenhang weist er auch darauf hin, dass die aktuelle Management-Haltung im selben Zeitraum entstand, wie die Glühbirne, das Telefon und das Automobil. Sein von wenig Gnade gekennzeichnetes Urteil kann – wie ich selbst erleben durfte – bei dem einen oder anderen Manager berechtigten Widerstand auslösen.

Vermutlich dürfen wir uns seine Kommentare jedoch in erster Linie als Ausdruck persönlicher Leidenschaft für unser Thema vorstellen, denn er bezeichnet gleichzeitig das Management als eine der wichtigsten »*sozialen Technologien der Menschheit*«. Gefreut habe ich mich darüber, dass er zu ihrer Weiterentwicklung u.a. den Blick in die Anthropologie und Biologie empfiehlt.

Ein anderer berühmter Kopf der Szene (*Henry Mintzberg*) ist bezüglich einer systematischen Weiterentwicklung unseres Phänomens Führung skeptisch, da es seiner Ansicht nach beim Managen kaum Bereiche gibt, „…für die verlässliche festgelegte Verfahrensweisen existieren, die auf ihre Wirksamkeit hin überprüft wurden… Der Ingenieur- und der Arztberuf beruhen auf kodifiziertem Wissen, das nach feststehenden Regeln zu erlernen ist. Deshalb kann der erfahrene Ingenieur oder Arzt den

---

[198] „Was würden Sie dazu sagen, wenn Sie wüssten, dass ein Arzt mehr Patienten umbringt als heilt? Und was, wenn ein Polizist mehr Morde begeht als aufklärt, oder wenn ein Lehrer die Schüler im Laufe des Schuljahrs eher dümmer als klüger macht? Und was wäre, wenn Sie dann noch entdecken würden, dass dies nicht die Ausnahme, sondern die Regel ist – wenn dies für die meisten Ärzte, die meisten Polizisten und die meisten Lehrer gilt? Sie wären sicherlich mehr als perplex – Sie wären außer sich vor Wut und würden verlangen, dass sofort etwas dagegen getan wird! Warum nehmen wir es dann so ruhig hin, wenn wir mit Daten konfrontiert werden, die zeigen, dass die meisten Manager die Begeisterung ihrer Mitarbeiter eher ersticken als fördern? Warum sind wir nicht wenigstens ein bisschen ärgerlich darüber, dass unsere Managementsysteme hervorragende Leistungen eher bremsen als unterstützen?" (*Gary Hamel*, Worauf es jetzt ankommt, 2013, S. 153)

Open-Source-Kreis: Management

Laien fast immer übertrumpfen."[199] Mit dem *Evolutionären Führungsansatz* ändern wir jedoch diese Lage: **Wir legen Verfahrensweisen vor, die auf ihre Wirksamkeit hin überprüft werden können!**

Hamel hat derzeit die Idee, Management in weltweiter Zusammenarbeit weiterzuentwickeln[200]. In Ermangelung eines Führungsmodells hat er 2008 von sechsunddreißig Managementexperten eine Grundlage in Form von 25 Management-Regeln (er nennt sie »Moonshots«) erarbeiten lassen.[201] Eine klasse Idee! Dass wir dennoch mit unserer **Open-Source-Initiative: Management** einen eigenen Weg gehen, hat drei Gründe:

1. Wir bewegen uns nicht im konzeptfreien Raum! Die **Evolutionäre Führung** bietet ein konkretes theoretisches Fundament an, auf dem eine gezielte Weiterentwicklung schneller, wirksamer und systematischer möglich ist. Wir arbeiten an Theorie („*Quellcode*") und Praxis („*Anwendung*") parallel!

2. Um nicht auf dem Niveau der Aneinanderreihung unterschiedlicher Erfahrungen zu verharren, muss der **»Quellcode der Führung«** weiterentwickelt werden. Das verlangt intensiven Austausch, reflektierte Praxis und bewusste Qualitätssicherung der Ergebnisse. Der aus der IT-Welt stammende Open-Source-Ansatz verfügt über methodisches Know-how, von dem wir profitieren können.

3. Es ist, wie wir gesehen haben, für die Führenden unserer Gesellschaft wichtig, wieder Vertrauen aufzubauen – zumindest, wenn sie mehr **gesellschaftliche Verantwortung** übernehmen wollen. Auch in diesem Sinne sieht sich der *Open-Source-Kreis: Management* verpflichtet.

Die Initiative versteht sich nicht als „Treffpunkt der Manager des Jahres". Vielmehr geht es (a) um den persönlichen Mut zu innovativem Handeln und zur offenen Begegnung, (b) um die Wahrhaftigkeit in Bezug auf Selbstreflexion und Analyse und (c) die Bereitschaft, auch über die eigenen Organisationsziele hinaus Verantwortung zu übernehmen.

Es geht darum, gemeinschaftlich das *Verständnis des Phänomens Führung* systematisch zu vertiefen, die eigene *Wirksamkeit als Führungskraft* zu vergrößern und das Wissen für den *gesellschaftlichen Fortschritt* weiterzugeben und einzusetzen.

Es ist dabei eine besondere Herausforderung, dies alles nicht im berühmten Elfenbeinturm zu verwirklichen, sondern im anstrengenden, hektischen und irgendwie

---

199 *Henry Mintzberg*, Managen, S. 25/26
200 vgl. www.managementexchange.com
201 *Gary Hamel*, Worauf es jetzt ankommt, 2013, S. 261 ff.

stets auch gnadenlosen Management- und Berufsalltag. Dabei hilft es außerordentlich, sich dieser Aufgabe in einer Gemeinschaft motivierter und sympathischer Menschen zu widmen!

Unsere Initiative lebt weder davon, dass möglichst viele Menschen den „Gefällt-mir-Button" bei Facebook anklicken, noch unserem „Gezwitscher" folgen oder Gästeeintragungen auf unserer Website hinterlassen. All dies finden Sie derzeit bei uns auch gar nicht – zumindest halten wir es aktuell nicht für sonderlich wertvoll!

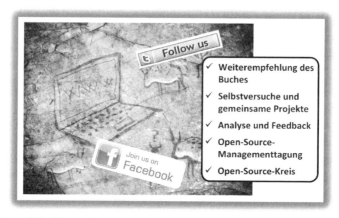

Abbildung 36: Open-Source-Kreis: Management

Sollten Sie sich aber fragen, welchen Beitrag Sie selbst in diesem Rahmen leisten können, dann lassen Sie uns noch einen Moment beim Open-Source-Gedanken bleiben. Dieser verlangt zum einen, dass der **Quellcode (der Führung)** offengelegt ist. Dies ist in dieser 2. Auflage in einem Umfang geschehen, den ich als Berater vor sechs Jahren noch als Gefährdung von Geschäftsgeheimnissen bezeichnet hätte. Selbstredend, dass unser Ansatz von Ihrer **Weiterempfehlung des Buches** profitiert! Es wäre sehr schön, wenn Sie dies täten.

Sie können zudem – ebenso wie wir es tun – selbst auf dieser Grundlage führen oder systematisch **Projekte initiieren und auswerten**. Wir wären Ihnen besonders dankbar, wenn Sie Ihre Erfahrungen auch in die **gemeinsame Diskussion** einbrächten, z.B. im persönlichen Gespräch oder im Rahmen der jährlichen **Open-Source-Managementtagung**. Diese dient zugleich dem Austausch über aktuellste Fragen, Themen und Projekte.

Auf dieser Basis wird die Integration neuer Erfahrungen in den Quellcode der Führung vorgenommen und veröffentlicht: *„Natürlich führen 2.0"*.

Sind Sie dabei?

Interview: Personalchefin Martina Baier[202]

M.A.: *Frau Baier, Sie teilen mit uns die Sichtweise, Führung als Aufgabe statt z.B. als Persönlichkeitsmerkmal oder Kompetenz zu betrachten? Welche praktischen Auswirkungen hat das bei Robinson?*

M.B.: *Nun, in der realen Wirtschaftswelt war das schon immer etwas klarer als bei den Theoretikern, denn letztlich zählt natürlich, welche konkreten Ergebnisse ein Manager mit seinem Team erzielt. In manchen Unternehmen ist dabei völlig gleichgültig, auf welchem Weg das passiert. Wir bei Robinson stellen allerdings schon auch die Frage, ob die Art und Weise mit unserer speziellen Kultur übereinpasst.*

Da wir wissen, dass nicht jede Führungskraft in jeder Situation gleich erfolgreich ist, haben wir ein System entwickelt, die jeweiligen Umfeld-Anforderungen und das Erfahrungsspektrum der Persönlichkeit zu matchen. Das macht es dann auch einfacher, Entwicklungsziele zu definieren und Wege abzuleiten, die auf den Einzelnen passen. Außerdem lassen sich effektiver Teams zusammenstellen, die sich gegenseitig ergänzen.

M A.: *Registrieren Sie eigentlich irgendwelche modernen, aktuellen Besonderheiten bei dieser Aufgabe?*

M.B.: *Das kann ich bei uns nicht feststellen. Vielleicht wird es aber in Zeiten von Social Media immer schwerer, sich als Führungskraft ohne eine echten Mehrwert dauerhaft zu halten. Jeder hat heute Zugang zu vielen Informationen und ist es gewohnt, beteiligt zu werden und sich ständig untereinander austauschen zu können. Man kann sich als Manager einfach nicht mehr dadurch legitimieren, der Flaschenhals zu ein oder ein Informationsmonopol zu haben. Dieses Phänomen kennen wir allerdings bei uns in den Clubs aufgrund der Enge des Zusammenlebens und der Vielzahl an täglichen Herausforderungen schon zu lange, um es als neuartig oder modern zu bezeichnen.*

M. A.: *Auf die Frage „Was muss man tun, um in Ihrem Haus erfolgreich zu sein?" antworten in Studien extrem wenige Manager „wirksam führen". Wie erklären Sie sich das?*

M.B.: *Das ist wirklich interessant, Herr Alznauer. Ich befürchte fasst, das wäre bei uns ähnlich. Vermutlich würden wir zwar solche Dinge hören, wie „die Mitarbeiter motivieren und emotional binden", aber sicherlich nicht das ganze Spektrum der Führungsaufgabe. Im*

---

[202] aktuell Bereichsleiterin Personal der Robinson Club GmbH, Hannover

Grunde wird das in den Unternehmen einfach nicht auseichend thematisiert. Die meisten Manager wissen nicht, was tatsächlich alles in dieser Rolle steckt.

Seit wir in der Arbeit mit Führungskräften viel stärker als früher die konkreten Aufgaben ansprechen, ist es etwas besser geworden. Trotzdem ist da noch viel zu tun.

M.A.: Lieben Dank, Frau Baier! Verraten Sie uns zum Abschluss, welche Themen Sie in den nächsten Jahren am dringlichsten beschäftigen?

M.B.: *Wenn ich vom deutschen Arbeitsmarkt ausgehe, fallen mir an dieser Stelle sechs Stichworte ein. Erstens sehe ich die* Integration einer neuen Mitarbeitergeneration *als Herausforderung. Da haben wir als ein Extrem eine wirklich gut ausgebildete, kleine und sehr anspruchsvolle Gruppe. Den anderen Pol stellen recht mäßig Ausgebildete dar, die mir sogar weniger reif erscheinen als früher, und die mit mehr Aufwand und Geduld eingearbeitet werden müssen. Und da sind wir auch schon bei Punkt zwei: Um als Arbeitgeber für die qualifizierte Gruppe attraktiv zu sein, spielt die Erarbeitung einer* Unternehmenskultur *eine große Rolle. Die muss nach außen strahlen und Lust machen, dazuzugehören. Und dazu gehört auch der Erwartung zu entsprechen, Beruf und Privatleben in Einklang bringen zu können.*

Drittens wird uns die Entwicklung, Motivation und Gesunderhaltung der reiferen Belegschaft *beschäftigen. Hier brauchen wir sicherlich neue Angebote. Und wenn man sich anschaut, welchen Grat wir heute zwischen Burnout und dem Halten eines Wissensvorsprungs wandern, dann lässt sich der kompetenter* Umgang mit den neuen Medien *vielleicht als viertes Thema sehen. Hier schließt sich fünftens die angemessene* Nutzung der vielfältigen Netzwerke *fast nahtlos an.*

Zu guter Letzt brauchen wir ein differenzierteres Verständnis von Führung. *Das ist nicht einfach eine Rolle oder Daueraufgabe! Wir müssen einerseits sehr viel genauer auf die Details schauen, die sich aus der aktuellen Situation ergeben. Andererseits muss es normaler werden, dass die Führungsaufgabe auch mal nur für eine bestimmten Phasen oder ein besonderes Thema gilt.*

Interview: CEO Roland Keppler[203]

M. A.: Das Thema »Leistungsgemeinschaft« scheint ja auch ein sehr persönliches für Sie zu sein, Herr Keppler. Welche Erfahrungen haben Sie denn an dieser Stelle dafür sensibel gemacht?

R. K.: Schon als ich 1992 in das Arbeitsleben einstieg, bin ich in eine Struktur gekommen, die über viele Jahre entwickelt und aufgebaut wurde. Es war klar definiert, wer welche Aufgabe hat, wo Zuständigkeiten anfangen und vor allem wo sie aufhören. Arbeitsergebnisse mit anderen Abteilungen zu teilen, war nicht vorgesehen. Es ging hier weniger um den gemeinsamen Erfolg, als um die individuelle Positionierung. Ein zweites Beispiel, viele Jahre später: Wir waren dabei, ein neues Produkt ins Leben zu rufen. Ein kleines Team arbeitete daran. Alle waren sehr stark auf Themen wie Marketing oder Vertrieb ausgerichtet. Bis wir dann endlich merkten, dass zu viele Kunden einfach ihre Rechnungen nicht bezahlten. Wir haben dann das Finance-Team ganz eng in die Vermarktungsdiskussionen eingebunden und damit viel (Lehr-) Geld gespart. Dies hat mir gezeigt, dass Leistung vom Beitrag aller abhängt.

Auch aus eigener Erfahrung: Gerade in Unternehmen, die über viele Jahrzehnte gewachsen sind, gibt es viele Menschen mit langer Zugehörigkeit und einem enormen Wissen. Häufig haben diese Mitarbeiter schon viele Geschäftsführungen kommen und gehen sehen. Sie haben für sich entschieden, dass eine „Erst-mal-abwarten-was-kommt-Haltung" nicht schadet. Das Einbinden dieser Mitarbeiter in Diskussionen mit frisch Dazugekommenen – und damit das Zusammenführen von bewährter Erfahrung mit neuen Impulsen – bestimmt den Erfolg und beugt Fehlern vor.

M. A.: Nun ist der Begriff Leistungsgemeinschaft – trotz seiner selbsterklärenden Art – ja nicht sehr verbreitet, in andere Sprachen sogar oft nur sehr frei übersetzbar. Unter welchen Bedingungen entsteht denn das Phänomen, das wir so bezeichnen?

R. K.: Wir alle kennen wohl kraftvolle Schicksalsgemeinschaften, die aus enormen Drucksituation entstehen, wie z.B. einer drohenden Pleite oder der Gefahr eines kollektiven Arbeitsplatzverlustes. Hier tritt aber schnell wieder Entspannung ein, wenn die Lage nicht mehr

---

[203] aktuell CEO von Europcar International, Paris, und Mitglied der *Open-Source-Initiative: Management* (Inner-Circle)

akut ist. Konflikte, die möglicherweise sogar zu dieser Krise geführt haben, werden dabei zumeist nicht nachhaltig gelöst und brechen bei anderer Gelegenheit wieder auf.

Ein attraktives Ziel weckt da schon mehr Schwung als Druck und Not. Aber auch das hat aus meiner Erfahrung rasch Grenzen. Erst die Begeisterung, mit anderen zusammen und mit vereinten Kräften ein Ziel erreichen zu wollen, lässt etwas Besonderes entstehen. Die Identifikation mit dem gemeinsamen Ziel ist dabei natürlich schon auch eine Voraussetzung. Es ist schwer für einen Nichtraucher sich für eine erfolgreiche Zigarettenkampagne zu engagieren.

Darüber hinaus spielen Transparenz und Vertrauen eine entscheidende Rolle. Als wir die Fluggesellschaft hlx.com aufgebaut haben, hatten wir anfangs mit allen jeden Freitag ein Teammeeting, um über die aktuelle Entwicklung zu informieren. Das ging über jede Hierarchie hinweg. Jeder hatte die Möglichkeit Fragen zu stellen, Erlebnisse weiterzugeben und Erfahrungen auszutauschen. Auch als das Team größer wurde, haben wir das beibehalten.

M. A.: *Gibt es auch Dinge, die der Entwicklung von Leistungsgemeinschaften handfest im Wege stehen?*

R. K.: *Eine erfolgreiche Leistungsgemeinschaft baut sehr stark auf gegenseitigem Respekt und Achtung auf. Werden Personen oder Fachbereiche nicht wertgeschätzt, führt das schnell zu Frustration und Missgunst – sprich: es wird „politisch". Das fängt beispielsweise beim Mitarbeiter an, der eine Einzelmeinung vorab beim Chef platziert und damit den Entscheidungsprozess manipulieren will, und geht bis zur ungerechten Beteiligung des Einzelnen am gemeinsamen Erfolg – sei es durch Anerkennung oder Geld.*

In einer meiner beruflichen Stationen wurde ein Teil des Produktes intern gefertigt und ein Teil von einem externen Dienstleister. Die eigene Mannschaft beschwerte sich fortlaufend über schwierige Arbeitsbedingungen und fehlende Unterstützung. Umgekehrt war in der Kommunikation der Unternehmensleitung immer wieder der Dienstleister als besser, flexibler und günstiger dargestellt worden. Die Motivation der eigenen Mitarbeiter war gering, sich zu verbessern. Bis wir ihnen in einer Mitarbeiterversammlung anhand von Statistiken aufgezeigt haben, dass der Dienstleister in der Tat für das gleiche Produkt 4 Minuten weniger Fertigungszeit braucht. Wir haben damals darauf verzichtet mit Arbeitsplatzabbau zu drohen oder ähnliches. Es reichte, an die Ehre zu appellieren, diesen Vorsprung einzuholen. Ein Jahr später war der Rückstand ausgeglichen und wir konnten die Produktion wieder ausbauen.

M. A.: *Das ist ein interessantes Beispiel, Herr Keppler. Würden Sie der Führungskraft in dem Zusammenhang eine spezifische Rolle zuordnen?*

R. K.: *Die Führungskraft ist Kapitän und Trainer gleichermaßen. Natürlich vertritt sie das Team nach außen. Aber die Führungskraft hat eine sehr stark kommunikative und moderierende Rolle. Bei der Entwicklung von Strategien oder der Herbeiführung von Entscheidungen* darauf zu achten, dass es sich einerseits nicht um den kleinsten gemeinsamen Nenner handelt (»wir springen dann einfach nicht weit genug«), andererseits aber auch nicht um Wunschdenken (»schaffen wir eh nicht«), ist entscheidend. Alle müssen verstehen, in welchem Kontext und mit welchen Prämissen die Entscheidung zustande kommt – auch die, die nicht dabei waren.

Und die Führungskraft muss sichtbar führen: Loben, wo geleistet wurde, ermahnen oder tadeln, wo der Beitrag nicht ausreicht. Helfen, wo Unterstützung notwendig ist.

Im Urteil gerecht zu sein ist ein weiteres wichtiges Element. Menschen haben ein feines Gespür für Gerechtigkeit. Verlässlichkeit der Führungskraft erscheint mir ebenfalls sehr wesentlich. Ich hatte eine Situation, wo wir Verluste machten. Wir konnten uns keine Gehaltserhöhung leisten. Die Überraschung war groß, als wir am Jahresende eine wenn auch kleine Prämie für alle Mitarbeiter ausgezahlt haben, da der Verlust letztlich geringer als erwartet ausgefallen war. Wer einfordert muss auch teilen können, lautet hier meine Erfahrung.

M. A.: Danke, dass wir ein wenig an Ihren Erfahrungen teilhaben durften, Herr Keppler. Werfen wir noch einen Blick voraus: Welche Themen werden Manager in den nächsten Jahren am dringlichsten beschäftigen?

R. K.: Die Anpassung an die sich immer schneller verändernde Umwelt ist eine sehr große Herausforderung. Dies erfordert sehr viel Kommunikation und Transparenz in allen Bereichen. Alle müssen gleichmäßig mitziehen. Der Grund und die Auswirkung von Rückschlägen und Misserfolgen muss erklärt und verständlich gemacht, Ziele immer wieder neu definiert und die Ressourcen entsprechend ausgerichtet werden.

Dabei arbeitet die Führungskraft häufig mit Mitarbeitern zusammen, die alternative Jobangebote sehr leicht präsent haben, Standortwechsel (auch international) leicht zu organisieren sind, und sich ihres Werts sehr bewusst sind. Bei diesen Mitarbeitern geht es nicht allein um Gehalt, sondern um das Erlebnis in der Gemeinschaft. Gemeinsam Erfolg zu haben, gemeinsam aus Niederlagen zu lernen, gemeinsam Neues zu entdecken.

Interview: Dr. med. Peter May[204]

M. A.: Herr Dr. May, seit vielen Jahren beraten Sie Leistungsträger aus Sport und Wirtschaft in Gesundheits- und Fitness-Fragen. Gibt es Gemeinsamkeiten und Unterschiede zwischen diesen beiden Gruppen?

P. M.: Nun ja, das kommt natürlich auf den Blickwinkel an. Zweifellos ähneln sich diese beiden Gruppen einerseits in Bezug auf ihre oft extreme Leistungsbereitschaft und die damit verbundene Belastung. Andererseits muss man sich vor Augen halten, dass Athleten ihre Leistungsoptimierung auf einen bestimmten Zeitpunkt hin ausrichten. Während bei ihnen das nächste Top-Event im Fokus steht, ist die Situation von Managern eine völlig andere. Vielleicht nicht gerade 365 Tage im Jahr, aber oft nicht weit davon entfernt, sind sie hochgradig engagiert und unter Anspannung.

M. A.: Insbesondere der Umgang mit solchen Belastungen spielt im Management eine große Rolle. Nehmen Top-Manager dieses Thema Ihrer Erfahrung nach ernst genug?

P. M.: Ich bleibe einmal bei Ihrem Vergleich von gerade, Herr Alznauer. Im Grunde können wir an dieser Stelle nämlich – etwas vereinfachend gesprochen – zwei Gruppen unterscheiden. Die eine betrachtet ihren Beruf tatsächlich wie eine Leistungssportart. Ihre Mitglieder sehen den eigenen Körper als eine Art Werkzeug für den Erfolg. Sie arbeiten gezielt daran, ihre Gesundheit und die beruflichen Anforderungen im Einklang zu halten. Oft übertragen sie ihren persönlichen Ehrgeiz systematisch auf dieses Ziel.

Zugegeben, das ist eindeutig die kleinere Gruppe, vielleicht 20 bis 25 Prozent der bei uns im Zentrum begleiteten Führungskräfte.

Wir müssen schon feststellen, dass die große Mehrheit eher mit der Sorge zu uns kommt, sie könnten diesmal nicht die „Absolution" für ihren Umgang mit dem Körper bekommen. Erleichtert stellt sie dann im besten Fall fest, dass wieder alles gut gegangen ist und man so weitermachen kann wie bisher. Ich glaube, ich muss nicht betonen, welche Gruppe die gefährdetere ist.

---

[204] Praxis für Innere Medizin und Akademische Lehrpraxis der Universität Bonn im Gesundheitszentrum St. Johannes Hospital (MVZ Dr. May Dr. Fehring, Bonn).

Interview: Dr. med. Peter May

M. A.: *Sie sind nun seit Jahrzehnten hautnah am Thema. Lassen sich Ihrer Erfahrung nach irgendwelche Trends erkennen?*

P. M.: Auf der Seite der Leistungsträger stellen wir interessanterweise fest, dass das »schlechte Gewissen« zunimmt. Im Grunde weiß heute jeder, was zu tun und zu lassen ist. Die Herausforderung liegt eher darin, positive Gewohnheiten zu entwickeln. Sie können sich denken, welches Argument wir am häufigsten hören, warum das nicht der Fall ist? Natürlich: „Keine Zeit!"

Es gibt allerdings auch noch einen anderen spürbaren Trend: Die Unternehmen selbst nehmen sich verstärkt dem Thema Gesundheit an.

M. A.: *Was heißt das praktisch?*

P. M.: Immer häufiger treten insbesondere Großunternehmen an uns heran, um regelmäßige Checks für ihre Führungskräfte sicherzustellen. Das hat schon beinahe Incentive-Charakter für die Betroffenen, da nun vom Arbeitgeber weit mehr als das minimalistische „Draufschauen" der gesetzlichen Versicherungen möglich gemacht wird und Rückerstattungsansprüche erhalten bleiben.

M. A.: *Checks sind die eine Sache, Herr Dr. May. Der sogenannte »gesunde Lebenswandel« etwas ganz anderes. Ihr Argument von gerade, keine Zeit zu haben, betrifft ja viele Elemente davon gar nicht. Die Zeit bleibt die gleiche: Ob ich mich z.B. ungesund oder gesund ernähre.*

P. M.: Ein pfiffiger Gedanke, Herr Alznauer. Allerdings muss man schon sehen, dass eine regelmäßige körperliche Aktivität – wenn wir jetzt mal von wirklich gefährdenden Dingen absehen, wie Alkoholmissbrauch oder Kettenrauchen – mit das Wichtigste für unsere Gesundheit darstellt. Und da braucht es dann doch schon zumindest 3 bis 4 halbstündige Einheiten pro Woche. So ganz unwesentlich ist die Zeit da nicht.

Lassen Sie mich aber ein anderes Argument einbringen: Es geht ja nicht nur um Ihren Körper. Die Forderung ständiger Erreichbarkeit und die Allgegenwärtigkeit des Berufs heutzutage, schafft auch eine massive mentale Belastung. Das wird Ihnen nicht fremd sein. Und genau an dieser Stelle können diese kleinen sportlichen Auszeiten auch etwas Distanz schaffen. Es wird immer wichtiger, sich ein wenig dem Zugriff des Berufslebens entziehen zu können.

Das Entscheidende bei all dem ist, die erste Hürde zu nehmen. Einfach mal anzufangen. Sich dann kleine Tricks einzubauen, um nicht wieder aufzuhören und Schritt für Schritt nützliche Gewohnheiten zu entwickeln.

M. A.: *Vielen Dank, Herr Dr. May! Spätestens jetzt verstehe ich das mit dem zunehmenden schlechten Gewissen...*

Interview: Vorstand Günter Reichart[205]

M. A.: Herr Reichart, unterscheiden sich Ihrer Erfahrung nach die Selbstmanagement-Anforderungen an Führungskräfte von denen an andere Profis?

G. R.: *Zuerst würde ich grundsätzlich keine Differenzierung sehen, da Selbstmanagement alleine aufgrund der zunehmend in allen Lebensbereichen komplexer werdenden Anforderungen ein wesentlicher Erfolgsfaktor zu werden scheint. Unterschiede im Umgang durch Selbstmanagement mit diesen Anforderungen sehe ich eher in individuellen Ausprägungen („Muster") der Einzelpersonen. Konkret bedeutet dies meines Erachtens, dass es kein allgemein gültiges Anforderungsprofil in punkto Selbstmanagementkompetenz und darauf basierendem Erfolgsmodell gibt.*

M. A.: Also spielen auch keine bestimmten Anforderungen eine besondere Rolle?

G. R.: *Eher wohl bestimmte Eigenschaften, gerne auch Charakterzüge. Wir haben alle unsere Stärken und Schwächen und somit liegt es auf der Hand, dass es manchen leichter und anderen wiederum schwerer fallen wird, sich mit Selbstmanagement effektiv und effizient zu führen bzw. Erleichterungen zu verschaffen.*

M. A.: An den ehemaligen Leistungssportler Günter Reichart: Gibt es einen „Muskel der Selbstdisziplin", den man trainieren kann?

G. R.: *In der Tat! Wenn dabei von Training gesprochen wird, ist für Erfolg immer Regelmäßigkeit und Durchhaltevermögen mit im Spiel. Was meine ich damit: es führt nicht zum dauerhaften Erfolg, mehrmals wöchentlich über einige Wochen zu trainieren, um dann wieder länger zu pausieren und somit erneut von vorne beginnen zu können. Vielmehr sind dosierte, aber dafür kontinuierliche Trainingseinheiten zu empfehlen. Übertragen auf das Selbstmanagement heißt dies, sich nicht mit Änderungsvorhaben zu „überfrachten", um nach kurzer Zeit festzustellen, es ist zu viel und es lieber bleiben zu lassen.*

Nehmen Sie sich konkret einige wenige Vorhaben vor und führen Sie diese konsequent zum Erfolg. Ein Beispiel dafür: meist ist Selbstmanagement in der ersten Analyse mit mangelnder Zeit für sich selbst verbunden. Richten Sie sich in ihrem Zeitmanagement-System (Outlook-Kalender?) feste TABU-Zonen ein, die durch keine anderweitigen Ter-

---

[205] aktuell Mitglied des Vorstands der EWR AG, Worms, und Mitglied der *Open-Source-Initiative: Management* (Inner-Circle)

mine verplant werden dürfen. Für Führungskräfte ist hier auch eine klare Spielregel mit dem Sekretariat zu vereinbaren, dass in diesen TABU-Zonen keinerlei Störung zu erfolgen hat (einzige Ausnahme: „es brennt"). Sie werden in dieser Zeit „befreit" arbeiten oder sich mit etwas beschäftigen können, was andernfalls häufig in die Freizeit verlegt wird und somit schon wieder zur zusätzlichen Belastung führen kann. Versuchen Sie es, Sie werden sehen, es funktioniert. Die Praxiserfahrung lehrt allerdings, dass es ebenfalls wichtig ist, sofort konsequent einzuschreiten und eine ungestörte Zeitzone einzufordern, wenn es peu à peu wieder „aufgebrochen" wird, entweder durch das Sekretariat oder auch – was wiederum mit Trainingseffekt gleichgesetzt werden kann - durch sich selbst.

M. A.: **Sollten Führungskräfte eigene Schwächen an dieser Front auch einfach einmal kompensieren (z.B. durch Assistenten oder unterstützende Software)? An welcher Stelle – und wo lieber nicht?**

G. R.: *Solche Erkenntnisse sind meines Erachtens häufig wieder von persönlichen Erfahrungen, natürlich auch von persönlichen Eigenschaften, abhängig. Es ist immer gut, wenn die Möglichkeit besteht, eigene Schwächen durch Delegation auszugleichen. Delegation ist für viele, vor allem perfektionistisch veranlagte, Führungskräfte schwierig. Hier werden häufig Sätze verwandt, ›bevor ich es lange erkläre, mache ich es leichter selbst‹. Das führt zum einen dazu, dass diese Tätigkeiten dauerhaft erhalten und somit nicht zur Erleichterung führen können, und zum anderen führt es zu keiner Weiterentwicklung. Mit anderen Worten, Delegation wo nötig und möglich. Wo lieber nicht? Immer dort, wo spezielle Kenntnisse und Erfahrungen unabdingbar vonnöten sind und ein Verzicht darauf verfälschte bzw. nicht akzeptable Ergebnisse liefern würde.*

M. A.: **Vielen Dank, Herr Reichart! Abschließend: Welche Themen werden Manager in den nächsten Jahren am dringlichsten beschäftigen?**

G. R.: *Unabhängig von Branche und Hierarchie wird es in allen Bereichen so sein, dass die Konzentration auf den operativen Erfolg eine der signifikanten Aufgaben ist. Dies mag immer schon zutreffend gewesen sein, allerdings ist es heute und künftig mehr denn je damit verbunden, die prioritären Themen zu selektieren und zu „treiben". Und dies ist mit zunehmender Komplexität deutlich anspruchsvoller geworden, fordert es vor allem auch zu erkennen, was zurückgestellt oder gar nicht getan werden muss.*

Interview: Personalchef Peter van Eyk[206]

M.A.: Wie treffen Sie die Unterscheidung zwischen Management-Moden, Berater-Marketing und abgehobener Management-Forschung auf der einen Seite und nützlichem Führungs-Know-how auf der anderen, Herr van Eyk?

P.v.E.: *Zur Professionalität gehört es unbedingt, die historischen Entwicklungslinien seiner Profession zu kennen. Das hilft ungemein, „alten Wein in neuen Schläuchen" – wobei Achtung: das hat man ursprünglich nur mit dem besten Wein gemacht! – von echt neuen Ansätzen zu unterscheiden. Aktuell können wir z.B. besonders in Deutschland eine Renaissance der eigentlich für überholt gehaltenen personenorientierten Führungstheorien (Great-Man-Theorie, Eigenschaftstheorie) im Rahmen der Gender-Diskussion erleben. Nicht so deutlich wie ich es hier artikuliere, eher verdeckt, wird nämlich zurzeit eine „Great-Woman-Theorie" vertreten: Weibliche Führungskräfte sollen aufgrund der ihnen stereotypisch zugeschriebenen besonderen Eigenschaften im Bereich Intuition, soziale Kompetenz, Kooperationsfähigkeit usw., die besseren Führungskräfte für die Zukunft sein. Letztlich ist dies ein Bärendienst für das im Ansatz vollkommen berechtigte Anliegen nach gleicher Teilhabe auch in diesem Bereich, welches derartige Begründungen nicht bedarf.*

Aber auch da wo interessante, ganzheitliche neue Ansätze entwickelt wurden, wie z.B. die Idee der „lernenden Organisation", sucht man auch nach vielen Jahren lange vergebens nach einer erfolgreichen Praxisumsetzung. Dies, obwohl der Ansatz mit Bezug auf viele erfolgreiche Praxisbeispiele zu Einzelaspekten begründet wurde.

Die Frage der Nützlichkeit von neuem Führungs-Know-how lässt sich deshalb im Zweifel nicht allein am Schreibtisch, sondern nur in intensiver Diskussion und Bearbeitung mit den konkret betroffenen operativen Führungskräften treffen. Es wird dabei auch keine einheitliche Antwort geben

Wider der Suggestion der zahlreichen Management-Kompetenz-Modelle und der sich darauf beziehenden „Assessments" und „Appraisals" dürfen wir nicht vergessen, worauf neulich noch Professor Stiefel in einem seiner Bücher zu Recht hingewiesen hat:

---

[206] aktuell Bereichsleiter Human Resources Development & Management, Vivento-Group, Deutsche Telekom AG, Bonn; President EMCC Germany, Mitglied der *Open-Source-Initiative: Management* (Inner-Circle)

Zumindest ab einer gewissen Führungsebene oberhalb von Gruppen- und Abteilungsleitern liegen Führungsaufgaben nicht als vorstrukturierte Aufgabenbeschreibung vor. Die Definition und Interpunktion der Führungsaufgabe ist vielmehr ein kreativer Akt. Erst auf einer hinreichend abstrakten Ebene sind Führungskompetenzen allgemein gültig. Doch mit dem Erwerb dieser Kompetenzen ist noch lange nicht gewährleistet, dass die speziellen konkreten Führungsaufgaben gemeistert werden.

Gleichzeitig ist zu beachten, dass es in jeder spezifischen Führungssituation meistens mehrere Formen „richtiger" Führung gibt und heutzutage Führung in Unternehmen nicht mehr allein als Einzelkompetenz, sondern vor allem als Team- und Gruppenkompetenz erfolgreich ist. Hier sollte dann auch die „Nützlichkeit" von neuen Führungs-Know-how diskutiert und beurteilt werden.

M.A.: **Das hört sich ja erst einmal alles sehr anspruchsvoll an. Besteht für eine Führungskraft überhaupt die seriöse Chance, sich in diesem Dschungel an Management-Angeboten zurechtzufinden?**

P.v.E.: Da lässt sich nur eine *„Ja, aber-Antwort"* geben. *Führungskräfte lesen auf der einen Seite ungeheuer viel und zwar anlassbezogen und konkret: Von ihren E-Mails angefangen über Präsentationen und Reports bis zu Feasibility Studies. Die meisten die ich kenne, lesen aber – nicht nur aus Zeitgründen – eher wenig Abstraktes über aktuelle Führungsdiskussionen. Wobei durchaus so mancher Klassiker wie „The Leadership Challenge", „Execution" oder, besonders beliebt „Winning" von Jack Welch im Büro im Regal stehen. Dabei ist es gar nicht so schwer, sich zumindest ein „Big Picture" des „Dschungels" der Führung wie auch seiner Strukturen zu machen. Ein neutraler und aktueller Tipp ist etwa das gerade mal 100 Seiten bemessene Kompendium der Bertelsmann Stiftung über „Führung-Überblick über Ansätze, Entwicklungen, Trends", das in der dortigen „Leadership Series" 2011 herausgegeben wurde. Ich könnte weiteres nennen. Im Zweifel heißt das also, einen vertrauenswürdigen Führungsexperten zu befragen.*

M.A.: **Wohin wird sich denn der Management-Markt Ihrer Ansicht nach entwickeln?**

P.v.E.: *Es wird auch in Zukunft zahllose Angebote von Büchern, Seminaren und Initiativen zu dem jahrtausendealten Phänomen der Führung geben. Im besten Fall ist das unterhaltsam. Mehr als schon bei Machiavelli wird man in der Regel nicht finden. Bücher mit Titeln wie „Führen wie ein Rabbi", „Führen wie ein Samurai", „Führen wie der alte Fritz", werden weiterhin die Bahnhofs- und Flughafen- Büchereien füllen und genauso ihre Kundschaft finden wie die vielen Trainer, die gerade im Verkaufsbereich eher als Entertainer einzustufen sind („Verkaufen ist wie Liebe machen", oder dergleichen).*

Gleiches gilt im Bereich der Management Weiterbildung für die diversen Business Schools, die überwiegend in ihrer Orientierung und Didaktik in der Mitte der 70er Jahre stehen geblieben sind. Immerhin steht hier nach der erst Lehr- und Lernorientierung der

50er und 60er Jahre die Transferorientierung stärker im Vordergrund. Der erkennbare Trend seit Mitte der 90er Jahre stellt den Manager mehr in seiner Rolle für die Wertentwicklung des Organisations- und Humankapitals heraus. Was für ein grausames Wort.

Weiterbildungsmaßnahmen werden verstärkt auf ihren konkret messbaren Wertschöpfungsbeitrag hin betrachtet. Managemententwicklung „mit der Gießkanne" wird deshalb und aus weiteren Gründen immer stärker abgelöst durch „Actionlearning" am Arbeitsplatz. Die Management-Andragogik lernt von der neuen, neurowissenschaftlich aufgeklärten Pädagogik, dass der Königsweg des Lernens das Tun und die anschließende Reflektion ist. „Begreifen" ist kein rein kognitiver Akt, sondern man muss, wie der Begriff schon nahelegt, die Dinge in die Hand nehmen (wodurch automatisch größeres Gehirnvolumen für das Lernen stimuliert wird).

Der „reflective Practitioner", allein und immer stärker im Führungsteam, wird zum Vorbild. Als Weiterbildungsaktionen dazu werden – auch aus Kostengründen – immer mehr spezielle Formen von Coaching und Mentoring genutzt. Peoplemanagement wird deutlich die Top Führungsaufgabe und ist kein „Service" der Personalabteilung. Die Forderung der neuen Personalchefin von Continental an ihre Führungskräfte bringt es zugespitzt auf den Punkt, verlangt werden von ihr gleichwertig: „Figures & Talents".

M.A.: Wenn Sie 3 Wünsche frei hätten: Was sollte geschehen, um Führungskräfte wirksamer auf ihre Aufgaben vorzubereiten?

P.v.E.: *In der Führungskräfte-Entwicklung treffen wir auf ein merkwürdiges Paradox: je tiefer die Führungsstufe, desto mehr wird ausbildungstechnisch getan. Auf der letzten und höchsten Stufe zum Bereichsleiter oder Geschäftsführungs- und Vorstandsmitglied, ist man dann plötzlich völlig allein gestellt, obwohl das Schadensrisiko nicht nur für den Betroffenen, sondern auch für das Unternehmen, enorm ist. Deshalb wünsche ich mir erstens künftig, dass bei der internen und erst Recht bei der externen Besetzung von Top-Führungspositionen, die bereits bestehenden systematischen Konzepte für ein On-Boarding-Coaching, welches alle Stakeholder einbezieht, benutzt werden.*

Zweitens wünsche ich mir bei den enormen „äußeren" Belastungen denen Führungskräfte heute ausgesetzt sind, auch im Rahmen der Management-Entwicklung wieder eine stärkere Betonung der Persönlichkeits-Entwicklung und des Selbstmanagements.

Drittens brauchen wir heute dringender denn je eine Verstärkung der Kompetenzen der Führungskräfte jenseits der Betriebswirtschaft. Systemisches Verständnis, Organisations-Psychologie, Kulturbewusstsein sind hier beispielhaft wichtige Bausteine.

M.A.: Diesen Wünschen kann ich mich nur anschließen, Herr van Eyk. Was meinen Sie, welche Themen werden Manager in den nächsten Jahren am dringlichsten beschäftigen?

P.v.E.: *Neben dem klassischen Führungstrias: Führung der eigenen Person, Führung des Teams und Führung der Organisation wird immer stärker eine 4. Dimension an Bedeu-*

tung gewinnen. Nämlich der Kontext, die Umwelt oder wie manche sagen der „Globe". Auf Basis des Mantras „Der Wandel ist eine Konstante" und verstärkt durch systemische Betrachtungen sind die Manager des neuen Milleniums mehr denn je dazu aufgefordert, die Umwelt, in der ihr Business spielt, auf Veränderungen und Trends hin zu beobachten, und in Verbindung mit ihrem Business zu bringen. Dafür heißt es ein professionelles Management aufzubauen, einen Seismographen.

Wo immer es geht, muss auch versucht werden diese externen Veränderungen mitzugestalten oder in ihnen sogar zu führen, das heißt sich z.B. maßgeblich in gesellschaftliche Debatten einzubringen. Mit globaler Brille nachhaltig voraus zu schauen, gilt nicht mehr nur für die Großunternehmen, sondern auch und gerade für KMU.

Die Hauptcluster dieser Veränderungen sind dabei schon länger bekannt, ihre konkreten Auswirkungen sind aber noch nicht immer an jeder Stelle für jeden deutlich spürbar. In diesem Rahmen nur kurz skizziert:

1. Die Welt ist ein Dorf

Insbesondere nach dem Wegfall vieler kommunistischer und totalitärer Regime finden wir global alle Arbeitsmärkte geöffnet. Positiv: die Arbeit kommt zu den Menschen. Führungskräfte müssen in der Fertigung lernen, wie sie ihre über die ganze Welt verteilten Direct Reports managen. Die Produktentwicklung geschieht in virtuellen Teams im 24/7 Modus. Zeitdifferenzen werden gezielt genutzt („follow the Sun") indem der amerikanische Ingenieur seine Arbeit am Ende des Tages dem indischen Ingenieur übergibt und dieser wiederum an den israelischen. Das Team als solches „never sleeps". Dazu müssen crosskulturelle Differenzen in Sprache (Englisch ist nicht gleich Englisch!), Kultur und auch sehr konkret in verschiedenen regulatorischen Umwelten (Urlaubszeiten, Bezahlung etc.) sowie angestammte Geschäftsprozesse zusammengebracht werden.

2. Demographie & Diversity

Neben der ethnischen Diversity spielt heute in fast jeder Nation als übergreifendes Thema die Alterung der Belegschaft im Sinne eines neuen Generationenkonflikts eine Rolle. Hinzu kommt die Gender-Diskussion. Der „Future-Leader" wird im Zweifel eine Frau sein und / oder einer ethnischen Minderheit angehören. Unter diesen Umständen erfolgreiche Teams zu bilden erfordert künftig deutlich verbesserte Konfliktmanagement-Skills. Die Organisation lebenslangen Lernens, eine langfristige auch qualitative Personalplanung, neue Formen der Arbeitsorganisation und entwicklungsorientierte Führung sind hier gefragt.

3. www., Technologie, Super-Highways, E-Commerce

Der Anteil der gut gebildeten Wissensarbeiter, die im 24/7 Modus Zugriff auf alle Informationen haben, die – auf Kosten von Erholung und Reflektion – ständig mit ihrer Tätigkeit in Verbindung sind, die sich – vor den Augen ihrer Chefs – über Facebook freimütig mit ihren Kollegen über externe Jobangebote austauschen, wächst rapide. Füh-

rung mit Wissensvorsprung funktioniert hier gar nicht mehr. Jede interne Kommunikation ist auch externe Kommunikation. Vergeblich erscheinen die manchmal anzutreffenden Versuche von Großunternehmen, die Meinungsbildung mit der eigenen Intranet-Propaganda maßgeblich zu beeinflussen. Informatorisch sind alle mindestens auf Augenhöhe.

4. Der neue psychologische und soziale Vertrag

Auf der einen Seite erscheinen lebenslange Beschäftigung bei einem Unternehmen und Arbeitsplatzsicherheit nur noch als historische Relikte. Selbst wachsende Unternehmen reduzieren gleichzeitig ihre Stammbelegschaften.

Auf der anderen Seite nimmt der Bedarf an Fachkräften, die auf dem neuesten Stand sind, weiter zu („War for Talents"). Hier steckt die Herausforderung der Führungskräfte für die Zukunft, wie sie ihre Toptalente binden und jenseits des Hygienefaktors Geld motivieren können.

5. Geschäftskonsolidierungen, M & A, Kooperationen

In vielen Branchen beobachten wir verstärkt Konsolidierungen, bei denen am Ende nur noch 2-3 Hauptwettbewerber im Markt übrig bleiben. Start-Ups und Nischenunternehmer sind in der ständigen Gefahr, „geschluckt" zu werden, aber auch der „Merger of Equals" wird häufig versucht. Die Herausforderung für die Führung: Integriere unterschiedliche Organisationskulturen und Geschäftssysteme zu einem kohärenten Ganzen mit neuer Vision und Sinngebung, ohne Energie und Unternehmensspirit eines Start-Ups zu verlieren. Sinnstiftung ist in diesen von den Mitarbeitern als extrem unsicher erlebten Phasen des Zusammenführens vorderste Aufgabe der Top-Führungskräfte. Der richtige Platz hierfür ist da nicht mehr der größte Schreibtisch im obersten Eckbüro. Gefragt ist vielmehr physische Präsenz bei den Mitarbeitern in der Produktion, bei den Kunden an der Ladentheke und bei allen anderen Stakeholdern. Intelligent Betroffene zu Beteiligten dieses Prozesses zu machen, ist oberste Maxime. „Ich weiß zurzeit auch noch nicht wie genau wie, aber gemeinsam werden wir sicher diese Aufgabe lösen" ist die neue Haltung. Wie der berühmte chinesische Schriftsteller Lu Xun schrieb: „Traue nur dem, der zweifelt, vor allem an seiner eigenen Position". Das ist wahrhaft ein gewaltiger mentaler Wandel.

Alle diese hier gerade nur angerissenen Themen stellen für die Top-Führungskräfte besondere Herausforderungen bei der Nachwuchsfindung- und -förderung.

M.A.: **Herr van Eyk, vielen Dank für Ihre ausführlichen Gedanken!**

Abbildungsverzeichnis

Abbildung 1: Buch-Struktur 17
Abbildung 2: Chancen und Risiken des Miteinanders 25
Abbildung 3: Sozialer Autopilot 27
Abbildung 4: Verbunden sein 28
Abbildung 5: Die Ur-Aufgabe der Führung 35
Abbildung 6: Erfolgreicher mit Führung 36
Abbildung 7: Unser Bewusstsein entfaltet sich 46
Abbildung 8: Unsere Gemeinschaften werden größer 53
Abbildung 9: Politisches Kapital 55
Abbildung 10: Organisation als Juristische Person 58
Abbildung 11: Einfluss durch Besitz 61
Abbildung 12: Völker und Kulturen 64
Abbildung 13: Kulturell geprägte Erwartungen an Führende 66
Abbildung 14: Das Puzzle nimmt erste Form an 67
Abbildung 15: Alle Puzzle-Steine beieinander 68
Abbildung 16: Grundmodell „Führungs-Handlung" 191
Abbildung 17: Der Handlungsrahmen 195
Abbildung 18: Konkretisierungen des Handlungsrahmens 198
Abbildung 19: Persönlichkeit und Führung 199
Abbildung 20: Das einfache Management-Diagnostik-Rätsel 202
Abbildung 21: Das etwas realere Management-Diagnostik-Rätsel 204
Abbildung 22: Der Anforderungslisten-Mensch 206
Abbildung 23: Verhaltens-Vorhersage 207
Abbildung 24: Der Mobilé-Mensch 208
Abbildung 25: Die Ansätze der Profiler 211
Abbildung 26: Management-Profiling-Ansatz 212
Abbildung 27: In die Führungsaufgabe hineinwachsen 219
Abbildung 28: Persönliches Wachstum 222
Abbildung 29: Analytisches Verständnis von Führung 224
Abbildung 30: Vorstellung lenken unser Handeln 226
Abbildung 31: Gegenseitiges Leistungsversprechen 231
Abbildung 32: (Selbst-)Reflexion als Fundament des Wachstums 239
Abbildung 33: Ansehen unserer Führenden (nach DIE WELT, 20.10.2011) 250
Abbildung 34: Arbeiten ohne gemeinsames Erfolgsmodell 253
Abbildung 35: Das Puzzle der Führung ist gelöst 257
Abbildung 36: Open-Source-Kreis: Management 262

Literaturverzeichnis

Folgende Autoren haben mich mit ihren Erfahrungen, ihrer Fantasie und ihrem Wissen sehr angeregt. Sollte ich ihnen in meiner Arbeit in manchen Punkten widersprochen haben, schmälert das meine Hochachtung für ihre Kompetenz in keiner Weise. Für ein möglicherweise unzulängliches Verstehen entschuldige ich mich an dieser Stelle, verbunden mit der herzlichen Bitte, mir meine Missverständnisse zu erläutern.

Allman, W. F., Mammutjäger in der Metro. Wie das Erbe der Evolution unser Denken und Verhalten prägt, 1999, Berlin: Spektrum

Baxter, St., Evolution. Ein Roman, 2004, München: Heyne

Becker, M., Personalentwicklung, 2. Auflage, 1999, Stuttgart: Schäffer-Poeschel

Berg, W., Die Teilung der Leitung, Ursprünge industriellen Managements in den landwirtschaftlichen Gutsbetrieben Europas, 1999, Göttingen: Vandenhoeck & Ruprecht

Buckingham, M., The One Thing. Worauf es ankommt, 2006, Wien: Linde

Buckingham, M., Coffman, C., Erfolgreiche Führung gegen alle Regeln, 4., aktualisierte und erweiterte Auflage, 2012, Frankfurt/ M.: Campus

Buskes, Ch., Evolutionär denken, Darwins Einfluss auf unser Weltbild, 2008, Darmstadt: Primus

Buss, D. M., Evolutionäre Psychologie, 2. Auflage, 2004, München: Pearson Studium

Collins, J. & Hansen, M.T., Oben bleiben. Immer., 2012, Frankfurt/ M.: Campus

De Bono, E., Think! Denken, bevor es zu spät ist, 2. Aufl., 2010, München: mvg

Diamond, J., Vermächtnis. Was wir von traditionellen Gesellschaften lernen können, 2012, Frankfurt/ M.: Fischer

Drenning, M., Tauschen und Täuschen. Warum die Gesellschaft ist, was sie ist, 2008, Wien: Ueberreuter

Fischer, K., Generation Laminat. Mit uns beginnt der Abstieg, 2012, München: Albrecht Knaus

Fortey, R., Leben. Eine Biographie, 2002, München: DTV

Goffee, R. & Gareth, J., Why should anyone be led by you?, Boston: Harvard Business School Press, 2006

Gollmann, R. & Rygiert, B., Einfach Mensch. Das Unmögliche wagen für unsere Welt, 2012

Gomez, P. & Probst, G., Die Praxis des ganzheitlichen Problemlösens, 3. Auflage, 1999, Stuttgart: Haupt

Goss, T., Schaffen Sie Ihre Zukunft neu, 2000, Düsseldorf/Berlin: Metropolitan

Gottwald, F.-Th., Sprinkwart, K.P., Social Business. Für ein neues Miteinander, 2011, München: F.A. Herbig

Gray, J., Von Menschen und anderen Tieren. Abschied vom Humanismus, 2012, München: DTV

Hamel, G., Worauf es jetzt ankommt, 2013, Weinheim: Wiley-VCH

Herzog, R., Staaten der Frühzeit: Ursprünge und Herrschaftsformen, 1998, München: Beck

Klingner, A., Heimliche Regenten. Astrologen als Drahtzieher der Macht, 2012, München: Rolf Heyne

Lehky, M., Leadership 2.0, 2011, Frankfurt/ M.: Campus

Malik, F., Führen, Leisten, Leben. Wirksames Management für eine neue Zeit, 2001, München: Heyne

Malik, F., Management: Das A und O des Handwerks, 2005, Frankfurt: Frankfurter Allgemeine Buch

Mintzberg, H., Managen, 2. Aufl., 2011, Offenbach: GABAL

McNamara, P., Trumbull, D., An Evolutionary Psychology of Leader-Follower Relations, 2009, New York: Nova Science Publishers, Inc.

Nye, J., Macht im 21. Jahrhundert. Politische Strategien für ein neues Zeitalter, 2011, München: Siedler

Müller, S., Köhler, D., Hinrichs, G., Täterverhalten und Persönlichkeit, 2005, Frankfurt: Verlag für Polizeiwissenschaft

Musolff, C. & Hoffmann, J. (Hrsg.), Täterprofile bei Gewaltverbrechen. Mythos, Theorie und Praxis des Profilings, 2002, Berlin: Springer

Nicholson, N., How hardwired is Human behavior?, in HARVARD BUSINESS REVIEW, Juni-August 1998, S. 134-147

Neuberger, O., Führen und führen lassen: Ansätze, Ergebnisse und Kritik der Führungsforschung, 6. Auflage, 2002, Stuttgart: Lucius und Lucius

Pinker, S.., Gewalt. Eine neue Geschichte der Menschheit, 2011, Frankfurt/ M.: S. Fischer

Reich, R.., Super-Kapitalismus. Wie die Wirtschaft unsere Demokratie untergräbt, 2008, Frankfurt/ M.: Campus

Ridley, M., Wenn Ideen Sex haben. Wie Fortschritt entsteht und Wohlstand vermehrt wird, 2011, München: Deutsche Verlags-Anstalt

Rosenstiel, L. v., Lang-von-Wins, Th., Perspektiven der Potentialbeurteilung, 2000, Göttingen: Hogrefe

Rosenstiel, L. v., Regnet, E. & Domsch, M. (Hrsg.), Führung von Mitarbeitern, 5. Auflage, 2003, Stuttgart: Schäffer-Poeschel

Sarges, W. (Hg.), Management-Diagnostik, 2. Auflage, 1995, Göttingen: Hogrefe

Sedlacek, Th., Die Ökonomie von Gut und Böse, 2012, München: Carl Hanser

Sennet, R., Die Kultur des neuen Kapitalismus, 5. Aufl., 2011, Berlin: Bloomsbury

Sennet, R., Zusammenarbeit. Was unsere Gesellschaft zusammenhält, 2012, München: Hanser

Siegel, D. J., Wie wir werden die wir sind. Neurobiologische Grundlagen subjektiven Erlebens & die Entwicklung des Menschen in Beziehungen, 2006, Paderborn: Junfermann

Spisag, B. R., Nicholson, N., van Vugt, M., Leadership in Organizations: An Evolutionary Perspective; in: Saad, G. (ed.) Evolutionary Psychology in the Business Sciences, 2011, Berlin: Springer

Sprenger, R. K., Radikal führen, 2012, Frankfurt: Campus

Marcus, G., Der Ursprung des Geistes. Wie Gene unser Denken prägen, 2005, Düsseldorf: Walter

van Vugt, M.: Selected, 2010, London: Profile Books

Vaughn, K. J., Eerkens, J. W., Kantner, J. (Edit.): The Evolution of Leadership, 2010, Santa Fe: School for Advanced Research Press

Voelpel, S., Lanwehr, R.: Management für die Champions League, 2009, Erlangen: Publicis Publishing

Weibler, J.: Personalführung, 2001, München: Vahlen

Weinert, A. B., Organisations- und Personalpsychologie, 5. Auflage, 2004, Weinheim: Beltz

Welch, J. und S.: Winning. Das ist Management, 2005, Frankfurt: Campus

Weniger, G.-Ch.: Projekt Menschwerdung. Streifzüge durch die Entwicklungsgeschichte des Menschen, 2003, Heidelberg/ Berlin: TB Spektrum

Wunderer, R., Führung und Zusammenarbeit. Eine unternehmerische Führungslehre, 5. Auflage, 2003, München: Luchterhand

Der Autor

Michael Alznauer, Jahrgang 1962, hat in Bonn Klinische Psychologie und Diagnostik studiert, bevor er vor über 20 Jahren begann, sich mit dem Phänomen Führung auseinanderzusetzen. Seither hat er einige Tausend Führungskräfte in ihrer Aufgabe unterstützt und begleitet.

Er ist verheiratet, Vater zweier erwachsener Kinder und seit einigen Jahren Mitglied eines Wohnprojekts in einem ehemaligen Kloster in Bonn. Hier ist auch das von ihm gegründete Change-Support-Team ansässig, dessen Beratungsansatz mit der *Evolutionären Führung* und dem *Management-Profiling* im Herbst 2006 erstmals veröffentlicht wurde.

Im Juni 2012 initiierte er den *Open-Source-Kreis: Management* im Rahmen der Tagung »*Der evolutionäre Quellcode der Führung*« im Neanderthal-Museum, Mettmann.

Erreichen können Sie den Autor über
www.change-support-team.de

Ein Dankeschön

An diesem Buch haben nur einige wenige Menschen explizit gearbeitet – aber es ist letztlich das Ergebnis einer großen Gemeinschaft von Führenden und Geführten. Ihnen allen an dieser Stelle meinen großen Respekt und Dank!

Ich darf mit einer wohlwollenden Unterstützung arbeiten, die nicht selbstverständlich ist!